海峡两岸法学研究

（第十辑）

海峡两岸关系法学研究会 编

九州出版社 JIUZHOUPRESS ｜ 全国百佳图书出版单位

图书在版编目（CIP）数据

海峡两岸法学研究. 第十辑／海峡两岸关系法学研
究会编. --北京：九州出版社，2019.5
ISBN 978－7－5108－8074－2

Ⅰ.①海…　Ⅱ.①海…　Ⅲ.①法学－中国－文集
Ⅳ.①D920.0－53

中国版本图书馆 CIP 数据核字（2019）第 091768 号

海峡两岸法学研究·第十辑

作　　者	海峡两岸关系法学研究会　编
出版发行	九州出版社
地　　址	北京市西城区阜外大街甲 35 号（100037）
发行电话	（010）68992190/3/5/6
网　　址	www. jiuzhoupress. com
电子信箱	jiuzhou@ jiuzhoupress. com
印　　刷	北京九州迅驰传媒文化有限公司
开　　本	787 毫米 ×1092 毫米　　16 开
印　　张	17.5
字　　数	350 千字
版　　次	2019 年 10 月第 1 版
印　　次	2019 年 10 月第 1 次印刷
书　　号	ISBN 978－7－5108－8074－2
定　　价	68.00 元

序　言

改革开放以来，大陆法治建设取得了历史性成就。经过三十多年的努力，一个立足国情和实际、适应改革开放和现代化建设需要、体现人民意志和人民利益，以宪法为统帅，以民法、刑法、诉讼法、行政法、社会法等多个部门法为主干，由法律、行政法规、地方性法规等多个层次的法律规范构成的中国特色社会主义法律体系已经形成。在这个过程中，大陆的人权法制保障不断加强，促进经济增长和社会和谐的法治环境不断改善，依法行政和公正司法水平不断提高，对权力的制约和监督进一步加强。

中国特色社会主义法律体系的形成基本解决了无法可依的问题，在这一新的历史起点上还需进一步完善中国特色社会主义法律体系，全面落实依法治国方略。大陆的法治发展在坚持从国情和实际出发的同时，也注意借鉴境内外法治建设有益经验，包括台湾法治建设的经验。两岸法制同根同源，同为中华法系的组成部分。尽管当前两岸社会制度不同，但推进法治、维护人民权益、服务社会发展的目标是一致的。加强两岸法制的比较研究，既有利于加深两岸互信，也有利于两岸相互学习，取长补短，共同促进法治文明和社会进步，造福两岸人民。

两岸人民之间各领域的交往需要法治的保障。为适应 1987 年后台湾民众往来大陆逐渐增多、两岸贸易投资规模不断扩大的情势，大陆适时采取和完善了一系列司法、立法、执法措施，基本形成了对两岸交往的法治保障体系，起到了维护台湾同胞权益，规范两岸交往秩序，促进交流合作的重要作用。两岸关系稳健发展，需要用制度化、法律化的手段，不断解决人民交往中出现的各种问题，妥善处理各种交往矛盾。从理论上探索解决现实具体问题的方案，是两岸关系法学研究的目的。为此，两岸法学界、法律界有必要加强相关学术研究，深入交流研讨，为两岸法治文明、社会进步和两岸交往的法治保障提供智力支持。

2008 年 5 月以来，两岸双方在反对"台独"、坚持"九二共识"的共同政治基础上推进两岸关系，开辟了两岸关系和平发展新局面。在两岸同胞的共同努力下，两岸人民交往日益密切，经济合作日益深化，文化交流日益加强。在两岸法学法律界朋友的支持和参与下，海峡两岸关系法学研究会通过两岸和平发展法学论坛、学术座谈会、学术年会等形式推动两岸法学交流，促进对两岸关系中法律问题的研究，取得了一些成绩。《海峡两岸法学研究》就是展示这些交流和研究成果的载体之一。

《海峡两岸法学研究》收集的论文既着重从不同角度探讨两岸交流合作中需要解决的各种法律问题，关注两岸法制的比较研究，展示了两岸专家学者对于这些问题的深入思考。当然，论文集所选编的论文仅代表作者个人观点，不代表研究会的立场。出版论文集的目的更主要是为抛砖引玉，促进两岸法学法律界更多地关注两岸关系各领域法律问题。

希望两岸法学界、法律界密切往来，关注现实，围绕两岸关系和平发展的需要，进一步破解影响两岸关系和平发展的各种问题、难题，为巩固和深化两岸关系和平发展、服务两岸同胞福祉做出积极贡献！

是为序。

海峡两岸关系法学研究会

会长：张鸣起

2017 年 6 月 18 日

目　　录

新形势下运用法治资源维护和巩固两岸关系政治基础的几点思考

周叶中*

习近平总书记指出，坚持"九二共识"、反对"台独"是两岸关系和平发展的政治基础①，这为我们在新形势下处理历史新节点上的两岸关系提供了重要指引。众所周知，自 2014 年上半年以来，尤其是 2016 年台湾地区领导人选举以来，台湾地区政治局势发生重大变化，长期回避和否认"九二共识"的民进党重新成为执政党。这直接导致两岸关系政治基础发生动摇的可能性大大提升。在这种形势下，我们既应重视台湾问题的政治属性，坚持正确的立场和方向，也应重视台湾问题的法律属性，尤其是宪法属性，积极运用法治资源维护两岸关系的政治基础。本文在对当前两岸关系新形势做出基本判断的基础上，尝试对运用法治资源维护两岸关系政治基础的必要性与基本路径等问题，提出几点思考，供有关方面参考。

一、对当前两岸关系新形势的基本认识

近年来，两岸关系和台湾内部政治局势呈现出复杂多变的形势。其中既包括有利于两岸关系发展的因素，也有极易对两岸关系发展产生负面影响的环节。一方面，自 2008 年 5 月以来，两岸双方在"九二共识"政治基础上，就反对和遏制"台独"分裂活动，促进两岸关系和平发展取得共识，从而开创了两岸关系六十余年历史上的最好时期，双方经济社会交往日益密切，政治互信水平有所提升。另一方面，台湾地区"政党轮替"已呈常态化趋势，长期持"台独"分裂主张的民进党重新上台执政，岛内"去中国化"运动对岛内政治格局的影响日益凸显，以"本土化"为核心的"台湾主体性"意识逐渐成为岛内主要政治力量认可的所谓"政治正确"②。

从民进党内部政治格局和蔡英文对待"九二共识"的立场来看，这个长期视

---

* 周叶中，武汉大学法学院教授、博士生导师，国家 2011 计划"两岸关系和平发展协同创新中心"专家委员，武汉大学两岸及港澳法制研究中心主任。

① 习近平：《在庆祝中国共产党成立 95 周年大会上的讲话》，新华社 2016 年 7 月 1 日电。

② 参见刘红：《"台湾主体性"的本质和影响分析》，载《北京联合大学学报（人文社会科学版）》2014 年第 3 期。

"台独"为"神主牌"的政党，在可预见的期间内，很难改变其"台独"倾向。而台湾地区现任领导人蔡英文，更是一再挑战大陆方面的政策底线，拒绝承认"九二共识"的核心意涵。因此，如何坚决遏制台湾新当局各种形式的"台独"分裂行径，成为未来一个阶段我对台政策的核心目标。但是，与陈水扁执政时期相区别的是，蔡英文当局推行"台独"活动的时代背景已不同于以往，其行动的具体方式方法将更具隐蔽性。这就为我们在新形势下坚持"九二共识"或其核心意涵，反对和遏制"台独"分裂活动提出更高要求。考察蔡英文执政两个多月来的政治实践可见，当前民进党当局推行的两岸政策主要体现为，在两岸间借助所谓"普遍民意"的"合法性"渊源和"中华民国""中华民国宪政体制"等模糊概念的包装，对抗大陆方面坚持的"九二共识"或其核心意涵，在岛内和国际层面，不断挑起事端，继续推动以"中华民国台湾化"为核心的"隐性台独"。从民进党执政以来的政治实践看，这种政策体系的实践已经在台湾新当局的对内对外活动中逐次展开，具体说来：

第一，在两岸间，蔡英文当局以所谓"普遍民意"为由头，以"中华民国"等既能体现出"一中"性，又能体现出"台独"性的模糊概念为包装，对抗和迷惑大陆，妄图以拖延方式回避对"九二共识"或其核心意涵的正面表态。从蔡英文参选台湾地区领导人以来的两岸政策主张来看，其已打造出一套由"普遍民意""中华民国宪政体制"等概念构建的话语体系。这套体系的要旨体现在两个方面：一方面，以所谓"普遍民意"为依托，拒斥大陆方面倡导的"九二共识"或其核心意涵，为自身施行的"隐性台独"政策提供所谓"合法性基础"；另一方面，以可做出多种解读的"中华民国宪政体制"等话语为包装，迷惑大陆方面，更为其在日后调整两岸政策预留进退空间。然而，蔡英文的这套两岸政策体系本质上却是以"维持现状"为名，行破坏两岸关系政治基础、推动"隐性台独"之实。一方面，从岛内舆情结构来看，由民进党制造的"台独""反中"等话语噱头在民粹化的舆论氛围下，已经被包装为一种"政治正确"。只有"台独"民粹化操作的声音才能在岛内大势发声，而民众对两岸关系和平发展的期盼，却只能被这种"政治正确"所湮没，成为"沉默的多数"。另一方面，从台湾地区内部，尤其是民进党内部的政治话语体系来看，"中华民国"早已成为其争取选票、推行"台独"分裂活动的"遮羞布"。[①] 从蔡英文执政以来的言行看，两岸话题是其使用"中华民国""中华民国宪政体制"等话语最多的场合。毫无疑问，这种政策话语选择的目的即在于，通过一套看似对大陆带有"善意"的话语体系，对抗"九二共识"或其核心意涵，甚至使大陆对其两岸政策产生误判。

---

① 参见王英津：《论两岸政治关系定位中的"中华民国"问题（下）》，载《中评月刊》2016年2月号。

第二，在岛内，蔡英文当局通过继续推动"去中国化"活动，在政治、历史、文化等层面进一步割裂台湾与中国之间的联系，推动以"中华民国台湾化"为核心的"台独"政策体系进一步走向完善。在两岸长期处于政治对立的历史背景下，"中华民国"被广大台湾民众视为其国家认同的主要对象，也被视为岛内主要政治力量的"最大公约数"。因此，蔡英文当局选择充分利用"中华民国"这块招牌，通过对"中华民国"政治意涵的解构与重构，形成由"中华民国是主权独立的国家"—"中华民国就是台湾"—"台湾是主权独立国家"构成的"三段论"式"台独"逻辑链条。在这一逻辑链条中，"台湾化的中华民国"无疑构成其核心论证部分。而蔡英文当局所欲推行的政策体系，正是围绕"中华民国台湾化"展开的。有学者认为，20世纪90年代台湾地区"宪政改革"构成所谓"中华民国台湾化"进程的开端[1]，而此后民进党大力推动的所谓"去中国化"运动，则使这一进程走上"快车道"。当前，蔡英文当局推行的这套以"中华民国台湾化"为核心的政治话语，在台湾本土势力的长期推动下，已具有一定社会基础。而这套彰显"台独"分裂主张的意识形态在日益盛行的民粹主义催化下，无疑将更具影响力。

第三，在国际上，蔡英文当局试图打破两岸形成的"外交休兵"默契，通过积极贯彻以"台湾"弱化和取代"中华民国"的对外政策，积极迎合美、日等国的遏华政策，以试图获取外部力量的支持。海峡两岸在很长一段时期内，尤其是李登辉、陈水扁担任台湾地区领导人期间，在台湾地区参与"国际空间"问题上，长期处于所谓"外交鏖战"状态，双方以零和博弈方式，不断展开"外交攻防"。直至2008年后，两岸有识之士认识到，"外交鏖战"对双方均已产生极为不利的影响，更是严重损害了中华民族的国际形象。由此，双方逐渐在"九二共识"基础上，达成"外交休兵"的政治默契，使两岸在台湾地区参与"国际空间"问题上的摩擦大大减少。[2] 然而，从蔡英文执政以来的对外政策看，其已开始通过以"台湾"淡化"中华民国（R.O.C）"中"中国"（China）因素的方式，破坏两岸达成"外交休兵"政治默契的基础。如蔡英文在巴拿马活动时用英文署名"台湾总统（中华民国）""President of Taiwan（ROC）"[3]，而非马英九执政时期对外使用的"中华民国总统（台湾）""President of ROC（Taiwan）"，即充分体现出民进党当局意欲在对外交往中，以"台湾"

---

① 参见［日］若林正丈：《战后台湾政治史——中华民国台湾化的过程》，洪郁如等译，台湾大学出版中心2014年版，第214页。

② 参见祝捷：《两岸关系定位与国际空间》，九州出版社2013年版，第207页。

③ 中评社：《蔡英文签 President of Taiwan》，资料来源：http://www.crntt.com/doc/1042/8/3/6/104283694.html? coluid＝0&kindid＝0&docid＝104283694，最后访问日期：2016年7月10日。

弱化甚至取代"中华民国"，以实现其"外交台独"目标的政策倾向。除此之外，蔡英文当局在东海、南海问题上，不惜以模糊话语回避自身权利主张的方式，积极迎合美、日等国的相关政策，以达到寻求外部支持的目的。这无疑为两岸共同维护中华民族的整体利益设置了障碍。①

综上所述，蔡英文当局自执政以来，已经走上一条背离"九二共识"或其核心意涵，宣扬"台独"分裂活动的错误道路，两岸关系不得不再次面临极为严峻的挑战。在这种形势下，我们必须积极调动一切可用于维护和巩固两岸关系政治基础的资源，强化"九二共识"及其核心意涵在台湾地区的认同基础，使两岸关系尽快回到和平发展的正确道路上来。

二、运用法治资源维护两岸关系政治基础的必要性

我们一直坚持和强调，台湾问题既是政治问题，也是法律问题，归根到底是宪法问题。② 两岸关系的政治基础是"九二共识"，其核心意涵在于，两岸同属"一中"，两岸关系的性质并非国与国关系，两岸应以实现国家统一为目标。在维护两岸关系政治基础的过程中，与之密切相关的"主权""治权""宪法""宪政体制"等概念，都与法治息息相关，因而在探讨如何巩固和维护两岸关系政治基础时，我们可以积极挖掘和运用法治资源，使之得以通过合乎法学基本原理的方式获得解决。在蔡英文当局开始以"中华民国宪政体制""中华民国宪法""普遍民意"等带有法治印记的话语包装其两岸政策的背景下，积极运用法治资源维护两岸关系的政治基础，贯彻"以法制独"的基本思路，坚决反对和遏制"台独"分裂活动，成为新形势下大陆对台战略的必然要求。

第一，运用法治资源维护两岸关系政治基础，是在新形势下应对"台独"分裂势力挑战，完善"一个中国"框架理论与实践体系的必然要求。"两岸同属一个中国"的历史事实、政治事实和法理事实，是我们维护两岸关系政治基础的基本依据。而"台独"分裂分子借"去中国化"活动形成的一系列理论说辞，则对这些事实在岛内的实际影响力造成极大负面影响。众所周知，自20世纪90年代中后期开始，李登辉和民进党当局通过推行"去中国化"活动和"台独史观"教育，培植"台独"的思想基础和社会基础，对两岸关系，尤其是"九二共识"及其核心意涵在岛内的认同效

---

① 参见张亚中：《蔡英文执政的困境》，载《中评月刊》2016年6月号。
② 周叶中：《台湾问题的宪法学思考》，载《法学》2007年第6期。

果，造成深层次破坏。① 在不到二十年的时间里，台湾岛内本土势力的政治影响迅速膨胀，民意结构已开始向"偏独化"方向发展，原本由历史、文化、社会、政治等方面因素共同构筑的"一个中国"框架，正面临被歪曲和解构的风险。我们必须正视的是，在这种背景下，大陆方面多年来坚持的由历史、文化、民族、政治等要素构成的"一个中国"话语体系，正在岛内逐渐失去"听众"，大陆对台政策不断被"污名化"。② 因此，当前我们急需调整策略结构，通过引入新的理论资源，完善既有理论体系。与此前构筑"一个中国"框架的历史、文化、社会、政治资源相比，法治资源具有极大的理论优势。它能在统"独"问题上与台湾地区主流话语体系进行一定程度的互通与衔接，并使我对台政策体系的稳定性、权威性和可接受性得到进一步提升。因此，积极运用法治资源维护两岸关系政治基础，成为有效应对"台独"分裂势力试图割裂台湾与中国关联的诸种举措，完善"一个中国"框架理论与实践体系的必然要求。

第二，运用法治资源维护两岸关系政治基础，是澄清和驳斥有关两岸关系政治基础误读，明确"九二共识"法理基础与核心依据的必然要求。2008 年以来，作为两岸关系政治基础的"九二共识"，在巩固两岸政治互信，消除两岸政治分歧，促进两岸事务性合作等方面展现出巨大的实践优势，为两岸关系和平发展的不断深入奠定了重要基础。然而，自两岸双方达成"九二共识"以来，台湾方面便不断有声音对这一共识做出误读，甚至曲解。归纳起来，对"九二共识"的误读和曲解主要集中在两个方面：一是拒绝承认"九二共识"的存在并试图以其他回避"九二共识"核心意涵的概念取而代之③；二是认为"九二共识"只是国共两党之间达成的共识，其他政党执政后则无须理会"九二共识"，"九二共识"对其他政党执政的台湾当局不具约束力。如此种种对"九二共识"的误读或曲解，不仅会对两岸关系的持续健康发展产生极大的负面作用，还会对台湾民众了解与认同"九二共识"造成不利影响。因此，能否厘清"九二共识"的意涵与效力等问题，已成当务之急和必然之需。众所周知，"九二共识"的核心意涵体现在两个方面，一是"两岸同属一个中国"，即两岸关系的性质不是"国与国关系"；二是两岸"均谋求国家统一"，即两岸关系的发展方向只能是走向统一。从这个意义上说，"九二共识"的核心意涵与大陆现行宪法和《反

---

① 参见陈孔立：《台湾社会的历史记忆与群体认同》，载《台湾研究集刊》2011 年第 5 期。

② 参见庄吟茜：《"一国两制"在台湾的污名化：剖析与澄清》，载《台湾研究》2016 年第 1 期；参见张笑天：《为什么我们即将在理论上失去台湾？》，收录于《全国台湾研究会 2016 年学术年会论文集》。

③ 如陈水扁在 2000 年提出的所谓"九二精神"、谢长廷提出的"宪法共识""宪法各表"、蔡英文在其"就职演说"中提出的所谓"九二年会谈的历史事实"等，均系台湾方面政治人物试图绕开"九二共识"核心意涵而提出的概念。

分裂国家法》等法律规范对两岸关系和国家统一问题的规定完全吻合，也为台湾地区现行宪制性规定和相关法律规范所肯定。因此，以大陆现行宪法为核心的法律规范体系不仅构成我们界定两岸关系性质的核心依据，更构成"九二共识"核心意涵的法理根基，而台湾地区的有关规定也明确确认了这一事实。因此，"九二共识"并非仅仅是两岸间的政治共识，更是两岸各自根本法对国家统一问题基本立场的重要表现形式。因此，充分运用法治资源不仅能有效廓清台湾方面部分人士对"九二共识"的种种误读与曲解，明确"九二共识"的法理基础及其权威性与稳定性，而且能巩固和维护两岸关系的政治基础。

第三，运用法治资源维护两岸关系政治基础，是有效应对蔡英文以"中华民国宪政体制""中华民国宪法"等概念构建的两岸政策体系，探究其政策实质内涵，进而提出反制策略的必然要求。自蔡英文参选台湾地区领导人以来，其所提出的以所谓"普遍民意"为基础，以"中华民国宪政体制""中华民国宪法"等概念为支柱的两岸关系政策体系逐渐浮出水面。这套政策体系看似"形神兼备"，具有对抗大陆方面以"九二共识"为核心的两岸关系政策体系的潜质，但实际上却"貌合神离"，不仅内在逻辑存在诸多矛盾，而且从根本上背离了两岸关系和平发展的正确方向。面对蔡英文提出的这套与"民主""宪法""宪政"等概念密切相关的政策体系，我们既要在战略层面坚持"两岸同属一个中国"的政治底线，维护两岸关系政治基础，又应根据台湾方面政治局势的变化，利用蔡英文等政治人物言论和话语体系的模糊性，因利乘便，借助法学的一般原理，认识其政策实质，批判其有碍"一个中国"的内容，挖掘其可供利用的部分。在法学理论体系中，有诸多理论元素可供我们用于分析和探究蔡英文两岸政策的本质。如宪法教义学理论可为我们对台湾地区现行宪制性规定中的"一个中国"做出合乎其规范文本的解释，可为应对"台独"分裂分子通过歪曲解读方式对这部根本法的错误解读提供重要理论支持；又如国家结构形式的一般理论，可为我们形成对两岸关系政治定位的合情合理解释提供重要的理论支撑，等等。因此，借助法治资源，尤其是宪法学理论，是我们在当前形势下有效应对蔡英文两岸政策体系，进而提出反制策略的必然要求。

三、运用法治资源维护两岸关系政治基础的基本路径

运用法治资源维护两岸关系政治基础，应从对台政策体系的理论、规范、制度与实践等多个层面出发，形成具有体系化特点的策略体系。具体说来：

第一，在理论层面，应运用法治思维厘清两岸关系政治基础的核心意涵，明确当前条件下"一个中国"框架应最终落脚于"法理上的一个中国"，以"法理一中"巩固和维护"九二共识"及其核心意涵的权威性与稳定性。如上所述，在"台湾主体性意识"的侵蚀下，由政治、历史、文化等多种资源构筑的"一个中国"框架，在台湾岛内正逐步失去话语阵地。因此，我们应高度重视将更具权威性与稳定性的法治资源，引入"一个中国"框架的构建之中。考察两岸对"九二共识"的不同表述可知，尽管两岸对"一个中国"的政治义涵存在异议，但双方对"中国"这一国家符号则存在共识。亦即是说，"九二共识"意味着两岸在对政权符号存在异议的情况下，对"中国"的国家认同则存在共识。① 从大陆和台湾各自规定对两岸关系的界定来看，双方亦均认可"中国"这一"国家符号"，只是在两岸"谁代表中国"的问题上存在分歧。因此，在两岸对政治等层面的"一个中国"存在认知分歧的情况下，"法理一中"（或更为宽泛的"法理一国"）无疑是当前两岸在国家认同层面的最大法理公约数，也是我们当前维护和巩固两岸关系政治基础最需借助的重要资源。基于宪法和法律所具备的权威性和稳定性特点，将使两岸各自根本法和法律规定支持的"法理一中"，为"九二共识"及其核心意涵提供更为稳固的规范支持。

第二，在规范层面，应澄清"九二共识"的法理属性，将"九二共识"界定为一种国家尚未统一的特殊条件下，处于政治对立状态下的两岸间达成的宪制性共识。自"九二共识"诞生之日起，台湾方面便不断传出否认和曲解"九二共识"的声音，若不能及时对这些声音做出有力回应，将直接影响"九二共识"及其核心意涵在台湾地区的实际效力和认同程度。从"九二共识"的达成主体和核心内容来看，这一共识应属两岸宪制性共识，应对两岸产生实际约束力，且不因台湾地区执政党的变化而失去其约束力。一方面，从"九二共识"达成的主体来看，两岸两会属两岸受权协商机构，因而其所提出的相关主张，代表的应是两岸官方的意志，而非国共两党意志，故这一共识的约束力不应因执政党的变化而变化。另一方面，从"九二共识"的核心内容来看，这一共识所涉及的是两岸关系性质和国家统一基本方向问题，且为两岸各自根本法所确认，因而其在当前两岸关系场域内具备宪制性共识地位，因此这一共识应属两岸共同认可的最高共识。进一步而言，"九二共识"应被界定为一种对两岸具有实质约束力的宪制性软法② 。这种软法共识的效力，不应因执政当局的改变而改变，

---

① 参见周叶中：《"一国两制"法理内涵新释》，载《中评月刊》2014 年 12 月号。
② 关于软法理论在两岸关系中的应用，参见周叶中、祝捷：《两岸治理：一种形成中的结构》，载《法学评论》2010 年第 6 期；周叶中、段磊：《论两岸协议的法理定位》，载《江汉论坛》2014 年第 8 期。

而单方面破坏"九二共识"者，理应承担应有的政治与法律责任。

第三，在话语层面，应运用法教义学的一般原理，整理和确认岛内有关规定中的"一个中国"表述，并将之视为可供我运用于维护两岸关系政治基础的重要话语资源。从台湾地区现行"宪法"及其"增修条文"和有关两岸关系的"大法官解释"之文本表述来看，这些规定体现出较为强烈的"一中性"特点。因此，在我们运用法治资源巩固两岸关系政治基础的过程中，应当重视台湾方面的这些规定。然而，在台湾岛内，不少持"台独"立场的政治人物和学者，为实现其政治目的，不惜以违背法解释学原理的方式，对这些规定做出明显违背常理的解释，以助力"法理台独"活动。由于法解释学具有技术性较强的特点，普通民众根本无法分辨出不同政治人物和学者对台湾地区有关规定中涉及统"独"问题规定的解释是否正确，因而极易被一些错误言论所误导。因此，在未来对台政策的制定过程中，我们应当充分重视对两岸各自规定中"一个中国"因素的研究，尤其是充分重视运用法教义学的一般原理，整理和确认岛内有关规定中能够体现"一个中国"因素的表述，有理有据地驳斥在岛内传播的各种错误观点。在完成相应的理论准备后，我们可通过对台湾地区现行法律规定中"一中性"要素的论述，进入台湾地区政治人物构建的涉及"中华民国现行宪政体制""中华民国宪法"等概念的两岸关系政策体系之中，继而形成能够为台湾民众所接受的两岸关系政治基础的政策表述。

第四，在实践层面，应重视法治方式在维护两岸关系政治基础中的重要价值，积极运用释宪、修宪、立法、修法等方式，建立健全反对和遏制"台独"分裂活动和促进两岸关系和平发展的法律体系。大陆现行宪法和《反分裂国家法》将党和国家关于解决台湾问题的大政方针和全中国人民维护国家主权与领土完整的共同意愿上升为国家意志，是坚持"九二共识"，反对"台独"分裂活动的法治化形式，为我们反对国家分裂，促进国家统一提供了法律依据。[①] 然而，今日两岸局势所面临的法律问题，较之于《反分裂国家法》制定之时更加复杂，两岸关系发展中的许多新问题、新情况都有待法律的有效规制。因此，在未来对台工作实践中，应当重视释宪、修宪、立法和修法等方式的综合运用，为巩固两岸关系政治基础提供规范保障。具体说来：1）建议全国人大常委会在适当时机，对我宪法序言第 9 自然段和第 31 条进行解释，再次重申一个中国原则的底线以及"绝不承诺放弃使用武力"的政策，向台湾方面传递我方底线和决心，防止台湾方面对形势发生误判。2）考虑到中央对台政策和具体表述与我宪法序言第 9 自然段的表述，已经有较大变化，特别是我宪法序言第 9 自然段

---

① 《周叶中：反分裂法十年匡正两岸关系》，载《国际先驱导报》2015 年 3 月 13 日。

仍采取"台湾是中华人民共和国的神圣领土的一部分"这一表述，因此应根据"九二共识"和中央对台新表述，适时启动修宪程序，将其修改为"大陆和台湾同属一个中国。完成统一祖国的大业是包括台湾同胞在内的全中国人民的神圣职责"[①]。3）围绕《反分裂国家法》，建立遏制"台独"和促进两岸关系和平发展的法律体系，针对大陆在如何看待两岸协议的法律效力、如何在司法程序中引用台湾地区民商事法律和行政法律、如何保障大陆居民在台湾地区的正当权利、非和平方式解决台湾问题的启动程序、如何遏制其他分裂势力（如"藏独""疆独""港独"等）与"台独"合流等问题[②]，制定法律和行政法规，为依法遏制"台独"和依法促进两岸关系和平发展提供法律依据。

四、结语

法治资源作为可运用于维护和巩固两岸关系政治基础的一种重要资源形式，对于在当前形势下维护台海和平稳定与两岸关系和平发展，反对和遏制"台独"分裂活动具有重要而深远的意义。运用法治资源巩固两岸关系政治基础是理论、规范、话语与实践的统一。其关键在于重视台湾问题的法律属性，重点在于以符合现行法律规定，合乎法学基本原理的方式方法，构建一套可用于维护两岸关系和平发展和台海和平稳定的法治策略体系。在巩固和维护两岸关系政治基础的过程中，通过法治资源的运用，发挥其在解决祖国完全统一和两岸关系发展中的最大价值，既是政策和实践层面的现实需要，也是法学工作者维护国家和民族根本利益的应尽责任。

---

① 周叶中：《关于适时修改我国现行宪法的七点建议》，载《法学》2014 年第 6 期。
② 参见祝捷：《"民主独立"的台湾故事与香港前路》，载《港澳研究》2015 年第 2 期。

冷对抗状态下的两岸政治与法律对冲

王海良*

2016 年 5 月 20 日，两岸关系开始发生重大转折，说轻一点是"和平发展 VS 新对抗"[①]；说重一点则是"冷战与冷和并存，冲突与克制交替"[②]。不过，在笔者看来，两岸关系的重大转折应该是从和平发展转入了"冷对抗"。本文从介绍"冷对抗"概念和范畴入手，主要阐述两岸将在政治场域和法律场域展开的对抗或对冲，以期抛砖引玉，促进与会专家学者的讨论。

一、两岸已进入冷对抗

何谓"冷对抗"？笔者大概是国内外第一个提出"冷对抗"的人了，那还是 9·11 事件发生后不久，美国已开始进行反恐战争，但其全球战略尚来不及调整，其在亚洲及西太平洋的布局表现为所谓"C 形包围圈"，笔者的客观描述是：从朝鲜半岛到西亚有一条充满冲突焦点"大弧圈"，从这个"大弧圈上的力量结构看，其不对称性非常更明显，它决定了走向冷对抗的基本趋势"。笔者提出并采用冷对抗概念的原因是：冷战结束后，国际上曾有人断言，中东将出现"冷和平"，结果实际上根本没有和平而言。中东的发展趋势，与其说是冷和平，还不如说是冷对抗。笔者使用冷对抗概念的内涵是，在力量对比具有非对称性的条件下，冲突的双方不可能走向大规模战争，但严重的矛盾又使双方处于对立和对抗之中，双方的关系比较紧张，发生冲突的可能性较大。冷对抗既有局部性，也有整体性。其整体性则表现为美国与一些力量的对立，因为美国是当今世界的唯一超级大国，任何与之有严重冲突的力量（包括国家和非国家行为体）都只能选择与之进行冷对抗。在"大弧圈"上汇集了具有冷对抗的这两种特性的对立和冲突力量[③]。

---

* 王海良，上海社会科学院世界中国学研究所所长、研究员。
① 社评：《两岸关系面临重大转折：和平发展 vs 新对抗》，载《中国评论》2016 年 6 月号。
② 冷波：《未来四年台湾政局及两岸关系走向初判》，载《中国评论》2016 年 7 月号。
③ 王海良：《地缘战略的高危地带》，载 2002 年 2 月 11 日《文汇报》。

十余年后，笔者在研究大国协调问题的过程中，发表文章提出"东亚地缘政治中的冷对抗"①，这既是重温地缘战略的相关理论，也是对费尔德曼"凉战"说的评论②。在笔者看来，"凉战"也是一种战争，而冷对抗基本上不是战争，而是斗争或者博弈。由于"冷对抗"之说是在中文的语境中提出的，没有受到国际学界的注意，所以它虽然是"Cold Confrontation"，却没人这样用过，而笔者在提出它后不久即转向了台湾问题和两岸关系研究，不再研究国际关系，因而也就未能深入研究冷对抗并对外进行介绍。随着台湾政局发生变化，预示着两岸关系将发生重大转折，两岸的相关学者意识到两岸可能转入一种对抗状态，那就是冷对抗，严安林、倪永杰、王高成、谢明晖等都公开使用了冷对抗一词，台湾媒体的社评也同样用它来标示一个新时期的到来③。笔者以为，两岸的学者及媒体之所以纷纷使用冷对抗一词来描述两岸关系前景，主要是因为对冷对抗的基本认知，就是第一，基本上离战争很远，或者排除了战争；第二，比较宽泛和模糊，大体上是对峙或敌对的。笔者认为，两岸关系的特殊性决定了冷对抗的必然性，作为血肉同胞，绝不能轻言动武，自相残杀，涂炭生灵，但面对以各种形式的"台独"为基本取向的分离主义，又不能不坚决反对，有效遏制，就必须进行一定形式的对抗，何况两岸之间尚未签订和平协议，实际尚处于非战、但随时可能复战的状态。所以，冷对抗的发生在两岸之间要比在两个国家之间更有可能、更有条件、更好理解。

二、政治场域的冷对抗

（一）两岸政治上的交手

两岸之间尚未结束内战状态，追求和平发展是理所应当的，兄弟之间不到万不得已绝不轻言动武。所以，排除掉战争的冷对抗反而是主客观上都更加现实的选择。从主观上看，只要不像战争那样伤及百姓，两岸之间的冷对抗既是不能不为的，又是可以预测甚至可以管控的博弈。从客观上看，两岸各自内部的社会现实和舆论情况，甚至区域安全形势和国际民粹化思潮，都迫使两岸立场变得更坚守和强硬，大有骑虎难下之势。在此情况下，双方的冷对抗便直接在政治场域展开，并将长期持续下去。也可以说，政治上的冷对抗已经展现在世人面前：两岸围绕"九二共识"这一政治基础

---

① 王海良：《"大国协调"格局与两岸关系新建构》，载《中国评论》2014年1月号。
② 费尔德曼：《两极世界会和平吗?》，载2013年6月15日英国《经济学家》。
③ 社评：《冷对抗时代的两岸危机管理》，2016年6月6日《旺报》。

问题展开了激烈的攻防，从1月16日蔡英文当选台湾地区领导人，到她于7月22日接受美国《华盛顿邮报》采访，正式拒绝"九二共识"，时间长达半年之久，其间更有5月20日蔡英文发表就职演说这样的重要举动。

1. 选择"柔性台独"路线

两岸关系发展道路怎么走的关键在于民进党的政治抉择，而作为民进党的主席和代表民进党执政的地区领导人，蔡英文陷入了既坚持"两国论"，拖进"和平台独"，又试图保持两岸经贸合作、人员交流，以消除两岸关系问题对民进党长期执政干扰的矛盾之中①。根据严安林的研究，蔡英文担任民进党主席以来在大陆政策上表现出明显的特点：一是两岸政策的"台独性"，十分坚持"台湾主权独立"；二是两岸政策的"矛盾性"，包括理想与现实的矛盾、前后不一的矛盾、经济与政治的矛盾；两岸政策的权宜性，很多都是基于选举的需要提出，却没有实行的可能性②。在2016年"大选"尘埃落定后，当选人蔡英文又以承认"九二会谈"事实来搪塞两岸舆论和国际社会，而只字不提"九二共识"核心内涵即"两岸同属一中"，直到她上台两个月后也还是这样。郑运鹏已经断言，民进党不会冻结"台独"党纲，也不会有新决议文，而是可能延续采用纪要的方式处理这个问题。他认为，民进党必须面对在两岸议题上的社会信任度低于国民党的不利局面，才能改善民进党执政的环境。在事实层面上，民进党的行动已经超出了"隐性台独"的范畴，例如推动"去中华民国"。

2. 重拾"文化台独"策略

为迎合新选民，同时继续培养更多新选民，民进党势必在文化上继续与大陆进行割裂，进行新一轮的"文化台独"。2015年7月，台湾学生发起"反课纲运动"，蔡英文就出来公开表示支持，并声称一旦当选，会将新修订的"课纲"全部作废。事实证明，统"独"之争是台湾社会的深层矛盾，民进党社会基础的扩大是建立在"台湾意识"甚至"台独意识"之上的。民进党既然靠绿色选民拥戴重返政坛，就一定会继续利用绿色信众拥护其政策，而在大陆实力日益提高的情况下，对无法实行"法理台独"的蔡英文而言，最好的办法就是推行"文化台独"。必须指出的是，"文化台独"性质上属于"柔性台独"，也是"隐性台独"，其危害性绝不亚于"法理台独"。因为"法理台独"冲击性更强，容易辨识，利于回应甚至打击。"文化台独"则不然，往往是悄悄的、渐进的、渗透的，有时是前置式的或植入式的，不明显、不

---

① 郭震远：《蔡英文的两岸关系政策分析》，载香港《中国评论》2015年4月号。
② 严安林：《蔡英文再任党主席后的两岸政策评析》，载上海：《台海研究》2015年第4期。

张扬、不易辨识。更有甚者，"法理台独"危害一时，一打就垮，但"文化台独"危害长久，遗患一代，毁掉文化认同和民族认同①。2016 年选举的结果，民进党在"立法院"席位过半，加之"时代力量"民代的配合，泛绿阵营完全有可能操作"柔性台独"与"和平台独"，例如文化、教育、社会等方面的"去中国化"动作。民进党"立委"高志鹏提出废除"国父"遗像，就是活生生的实例，而且已经涉嫌"法理台独"了。蔡英文上台后不就，新任"教育部长"就下令停止马英九执政时微调的历史教学"课纲"，等于是"教育台独"的一次复辟。

3. 大陆立场坚定回应坚决

蔡英文在 5.20 讲话中呼吁两岸两个执政党放下历史包袱，展开良性对话。然而，面对一个借助所谓民意支持，坚决走分离主义路线，不承认"九二共识"核心内涵，阻挠和平统一的民进党，面对处于政治上与大陆对抗但经济上要与大陆保持关系这样一种矛盾中的执政者蔡英文，大陆方面做出了明确而坚决的回应，不给"台独"任何幻想空间，以消除岛内社会的模糊认识。大陆果断中止了两岸官方及半官方（即海协会、海基会及其延伸机构）正式往来，而半官方的联系也仅限于发生特殊事件后的紧急处理，不具有任何政治含义。

对大陆这样的坚持，笔者持赞成态度，并认为，台湾民意可能会因此转变，可能正面作用要大于负面作用。蔡英文不是常拿台湾民意说事吗？所谓台湾民意是建立在台湾认同基础上的，其中新世代的成分很大。蔡英文演讲中强调要解决青年人关切的问题，包含了她必须兑现对他们的承诺的意念。在此情况下，大陆若继续从经济上提供支持，无异于供养新一代"天然独"。大陆如顾忌认同变化，将作茧自缚，却换不到更多认同，八年来的事实已证明了这一点。

笔者认为，一场选举改变不了两岸关系长期趋势，发展方向和主动权应掌握在大陆手中，国民党或泛蓝联盟只能是岛内配合力量，不能是决定性力量。大陆正在进入她的历史常态，台湾也在走向其历史常态，双方力量对比将越来越不利于台方和"台独"，台湾当局必须面对和接受现实，不要幻想大陆会在政治上妥协。还要告诉台湾社会，无论是命运共同体，两岸一家亲，还是心灵契合，都不是一天形成的，也都是包含酸甜苦辣的，应对此做好心理准备。所谓打断骨头连着筋当然包含打断骨头与连着筋两方面。但从中华民族的利益和两岸人民的福祉说来，两岸发生战争、兄弟互相残杀无疑是一场悲剧和浩劫，会对民族情感和心灵造成难以修复的破坏，不到万不得

---

① 周天柱：《"文化台独"的由来、演变、特征及影响》，载《中国评论》2016 年 7 月号。

已的地步，没有决策者会做出这样的选择。

（二）国际场域的冷对抗

国际空间无疑是蔡英文当局的一大软肋。在两岸冷对抗状态下，大陆如果收紧台湾参与国际组织活动空间，对台方是很不利的。预计从今年的 APEC 峰会到明年的博鳌论坛和世卫组织大会，台湾的参与层级和前提条件都是问题。台湾加入亚投行将变得更加困难。

在台湾"邦交国"方面，两岸之间的默契已成为历史，接受愿与台湾当局"断交"、与中华人民共和国建交的国家，在所难免，可以预见，并促发多米诺骨牌效应。保守的估计，两岸结束"外交休兵"以后，在 2020 年台湾选举前，其"邦交国"数量将减半。笔者认为，这样一来，"台独"的气焰将被打掉，蔡英文难以连任，泛蓝将有条件翻身，且将使台方未来与大陆谈判的地位和讨价还价能力大大下降。

基于陈水扁时期的政治发展和历史事实，当下的民进党激进势力仍会推动"重返联合国"提案，大概每年九月都会蠢蠢欲动，折腾一番，如果蔡英文不能加以阻止，无异于引火烧身，势将招致大陆方面的激烈回应和惩罚。

蔡英文在就职演说中信誓旦旦地宣称，将"维护东海和南海领土主权"，但在所谓国际海洋法临时仲裁庭做出裁决后，面对太平岛被裁定为礁的荒唐结果，她领导的台湾当局竟然不敢吭气，生怕触怒美国和日本，还阻止台湾渔民登岛宣示主权。这既丧失了维护祖产和台湾利益的立场，也暴露了民进党当局拉拢美日对抗大陆的战略意图。进一步看，关于蔡英文当局可能把太平岛租借给美军的传言可能也不是空穴来风。照此趋势发展下去，两岸必将在南海发生冲突，大陆不会允许台方把太平岛租借给美军，将视之为引狼入室的有害行径，予以惩罚。对与台方可能从太平岛撤防的情况，大陆也一定有应对办法。假如蔡英文的智囊以为西太平洋局势可以利用，执意借南海问题事，以谋取政治利益，大陆可以出手，在外交领域还以颜色，则她必须承受两方面的重大危及与损失。一是进一步降低"中华民国""国际地位"，台湾无权再提南海问题，一旦太平岛发生被越南攻占的危险，大陆依法收复它之后，不会归还给台湾。二是引起连锁反应，压缩台湾"国际空间"。大陆可以认定蔡英文是在搞"台独"，有害两岸关系和平发展，应予以反击，可毫不客气地压缩台湾"国际空间"，办法就是顺水推舟，接纳愿意与中华人民共和国建交的台湾"友邦"，很可能发生林中斌所谓"雪崩式的断交潮"①。显然，发生一连串"断交"对台湾而言是不可承受

---

① 王海良：《台湾变局后的两岸关系发展趋势分析》，载香港：《中国评论》2015 年 12 月号。

之重，会进一步大大削弱其"国际"基础，毕竟国际承认是国际基础的核心。正如国外学者所言："除了外交承认所传递的象征性地位外，保持哪怕几个盟友也可以防止被进一步孤立，阻碍中华人民共和国在没有国际反对的情况下合并台湾的能力。[1]"且不论是不是有大陆合并台湾的可能，但从外交上来看，国际上就很难反对中国与任何外国建交，充其量只能对两岸结束"外交休兵"表示遗憾而已。如果出现这种局面，民进党是没法向台湾社会交代的，所谓台湾只好宣布"台湾共和国"更是一厢情愿的事，试想国际上都不承认"中华民国"了，还会有国家承认"台湾共和国"？

此外，大陆不接受南海问题的多边谈判，故不存在允许台湾参加多边协商的问题，也不会允许台方参加中国—东盟涉及南海问题的协商等活动。

（三）法律场域的冷对抗

至于法律场域的冷对抗，笔者以为，只要台湾不消除"台独"就难以避免。一方面，"台独"势力必然会利用民进党及绿营在"立法院"的多数优势，推动一些有"台独"性质的法案，如"公民投票法修正案"增修降低连署及提案人数门槛，会给两岸关系带来许多困扰。另一方面，针对"台独"活动和形式的泛化、多样化、隐蔽化，大陆理应有所反应、有所行动、有所作为。双方以法律为武器或手段展开相互攻防，将是两岸冷对抗的主要形式之一。

一段时间以来，大陆领导人多次郑重表示，反对"台独"的立场绝不动摇，必须反对和遏制各种形式的"台独"。笔者认为，可以对此做一下解读：要反对"台独"，就不能只听停留在口头上，不能抽象地反对"台独"，二是要拿出举措和行动来，要见到遏制"台独"的效果。从近年来的实际情况看，由于两岸关系和平发展，反对"台独"确实让位给了交流合作。以《反分裂国家法》为例，就如同放在武器库中的利器，知其猛而不得其用，客观上也用不上。然而，台湾政局的变化和两岸关系的转折，面对"台独"势力的卷土重来，这种情况就难以为继了，运用法律武器遏制、打击"台独"不能不提上议事日程。其中，《反分裂国家法》就是最有利的武器。

1. 对《反分裂国家法》的评估

《反分裂国家法》起了重要作用，它触动了美国为首的西方；震慑了陈水扁当局及其"台独"社会基础；始终作为一条法律底线起到了最终威慑作用；它通过反弹，

---

[1]　Timothy S. Rich：Renting Allies and Selling Sovereignty：Taiwan's Struggle for Diplomatic Recognition in The Changing Dynamics of The Relations Among China，and the United States edited by Cal Clark，published by Cambridge Scholars Publishing，Newcastle upon Tyne，UK，2011，P. 189.

促成了胡连会、国共合作、五项愿景。总体上看，它直接针对"法理台独"，有效防止了"台独"严重后果。

但是，《反分裂国家法》也有其局限性：一、它的适用对象基本上是台湾当局或者整个台湾，而不适用于台湾社会中的任何团体和个人，因而不对团体和个人具有威慑作用，因而其执法空间很小，执法手段单一，大大降低了它应有的威慑力和制裁力。二、它主要针对直接宣布"台湾独立"这样的显性"法理台独"，而不是"文化台独""教育台独""社会台独"等"隐性台独"。三、当国民党执政时，"台独"势力的政治代表下野，变成民间力量，化身千万民众，而大陆一方面要顾及执政当局的需要，保持足够的政策柔性，另一方面又忽视和低估了"台独"在民间搞分裂的危害性。

2. 大陆须修订《反分裂国家法》

两岸关系发生重大转折后，大陆再也无法继续把《反分裂国家法》"束之高阁，备而不用"了，将被迫重新拿起法律武器，遏制和打击各种形式的"台独"。笔者预计，大陆将适时修订《反分裂国家法》，把反分裂纳入法制轨道和全面治理框架，并扩大该法的适用范围，制定该法的实施细则，真正发挥其法律武器的作用。这样，才能避免面对各种分裂势力和分离主义行为而无计可施、任其泛滥，确保国家统一得到有力维护，国家完全统一有法制保障。从理论上说，既然大陆可以考虑在推进两岸关系和平发展进程中逐步给予台湾居民以国民待遇，就可以同时把作为自然人的台湾居民纳入《反分裂国家法》适用范围。这样，按照权利与义务对等的原则，就有理由依法确定"台独"分离主义者的罪名，并加以惩罚。

根据当前情况和未来趋势，可以预见的是，《反分裂国家法》的内容将修订得更加充实，大大增加法条，增强可操作性和威慑力。

第一，要将一切分裂国家的行为和行为主体都纳入依法惩治的范围，首先要明确该法适用于发生在中国领土范围内的一切分离主义犯罪行为，无论这一犯罪行为的主体是哪个地区、族群、阶层、政党的团体或个人，无论其政治立场是什么，也不论该犯罪行为是什么形态或形式的。

第二，对分裂犯罪分子，不能笼统地确定为分裂国家罪，而可能根据具体犯罪情况确定不同罪名，如发动、组织、实施分裂国家罪；颠覆国家罪；胁从分裂国家罪、包庇分裂国家罪；涉及外国的分裂犯罪则可定为叛国罪、胁从叛国罪、包庇叛国罪等。

第三，相应地，得根据《反分裂国家法》成立宪法法院或反分裂国家特别法庭、特别检察机关和特别调查机构，并赋予这些机构以特别司法权。

第四，相应地，全国人大可制定《反分裂国家法实施细则》，对实施修订后的《反分裂国家法》具体实施规则，尤其是对分裂国家罪行的侦察、认定、缉捕、起诉、审判（缺席审判）、惩处、追诉以及赦免等做出明确规定。

第五，鉴于两岸现状，要像对待战犯的处理那样，充分研究证据搜集、事后追溯、缺席审判等有效措施，以收震慑效果。

第六，基于《反分裂国家法实施细则》，大陆行政部门可以制订相应的行政法规，有效预防和制止"台独"：如公开点名有"台独"行为的政客、名流等；开列"台独"分子名单；制裁有"台独"行为的人；对有"台独"行为的台商和民间组织负责人，限制其来大陆经营与交流；对有此类表现的艺人或业者要禁止其在大陆从艺或从业等。

可以预见，大陆采取上述法律行动，一定会引起台湾社会的强烈反弹，但反弹是正常的，不反弹才不正常，正像2005年颁布《反分裂国家法》时那样。大陆绝不会因顾忌台湾社会的反对而退缩和放弃，而一定会把法制（依法反对"台独"）进行到底。反弹和交手不可怕。

四、结束语

两岸关系重大转折是不以人的意志为转移的，两岸冷对抗也不是我们所乐见的，但辩证地看，对抗不一定就是坏事，冷对抗也可能改变一代人的认同，导致两岸关系常态的回归。

"共识问题"与两岸关系和平发展

汪曙申[*]

现有在研判两岸关系发展时经常使用的分析框架包括大陆对台政策、台湾当局两岸政策、美国台海政策，在进一步探究这三大因素时又常引入国家利益和战略、政策的历史传承、竞争性政党政治、社会民意走向等子要素。从 1949 年台湾问题产生以来，两岸关系演变与上述因素紧密相关，而进一步追究可以发现，这些因素发挥作用最关键的还是表现在对一个中国的"共识问题"上。从台湾政治转型以来，两岸关系紧张动荡或和平发展，无不与两岸、岛内和外部三个层面的"共识问题"相关联。本文认为，观察两岸关系发展趋向，核心是要准确把握"共识问题"的客观现状和变化走势。

一、对"共识问题"的说明

共识，指"共同的认识"。本文提及的"共识问题"是指两岸官方、台湾内部社会、中国与相关外部国家（美国）在攸关两岸关系的核心问题上，也即一个中国原则（大陆和台湾同属一个中国）上，所形成的共识情况。这种共识情况又可分作两种基本状态，一是存在一定程度的共识，二是不存在基本的共识。对于"存在一定程度的共识"，可以理解为能够被相关方接受并成为执行政策之遵从。对于"不存在基本的共识"，可以理解为相关方的根本立场相悖和冲突，相互调和的难度非常大。之所以提出分析上述三个层面的共识情况，主要因为它一直是动态变化的，对其理解把握需要持历史、系统和辩证的思维。而且，就不同相关方来讲，变化调整的方向和幅度也是不同的。

从三个层面的具体情况看，第一个层面是两岸官方，一个中国原则的表述上有从"老三句"向"新三句"的发展，但坚持一个中国原则的核心没有丝毫变化，"共识问题"的关键在于台湾当局在"一中"问题上的认识和政策拟定，这一点随着台湾

---

* 汪曙申，中国社科院台湾研究所台美室副主任、副研究员。

民主化转型后政党轮替始终处于变化当中。第二个层面是台湾内部社会，既包括主要政党在"两岸一中""九二共识"等重大问题上所形成的共识情况，也包括社会民意在同一问题上所形成的共识情况。第三个层面是中美两方，主要表现为中国坚持的一个中国原则与美国执行的"一个中国"政策之间的落差情况。在比较分析以上三个层面的"共识问题"时，本文坚持一个核心即"九二共识"的核心意涵——两岸同属一个中国。在具体分析"共识问题"对两岸关系的影响时，需要秉持系统的分析思维。"共识问题"的三个层面不是孤立存在的，它们是相互渗透、相互作用的。

进一步看，对"共识问题"的理解有两个重要的维度，即政治的维度和法律的维度。前者涉及的是政策、策略及价值利益分配等问题，后者涉及的是宪法、法律、法规及相关权利义务规范等问题。两岸关系发展中的"共识问题"，同时受到政治和法律两个维度因素的影响。在不同的形势或情境下，政治维度和法律维度发挥作用的方向、力度和效果是有区别的。举个例子，两岸在一个中国原则上能否以及达成何种共识，既要注意到台湾内部政党政治特别是选举政治的复杂效应，也要注意到大陆和台湾涉两岸法律产生的规范和制约作用。大陆方面在维护和推动两岸关系过程中，要充分估量上述两个维度呈现出来的多面性和交互作用的复杂性。

在把握"共识问题"时，另一项不可忽视的因素是历史条件。共识的形成、存在、缺失，是受到历史条件影响的。历史条件是动态的、变换的，这表示共识的形成、存在、缺失之间是有可能转化的。在此举两个例子。20世纪70年代中美苏大三角关系变化，中美关系缓和的战略基础出现，美最终改变"两个中国"和"一中一台"政策，执行"一个中国"政策，中美在一个中国问题上达成共识。20世纪80年代台湾实施民主化政治转型，两岸社会民间交流由小到大，诸多新生的事务性问题需要解决，客观上推动两岸对话协商达成体现一个中国原则的"九二共识"。可见，在两岸关系上，历史条件的变化积累到一定程度会影响到"共识问题"的发展。

二、"共识问题"对两岸关系的重要性——基于经验的分析

在两蒋威权统治时期与政治转型后时期，两岸关系中"共识问题"的内涵和影响有所不同。从比较的视角看，在两蒋时期，一个中国始终是两岸坚持的根本原则，分歧是谁拥有代表一个中国的合法性问题[①]；台湾社会接受国民党当局在政治社会化中

---

① 1979年元旦，全国人大常委会发布《告台湾同胞书》中指出，"台湾当局一贯坚持一个中国的立场，反对'台湾独立'，这就是我们共同的立场，合作的基础"。

推行的中国意识，除极少数"台独"势力外，大多数人认可大陆和台湾属于一个中国；中美在三个联合公报的基础上达成世界上只有一个中国的共识，美国官方不再提"两个中国"或"台湾地位未定"，一个中国原则得到国际社会普遍承认。这一时期，尽管两岸意识形态针锋相对，制度上激烈斗争，军事尖锐对峙，经济彼此孤立，社会相互隔绝，但因一个中国不成问题，国家复归统一是两岸最高价值追求，本文所指涉的"共识问题"并不突出。基此，本文在进行历史经验分析时，主要选取台湾实行政治转型后的近30年这段时期。

（一）层面一

两岸官方。大陆始终坚持一个中国原则。1949年新中国成立后，将外国承认中华人民共和国政府是代表全中国的唯一合法政府、与台湾当局断绝或不建立外交关系，作为与外国建交的原则。针对美国企图制造"两个中国"，中国政府提出一个中国原则的基本含义，即"世界上只有一个中国，台湾是中国的一部分，中华人民共和国政府是代表全中国的唯一合法政府"。在1979年元旦《告台湾同胞书》（国家最高权力机关文告）、1981年9月"叶九条"（人大常委会委员长叶剑英发表谈话）、1983年6月"邓六条"（邓小平阐述和平统一构想）中，大陆在一个中国原则基础上提出和平统一的政策以及实现方式。20世纪90年代以来，通过发表《台湾问题与中国的统一》白皮书（1993年）、国家领导人讲话（1995年"江八点"）、《一个中国的原则与台湾问题》白皮书（2000年），大陆坚持一个中国原则，并为推动和平统一进程提出新的表述，即在处理两岸关系事务中，特别是在两岸谈判中，坚持"世界上只有一个中国，台湾是中国的一部分，中国的主权和领土完整不容分割"（称之为"老三句"）。2005年3月14日全国人大通过《反分裂国家法》，以最高立法的方式进一步确认一个中国原则，即"世界上只有一个中国，大陆和台湾同属一个中国，中国的主权和领土完整不容分割"（称之为"新三句"）。从"新三句"对"一中"原则的表述上看，更加突出了两岸平等协商的精神。2008年以来，大陆方面一直把坚持大陆和台湾同属一个中国作为推动两岸关系和平发展的政治基础，这见之于大陆领导人的讲话、党的文件和对台政策的实践当中。

从台湾方面看，1988年李登辉掌权后，台湾政治体制进入大幅变迁阶段，趋势是台湾"本土化"，方式是通过"修宪""司法院大法官释宪"和相关立法。1990年，李登辉当局设立"国家统一委员会""行政院大陆委员会"、海峡交流基金会作为大陆政策决策和实施机构。1991年"国统纲领"还指出海峡两岸应"共同重建一个统一的中国","大陆与台湾均是中国的领土"。1992 年 7 月公布的"台湾地区与大陆地区人民关系条例"第一章第一条、第二条分别以指出"国家统一前"、定义台湾地区与大陆地区来定位两岸关系的国内性质①。1992 年两岸两会达成双方各自以口头方式表示坚持一个中国原则的共识,但李登辉在终止"动员戡乱时期临时条款"之后不再与大陆在国际上竞争"中国代表权",而是通过推动持续的"宪政"改革将"中华民国台湾化"。此后,李登辉抛出"对等的政治实体论""阶段性两个中国政策",加大推动分裂路线。从 1993 年起,李登辉当局通过多次"修宪"坐实和强化"中华民国在台湾"的"宪政架构",纵容和支持"台独"活动,大陆和台湾在有关一个中国立场上的距离逐步拉大,经 1995 年李登辉访美、1999 年李抛出"两国论",大陆在维护一个中国原则问题上与台湾当局的斗争日趋激烈。在一个中国的共识被李登辉当局逐渐掏空后,两岸关系由"中国代表权"之争转变为"分裂分治"与"反分裂分治"的斗争。其结果是两岸互信基础消失,两会会谈由建立到中断,两岸关系动荡不止。

2000 年台湾首次政党轮替,民进党上台执政。对于陈水扁政权,大陆方面表示"听其言、观其行"。2000 年大陆方面提出一个中国原则的"新三句",并在 2002 年中国共产党十六大政治报告中得到进一步确认。这是大陆在台湾政局发生新变化情况下维护两岸关系的务实做法。然而,陈水扁当局拒不承认"九二共识",将一个中国作为两岸谈判的议题而非前提,并相继于 2002 年抛出"一边一国论",2003 年制订通过"公民投票法",2004 年发动"防御性公投",2006 年"废统",2007 年通过"正常国家决议文",2008 年强推"以台湾名义加入联合国"的"入联公投案"。从2000 年到 2008 年,两岸在一个中国的立场上毫无交集,共识缺失状态导致两岸关系呈现螺旋式下降,两会机制停摆长达十年,大陆以"反独遏独"作为对台工作的主线。针对陈水扁当局推行"法理台独"冒险行径,大陆方面在 2005 年 3 月通过《反分裂国家法》,对采取非和平方式捍卫国家领土主权的三种主要情况以及相应的执行程序进行了界定,成为大陆"以法遏独"的重要举措。

2008 年台湾经历第二次政党轮替,国民党重新执政。马英九当局根据现行法律和规定将两岸关系定位为"一国两区",以"九二共识、一中各表"作为建立两岸互信、推进两岸谈判的政治基础。尽管马英九因多方顾忌拖延两岸政治谈判,但其对两岸关系性质的认定上与大陆方面存在交集。马英九当局提出三组负面表列,即"不统、不独、不武",不在岛内和国际上推动"台湾独立""两个中国"和"一中一

---

① "台湾地区与大陆地区人民关系条例"第二条规定:"台湾地区:指台湾、澎湖、金门、马祖及政府统治权所及之其他地区。大陆地区:指台湾地区以外之中华民国领土。"

台"，两岸"互不承认主权、互不否认治权"。这三组负面表列，加上坚持"九二共识"，坚持两岸非国与国关系，两岸关系不是国际关系，共同构筑起两岸双方在求同存异基础上对一个中国的共识。正是有了这样的基础，从2008年5月至2016年5月，两岸两会商谈签署23项协议，国台办和台湾陆委会建立沟通联系机制，并于2015年11月7日在新加坡举行了历史性的"习马会"。马英九执政8年，两岸关系和平发展进程不断推进，关键在于两岸在大陆和台湾同属一个中国这一根本问题上形成共同认知并得到不断巩固。"九二共识"目前虽仍难以从根本上解决两岸政治难题，但它本身所坚持一个中国的立场，为两岸搁置政治分歧、寻求和平发展奠定了基础。

（二）层面二

台湾内部社会。在关于一个中国的"共识问题"上，主要存在两个方面：一是国、民两党的立场，二是社会民众的立场。这两个方面在近30年来已发生重大变化。在20世纪90年代，台湾处于政治体制转型的巨变期，其表现是以"台湾化"为指向的制度变迁。李登辉领导国民党推行"台独"路线，民进党"台独"能量上升，国、民两党两岸政策差距的缩小加大两岸之间的"共识赤字"。同期，在李登辉运用行政权力塑造"台湾生命共同体""新台湾人主义""台湾主体意识"，与中国人认同存在异己关系的"台湾人"认同开始上升。整个90年代，以台湾为中心的"国家认同"和"身份认同"的发展，也助推了两岸在一个中国立场上的观念认知差距。

陈水扁执政期间，以国、民两党为主的蓝绿对峙态势加剧，国民党在连战领导下回归坚持"九二共识"、反对"台独"的立场，与民进党在两岸关系上的立场、政策形成尖锐对立。蓝绿之间在一个中国立场上毫无共识，国共两党实现历史性和解并达成《两岸和平发展共同愿景》，继续掌握"立法院"的国民党成为大陆实施反"独"遏"独"战略的重要依靠力量。在国、共、民三党的三角关系中，国共建立初步互信，国、民和民、共则互信缺失。这一态势使得两岸关系在紧张动荡的同时还存在一种稳定的力量。从社会民众的立场看，在李登辉执政时催生"台湾主体意识"，陈水扁执政期间以行政力推动"去中国化"运动，台湾民众的"中国认同"和"统一观念"持续下降。其导致的结果是两岸民众在国家认同和身份认同上的异己关系持续扩大，"九二共识"在岛内被污名化。同时，由于陈水扁在两岸关系上奉行激进路线，大陆坚定执行"反独遏独"政策，台湾民众对两岸关系稳定发展的心理加强。

马英九执政期间，国民党在"立法院"为多数党，"一致政府"有利于马英九当局推动两岸关系和平发展。民进党执行"反马反中"路线，继续否定"九二共识"，反对"一个中国"框架,与国民党在"一中"问题上的矛盾十分尖锐。民进党将国民党的两岸经贸政策指称为"权贵经济""图利大财团",抨击马英九当局大陆政策"矮化台湾主权","被锁进一中框架"。民进党对国民党两岸政策的杯葛最终在2014年反对两岸服务贸易协议的"太阳花学运"中达到顶点,严重迟滞两岸关系和平发展进程,造成国民党在2014年底"九合一"选举中大败。从社会民众的立场看,台湾社会世代交替,加上马英九当局对民进党执政时的"台独"施政未能彻底拨乱反正以及国民党的"本土化"趋向,难以遏止住岛内民意"去中趋台""去统趋独"的走向。台湾蓝绿阵营在"一中"立场上的巨大鸿沟,岛内民意对"一中"概念的误解和对"被统一"的焦虑感上升,制约了两岸关系在马英九时期"由经入政"和破解两岸难题。

(三)层面三

中美两方。中国一直将美国视为解决台湾问题的最大外部障碍,在处理和发展对美关系中始终坚持处理台湾问题的一个中国原则。台湾从威权体制转型为西方民主体制后,一度横亘在两蒋政权与美国之间的制度矛盾消失,美国执行"一个中国"政策时重视美台在价值观念和制度上的同一性以及台湾民主对大陆的"示范效应"。在台湾问题上,中美之间的一个重要矛盾是美国政府执行"一个中国"政策的严肃性不够,以"与台湾关系法"拓展与台湾当局的政治、军事关系。1992年小布什对台出售150架F-16A/B战机,1994年克林顿政府"对台政策检讨"允许经济和技术类的内阁级官员访台,1995年允许李登辉以私人身份访美,就是这一态势的体现。2001年小布什执政后一度更改"模糊战略",提出"协防台湾论",此后放宽台湾当局高层官员访美的限制,提高台当局领导人"过境"美国的礼遇规格,使得美国"一个中国"政策日益空洞化。尽管小布什政府加大对陈水扁当局"激进台独"的管束,明确表示"不支持台独",但美将台视作一个"独立政治实体"的做法与"一个中国"政策的矛盾在扩大。

马英九执政期间,因马当局以"一国两区"定位两岸关系,以"九二共识"推动两岸商谈并形成协议成果,美"一个中国"政策事实上获得更大的操作空间。自2011年奥巴马政府加大推行"亚太再平衡"战略,美"一个中国"政策强化了对台湾在美国亚太布局中的战略运筹。从官方表态看,美已将台视作"亚太战略的关键部分",加强与台湾建立全面、持久和互惠关系。事实上,美台借助两岸关系改善深化了双方实质关系的现状。美台在政治、经济、军事、安全等领域的合作得到了明显加强，双方提升为"经济和安全伙伴"关系。美国务院助理国务卿拉塞尔称，台湾和美国关系顺畅是两岸关系改善的"外溢效果"。在马英九任内，美以"与台湾关系法"侵蚀中美三个公报的做法仍十分突出。比如，美在马英九任内对台军售总额达 201 亿美元，高于陈水扁任内的 84 亿美元和李登辉时期的 162 亿美元；平均每年军售额达 25.1 亿美元，远超李登辉、陈水扁执政时的 13.5 和 10.5 亿美元。又如，2014 年 4 月美环保署长麦卡馨（Gina McCarthy）率团访台，这是 2000 年以来首位美阁员级官员访台。此外，美还向马当局施压以阻止两岸商谈由事务性领域向政治性领域拓展，使大陆和台湾在两岸关系和平发展阶段寻求破解政治难题过程中巩固"一中"共识的可能性丧失。

2016 年 7 月 17 日，国台办主任张志军在第五届世界和平论坛上的演讲指出，从 2008 年之前和之后两岸关系发展的不同境遇中，我们可以得到很多有益的启示，其中最重要的是，一个中国原则是两岸关系的定海神针。历史经验分析显示，关于"一个中国"的"共识问题"表现在三个主要层面，它们之间是相互影响的，共同作用于两岸关系发展。这些基本的经验，将继续影响蔡英文执政时期的两岸关系走向。

三、"共识问题"对未来两岸关系的影响

从 2016 年 1 月 16 日蔡英文当选至今，两岸关系发展的氛围和进程发生了很大的变化。大陆方面的立场是"继续坚持体现一中原则的政治基础，维护和推进两岸关系和平发展"。台湾方面的态度是"致力于维持两岸关系的和平稳定"①，但不承认"九二共识"核心意涵。两岸在一个中国原则上的分歧显而易见，并且难以看到趋近的前景。台湾政治社会现况和美国台海政策也制约着蔡英文当局两岸政策，"共识问题"对两岸关系发展的影响更加复杂。

（一）两岸层面

蔡英文在 2016 年 1 月 16 日当选当天提到民进党执政后在两岸关系上将"有沟通、不挑衅、零意外"。在 1 月 21 日接受台湾《自由时报》采访时，蔡英文提出维持两岸关系和平稳定现状的政治基础，即一是 1992 年两岸两会会谈的历史事实以及双方求同存异的共同认知；二是"中华民国现行宪政体制"；三是两岸过去 20 多年来协

---

① 摘自蔡英文 2016 年 5 月 20 日"就职演说"内容。

商和交流互动的成果;四是台湾的民主原则以及"普遍民意"①。在"5.20就职演说"中,蔡英文阐述两岸关系最为核心的用语是:"1992年两岸两会秉持相互谅解、求同存异的政治思维,进行沟通协商,达成若干的共同认知与谅解,我尊重这个历史事实。92年之后,20多年来双方交流、协商所累积形成的现状与成果,两岸都应该共同珍惜与维护,并在这个既有的事实与政治基础上,持续推动两岸关系和平稳定发展;'新政府'会依据'中华民国宪法','两岸人民关系条例'及其他相关法律,处理两岸事务。"② 蔡英文还重申构成"既有政治基础"的四点关键元素(同"1.21《自由时报》采访内容)。从文字表述及其所透露出来的政治意涵来看,与蔡英文接受《自由时报》专访谈两岸关系相比较,此次有两点变化。第一,承认了1992年两会达成了"共同认知"。第二,明确提出依据"宪法"和"两岸人民关系条例"处理两岸事务。但我们亦看到,首先,蔡英文虽然承受"九二会谈"的历史事实,但没有说明"共同认知"的内容为何,也只表示"尊重"而非"承认"和"接受"。其次,蔡英文没有进一步阐述依据"中华民国宪法"和"两岸人民关系条例"两岸关系不是国与国的关系,不承认"九二共识"的核心意涵,而这一点恰是定位两岸关系性质的关键。在5月20日"就职演说"中,蔡英文只提到1949年以后的"中华民国",回避与大陆的历史联结。

对于蔡英文的"就职演说",国台办负责人在"就当前两岸关系发展谈话"中指出,"蔡英文在两岸关系性质这一根本问题上采取模糊态度,没有明确承认九二共识和认同其核心意涵,没有提出确保两岸关系和平稳定发展的具体办法,这是一份没有完成的答卷"。面对台湾政局变化,大陆方面坚持寻求两岸关于"一中"问题的共识,目前这种共识最佳的表现形式就是"九二共识"。"九二共识"之所以重要,就在于它体现了一个中国原则,清晰界定了两岸关系的性质,表明两岸不是国与国的关系③。由于蔡英文在两岸关系性质的根本问题上态度模糊,两岸关系在"5.20"之后快速冷却,国台办和陆委会联系沟通机制、海协会与海基会协商谈判机制基本中断,两岸制度化交往的前景很不乐观。蔡英文受意识形态、民进党权力结构、深绿民意等因素限制,在"亲美、靠日、离中"的战略思维下,将难以承认和接受"大陆和台湾同属一个中国"。这使得两岸在有关"一中"的问题上重新回到陈水扁时期的"共识赤字"状态。在两岸缺乏互信和沟通不足的情况下,这种"共识赤字"很可能随

---

① 蔡英文于2016年1月21日接受台湾《自由时报》专访时的讲话,参见《自由时报》2016年1月21日。
② 摘自蔡英文2016年5月20日"就职演说"内容。
③ 2016年7月17日,国台办主任张志军在第五届世界和平论坛上的演讲。

着两岸关系和国际上涉台问题的冲击而逐步扩大和恶化，并将很难修复。因此，从两岸官方层面看，攸关两岸关系性质的"共识问题"怎么发展是观察两岸关系走向的最重要指标。

（二）岛内层面

台湾政党政治的极化趋势仍在发展，竞选性选举引发的党争限制政党协商达成共识的情况难以改变。在两岸关系上，蓝绿阵营之间的"共识问题"在政党竞争和选举博弈中还会被放大。国民党在"大选"中"双输"，不仅丢失行政权，还在"立法院"沦为少数党，大幅削弱对民进党的制衡能力。迄今，国民党仍处于盘整期，路线方向上"中华民国派"与"本土派"的争斗继续，其发展走向将会影响两岸关系。目前看，在蔡英文向"中华民国论述"靠拢的情况下，国民党不会放弃"一中各表"政策，会继续以"九二共识"作为与民进党两岸政策相区隔的指标。尽管国民党并不完全认同大陆的一个中国原则，但在蓝绿对峙的二元权力结构下，国民党仍是遏止蔡英文当局走"法理台独"冒进路线和推行"文化台独"政策的重要力量。

另一个重要因素是台湾民意走势。台湾指标民调公司 2016 年 5 月所做的民调显示，18.5%的台湾受访民众赞成两岸最终应该统一，66.4%不赞成，15.1%未明确表态；52.6%的受访民众赞成台湾最终应"独立成为新国家"，30.9%不赞成，16.5%未明确表态。这表明，岛内"拒统趋独"的社会心理仍在发展，而且越年轻者不赞成终统的比率越高（20 岁至 20 岁达到 81%）。台湾社会"拒统趋独"的民意仍然没有逆转的迹象，这对大陆推动在岛内社会扩大一个中国的共识构成越来越大的挑战。

（三）中美层次

在美国推进"亚太再平衡"战略下，中美两强战略竞争态势加剧，美执政"一个中国"政策的两面性将会更加突出。一方面，近年来美国政学界主流意见认为，随着中国崛起及其周边海洋争端扩大，亚太地区不确定因素明显增多，处于稳定状态的两岸关系更符合美国利益，因此美对台政策应体现延续性，无须从根本上改变"一个中国"政策和"两面下注"策略，尚不需要公开将台湾作为推进"再平衡"战略的军事前哨，避免在台湾问题上进一步升级美中对抗的风险。另一方面，美国将台湾纳入"亚太再平衡"战略中，将会以具体的政策措施，包括加强官方层级的互动，双方经贸关系自由化，支持台湾扩大参与国际组织活动，协助台军提升不对称战力等，深化台美实质关系。

因在 2016 年"大选"前蔡英文当选态势底定，美国持续向大陆和台湾传递"两岸自我克制并保持弹性"的信号，以确保蔡英文执政后美国所定义的台海现状不被改变。从蔡当选至今，美台海政策的基调是"维和、促谈、阻独"。"维和"是维护台海地区和平稳定，避免两岸出现冲突。"促谈"是鼓励大陆和民进党当局沟通并找到能够稳定两岸关系的带有共识性的基础。对美而言，这一基础不必然是国民党执政时期的"九二共识"。"美在台协会台北办事处处长"梅建华曾公开称，"两岸对话基础为何，美方并无立场"①。"美在台协会理事主席"薄瑞光甚至宣称"九二共识原本不存在"。美这一立场助长蔡英文在承认"九二共识"问题上采取拖延和抵制的政策。"阻独"是美仍未放弃防止民进党可能通过"宪政"改革寻求"台独"，防止蔡英文"踩红线"。美国国防部根据 2000 年国会通过的《国防授权法案》规定，在 5 月蔡英文就职前向国会提交的"2016 年中国军力报告"中，除重申美方维持基于美中三个联合公报和"与台湾关系法"的"一个中国"政策外，还提到"反对台海任何一方片面改变现状，也不支持台湾独立"。该报告重申"不支持台独"，是对蔡英文"示警"，为具有预防性"阻独"的措施。到目前为止，美方认为蔡英文在两岸关系上"言行一致方面做得很好"。总体上，美国可以接受两岸关系处于一种"冷和"的状态。这种"冷和"状态的特征可以描述如下：政治上，台湾方面不在法理层面挑衅大陆一个中国原则的底线，也不与大陆达成任何有关"两岸同属一中"的确切共识；经济上，遵循市场规律作用下的两岸经贸关系，台湾借"新南向政策"降低对大陆经济的依赖度；军事上，台湾海峡保持基本稳定，不出现冲突，对蔡英文当局发展防务产业和加强不对称战力乐观其成。

从对"共识问题"三个层面的分析可以判断，两岸关系在民进党执政时期将重新进入"共识缺失"的阶段，两岸关系和平发展进程的维系势将面临更大的挑战，不能排除两岸关系逐步陷入"负面螺旋"当中。

---

① 参见梅健华接受台湾《联合报》TV 专访时的谈话，台湾《联合报》2016 年 2 月 4 日，http://udn.com/news/story/9363/1486516。

"九二共识"核心意涵的法理型构

——再论两岸法律的"一中性"

祝　捷[*]

2016 年全国"两会"期间，习近平总书记对台发表重要讲话，在两岸关系可能遭遇重大变局的关键时期，提出"承认'九二共识'的历史事实，认同其核心意涵"的新表述，对台湾地区各政治势力特别是执政在即的民进党宣示了大陆对台政策的新动向，也进一步创新了"九二共识"的内涵与外延。更早时间，外交部长王毅在美国访问时首提"台湾宪法"，蔡英文提出"中华民国宪政体制"，"宪法"和"宪政"再度成为牵动两岸敏感神经的主题词。"台湾宪法""中华民国宪政体制""九二共识"这些颇具两岸特色的词汇究竟是何关系？面向后 2016 的大陆和台湾如何围绕"九二共识"重塑新共识？接续本人与周叶中教授合作的《关于重视两岸法律制度"一中性"的思考》一文，本文将对上述问题进行更进一步的讨论。

如何回答"一个中国在哪里"？

"一个中国"在哪里？这或许是自 1949 年两岸隔海相望后，最为困扰两岸的问题。早期的"一个中国"，是对于"天命谁归"的正统之争，从政权正统（政统）之争到文化正统（道统），两岸各自认为自己才是中国的唯一代表，从而在台海直至国际空间开展攻防。中程的"一个中国"，又陷入"完成时""将来时"和"现在进行时"的"古今之争"。而晚近的"一个中国"则开始执拗于"统独之争"。从表面看，"一个中国"在两岸抽象、空洞的概念之争中逐渐模糊，但是，如果仔细观察两岸对于"一个中国"语言表述在着力点上的位移，可以发现：两岸的"一中"论述并非是渐趋模糊，而是倒逼两岸从统一的民族国家向"法的共同体"迈进。"一个中国"也在两岸"法的共同体"形塑过程中，逐渐从"文化的一中""民族的一中""政治

---

* 祝捷：武汉大学两岸及港澳法制研究中心执行主任，教授，博士生导师。

的一中"向着"法理的一中"进化。

1648 年《威斯特法伦和约》结束了"帝制邦国"的旧体系，近代民族国家踏上历史舞台。基于特定的民族建立主权国家，成为国家构造的经典范式，影响至今。1787 年美国制宪，宪法成为组成一个民族国家结成真正共同体的宣言和依据。自此，民族、国家、宪法构成"三位一体"的结构。主权国家在为一民族国家的同时，也具有了法的共同体的意涵。从"天下观"中走出的中国，经历了"中华民族建立中华民国"的民族国家形塑过程。"中华民国"成为中国走出"家天下"后的第一个"民族国家"符号。可惜的是，民族、国家和宪法三位一体的结构中，宪法的地位和作用被忽视了。宪法成为确认某种成果的法律文件，甚至是特定事实的法律化形式。近代中国及至今日，仅仅走完了"民族国家"这一段路，距离真正意义的现代中国还有一部宪法的距离。

"一个中国在哪里"这个问题的回答方式，不是争论"天命谁归"，也不是借助语法词汇玩文字游戏，而是讨论"一个中国"究竟靠什么来确认。目前两岸在根本问题没有解决的情况下，采取了认识论层次上的方法，即由两岸执政者达成关于"一个中国"在最大限度上的共识，并各自表述与认同这个共识，以求得两岸暂时的平衡。"九二共识"的原初意义即在于此。然而，时过境迁，选举政治的规律决定了台湾地区不可能有永远的执政者。新执政者是否认同这种认识论层次上的方法，过去的现实和即将发生的现实都已经给出了答案。这才有了习近平将"九二共识"定位于"历史事实"的新提法："九二共识"不再是一种认识论层面的结论，而是一项铁一般的历史事实，不因台湾地区领导人的改变而改变，也不因台湾地区领导人注意力和看法的改变而改变。因此，"九二共识"虽文字未变，其内涵已经与过去不可同日而语！但是，"九二共识"的原初意义并未随着其内涵的更新而褪去，它还将成为"九二共识"的软肋。不仅没有参与"九二共识"形成过程的民进党可以轻易否定它，就是参与"九二共识"形成过程的国民党也可以为因应岛内政治局势变化而否定它！靠什么确认"九二共识"，如何找寻台湾地区无法否认、无法回避的事物，来确认"九二共识"及其背后的"一个中国"？

这个能够用于确认"九二共识"以及"一个中国"的事物，当然只能是两岸各自体现"一中性"的法律。"文化的一中"尽管植根于两岸文化的同源性和中华文化的巨大凝聚力、感召力，但"文化的一中"并不必然导致"政治的一中"。"民族的一中"正在面临着"台湾国族"建构的挑战，"台湾国族建立台湾国"的呓语已经开始消解"中华民族建立中华民国"。"政治的一中"虽构成"一中性"的内核，但

"政治的一中"立基于政治团体和政治人物的决断，可信度、稳定性和权威性不足。应该说，两岸关系的历史，就是各类型"一中"不断"试错"的历史，"文化的一中""民族的一中""政治的一中"最终发展至"法理的一中"。"法理的一中"包容了"一中"的各种形态，为"文化一中"赋予权威性保障、为"民族一中"赋予法理光环、为"政治一中"提供刚性约束，已经解答"一个中国在哪里"之问的唯一可行选项！

两岸的统一，如若植根于"法律的一中"，"九二共识"最终能够成为两岸的"宪法共识"，则宪法在全中国的历史上首次扮演了"形塑国家"的重要角色。两岸的统一，因而也是现代中国在民族、国家和宪法"三位一体"意义上被构造的过程。因此，两岸复归统一，不仅是两岸结束政治对立的过程，也是两岸塑造"法的共同体"的过程，而中国也将在两岸"法的共同体"形塑的过程中完成真正意义的现代化。无疑，两岸各自体现"一中"的法律将在其中扮演无法替代的重要作用。

"中华民国宪政体制"怎么用？

蔡英文提出的"中华民国宪政体制"已经广为人知，成为蔡英文两岸政策的一大说辞。对于蔡英文的"中华民国宪政体制"论，政学各界人士已经对其进行了充分的解读和批判，无须赘述。那么，"中华民国宪政体制"对于大陆方面而言，是否只是供批判的对象？是否毫无价值可言？理想的大陆对台政策应当是战略与策略的结合，政治底线和政治定力的结合。既要在战略层次建立起"一个中国"的政治底线，保持两岸关系和平发展的总体方向，又必须根据台湾地区政治局势变化，针对政治人物暧昧多变的言论和态度，保持足够的政治定力，选择合适的应对策略。从资源的角度看待政治人物的任何言论，因势利导，挖掘资源的最大利用价值。因此，"中华民国宪政体制"论虽然在根本上模糊应对"九二共识"，但未必没有可资利用的价值，问题的关键是怎样运用"中华民国宪政体制"的说辞。

蔡英文眼中的"中华民国宪政体制"是否就是"中华民国宪法"？恐怕不能得出乐观的回答。在宪法理论上，宪政是宪法及宪法运行的状态，因而"宪政体制"除了成文宪法典之外，还包括宪法惯例、宪法判例、宪法解释等与宪法运行相关的规则等。蔡英文自己也曾在回应到底何为"中华民国宪政体制"时说道："我所说的是中华民国现行宪政体制，我也以教授身份提供定义，包括宪法的内文、增修条例、相关宪政释文、法官判决以及政府与人民的相关运用，只要是跟宪法有关、跟释宪运用有关，都含在我所谓的现行宪政体制里。"台湾地区现行"宪法"的解读，自 20 世纪 90 年代"宪政改革"后，就陷入"一部宪法、各自表述"的吊诡境地。

作为母本的 1946 年"宪法"制定于中国大陆，其中政治体制、基本政策的规定，大多以"全中国"为对象，当然体现出"一中性"。但是，就是这个 1946 年"宪法"，同样留下了"中华民国的固有疆域"这一模糊、暧昧的提法，在 20 世纪 90 年代一度成为"台独"势力挑动"释宪台独"的缺口。1991 年"宪政改革"后通过的增修条文，在序言中明确其作用为"因应国家统一前之需要"，又以"一国两区"界定两岸关系，似乎虽认可"分裂分治"但仍坚持"一中"。但是，在细部的制度设计上，"宪法增修条文"推动"中华民国总统"在台湾直选、废止作为"法统"象征的"国民大会"、推动"五权宪法"和台湾省的虚级化、推动"原住民"等台湾特色的词汇"入宪"……一部"全中国"的"宪法"逐渐蜕变为"小台湾"的"宪法"。而作为"宪政体制"重要组成部分的台湾地区"大法官""释宪"，对于"一中"问题更趋暧昧：一方面以"政治问题不审查"为据，回避"中华民国固有疆域"的问题，仍维持"中华民国""制宪"时的"疆域"不变更，另一方面又透过结社自由、言论自由等，为"去中国化"、解禁"台独"言论提供法律依据。由此可见，这部"宪法"，这个"中华民国宪政体制"到底是什么？恐怕不是"非黑即白"的逻辑能够解释清楚的。

应该说，"中华民国宪政体制"实在包括了太多的内涵。单就一个"中华民国"，它既是马英九念兹在兹的"国家符号"，又是民进党"台湾前途决议文"中台湾在"宪法"上的"国号"。"中华民国宪政体制"也是这样，它既可以是蔡英文们心目中"台湾独立"的生存策略，也是部分"台独"分裂势力欲除之而后快的拦路石。如何看待"中华民国宪政体制"，在战略上当然应当严守"政治底线"，但在策略层面不妨更加艺术地对待之。既然"中华民国宪政体制"已经成了台湾的一个筐，各方势力各取所需，大陆方面当然亦可将之作为一种资源，寻求、放大、培育其中的"一中性"因素。事实上，两岸对于各自规定上的"一中性"早有认识，在两岸共同场合亦有论述。国民党方面的连战、吴伯雄都曾言"两岸各自的法律、体制都实行一个中国原则"，民进党方面的谢长廷也说过台湾目前"宪法"体制确有"'一中'架构"，就是现在的民进党在 2016 年胜选后，也将长期主张的"台湾与中国缔结协议处理条例"祛除掉"两国论"的成分提交新立法机构审议。尽管其中不免掺杂形形色色的政治意图，但在可见的法理层面，台湾地区现行"宪法"的"一中性"成分仍然发挥着独特的作用。在大陆现行宪法和台湾地区现行"宪法"都具有"一中性"时，两岸"一中性"就能在法理上、特别是在根本法的层面寻找到交叠之处。规范的交叠为政治共识的形成提供了依据和素材，在政治力的催化和诱导下，两岸交叠的"一中性"规范完全能够成为两岸构建再平衡的支点。

"'九二共识'核心意涵"如何构造?

"九二共识"自诞生以来不仅命运多舛，而且含义也多次发生变迁。"九二共识"在相当长的一段时间，是作为两岸开展事务性商谈的前提性条件存在。2011年11月，胡锦涛在檀香山对"九二共识"的内涵进行了重述，"九二共识"因而形成了包括本体论的"九二共识"和方法论的"九二共识"双重结构。本体论的"九二共识"体现为两岸对一个中国原则的认同，而方法论的"九二共识"则体现为两岸"求同存异"的协商精神。

2016年两会期间，习近平对于"九二共识"的含义再次进行了两处更新：其一，将"九二共识"首次明确为"历史事实"；其二，形成"九二共识""核心意涵"的新提法。从逻辑关系上，两处更新是联系紧密的整体：只有当"九二共识"成为一项历史事实，而非简单的"认识论共识"，"核心意涵"的提法才有所附丽。"核心意涵"的提法，意味着只要台湾方面——特别是民进党和蔡英文——用合适方式表达对于一个中国原则历史事实的认同，则大陆亦可不拘泥于特定的概括性表述。这就意味着，在民进党执政后，大陆和台湾仍有可能达成体现"九二共识"核心内涵的新共识。

"九二共识"核心内涵的提出，展现大陆方面在继续推进两岸关系和平发展方面的巨大诚意和决心。事实上，"九二共识"的核心内涵是十分明确的，即一个中国原则，然而这也是台湾方面在统"独"领域争议最为聚焦的问题。"九二共识"形成的年代，两岸的争议仍是"天命谁归"的正统之争，两岸对于"一个中国"并无争议，争议只在于中国的"国号"为何。时过境迁，今日两岸的"统独争议"早已不再是"国号之争"，是否承认"一个中国"成为问题的关键。在"文化的一中""民族的一中""政治的一中"相继被解构、被曲解的时候，唯有在运用法理资源，借助"法理的一中"才可能有效回应岛内是否承认"一个中国"的问题。无论如何，台湾地区现行"宪法"以及由此构建的法律规范体系，仍能够在规范文本上坚持"一中"，在法教义学的立场上已经成为岛内支撑"一中"的核心依凭。

然而，台湾地区现行"宪法"恰恰是大陆的一块心结。1949年，中共中央发出

《关于废除国民党的〈六法全书〉与确定解放区的司法原则的指示》（简称"废除六法全书的指示"），标志着"中华民国""法统"在大陆的断绝和中华人民共和国新法统的建立。对待台湾地区现行"宪法"的态度，已经成为是否承认中华人民共和国政权合法性和新法统的标志。大陆至今未承认台湾地区领导人和绝大多数公权力机构的正当性，至今否定台湾地区现行"宪法"和绝大多数公法的正当性，皆在于此！这不仅是"争正统"的体现，也是中国共产党和中华人民共和国自证合法性的需求使然。如果承认台湾地区现行"宪法"的"正当性"，可能的政治后果甚至不限于两岸问题论域，因而必须谨慎处置，不可贸然为之。台湾地区现行"宪法"不宜直接承认，但其中的"一中性"资源的确值得合理利用，正是这种"否定的承认"或曰"承认的否定"，构成了两岸"宪法"的一种吊诡，也是大陆应对台湾地区现行"宪法"时总有"戴着脚镣跳舞"之感的根源，而这也恰是两岸"隔离但统一""隔离但交往"奇妙状态在法理上的直观呈现！

如果走出这种吊诡的境地，成为通过两岸"一中性"规范的交叠，构造"九二共识"核心意涵，进而推动两岸形成新共识的症结所在。还是回到第一个问题所谈的民族、国家、宪法"三位一体"的关系上。如果将宪法作为一种政权存续的法律化形式，或者将宪法作为一个新政权正当性或曰法统的标志，那么上述症结永远也难以跨越，两岸关系无论处于何种阶段，仍然跳脱不出"正统之争"的层次。然而，如果将国家理解为法的共同体，将宪法理解为国家这个法的共同体构造的理据，则完全可以从功能性的视角去解读宪法。两岸最终的统一，既是中国作为一个民族国家复归统一的过程，也是一个两岸法域和法律体系融合发展最终达到法的共同体的过程。"九二共识"核心意涵在两岸法的共同体形成过程中，不仅在认识论层次和历史事实层次得以构建，也能够成为两岸新共识——无论共识的名称和形式为何——所认可和肯定！

至于两岸各自根本法的名称，在两岸未能完全消除政治对立的情绪前，可以用合适的名称替代之，既可以是仅仅体现功能性特征的"宪制性法律"或"宪制性规定"，也可以其他合适的名称。作为"宪法"的替代性名称，归根到底只是一种语言文字相互转化的戏码，"宪法"作为形塑两岸法的共同体的理据，其中的"一中性"资源才是最值得关注和运用的。祛除了两岸根本法在两岸论域内不必要的政治性色彩，而突出甚至仅仅关注两岸根本法对于法的共同体的功能性作用，则两岸根本法在各自所体现的"一中性"基础上相互融合发展自有可期。

台湾地区司法判决中的两岸政治定位

——以台湾地区"宪法"第四条的援用为中心*

彭　莉　马　密**

一、研究缘起：从"宪法"规范到司法实践

两岸政治定位是两岸关系研究的核心议题，对此，两岸学界已有大量的探讨。在台湾地区，规范层面的两岸政治定位主要见诸"中华民国宪法"（以下简称"宪法"）第四条及相关条文中。1946 年制定的"宪法"第四条明确规定："中华民国"的领土依其固有的疆域，未经"国民大会"的决议，不得变更。毋庸置疑，这里"固有疆域"的范围包含大陆和台湾地区。20 世纪 90 年代以后，台湾宪制性规定中"本土化"特征日益明显，连接海峡两岸的元素被不断弱化，"宪法"第四条成为台湾地区坚守"一个中国"的核心法律依据，也是论证两岸同属一中的重要法理基础。

虽然一直以来台湾地区"宪法"第四条及相关规范始终坚持"一个中国"的底线，但是 1994 年的"司法院大法官释字 328 号解释"却使得台湾地区"宪法"的"一中性"留下了"模糊的空间"。1993 年 8 月，陈婉真等部分"立法委员"在审查"大陆事务委员会"预算时，声请"大法官"解释"宪法"第四条固有疆域的具体意涵，意图通过"大法官解释"限缩固有疆域的范围，进而达到"法理台独"的目的。1994 年 2 月台湾"司法院大法官"作成"释字 328 号解释"，认为，对于"中华民国领土"的规定，根据政治以及历史的理由，"宪法"第四条并没有采用列举方式而是做出"依其固有之疆域"的概括规定，并设定限制领土变更的程序。其中所称"固有疆域"范围的界定是重大的政治问题，不应该由行使司法权的"释宪机关"予以解释。[①] 这一解释文根据政治问题不解释的理论回避了对"固有疆域"的阐释，一方

---

　* 本文系教育部重点研究基地重大项目阶段性成果，项目名称：两岸关系和平发展的法制保障，批准号：14JJD790008。

　** 彭莉：两岸关系协创中心、厦门大学台湾研究院教授；马密：两岸关系协创中心、厦门大学法学院博士生。

　① 见台湾地区"大法官释字 328 号解释"。

面,摒弃了"独派"分子试图通过"释宪"限缩"宪法"第四条将"固有疆域"范围限缩为台湾地区的企图,从而使得领土的变更回归到遵循"宪法"规定的程序轨道之上;另一方面,却也罔顾立宪者的意志,回避了"固有疆域"包含大陆地区的基本事实。进而言之,"释字 328 号解释"为台湾政治人物的两岸政治定位论述提供了开放的解释空间,造成了两岸政治定位的解释困境。台湾现任"大法官"许宗力在"释字 644 号解释协同意见书"就表示:由于"中华民国"特殊历史、政治因素使然,"中华民国"与台湾这两个符号的关系,是等号,或包含,不同政治立场者有不同解读,且均各自引经据典,从"宪法"本身寻获其立论依据。[①] 据此,在 2016 年10 月许宗力接受台湾"立法院全院委员会"审查时,竟公开宣称两岸是"特殊国与国关系"。

制定法和习惯法,可谓只是半制成品,它们只有通过司法判决及其执行才趋于结束。法律由此继续不断地重新创造着自己的这一过程,从一般与抽象走向个别与具体。它是一个不断增加个别化和具体化的过程。[②] 由于"释字 328 号解释"的暧昧不明,若要深入探寻"宪法"文本下的两岸政治定位问题,司法判决无疑是一个重要的观察面向。在台湾,虽然"解释宪法"的任务主要由"司法院大法官"承担,普通法院的法官无权对"宪法"进行解释与直接适用,但从普通法院法官在解释法律时援用"宪法"第四条或规避援用"宪法"第四条的态度中,可以展现其对两岸政治定位的理解。因此,本文拟通过从"宪法"规范到司法实践的研究视角的转换,即以台湾"司法院法学资料检索系统"中所收录的台湾地区法院援用"宪法"第四条的司法案例为中心进行类型化的分析,从司法判决的视角考察两岸政治定位问题。

二、一个中国原则:台湾地区司法判决中两岸政治定位的核心

台湾地区司法判决案例库中涉及大陆的案件众多,每一案件都是反映两岸关系的微观镜像。两岸政治地位有其特定内涵,该问题的提出虽然源自 20 世纪 80 年代后期两岸交流的逐步展开,但其多元化、复杂化的态势是在 20 世纪 90 年代后期形成的,加之基于判决数据完整性的考虑,本文主要选取 2000 年以来台湾地区相关司法判决为分析依据。

以"宪法"第四条为关键词,就台湾"司法院法学资料检索系统"进行全面检

---

① 见台湾地区"大法官释字 644 号解释"。
② [奥]凯尔森著:《法与国家的一般原理》,沈宗灵译,中国大百科全书出版社,1996 年版,第 152 页。

索得知，自 2000 年以来，台湾地区法院援用"宪法"第四条的案例共有 741 个，① 其中，刑事类案件 705 件，行政类案件 23 件，民事类案件 12 件，"公务员惩戒委员会"仅 1 件。就所收集的案例逐一分类，在 741 件案件中，法官在判决书中通过援用"宪法"第 4 条解释法律的案例共 674 件，占案例总量 90.9%。当事人主张援用而法官回避的案件 66 件，占据案件数量的 8.9%，主张"两国论"的 1 个案例。进一步分析，台湾地区司法判决援用"宪法"第四条的 741 件司法案件，在程序部分通过适用"宪法"第四条以确认管辖权案件共 576 件案件，占案件数量的 77.7%，主要集中于台湾地区司法判决中对大陆刑事管辖权的认定，这部分案件明确承认了大陆属于"中华民国的固有疆域"。在实体部分，通过援用"宪法"第四条的共有 98 件，占案件数量的 13.2%，这部分案例从实体层面否认了两岸属于"国与国"之间的关系。由此可见，现阶段台湾地区"宪法"第四条视野下的台湾地区司法判决，其核心部分始终坚守着的一个中国原则。

（一）程序维度：大陆"领土主权"的确认

程序维度的大陆"领土主权"确认主要体现在刑事管辖权方面。刑事管辖权的行使，事关国家主权，各国法律对此都有明文规定。大陆和台湾同属一个国家内的两个不同法域，因而同样会产生刑事管辖冲突问题，刑事管辖权的确定因而是考察台湾地区司法判决是否坚持"一个中国"的重要面向。长期以来，台湾当局始终将台湾人民在大陆犯罪的行为纳入其管辖范围，2000 年以后依然如此，相关案件多达数百件，体现了遵守"宪法"第四条关于领土"固有疆域"的立法原旨。台湾地区法院 2000 年"台非字第 94 号刑事判决"乃具有代表性的案例之一。该案件的情况是：台湾地区的被告人甲在福州犯应处于三年以下有期徒刑的诈骗罪，经台湾地区检察官起诉，一审法院认定，大陆属于"中华民国"领域之外，故判处被告无罪。公诉人不服判决诉至二审，二审法院未予以改判此案进而诉至"最高法院"。"最高法院"判决认为，"宪法"第四条规定"中华民国"固有疆域的变更必须经"国民大会"的决定。自 1947"中华民国宪法"颁布至今，"国民大会"并未曾变更领土，就此可见"中华民国领土的范围包括大陆"从未更改。"宪法"增修条文第十一条明确规定，两岸间事务依据特别法律处理。所谓的特别法"两岸人民关系条例"第七十五条明确规定，在大陆或在大陆船舰、航空器内犯罪，虽在大陆曾经受过处罚，仍可以依法处断，但可以免其刑之全部或一部之执行，这一规定加强了"大陆属于'中华民国'固有疆域"的

---

① 司法判决资料来源于台湾"司法院法学资料检索系统"，http：//www.judicial.gov.tw/Index.htm。

观点。① 因此，法官根据形式法律推理方式得出"大陆属于'中华民国'的领土，在大陆犯罪应该受到惩罚"的结论。该判决强调说明了"宪法"第四条的"中华民国"固有疆域的具体内涵，确立了相关案件的裁判标准。这一判决做出后，后续许多类似案件均依照这一判决的论证，做出了台湾地区人民在大陆犯应处以三年以下有期徒刑的罪行必须受到处罚的判决。②

综上所述，从程序维度看，主流台湾地区司法判决的两岸政治定位观认为，大陆和台湾地区同属于"中华民国"，"中华民国"从未对大陆放弃"主权"，大陆和台湾地区之间的关系并非"国与国"的关系。

（二）实体维度："国与国"之间关系的否定

除程序方面体现了以"一个中国"为原则的两岸政治定位的司法论证逻辑外，台湾地区的司法判决在实体方面总体上也延续了程序部分的论证逻辑，坚持了"一个中国"的底线。就所收集案例进行类型化分析，可做以下归类：

首先，就涉及出入境方面的罪名做出特殊的处理。此类案件主要指法官通过援用"宪法"第四条，对大陆人或物在出入境方面做出有别于其他国家的处理。此类案件早期的典型案例为 1982 年"台上字第 8219 号判决"，该案情况为：被告人甲自大陆地区输入管制药品到台湾地区，被台湾地区检察官抓获后起诉至法院。法院根据大陆地区属于"宪法"上规定的固有疆域予以证成：大陆属于"中华民国领土"，因而非属"国外"。从大陆运送伪药、禁药至台湾地区，若没有经过其他国家的转口港，不能将它与国外运输进入的情形同等看待而处以输入罪。③ 这一判决做出后成为判例，援引该判例者众多。2000 年以后这一判例继续被采用，相关案例共 89 件，占案件总量的 12%。2002 年台湾屏东地方法院 2002 年"易字第 683 号刑事判决"就同样的案件事实，根据上述逻辑做出判决并发展了这一判例的精神。该判例指出，"国家之统治权"是以独立性与排他性行使于其领土之内，此不因领土之一部分由于某种事实上之原因暂时未能发挥作用而有所不同。④ 在该判决书中，从大陆输入的管制药品，未使用自外国输入时命名"伪药"的名称，而是重新命名为"禁药"。

2013 年台湾地区法院第 1 次刑事庭会议决定 1982 年"台上字第 8219 号判例"不

---

① 见台湾地区法院 2000 年"台非字第 94 号刑事判决"。
② 如：台湾地区法院刑事判决 2001 年度"台上字第 705 号判决"、台湾地区法院刑事判决 2001 年度"台上字第 2282 号判决"。
③ 见 1982 年"台上字第 8219 号判决"。
④ 见屏东地方法院 2002 年"易字第 683 号刑事判决"。

再援用，即便如此，台湾大部分法官依然会先援用"宪法"第四条表明，两岸属于"中华民国固有疆域"后才以进出口论出入境相关的罪名。以桃园地方法院 2015 年"诉字第 212 号刑事判决"为例，该判决首先指出：依"宪法"第四条，"中华民国领土"依其固有之疆域，非经"国民大会"之决议，不得变更，"宪法增修条文"第十一条、"两岸人民关系条例"第二条第二款等规定，皆认为大陆地区仍属"中华民国之领土"，进而认为，"'药事法'等所称之'输入'，固系指自外国进口而言，唯输入或携带进入台湾地区之大陆地区物品，以进口论，台湾地区与大陆地区人民关系条例第四十条第一款前段定有明文，则被告自大陆地区输入粉末一包，仍该当药事法所称之输入无误"。① 1982 年"台上字第 8219 号判例"不再援用只是表明这一判例对于类似案件不再具有拘束力，在涉及相关案件时，台湾地区法官是否援用"宪法"第四条表明大陆属于"中华民国固有疆域"则享有自由裁量权。

其次，认定在大陆居住不属于"中华民国无居所"的情形而无须缴纳相关费用。这类案件共 4 件，案例之一为 2008 年"高等法院 2008 年声字第 3 号民事裁定"。该裁定认为，定居在大陆的台湾地区人民不予适用"民事诉讼法"第九十六条第一款的规定，② 因而不要求原告提供诉讼担保。裁定书指出，大陆属于"中华民国领土"，故台湾地区人民居住在大陆，不属于"在中华民国无住所"的情形，所以，该案原告不用提供诉讼担保。这一案件通过确定在大陆居住不属于"在中华民国无住所"的情形，从而间接认定大陆不属于国外。又如，"台中地方法院 2009 年诉字第 2026 号民事裁定"也基于同样的理由裁定：大陆广东省系"中华民国固有之疆域"，当为公众周知的事实，依"两岸人民关系条例"第二条第二项规定，应属"中华民国领土"；何况相对人于起诉之初，亦已缴纳裁判费，声请人声请命相对人提供诉讼费用的担保，与"民事诉讼法"第九十六条第一款前段规定的要件不符。③

第三，认定香港居民不属于外国人而不适用"驱逐出境"的规定。2012 年的台湾"高等法院 2012 年上诉字第 1286 号判决"明确指出，香港居民不是外国人，因而不适用"驱逐出境"的规定。该判决书指出，被告为香港居民，而香港已于 1997 年 7 月 1 日回归，依"宪法"第四条"领土"条款、"宪法增修条文"第十一条规定，及"香港澳门关系条例"第一条规定的立法意旨，被告并非是外国人，自然不宜依据"刑法"第九十五条的规定，即不适用外国人受有期徒刑以上刑罚宣告，应该在刑罚

---

① 见"桃园地方法院 2015 年诉字第 212 号刑事判决"。
② 台湾"民事诉讼法"第 2007 条第 1 款规定："原告于中华民国无住所、事务所及营业所者，法院应依被告声请，以裁定命原告供诉讼费用担保；诉讼中发生担保不足额或不确实之情事时，亦同。"
③ 见"台北地方法院 2006 年海商字第 27 号民事裁定"。

执行完毕或赦免后驱逐出境的规定。① 值得特别说明的是，在 2000 年以来的 741 个案件中，有 100 多个判决明确认定大陆人民"属于'中华民国'构成人员"。这些判决均指出：虽然"国家统治权"在实际行使上发生部分的困难，司法权之运作也因此存在其事实上的窒碍，但"大陆仍属中华民国固有的疆域"，其上的人民仍属"国家"的构成人员，自然不能以其暂时的"沦陷"而变更其法律上的地位。② 这些判决是严格依据规范的意涵，坚守了"宪法"第四条的立法宗旨。

第四，否定台湾地区人民建立"台独"团体的申请。1998 年 11 月原告申请建立以"推进台湾独立建国"为宗旨的"台北市'外省人'台湾独立促进会"，该申请被台湾行政部门核定不予批准，原告认为结社自由权属于"宪法"性权利，以分裂领土的理由作为审查人民结社的条件，实属限制人民自由权利表现，进而提起行政诉讼。2001 年台湾"最高行政法院 2001 年判字第 349 号判决"认为，根据"宪法"第四条"领土"条款规定以及"人民团体法"第二条规定，人民团体的组织与活动，"不得主张共产主义"，或主张分裂"国土"。所以，人民不能以主张分裂"领土"为宗旨结社，③ 并据此裁定，台湾地区行政部门"不予批准结社"的决定符合法律规定。通过这一判决的裁判可以看出，台湾地区法院严格依据规范否定台湾地区人民建立"台独"团体的申请，坚持了"宪法"第四条的基本精神。

三、一个值得关注的流变："宪法"第四条援用的式微

虽然从总体上看，台湾"宪法"第四条视野下的司法判决核心部分始终坚守一个中国原则，但一个值得关注的现象是，近些年来台湾地区司法判决援用"宪法"第四条呈现式微的趋势，这种趋势按照类型化的方法可以分为基于规范解释的变化、基于"主权"和"治权"的区别，以及基于"两国论"论调而弱化了援用三种类型。

（一）基于规范解释变化的式微

法律并非一成不变，法律既可以通过修改和废止发生变化，也可以通过法院不同的解释导致法功能的实际变化。纵观台湾相关司法判决，规范解释的变化是导致"宪法"第四条援用式微的主要因素之一。

---

① 见"高等法院 2012 年上诉字第 1286 号判决"。
② 见"1982 年台上字第 8219 号判决""1984 年度台上字第 4653 号判决""1994 年度台上字第 5509 号判决"。
③ 见台湾地区行政法院 2001 年"判字第 349 号判决"。

台湾地区法院对大陆物品是否适用"输入罪"所做出的前后不同的认定乃典型例子。如前所述，1982年台湾"1982年台上字第8219号判决"认定"从大陆运输物品来台非属输入罪"，之后这一判决成为判例。数十年来，以这一判例的法律理由进行判决的案例总量众多，2000年以后依然如此。但是，2013年台湾地区法院2013年度第1次刑事庭会议决议"1982年台上字第8219号"不再援用，其理由为："台湾地区与大陆地区人民关系条例第四十条第一项另有明文，本则判例不合时宜，不再援用"，此后，相关判决开始将自大陆货品输入台湾地区等同于"自他国输入"的情形处理。实际上，"两岸人民关系条例"第四十条第一款①有关"输入或携带进入台湾地区的大陆物品，以进口论；其检验、检疫、管理、关税等税捐的征收及处理等，依输入物品有关法令办理"的规定制定于1992年10月，迄今始终未曾被修订，为何经过21年后才将这一判例废止？这不难看出其中蕴含着对规范理解的变化。"1982年台上字第8219号判例"不仅承认了"大陆属于中华民国的领土"，而且确认了大陆人民"属于'中国民国'法律上的人民"。因而，这一判例的废止削弱了台湾地区"两岸一中"的司法拘束力。"1982年台上字第8219号判例"被停止援用至今，"宪法"第四条援用的范围限缩在台湾人民在大陆犯罪或者犯罪结果地在大陆的刑事案件中属地管辖权的确认。涉及出入境的罪名界定时，虽然部分案例依然在表明"大陆属于中华民国固有疆域"后，才引用"两岸人民关系条例"第四条论以输入罪，如"台湾桃园地方法院2015年诉字第212号刑事判决"等。然而，大部分案例不再援用宪法第四条明示"大陆属于中华民国固有疆域"，直接以进出口论之，如"台湾高等法院2015年上诉字第3038号刑事判决"等。

2008年6月"释字644号解释"的做出是式微的另一表现。在"释字644号解释"中"大法官"提出，"人民团体法"第二条的规定与同法第五十三条前段规定，使得主管机关在许可设立人民团体以前，可以审查人民"主张共产主义，或主张分裂国土"的政治言论，并以此作为不予许可设立人民团体之理由，明显已经逾越必要的程度，与"宪法"保障人民结社自由与言论自由之意旨不符，在此范围内，应自此丧失效力，②并宣布以违反"不得主张共产主义和分裂领土"为理由而不予批准设立社团无效。"大法官"在理由书中进而阐述道，组织政党既无须事前许可，须等政党成立后发生其目的或行为危害"中华民国"的存在或自由民主的宪政秩序，经"宪法

---

① 与台湾地区"条项款"的顺序不同，大陆的习惯用法为"条款项"。本文除原文引用外，统一采用大陆用法。
② 见台湾地区"大法官解释释字644号"。

法庭"作成解散的判决后，始得禁止。① "大法官"的这一解释对"宪法增修条文"第五条第五款"政党的目或其行为，危害'中华民国'的存在或自由民主的宪政秩序是违宪"的规定进行了限缩解释，即"大法官"将组织政党的条件全部放开，而将审查政党放置到政党成立后。这一解释推翻了前述"最高行政法院 2001 年判字第 349 号判决"关于行政部门不能根据"人民团体法"第二条以及同法第五十三条的规定审查社团成立的前例。"大法官"的解释使得规范的意涵发生变化，从而排除了"宪法"第四条的援用。

（二）基于主权与治权区分的式微

20 世纪 90 年代初，台湾当局提出了"一个中国应指 1912 年成立迄今的中华民国，其主权及于整个中国，但目前的治权，则仅及于台澎金马"的论调。马英九当选后更多次提出"主权互不承认，治权互不否定"是两岸和平发展的基础。主权与治权的区分一定程度上也导致台湾地区司法判决中"一个中国"的式微。

基于主权与治权区分而式微的典型案件类型之一是赠予税类案件，台湾地区法院在这一类案件中根据主权与治权区分的理念排除了"宪法"第四条的援用，并在 2006 年将此类判决中的"2006 年判字第 569 号判决"上升为判例。2003 年"台北高等行政法院 2003 年简字第 590 号判决"是 2000 年以来此类案件中的第一例。该案件基本情况为，台湾地区的原告捐赠款项于大陆公立学校而被征税，原告主张，依据"遗产及赠与税法"第二十条第一款第一项的规定，捐赠各级政府及公立教育、文化、公益、慈善机关之财产的情形，不应计入赠予总额，因为根据"宪法"第四条的规定，"大陆属于中华民国的领土"。因此，台湾人民捐赠钱款于大陆地区可以享受税收优惠政策。法院判决对此观点予以了否定，其理由为："遗产及赠与税法"第二十条第一款所谓"各级政府或公立教育机关"指的是"中华民国"的"政府"及其所设立的公立学校，目前"政府"管辖权力只及于台、澎、金、马，并不包括大陆。原告所赠对象是大陆的公立学校，非属"中华民国政府"所管辖的"各级政府或公立教育机关"，而大陆的各级政府并非属于"中华民国的政府"，其设立的公立学校亦非"中华民国政府"所设立，故对各该学校捐赠的财产，非属遗产及赠与税法第二十条第一款所规定不计入赠与总额的财产。② 这一判决并未否认"大陆属于中华民国的固有疆域"，但以主权与治权相互区分为由，认定大陆公立机关为非"中华民国"的公

---

① 见台湾地区"大法官解释释字 644 号"。
② 见"台北高等行政法院 2013 年简字第 590 号判决"。

立机关。这一判决做出后，"最高行政法院"接连做出了多件类似判决，排除"宪法"第四条的适用，2008 年 6 月，"最高行政法院"2008 年 6 月份第 2 次庭长法官联席会议决议通过，将其中之一的"2006 年判字第 569 号判决"上升为判例。该判例的要旨为，"遗产及赠与税法"第二十条第一款对捐赠公立教育机关的财产为不计入赠与总额的租税优惠，是基于税收本即须挹注作为公立学校等公立教育机关的经费，而透过民间捐赠亦可达到相同施政目的的考量；故该款所称公立教育机关自是指"中华民国政府"依法令须挹注经费的公立教育机关，而不及于大陆地区的公立教育机关。① 自此，这一判决具有了司法拘束力，今后此类判决只能根据这一判例进行审理，对相关案件产生了较大影响。

（三）基于的"两国论"论调而导致的式微

20 世纪 90 年代以后，台湾当局"去中国化"步伐不断加快。李登辉、陈水扁先后抛出"两国论""一边一国"的反动论调。这些论调不仅对两岸关系产生了重大的冲击，也在一定程度上对台湾相关司法判决产生了影响。

这种影响从台湾地区法院对伪造文书类案不同的处理方式的变化中可见一斑。在2001 年台湾地区法院 2001 年"台上字第 2282 号刑事判决"中，甲、乙与大陆人丙共同伪造文书并携带至台湾，后被台湾地区高等法院以"伪造文书罪"论处，被告人不服判决上诉至"最高法院"。"最高法院"判决指出，"宪法"第四条规定"中华民国领土"，依其固有的"疆域"，非经"国民大会"的决议，不得变更之。"国民大会"未曾为变更"领土"之决议。"中华民国宪法"增修条文第十一条、"两岸人民关系条例"第二条第二款明确规定，大陆地区仍属"中华民国的领土"，结合条例第七十五条规定，大陆地区现在虽因事实上的障碍为"我国主权"所不及，但在大陆地区犯罪，仍应受"我国"法律的处罚。② 2007 年对这类判决出现不同的声音，例如，针对大陆人甲在大陆地区伪造文书到达台湾地区后被抓获一案，"福建金门地方法院 2007年易字第 21 号刑事判决"以大陆非属"中华民国领域"为由，回避了"宪法"第四条的援用。该判决书竟称："固有疆域的内涵并非一成不变，如今固有疆域内涵已经限缩在台湾，大陆非属我国法领域，大陆人民在法律上之地位也非属本国人民"。③

---

① 数据来源于台湾"法规资料库"。
② 见"最高法院 2001 年台上字第 2282 号刑事判决。
③ 见"福建金门地方法院刑事判决 2007 年度易字第 21 号"。

四、"宪法"第四条的式微原因及其影响

"宪法"第四条的式微既是两岸关系不断发展的客观反映，又是台湾岛内政治发展的现实反映。在一些案件中，"宪法"第四条的式微客观上顺应了两岸关系的发展，如管辖权的确定问题；在另一些案例中，"宪法"第四条的式微却消减了"宪法"第四条的规范功能，为两岸关系的顺利发展埋下了隐患。

（一）两岸关系发展的客观需求对司法判决的影响

基于特殊的历史因素，长期以来，台湾岛内关于"主权""法统""两岸定位"等问题一直存在着所谓"理想"与"现实"的冲撞，由此导致了两岸交流的法理结构有主观主义与客观主义之分。[①] 所谓绝对主观主义即主张"一个国家""一个主权"，并从根本上否定大陆的存在，在这一法理结构下，两岸间的交流居于"法律上的不可能"状态。这种大一统法制观显然无法适应20世纪80年代后两岸关系由"隔绝"走向"松动"与"开放"的需要。20世纪90年代初，台湾岛内政治生态发生了巨大变化。1990年李登辉正式就任台湾地区领导人后，开始经济"寻求一个崭新的大陆政策，这个政策的内涵定位便是替两岸找到适当定位的解释"。[②] 1991年2月，台湾"国家统一委员会"第三次全体会议通过了被视为"大陆政策蓝本"的"国家统一纲领"，将"一个中国"表述为"主权一中"而"治权相互区分"两个部分。1992年7月的"两岸人民关系条例"则明确以"一国两区"的定位处理两岸交流交往中衍生的法律问题，台湾地区由此进入"相对客观主义"法理结构主导时期。"相对客观主义"虽然主张"一个国家"，但不判决否定大陆之客观存在，[③] 换言之，在两岸互动关系中，以"一个中国"为原则，以"一国两区"作为处理两岸互动的法理基础，[④] 在司法层面则表现为承认大陆客观"管辖权"的现实存在，这在一定程度上导致了"宪法"第四条援用的式微。

就这一面向而言，这种式微化解了既有"宪政体制"下两岸交流交往的法律困境，客观上为两岸交流提供了法制的空间。在国家统一前的特殊阶段，"一国两法域"下人民来往利益冲突的解决之道，既不能求助于"国际法"之法理，也不得将"国

① 尹章华：《论两岸交流之法理结构》，（台湾）《法令月刊》第45卷第1期。
② 陈安主编：《海峡两岸交往中的法律问题研究》，北京大学出版社，1997年版，第28页。
③ 尹章华：《论两岸交流之法理结构》，（台湾）《法令月刊》第45卷第1期。
④ 彭莉：《法理结构的改变和台湾当局的两岸经贸立法》，载于《厦门大学学报（哲社版）》，2005年第3期。

际私法"或"涉外民事适用法"直接适用，从而唯有在不违背"一中框架"的前提下认可台湾当局的部分"治权"，并通过区际冲突法的方式予以解决。这是化解"一国两区"所形成的特殊法律现象——两岸既有法律规范对于"对岸人民"的"虚效"效应的有效方法之一，在一定程度上顺应了两岸关系发展的客观要求。

（二）法官政治意识形态对司法判决的影响

在两岸关系议题被高度政治化的台湾地区，司法判决中的两岸政治定位难以避免受到政治因素的影响，并主要表现为通过对法官意识形态的渗透进而影响法官司法判决中的论证逻辑选择。自国民党退居台湾后至1987年以前，台湾地区政治层面坚持以"一个中国"为原则的两岸政治定位，此时的台湾地区司法判决是通过实质推理的方法展现出以"一个中国"为原则的两岸政治定位，[①] 即法官从法的价值、目的、作用、法的基本原理、"国家"和执政党的政策、社会公共道德准则等考虑出发，选择或创立一个恰当的规范填补法的空隙。[②] 如上述"台上字第8219号判例"，该判例有关的"大陆被'共匪'所占据"的论述，清晰地展现了法官受到政治意识形态的影响。20世纪90年代末以后，随着"特殊的国与国关系""一边一国论"论调的发酵，台湾岛内政治层面的两岸政治定位呈现多元化的态势，"宪法"的"一中性"逐渐成为持不同统"独"观点的人都可以获取政治资源的工具，这种态势不可避免对法官裁判观产生或多或少的影响。在部分案件司法判决中，政治人物做出的关于两岸政治定位的论述并未直接影响台湾地区司法判决中"事实与规范之间往返流转关系的确定"，另一部分判决则相反。前者如2008年的"台中分院2008年上诉字第2140号刑事判决"。在该判决中，被告人因在大陆吸食毒品，被台湾地区检察官提起诉讼。被告主张，台湾地区领导人常常向岛内同胞及国际媒体称"中华民国"与大陆属"一边一国"，在国际上分属"两个主权不同之国家"。故台湾地区人民在大陆犯三年以下刑罚的罪行，不应该被处罚。[③] 法院的判决直接否认了政治人物"两国论"主张对司法判决的拘束力，并依据"宪法"第四条"固有疆域"的规定、"宪法增修条文"第十一条以及"两岸人民关系条例"第二条第二款的规定，明确认定"大陆属于'中华民国'的领土"，并确立了对该案的刑事管辖权。后者如前述"福建金门地方法院2007年易字第21号刑事判决"，该判决直接抛出了"固有疆域的内涵并非一成不变，

---

① 张斌峰：《实质法律推理研究》，中国政法大学出版社，2013年版，第44页。
② 张斌峰：《实质法律推理研究》，中国政法大学出版社，2013年版，第44页。
③ 见"台中分院2008年上诉字第2140号刑事判决"。

如今固有疆域内涵已经限缩在台湾地区""大陆非属我国法领域,大陆人民在法律上之地位也非属本国人民"的论调,明显违背"宪法"第四条的原旨。

司法的合理基础在于其产生的裁判约束力的正当性,而非权力的事实性。[①] 基于政治因素而引发的"宪法"第四条进一步式微直接导致了其规范效力的不断消减。在近代世界,法律成了社会控制的主要手段。[②] 法律控制社会的手段主要是通过法律的适用以实现。法律的内容取决于法官在个案中的裁判。[③] 宪法具有最高的法律效力,宪法通过法律具体化,通过司法判决的法律适用最终实现规范的实际效能,完全回避规范则等同于规范的废止。除了冲击两岸一中的规范基础之外,"宪法"第四条规范功能的消减最重要的法律后果即是影响两岸民众权利的合理保护,不仅是大陆人民在台湾所受到的"歧视性待遇"通过政治手段处理后形塑成"规范的正当化",而且导致在大陆地区有住所的台湾地区人民的权利得不到平等保护。例如"台北高等行政法院 2014 年诉字第 1941 号判决"通过"中华民国"的"统治力"不及大陆的理由,将旅居大陆的老荣民排除出领取老农津贴的范围。

五、结语

台湾地区司法判决中援用"宪法"第四条的判决是认识司法视野中两岸政治定位的关键,这部分案例的主流虽然迄今总体上依然坚守"一个中国"的两岸政治定位观,但近年来呈现逐渐式微的趋势。台湾地区司法判决中"宪法"第四条援用的式微是以"一个中国"为原则的两岸政治定位观弱化的表现,进一步的式微甚至可能会冲击"两岸一中"的规范基础。进而言之,若是将"宪法"第四条束之高阁,法官的价值判决取代了立法者的价值判决,最后的终点是"宪法"的变迁。司法判决是"宪法规范"的具体表达,我们不仅要关注"独派"启动"修宪"达到"法理台独"的目的,也应该警惕台湾当局在司法判决中否定"一个中国"的两岸政治定位的可能。

---

① 雷磊:《规范理论与法律论证》,中国政法大学出版社,2012 年版,第 158 页。
② [美] 罗斯科·庞德:《通过法律的社会控制》,沈宗灵译,商务印书馆,第 9 页。
③ [德] 卡尔·拉伦茨:《法学方法论》,陈爱娥译,商务印书馆,2015 年版,第 3 页。

從功能主義分析兩岸關係：兼論蔡英文當局執政下的制度障礙

劉性仁 *

壹、前言

兩岸關係的發展是一門與時俱進、不斷變遷，需要隨時隨地思考與更新的一門複雜性的學問，兩岸各界無不從各種學科及理論中找尋發展經驗與軌跡，在兩岸關係的過程，伴隨著全球化、民主化與法制化過程，兩岸都有各自必須處理的難題與困境，也有各自的立場與堅持，這是可以理解的。

2016 年蔡英文執政，使得兩岸關係陷入未確定與不安定的狀態，兩岸進入觀察及冷和期，未完成的答卷不知何時能完成與繳卷，兩岸氣氛變得很不一樣，兩岸交流中宏觀面的政治議題，不僅在討論平臺中淡化，就連微觀面的事務性協商也都面臨極大的考驗，使得兩岸存在制度障礙突顯越來越明顯，因而引發筆者撰寫本文的動機。

本文企圖從馬英九時期大陸政策具有解釋能力的新功能主義角度分析，從宏觀面及微觀面雙向進行切入，對照 2016 年「大選」民進黨蔡英文執政後，新功能主義似乎失去功能，使兩岸關係面臨僵局及冷和的局面，期盼蔡英文當局在面對制度困境與兩岸僵局時，能夠早日找尋出路，使不至於喪失兩岸關係和平發展的機遇期，讓兩岸重新回到正常交流的狀態，這便是本文的研究目的。

本文思考的脈絡，首先針對新功能主義的特點及經驗進行探討；而後就兩岸宏觀面之政治僵局進行論述，從馬當局到蔡當局，現今蔡英文當局在宏觀面上由於與大陸缺乏政治共識基礎，包括「九二共識」（「兩岸同屬一中」及反「臺獨」和兩岸同為中華民族等共識），使得兩岸引發事務性交流受到影響；而後就事務性交流中具有相當參考價值的新功能主義角度切入，最後提出建議，期盼兩會能早日恢復協商，新功能主義的價值能夠在兩岸中充分發揮，以共創兩岸雙贏及累積續談下去的能量。

兩岸關係現階段的法律與政治關係，大陸有《憲法》《反分裂國家法》《國家安全法》及正在研擬中的兩岸關係相關法制；而臺灣方面除了有「憲法」「兩岸人民關

---

* 作者現為文化大學國發大陸所副教授、「中華司法研究會」特約研究員，「國政基金會」特約研究員；研究方向為兩岸關係、兩岸公法學與政治發展及港澳基本法。

係條例」及其施行細則外，尚在立法「兩岸監督條例」，這些也都是法制化的成果；從宏觀面的角度來看，兩岸和平協議及相關協議等目前尚無法形成共識；就微觀面來看，兩會間所簽屬的各項協議及只須報備不涉及修法問題等兩岸協議，也都有法制化的問題存在；兩岸在程式上各有各的程式需要完成，然而兩岸後續協商機制的落實，正面臨著臺灣政治生態環境的變化而受到相當大的考驗。

作者之所以選擇新功能主義來分析兩岸關係，因為新功能主義過去在馬英九當局時期的大陸政策中有其解釋力，新功能主義者所提供的價值在於兩岸整合的過程與政策上繞開或擱置諸如主權、軍事等爭議性高的政治問題，但又不至於忽略政治力所扮演的角色，由於這樣的操作使兩岸事務性協商得以順利進行，兩岸關係和平發展的機會得以確保；況且新功能主義在大陸推出三十一條惠台措施後仍具有相當的解釋力，強調兩岸領導人及精英的價值與角色、兩岸間相互有效的調整與因應等因素。

本文透過新功能主義的經驗參考，結合兩岸關係現狀的僵局與制度困境，期盼能夠將理論應用在現實，使能清楚看出問題之所在，進而深刻地發現問題，找尋維繫兩岸關係和平發展的路徑，這便是本文的學術價值。

貳、新功能主義的經驗借鏡

新功能主義為研究整合關係的途徑之一；梅傳尼（David Mitrany）一般被視為功能學派創始人，其古典的功能主義論述認為，整合是一種「由上而下」的途徑與過程。梅氏認為，在議題上，應避免一開始就直接進入敏感性與困難度高的政治性議題，即所謂的「高層政治」（high politics），反而應從功能性的議題著手，即「低層政治」（low politics）。[1] 梅氏強調，功能性的議題反映各方人民的切實需要，從各方具有的共同利益出發，謀求功能性國際組織的建立與擴散，進而積極合作來建立彼此共同的認知，整合才可能完成。

梅氏並提出分枝說（doctrine of ramification）來敘述功能合作的自動擴張效果與結果，簡言之，某一功能部門的合作有助於其他部門的合作，逐漸形成一種功能性的互賴網，此過程乃自動擴張，擴散與深化的最後會逐漸侵蝕與吞噬政治領域。[2]

---

[1] 詹姆斯・多爾蒂、小羅伯特・普法爾茨格拉夫著，閻學通、陳寒溪譯，《爭論中的國際關係理論（第五版）》（CONTENDING THEORIES OF INTERNATIONAL RELATION – A COMPREHENSIVE SURVEY），北京：世界知識出版社，2002 年，頁 549。

[2] David Mitrany, A Working Peace System: *An Argument for the Functional Development of International Organization* (Chicago: Quadrangle Books, 1966), pp. 60–97；張亞中，《兩岸統合論》，臺北：生智出版社，2002 年，頁 252—257；林碧炤，《國際政治與外交政策》，臺北：五南圖書出版公司，1993 年 11 月，頁 249—258。

　　新功能主義強調菁英分子對整合的重要性，哈斯進一步強調「政治領袖」對於整合的助益。他認為整合的進展指標只是純粹以經濟交流數據為判斷標準無法證明什麼。他更指出，整合的動力若僅僅只是來自各國人民或利益團體的自利動機，整合的工程也難以長久與持續，除非此一工程得到政治領導者的政治背書與支援才可能長可久。換言之，政治領導階層必須進一步扮演積極的角色，才能使整合擴散與持續。

　　新功能主義與功能主義不同，如表1所示，新功能主義不認為技術合作可以忽略政治因素，甚至整合的策略便是過程中的逐漸政治化。整合之初，各行為者會在若幹技術性或較不引起爭論的範疇內進行合作，但日後行他們會逐漸發現，唯有將更多的權威讓與集體決策機構，或者向其他相關功能領域擴大合作範圍，才能達到他們所想要設定的目標。[①] 換言之，行為者的行為與立場會逐漸政治化，行為者的目標已非原本單純的技術性事務，整個過程逐漸往爭議性事務發展，由經濟部門整合提升至政治方面的整合。整個過程中，不代表衝突不會發生，但和平為必要的假定與方式，一切均在非暴力的交流中進行，衝突更可以在較高層次的區域性組織決策體系內部解決。

表1　功能主義與新功能主義之差異

標題　　　　指標	功能主義	新功能主義
對整合的看法	由下至上	循序並進
政治力的介入	可忽略	不可忽略

作者自製。

　　從上可以看出，新功能主義的特點，認為整合是循序並進，政經發展同時並進，並且強調菁英分子對整合的重要性，從功能性的議題著手，亦即「低層政治」（low politics）可以迴避一些敏感爭議而不至於一事無成，從各方具有的共同利益出發，謀求功能性國際組織的建立與擴散，進而積極合作來建立彼此共同的認知，整合才可能完成。這些經驗對於馬英九當局過去與大陸交流具有很大的參考意義與價值。

　　新功能主義者甚至強調，歐洲整合的成就非如功能主義者所認定的為經社合作的副產品，而是政治領導精英可以巧妙運用此種合作手段作為政治策略的結果，為達成政治目的而故意採用的手段。進言之，對議題的「刻意的聯繫」（deliberate linkage），但可以輔助甚至可強化彼此間的「功能聯繫」。「刻意的聯繫」往往由政治人物聯手國際官僚與利益團體一同努力所造成。此種「刻意的聯繫」更往往非技術上必須如

---

① 賴榮偉，《新功能主義與兩岸關係的發展》，《龍華科技大學學報》，第33期，2013年6月，頁194—196。

此，而是具有政治上的方便或考量。

故新功能主義強調整合過程中政治與社會菁英的重要性，但某種程度來說，政府是否有能力整合包括內部在內的多方壓力做出調適，同時也關係著整合工程的成敗。

參、兩岸宏觀面之政治僵局探討

兩岸關係發展不僅反映出臺灣內部的政治問題和矛盾，同時呈現「政冷經熱」的態勢；由於兩岸政治主張不同，立場與觀點不同，制度與思維方式也不同，故往往反映在宏觀面的政治議題上。

一、兩岸宏觀面的態勢

（一）兩岸關係反映出臺灣內部的政治情勢發展

兩岸關係的發展取決於臺灣本身的兩岸政策及領導人的態度。自從 1979 年中共改採「和平統一」及 1983 年「鄧六條」的「一國兩制」後，無論是江澤民或是胡錦濤的對臺政策，皆是在「鄧六條」及「一國兩制」原則的基礎上，針對臺灣不同時期，不同領導人進行「硬或軟」微調及反應措施。如果臺灣採取親善和緩的兩岸政策，大陸施壓的力道就會減輕，同時也會釋出較多的善意，如 2008 年至 2016 年的馬英九時期；倘若臺灣的態度較為敵對，大陸即會增強施壓的力道，甚至不惜以文攻武嚇的方式，嚇阻臺灣內部的「臺獨」勢力。總體來說，在硬的方面，大陸仍謹守一中原則，任何臺灣當局都不能跨越此一底線。

（二）兩岸關係呈現「政冷經熱」的矛盾情況

兩岸經貿關係自從臺灣當局開放臺商赴大陸投資後持續維持成長的趨勢，尤其是臺灣對大陸的出口貿易，迄今大陸是臺灣第一大貿易夥伴，雖蔡英文當局有刻意轉向「新南向政策」，但難以改變的是，兩岸依賴發展的程度已經形成，兩岸經貿關係展現出市場經濟的基本法則，一方面，臺灣內部的投資環境和經營成本不斷惡化；另一方面，大陸設廠投資。① 全球化下的分工體系及區域經濟整合發展，更催化了兩岸經貿往來的速度、深度及廣度。

相較於經貿關係的熱絡發展，兩岸政治關係卻顯得冷淡許多。蔡英文當局連經貿關係都刻意要冷卻的情況，更遑論政治議題。兩岸高層直接的政治對話與交流，仍需

---

① 林碧炤，《ECFA 後兩岸關係之新局》，朱敬一主編，《ECFA：開創兩岸互利雙贏新局面》，臺北：財團法人兩岸交流基金會，2004 年，頁 197—216。

要時間即條件的配合與鋪陳，此時的蔡英文當局正面臨與大陸缺乏共同政治基礎所引發兩黨無法正常交往，兩岸兩會無法正常運作。

二、兩岸宏觀面的僵局

探討兩岸宏觀面的僵局從兩蔣時期的漢賊不兩立，到李登輝時期為了因應兩岸交流的需要及為了緩解兩岸關係緊張，當時提出主張統一為終極目標的「國統綱領」，這是當時是中國國民黨大陸政策的最高指導原則，試圖在那個時代突破兩岸關係僵局，可惜在當時並沒有得到太多的關注與重視，關於「國統綱領」其進程如表 2 所示：①

表 2　「國統綱領」進程

一、近程：互惠交流階段
（一）以交流促進瞭解，以互惠化解敵意；在交流中不危及對方的安全與安定，在互惠中不否定對方為政治實體，以建立良性互動關係。
（二）建立兩岸交流秩序，制訂交流規範，設立仲介機構，以維護兩岸人民權益；逐步放寬各項限制，擴大兩岸民間交流，以促進雙方社會繁榮。
（三）在國家統一的目標下，為增進兩岸人民福祉；大陸地區應積極推動經濟改革，逐步開放輿論，實行民主法治；臺灣地區則應加速「憲政」改革，推動「國家」建設，建立均富社會。
（四）兩岸應摒除敵對狀態，並在一個中國的原則下，以和平方式解決一切爭端，在國際間相互尊重，互不排斥，以利進入互信合作階段。
二、中程：互信合作階段
（一）兩岸應建立對等的官方溝通管道。
（二）開放兩岸直接通郵、通航、通商，共同開發大陸東南沿海地區，並逐步向其他地區推展，以縮短兩岸人民生活差距。
（三）兩岸應協力互助，參加國際組織與活動。
（四）推動兩岸高層人士互訪，以創造協商統一的有利條件。
三、遠程：協商統一階段
成立兩岸統一協商機構，依據兩岸人民意願，秉持政治民主、經濟自由、社會公平及軍隊國家化的原則，共商統一大業，研訂憲政體制，以建立民主、自由、均富的中國。

作者自製。

「國統綱領」主要意義在於兩岸應摒除敵對狀態，並在一個中國的原則下，以和平方式解決一切爭端，在國際間相互尊重，互不排斥，以利進入互信合作階段。可惜後來李登輝變調，提出「特殊國與國」關係，造成兩岸關係的緊張與僵局。陳水扁時

---

① 馬英九，《兩岸關係的回顧與展望》，臺北：「行政院大陸委員會」，1992 年 3 月，頁 9—10。

期，由於後期提出「一邊一國」主張，使兩岸關係陷入停滯。

「九二共識」起源自 1992 年 10 月兩岸兩會香港會談的結果。當年兩會先就兩岸文書查證問題交換意見，海協會欲將「一個中國」之表述方法予以討論，方能進行事務性協商。海協會提出五種表述方法，其中唯具代表性的是「在海峽兩岸共同努力謀求國家統一的過程中，雙方均堅持一個中國之原則，對兩岸公證書之使用（或其他商務事務）加以妥善解決。」

「九二共識」再次成為兩岸雙方溝通橋樑，是從 2005 年「胡連會」發表的新聞公報開始，其中兩次提及「九二共識」：「堅持九二共識反對臺獨，謀求臺海和平穩定，促進兩岸關係發展，維護兩岸同胞利益是兩黨共同主張」，「促進兩岸在九二共識的基礎上，盡速恢復平等協商」。[①] 馬英九當局在「九二共識」基礎上，恢復兩會對話與協商。馬英九表示，若沒有「九二共識」，大陸不會和臺灣走上談判桌，這是兩岸制度化協商很好的開端。[②]

國民黨與共產兩黨對於一個中國內涵，筆者用圖 1 表示國民黨是「一中各表」，共產黨是「同屬一中」。

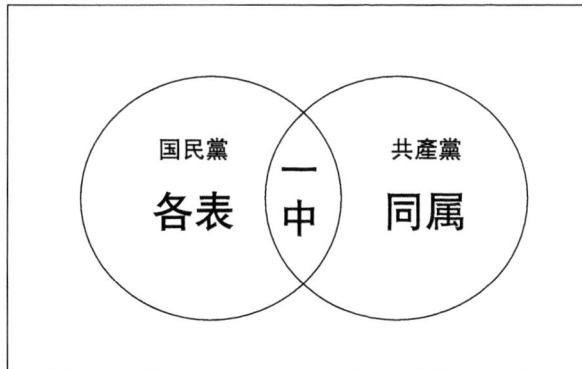

圖 1　國共兩黨對於一中看法（作者自製）

到了 2016 年民進黨蔡英文執政時期，與大陸在宏觀面兩岸缺乏政治共識基礎：「九二共識」（兩岸同屬一中）及反「臺獨」和兩岸同為中華民族等共識，使得兩岸關係走樣，形成另一種冷和及時時刻刻都有衝突可能性的情況，並且沒有看出任何調整的跡象，使兩岸關係產生嚴重僵局。

---

① 中國評論新聞網，《2005 年胡連會談新聞公報（全文）》，2008 年 12 月 19 日，2008 年 12 月 20 日下載，網址 http：//www. chinareviewnews. com/doc/1008/3/4/5/100834564. html? coluid ＝ 130&kindid ＝ 4173&docid ＝ 100834564&mdate ＝ 1219153731。

② 兩岸網，《馬英九：沒有九二共識　兩岸不可能恢復協商》，《兩岸網》，2010 年 12 月 28 日，2010 年 12 月 29 日下載，網址 http：//fund. cnyes. com/Report _ Content. aspx？ kind ＝ 6&sn ＝ 201010281957198438782l2。

民進黨與共產黨的觀點，民進黨主張的「一臺」與共產黨所主張的「一中」，完全沒有任何的交集與共識，筆者以圖2表示，因此產生僵局情況。

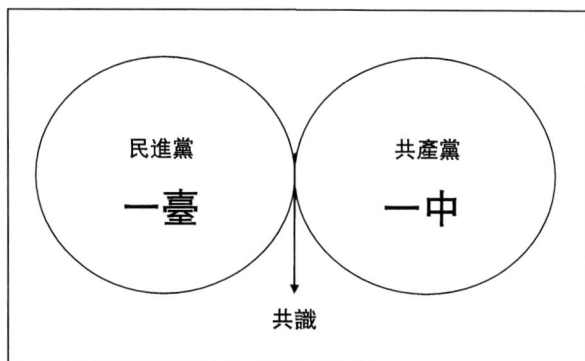

圖2　兩黨對兩岸關係的看法（作者自製）

然而，這種僵局產生，我們必須先確認目前兩岸狀態；

（一）法律主權未分裂

無論就中華人民共和國憲法或「中華民國憲法」，兩岸的主權都是一個中國，主權宣示互相及於對方，出現主權宣示重疊的情況，兩岸雙方各自詮釋中國的主權。

過去馬英九在「中華民國憲法」和「兩岸人民關係條例」的基礎上作出了兩岸同屬一中的主張。陳水扁時期兩岸陷入停滯，李登輝則利用「中華民國憲法」和「兩岸人民關係條例」的基礎上借助「主權與治權區分」的方式闡述「一個中國，兩個對等政治實體」的主張，最後在1999年提出「兩國論」。李登輝採取「臺獨」的方式，以「中華民國憲法」及「兩岸人民關係條例」和其他相關法律作為處理兩岸事務的經驗，提供蔡英文中國政策的參考。但蔡英文將主權與治權同一，認為「中華民國就是臺灣」的論述，認為「兩岸法律主權及事實主權皆為分裂」的看法，與「中華民國憲法」中的一中精神，若細追究下去顯有相違。

透過宏觀面憲法規範，明確大陸和臺灣政治關係定位及法律關係，為兩岸日後奠定法律及政治基礎①，更設想兩岸關係和平發展框架的重心，強化兩岸關係和平發展框架的道路。

（二）蔡英文當局的主張及國民黨的觀點

蔡英文在2016年就職演說中提到：「1992年兩岸兩會秉持相互諒解、求同存異的政治思維，進行溝通協商，達成若干的共同認知與諒解，我尊重這個歷史事實。92年

---

① 劉性仁，《兩岸政治爭議之研究》，臺北：時英出版社，2013年5月，頁239—245。

之後，20 多年來雙方交流、協商所累積形成的現狀與成果，兩岸都應該共同珍惜與維護，並在這個既有的事實與政治基礎上，持續推動兩岸關係和平穩定發展；新政府會依據中華民國憲法、兩岸人民關係條例及其他相關法律，處理兩岸事務。兩岸的兩個執政黨應該要放下歷史包袱，展開良性對話，造福兩岸人民」。① 兩岸既無共識基礎，僅只承認並尊重「九二會談」史實。

她對於兩岸關係提出看法，其中在第四部分區域的和平穩定發展及兩岸關係中提到，新當局要承擔的第四件事情，是區域的和平穩定與發展，以及妥善處理兩岸關係。② 蔡英文強調兩岸要對話和溝通，是臺灣方面達成目標最重要的關鍵。臺灣也要成為一個「和平的積極溝通者」，臺灣將和相關的各方，建立常態、緊密的溝通機制，隨時交換意見，防止誤判，建立互信，有效解決爭議。

問題就出在蔡英文與大陸並沒有共同政治基礎，諸如「九二共識」、反「臺獨」及兩岸同屬中華民族等論述，使得蔡英文當局的論述與大陸無法展開下去，當然影響兩岸事務性交流的正常狀態。就算蔡英文不主張「九二共識」，但也必須找出一個與「九二共識」核心價值（兩岸均堅持一個中國原則）相同意義的論述。

就在馬英九執政後半期，習馬會好不容易讓兩岸關係有起色，習馬會面後不久民進黨蔡英文執政，而習馬會就推進兩岸關係和平發展交換意見，探討深化兩岸各領域事務性交流合作、增進兩岸民眾共同福祉等重大議題進行探討，以維護和鞏固現階段兩岸關係和平發展。習馬會面自然功不可沒，雖然現今已經沒有條件開創與時間，但穩定和鞏固兩岸關係是很重要的，特別是在兩岸和平發展方向及大原則的確定上，「九二共識」與反「臺獨」這是必然的道路，在此基礎上鞏固和深化兩岸既有協議，針對協定內容進行合乎時代環境需要的檢討及修正，並輔以相關配套法制之修正與擬訂，使兩岸事務性導向常規，制度化常態化與公開化的健全暢通體制，辦事機構及大小兩會都需要有基本的綱領性指導，更重要的是看不見的互信基礎與具兩岸特色之解決問題的方式。

習馬會具有重大意義，在時間點上有一定的價值，雖然開創性不足，欠缺動力及條件，但公開透明的習馬會，替中華民族寫下新的歷史篇章，兩岸的未來何去何從，不在於習馬會的實質貢獻，而是保留希望的幼苗，習馬會所傳達的和平意見與精神，希望能夠紮實地替兩岸留下些甚麼。

---

① 劉麗榮，《蔡英文就職演說中英文全文》，「中央通訊社」，2016 年 5 月 20 日，2016 年 5 月 20 日下載，網址 http：//www. cna. com. tw/news/firstnews/201605205012 - 1. aspx。

② 聯合新聞網，《蔡英文 520 就職演說全文》，2016 年 5 月 20 日，2016 年 5 月 20 日下載，網址 http：//udn. com/news/story/1/1707647。

　　國民黨前主席洪秀柱，對於國民黨政策綱領延續過去在馬英九時期曾將國共連胡五項願景列入政綱，朱立倫時期將「九二共識」列入政綱；秀柱認為兩岸關係必須找出新的論述，她主張「一中同表」及和平協議，堅持「九二共識」，她的任何兩岸言論及主張，非但沒有悖離國民黨政綱的主張，反而鞏固「九二共識」及深化「九二共識」的發展，這一點是十分重要的，對照蔡英文的反對及模糊，洪秀柱對於「九二共識」的堅持是清楚的，雖然對於一中是「各表」還是「同表」，兩岸對於一中內涵的認知是不同的，但並不影響兩岸對於「九二共識」政治互信的整體發展。

　　國民黨主席吳敦義在兩岸政策上的論述，基本上與馬英九近似，都是期盼創造和平穩定發展的兩岸，他的兩岸發展便是堅持1992年台方提出經陸方在同年11月16日回函表示充分尊重的「一中各表」中的「九二共識」以及在「中華民國憲法」架構下兩岸維持「不統不獨不武」的情況，維護兩岸的和平與發展，確保台灣自由、民主、均富以及人權和法治等普世價值的持續實踐。

（三）蔡政府與大陸當局的難解困境引發事務性交流受到影響

　　馬英九維持現狀卻能與大陸進行事務性交流是因為與大陸有共同的政治基礎，蔡英文也主張維持現狀，但她所維持的現狀與馬英九是截然不同的，筆者特製表3使能清楚呈現。

表3　馬英九與蔡英文維持現狀之比較

項目 ＼ 領導人	馬英九	蔡英文
方案	「中華民國憲法」 「一國兩區」	「中華民國憲法」 不接受「一國兩區」
範圍	「中華民國在臺灣」 「主權及於中國大陸 治權及於臺灣澎湖金門馬祖」	「中華民國是臺灣」 「臺灣是一個主權獨立國家 國號叫中華民國」
未來	現階段「不統、不獨、不武」 馬強調「統一時機未到、獨立沒有必要、武力沒有意義」	「臺灣前途由臺灣2300萬人決定」

作者自製。

　　馬英九的維持現狀，秉持「九二共識，一中各表」，且在「中華民國憲法」架構下維持臺海「不統、不獨、不武」現狀。馬英九在受訪時更強調：「解釋不統？是因為兩岸統一時候未到；不獨？則是因為臺灣「獨立」沒有必要；不武的原因是使用武力沒有意義，他還說，這個主張，島內超過8成的人都贊成，所以反對黨也在競選時喊出維持現狀」。① 蔡英文的維持現狀就是「中華民國等同臺灣，臺灣就是中華民國」，並不包括大陸，因此兩者對維持現狀最大的差別還是在於對主權的認知及對「中華民國」定位差異。

蔡英文的維持現狀就是「維持臺灣主權獨立」的現狀，也就是「事實臺獨」。民進黨以維持現狀替代「臺獨」黨綱，有向大陸釋放善意的成分，但另一方面也是民進黨在從事「法理臺獨」已經走投無路的情況下而採取的以退為進的策略。故維持現狀倘若只是蔡當局的策略，那將無助與大陸解決難解的困境。

蔡英文當局的戰略與戰術基本上是清晰的，整體的大戰略為「從世界走向中國」、建立美日同盟以圍堵大陸及「新南向政策」，這些戰略的方向與馬英九當局的「三不」（「不統不獨不武」）顯然有所區別；在實際的戰術層次上維持兩面手法，對美日等戰術清楚，無論在南海問題或是出訪等具體動作上；在臺灣內部一方面要和解，以尋求臺灣共識；但另一方面在臺灣內部，從「立院」法律面到行政面，以清算國民黨為主要手段；在南海問題上無論仲裁的結果或島礁爭議蔡英文都會符合美方及國際利益，對於大陸則以模糊應付的方式來解決，蔡英文尋求「民主的正當性」及國際的聲援是她當務之急的工作，這些做法自然也影響到整體兩岸關係的發展。

肆、兩岸微觀面受到政治面的影響及新功能主義的借鑑參考

微觀面中由於受到政治因素的影響而現今兩岸兩會處於尷尬狀況，致使新功能主義的參考具有侷限性，然而就新功能主義的參考性來論，兩岸發展經驗中援引歐洲以「經濟促進和平」及「先經後政」的成功整合經驗，同時加上整合理論探討，希望能解決兩岸關係的爭議。

一、新功能主義在兩岸實際運作中的操作參考

新功能主義在馬英九時期之所以有參考的價值，因為它符合一些條件，新功能主義六項特色對於兩岸實際運作都發揮了功能，包括兩岸應避免進入高層政治而可以從非敏感的議題及功能性議題出發以反映人民需要，並且謀求功能性組織、積極合作建立共同認知、形成功能性的互聯網及強調精英分子的角色。

就大陸方面，國務院台辦、國家發展改革委等二十九個部門，在 2018 年發佈

---

① 賴於榛，《為何堅持不統不獨不武 馬英九：時候未到、沒必要、沒意義》，《東森新聞雲》，2016 年 5 月 4 日，2016 年 5 月 5 日下載，網址 http：// www. ettoday. net／news／20160504／692139. htm。

《關於促進兩岸經濟文化交流合作的若干措施》，其目的在於深入貫徹中國共產黨的十九大精神和習近平總書記關於深化兩岸經濟文化交流合作的重要思想，率先和臺灣同胞分享大陸發展的機遇，逐步為臺灣同胞在大陸學習、創業、就業、生活提供與大陸同胞同等的待遇，大陸這次惠台措施範圍不可謂之不大，層次之廣，經過一段時間的調研和考察及聽取臺灣各界民眾充分反映意見後所推出有助於兩岸經濟社會融合發展之相關舉措，不僅是大陸單方表達對於兩岸民間交流的態度，也為兩岸未來預示指明政策方向，加強兩岸經濟社會融合發展。同樣也是落實新功能主義的精神。

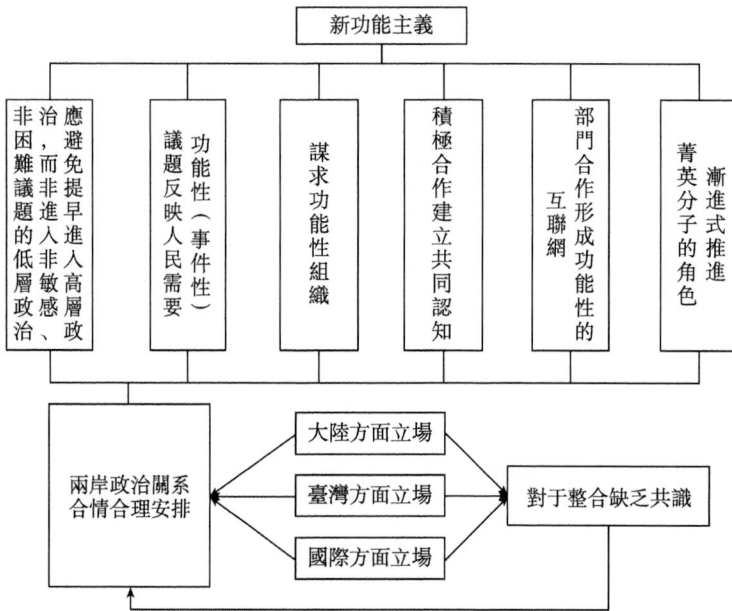

二、兩會終止引發法律困境及交流受阻

蔡英文在 2016 年 5 日 20 日的就職演說中，在兩岸議題上由於並未著墨九二共識，僅以 1992 年會談事實帶過。此言論引起國臺辦不滿，並指蔡英文需要補考。國臺辦在 5 月 21 日發出聲明，重申「唯有確認堅持『九二共識』這一體現『一個中國』原則」，兩岸的共同政治基礎才得以維繫。[①] 問題就在蔡英文由於與大陸沒有「九二共識」及兩岸同屬一中的共識，因此兩會終止，事務性協商停擺，引發法律及交流的困境。

三、現階段兩岸關係的困境及制度障礙

2015 年 6 月蔡英文赴美訪問期間提出了「憲政」論述，亦即未來將在「中華民

---

① 三立新聞網，《兩岸溝通機制暫停　國臺辦、海協會：請蔡先堅持九二共識》，2016 年 6 月 30 日，2016 年 7 月 1 日下載，網址 http：//www. setn. com／News. aspx？ NewsID = 148604。

國」現行「憲政體制」下依循普遍民意，持續推動兩岸關係的和平穩定發展；蔡英文上臺後，對於兩岸各項做法及談話在兩岸關係上都採取一些消極的態度，就職演說中雖然較蔡英文過去談話有較為善意的表達，但蔡英文在實際動作上諸如「課綱去中」、東海、南海、軍購、對日史觀及「從世界走向中國」的佈局等，處處不時出現與大陸衝突矛盾的地方，更由於缺乏「九二共識」、同屬一中及反「臺獨」等大陸協商的論述基礎，因此兩岸關係的困境已現。制度障礙及各項協議的進展更是胎死腹中，連帶影響到兩岸法制化及交流的速度與幅度。

2018 年起兩岸與美國關係產生新的變化，產生相當的矛盾與緊張關係，從中美大國關係下的臺灣角色，不僅成為工具及談判的籌碼，臺灣更喪失在這樣的賽局情勢中。新態勢的變化最主要的原因來自大陸實力的強大及美國特朗普對華政策的善變有密切的關係；當然臺灣在美的相關團體及蔡當局也積極倒向美國，使兩岸與美三方過去某種均衡狀態看似將有所改變。

面對中美貿易戰開打，對臺灣方面來說，蔡英文提出 4 策略因應，分別是：一、要加大臺灣研發及生產的比重；二、加速內需投資；三、提高創新能量；四、多元佈局來因應。但結果是否如蔡英文所願，恐怕難度相當大。可以斷言貿易戰三方都將是輸家，全世界也都會受到影響，期盼三方以全球經貿秩序穩定為念。

而兩岸關係困境與制度障礙，筆者提出幾個問題和觀點，以供思考：

1. 主權與治權問題，主權是否分裂？治權是否分治？兩岸是否為無分裂而分治或既分裂也分治？

2. 兩岸關係探討與研究中是否常常出現報喜不報憂的現象？兩岸關係淪為表面化及宏觀面及常識性空泛研討與探究？

3. 兩岸一中與「兩岸各表」和兩岸「一中一臺」間的角力。

4. 兩岸互信及認同完全沒有深化落實。

5. 兩岸對於中華民族的民族觀與史觀的重視與看法不同。

6. 兩岸都存在世代間兩岸觀點的落差。

7. 兩岸信任不足及觀感有待增進培養相互好感。

8. 兩岸媒體及新媒體在兩岸關係法制化中的角色值得更進一步深化。

若從臺灣及大陸個別情況來看，值得思考之處有：

（一）臺灣方面

1.「中華民國」與臺灣的關係；「中華民國憲法」與臺灣關係，特別在蔡英文當局執政時期。

2. 從「臺獨」即「一邊一國」的戰場轉變為「兩個中國」的戰場。

3. 中國國民黨的「一中各表」與民進黨的不表及洪秀柱主席的「一中同表」。

4. 中國國民黨在反「獨」下的「不統、不獨、不武」；民主進步黨執政反統下朝向「自然臺獨」的「正常化國家」目標邁進。

5. 馬英九的超穩定架構企圖追求兩岸和平制度化與蔡英文的維持現狀「以拖待變」之差距。

6. 臺灣民眾對於未來前途主張並沒有把未來交給領導人。

7. 臺灣民眾對於兩岸現狀的認知不一致。

8.「文化臺獨」即「去中國化」成為兩岸關係發展的殺手。

9. 民進黨從「世界走向中國」整體戰略佈局，必將在兩岸對外議題上產生明顯的衝突與對立。

10. 臺灣方面在經貿上邊緣化的迫切，而產生憂慮及對大陸的恐懼。

11. 兩岸未來各種可能性方案的探討，如「一中三憲」「大一中框架」「中華聯邦」等。

（二）大陸方面

1. 面對台灣的「政治定位」及「法統」看法和衍生出國際活動空間的問題。

2. 大陸強領導方式下主導兩岸關係未來。

3. 大陸享有時間及資源和國際話語權的優勢，必將厚植實力。

4. 臺灣方面不能只經不政；然而臺灣方面能做到政經分離，只經不政或先經後政。

5. 個人交流與政黨交流的區別，授權與沒授權之區別。

6. 和平紅利沒有充分發揮兩岸優勢。

7. 大陸對台政策究竟哪一個系誰說了算。

從國際的角度來看未來兩岸關係發展，必然會受到國際高度的重視，影響兩岸關係必然會受到美國與中國大陸及臺美關係的影響，大三角下的小三角（藍綠紅）三黨，形成一種變動中又呈現穩定的關係。

伍、結論

兩岸關係這些年來呈現出幾項變化：

（一）大陸對台政策對於「九二共識」從否定、默認到承認並指出「九二共識」

的核心就是「兩岸一中」：十八大將「九二共識」列入政治報告，「九二共識」就是增進維護一個中國框架的共同認知，一個中國原則的內涵是沒有改變的；從舊三句（世界上只有一個中國，臺灣是中國的一部分，中國的主權和領土完整不容分割）到新三句（世界上只有一個中國，大陸和臺灣同屬一個中國，中國的主權和領土完整不容分割）到現今大陸認定的「九二共識」其核心就是兩岸同屬一中。

（二）大陸對台基層民眾交流從過去的三中一青（中小企業、中低收入、中南部以及青年），到一代一線（青年一代、基層一線），都可看出大陸對於臺灣年輕人與基層民眾的交流的重視。

（三）兩岸關係從和平發展到經濟社會融合發展與和平統一，習近平總書記提出構建周邊命運共同體、亞洲命運共同體，進而提出構建人類命運共同體，並將這一概念和理想上升為國家戰略。而大陸對台措建兩岸命運共同體是大陸走向和平統一的當然選擇，大陸不能接受臺灣永遠維持現狀，故兩岸經濟社會的融合發展將是構建兩岸命運共同體的基礎，進而成為大陸追求兩岸和平統一的關鍵一步。當然推動兩岸經濟社會融合發展，並不是一件容易的事，因為利益和本位思考將是重要的阻礙。

（四）大陸對台政策從過去的政治口號宣示到現今法制化兩岸關係，無論是《反分裂國家法》或是各項涉台法律或兩岸協議，顯然兩岸關係已進入法律戰的情況，各項事務性交流及經濟社會問題或刑事問題需要以法律為支撐。

（五）大陸對台政策從過去的雙向，走進大陸走進臺灣推動各項交流；到現今單向走進大陸之單方惠台措施。大陸當局直接推行惠台錯施，不再透過臺灣仲介進行惠台措施，此舉可以掌握兩岸關係的主動權。

而新功能主義對兩岸的借鑑意義在於：

一、統合的目標是為創造未來政治的統合，而達成其目標的重要途徑，就是超國家機制的建立。張亞中教授提出的「一中三憲」及主權未分裂及「治權分制」的構想可以思考。兩岸之間是否能成立一個「超國家組織」，對原來之「主權國家」並無損壞既有地位，亦即對現存之兩岸法律狀態，不以傳統國際法之一個國家、一個政府之模式看待。

二、需要菁英的推動，統合過程中才會發生外溢效應。所謂外溢效果，不單是經濟事務性擴溢至政治事務，重要的是兩岸領導菁英能夠以歐盟模式及兩岸特色中學得經驗，並且放棄彼此成見及堅持，替兩岸之整合奉獻，憑藉菁英願意投入，兩岸整合才能成功。

三、在統合過程中，行為者的行為與立場會逐漸政治化。換言之，就是一種透過政治社會化的發展，將彼此之觀念、意見，經由不斷之溝通及傳導，逐步使彼此立場之差異將逐漸消除，像是從兩岸之間的歷史來看，最早是彼此的互相對立慢慢地開始互動交流，進而使彼此之間合作增加，加速兩岸之間整合的發展。

四、對議題「刻意的聯繫及整合起來」，不但可以輔助，也可加強彼此間的功能聯繫及有效地整合起來。例如兩岸結束敵對狀態、和平協議、兩岸論壇、軍事互信機制、國際空間問題，皆影響兩岸政治、經濟、軍事、外交、文化、社會、心理等各層面，在進行政治談判程式性商談及政治談判時，不同議題，都會相互連動，產生不同之影響，例如「小三通」，看似只有對金門、馬祖有影響，其實已經牽動兩岸互動，而目前「三通」，更不是單純之經濟議題，而是複雜之政治議題及深遠之社會互動。此外兩岸對外議題往往也會連動內部議題，這也是必須注意的地方

五、政府的主動角色是統合能夠推動的最重要關鍵。兩岸領導人，是否共體兩岸互動之節奏，在適當時候提出建議及回應，像是習馬會便是很好的開創，但民進黨蔡英文當局目前卻沒有推動兩岸發展的意願。臺灣方面過去馬英九當初的立場或許是先發展好兩岸的經貿交流，使兩岸的往來能夠更成熟穩定，並且不急於兩岸在政治議題上的談判；但大陸的立場是藉由兩岸之間的經貿往來，促使兩岸之間的政治議題能夠提早談判，因此在兩岸之間領導人的認知及發展的期待值，馬英九與大陸方面有所不同，然而今日臺灣的蔡英文當局，甚至是沒有期待。

新功能主義對於兩岸在過去馬當局的實際應用，如下參見表4：

表 4　新功能主義在馬英九執政與大陸方面適用情況之比較

新功能主義指標 ＼ 兩岸	臺灣馬英九當局	大陸方面
漸進式推進	先經後政、先易後難	先易後難、經中帶政、不能只經不政
菁英份子功能	政黨、學者、智庫專家	政黨、學者、臺辦系統工作小組
高層政治與低層政治	先低後高	高低並行
功能性（事務性）議題反映人民需要	有	有，但政治性議題不可忽略
謀求功能性組織	兩岸兩會互設辦事處、兩岸經合會、小兩會等	兩岸兩會、小兩會、兩岸經合會、兩會互設辦事處
積極合作建立共同認知	「九二共識」「一中架構」「一國兩區」、和平發展	一中框架的共同政治基礎、中華民族、兩岸一家親、和平發展
部門合作形成功能性的互聯網	陸委會、海基會「兩塊招牌、一套人馬」、辦事機構合署辦公	臺辦系統、海協會「兩塊招牌、一套人馬」、辦事處合署辦公

作者自製。

對於未來筆者建議：

一、期盼蔡當局能找出類「九二共識」的新論點，使能恢復兩會協商

自民進黨執政後，海協會和國臺辦先後表態，只要海基會得到授權，向海協會確認堅持「九二共識」雙方有一個中國原則的政治基礎，兩會協商和聯繫機制就得以維繫，問題就在兩岸目前不可能有一個中國原則的政治基礎，連帶影響兩會協商，過去兩會簽署的 20 多項協議，目前也處於無進展的狀態。

因此筆者建議倘若蔡英文不能接受「九二共識」，但起碼要有一個類「九二共識」的新說法，但此說法不能出現違反一個中國的情況，這當然對民進黨有相當大的難度，幾乎是不可能的，但蔡當局仍必須思考能要讓兩岸關係維持穩定，找出至少可解決兩岸交往中遇到的基本問題，諸如涉及嫌犯遣返的《兩岸共同打擊犯罪協議》以及《兩岸貨貿協議》的後續協商，讓兩岸雙方都有臺階可以下，使能恢復兩會協商，否則兩會就永遠處於僵局情況。

二、恢復新功能主義應用在兩岸關係的功能

新功能主義要在兩岸發揮功能，必須具有前提條件及共識基礎，兩岸同屬一中及反臺獨和兩岸同為中華民族，倘若這些宏觀面的政治基礎能夠具備，那麼新功能主義包括功能性議題出發反映人民需要、解決人民問題，建立功能性組織、積極合作建立共同認知、形成功能性的互聯網等才會充分發揮，微觀層面等事務性工作方能順利進行。

兩岸各項協議都亟待進一步協商，新功能主義所強調低階政治中各項事務性議題需要兩岸溝通對話，過去兩會在 2009 年 4 月 26 日簽署《海峽兩岸共同打擊犯罪及司法互助協議》，有許多成功的案例，例如詐欺、毒品……等相關刑事案件的偵辦上，兩岸透過司法互助解決不少犯罪；而《海峽兩岸共同打擊犯罪及司法互助協議》，規範兩岸的合作範圍、舉凡業務交流及聯繫主體，凡是在共同打擊犯罪、送達文書、調查取證、認可及執行民事裁判與仲裁判斷（仲裁裁決）、接返（移管）受刑事裁判確定人（被判刑人）、雙方同意之其他合作事項都有合作的經驗；並且透過兩會進行聯繫能夠保持業務往來。但如今當面對電信詐騙及網路犯罪泛濫猖獗之際，兩岸正需要落實《海峽兩岸共同打擊犯罪及司法互助協議》，卻產生相當大的困境，畢竟《海峽兩岸共同打擊犯罪及司法互助協議》絕非兩岸單方就能片面處理，需要更密切的溝通及聯繫，因此兩岸司法交流絕不能斷，否則將是犯罪者最好利用的溫床，期待新功能

主義能夠再度在兩岸關係中產生功效。

三、期盼共創兩岸雙贏及累積續談下去的能量

蔡英文當局若想累積兩岸協商談判，必須處理幾項問題，一、「臺獨」黨綱的問題；二、兩岸同屬一中；三、「中華民國主權」問題；四、「從世界走向中國」策略，若與大陸發生衝突，應當如何處理；五、「文化臺獨」等問題，這些問題倘若都無法有效因應，恐怕很難期待兩岸共創雙贏局面。

此外，兩岸應當追求的為命運共同體而非利益共同體，共創雙贏局面，不只要利益，更要大中華整體的命運及東亞和平秩序的維護，倘能如此，兩岸方能累積各項續談下去的正能量，而有助於海峽兩岸關係和平發展。

四、設想兩岸「一中兩製」作為兩岸事務性交流的基礎

筆者思考的「一中兩制」，所謂的一中就是兩岸一中，在政治上就是「九二共識」中的兩岸一中；在文化上的一中便是中華民族，也就是兩岸同屬中華民族，無論是政治層面或是文化層面，兩岸合情合理的安排都是一中。

所謂的「兩制」，不只是指資本主義與社會主義，而是兩制的融合發展，是兩岸踐行的「三民主義」，平心而論台灣具有資本主義及社會主義制度成分在各項規範的具體安排中；大陸是新時代具有中國特色社會主義，但亦有資本主義開放的色彩，因此兩岸在兩制中不只是各自實施各自的制度，而是兩制的制度融合發展，達到真正的制度融合。

參考資料

［1］馬英九，《兩岸關係的回顧與展望》，臺北：「行政院大陸委員會」，1992 年3 月。

［2］張亞中，《兩岸統合論》，臺北：生智出版社，2002 年。

［3］林碧炤，《國際政治與外交政策》，臺北：五南圖書出版公司，1993 年11 月。

［4］林碧炤，《ECFA 後兩岸關係之新局》，朱敬一主編，《ECFA：開創兩岸互利雙贏新局面》，臺北：「財團法人兩岸交流基金會」，2004 年。

［5］張亞中，《兩岸統合論》，臺北：生智出版社，2002 年。

［6］賴榮偉，《新功能主義與兩岸關係的發展》，《龍華科技大學學報》，第 33

期，2013 年 6 月。

〔7〕劉性仁，《兩岸政治爭議之研究》，臺北：時英出版社，2013 年 5 月。

〔8〕錢志軍，《智慧的結晶：回望「九二共識」20 年》，《兩岸關係》，第 185 期，2012 年 11 月 1 日。

〔9〕詹姆斯·多爾蒂、小羅伯特·普法爾茨格拉夫著，閻學通、陳寒溪譯，《爭論中的國際關係理論（第五版）》（CONTENDING THEORIES OF INTERNATIONAL RELATION – A COMPREHENSIVE SURVEY），北京：世界知識出版社，2002 年。

构建"法治型"两岸关系刍议

刘凌斌[*]

依法巩固与深化两岸关系和平发展，推进祖国统一进程是"全面依法治国"的重要组成部分。中共十八大以来，以习近平同志为总书记的党中央提出了一系列依法推进两岸关系和平发展与两岸统一进程的政策主张。2014 年 10 月，中共十八届四中全会通过了《中共中央关于全面推进依法治国若干重大问题的决定》，就运用法治方式巩固和深化两岸关系和平发展，依法推进祖国统一做出了重要战略部署，为进一步促进两岸关系由"人治型"向"法治型"的治理转型，构建"法治型"两岸关系和平发展新模式奠定了坚实基础。本文在前人研究的基础上，阐述构建"法治型"两岸关系的理论内涵，分析新形势下构建"法治型"两岸关系的机遇与挑战，最后提出构建"法治型"两岸关系的基本路径。

一、构建"法治型"两岸关系的理论内涵

"法治型"两岸关系是一种与"人治型"两岸关系相对应的两岸关系和平发展模式，由大陆学者周叶中、段磊率先提出。他们认为，在两岸关系发展尚存在"人治"因素的情况下，要消除个别政治人物和政党（尤其是台湾地区领导人和民进党等"台独"政党）对两岸关系和平发展的负面影响，就必须充分运用法治资源，构建"法治型"两岸关系和平发展新模式。[①]

（一）构建"法治型"两岸关系的定义

周叶中、段磊借用邓小平对"法治"的经典定义来界定"法治型"两岸关系的内涵，认为所谓"法治型"两岸关系，即是一种不因台湾地区政治局势的改变而改变，不因台湾地区领导人政治立场的改变而改变的规范化、制度化两岸关系和平发展

---

[*] 刘凌斌，福建社会科学院现代台湾研究所助理研究员。
① 周叶中、段磊：《论"法治型"两岸关系的构建》，《福建师范大学学报（哲学社会科学版）》，2015 年第 6 期。

模式。^①在此基础上，笔者将构建"法治型"两岸关系定义为：按照全面依法治国的总体要求，以一个中国原则为根本遵循，综合运用法治思维与方式，综合运用以《中华人民共和国宪法》为核心，以《反分裂国家法》《台湾同胞投资保护法》《中国公民往来台湾地区管理办法》等为主干的涉台法律规范体系、两岸协议和国际协议等法律手段，促进两岸关系由"人治型"向"法治型"的治理转型，尽可能减少人为因素对两岸关系和平稳定发展的干扰，建立不因岛内政局的改变而改变，不因政党轮替导致台湾地区领导人和执政党政治立场的改变而改变的规范化、制度化、法治化的两岸关系和平发展新模式。

（二）构建"法治型"两岸关系的指导思想

构建"法治型"两岸关系，必须高举中国特色社会主义伟大旗帜，以马克思列宁主义、毛泽东思想、邓小平理论、"三个代表"重要思想、科学发展观为指导，全面贯彻党的十八大和十八届三中、四中、五中全会精神，深入贯彻习近平总书记系列重要讲话精神，坚持"和平统一、一国两制"的基本方针，坚持江泽民关于发展两岸关系、推进祖国和平统一进程的八项主张，坚持胡锦涛关于进一步发展两岸关系的六点意见，全面贯彻落实两岸关系和平发展重要思想，深入学习贯彻习近平总书记关于对台工作的重要论述，坚定不移走中国特色社会主义法治道路，坚决维护宪法法律权威，依法捍卫一个中国原则，依法反对"台独"分裂图谋，依法维护两岸同胞权益，依法推进两岸关系和平发展与国家和平统一进程，为实现祖国完全统一、"两个一百年"奋斗目标，实现中华民族伟大复兴的中国梦提供坚强的法治保障和良好的法治环境。

（三）构建"法治型"两岸关系的基本原则

构建"法治型"两岸关系的基本原则是，坚持一个中国原则和"九二共识"，坚持"和平统一、一国两制"的基本方针，坚决反对"台独"分裂图谋，坚决维护宪法法律权威，坚决维护两岸同胞安全福祉，坚持立足两岸实际、创造条件、先易后难、循序渐进。

（四）构建"法治型"两岸关系的目标任务

构建"法治型"两岸关系的目标任务是，全面推进科学立法、严格执法、公正司

---

① 周叶中、段磊：《论"法治型"两岸关系的构建》，《福建师范大学学报（哲学社会科学版）》，2015 年第 6 期。

法、全民守法，建立健全有利于深化两岸交流合作、促进国家统一的法治体系，最大限度地维护两岸同胞安全福祉，最大限度地推进两岸关系和平发展，最大限度地争取实现两岸和平统一，为实现"两个一百年"奋斗目标和中华民族伟大复兴的中国梦提供强大动力和坚实保障。

（五）构建"法治型"两岸关系的重大意义

构建"法治型"两岸关系，对于巩固与深化两岸关系和平发展，推进两岸和平统一进程，实现"两个一百年"奋斗目标和中华民族伟大复兴的中国梦具有重大意义：一是构建"法治型"两岸关系是全面推进依法治国的需要，有利于在两岸关系领域建立健全社会主义法治体系，建设社会主义法治国家。① 二是构建"法治型"两岸关系是推进国家统一治理现代化的需要，有利于推进整个中国的国家治理体系和治理能力现代化，实现国家长治久安。三是构建"法治型"两岸关系是应对两岸关系发展和台湾政局变化的需要，有利于弱化和消除制约两岸关系发展的不确定因素，增强两岸关系和平发展的稳定性与可持续性。② 四是构建"法治型"两岸关系是规范两岸交流交往和保障两岸同胞权益的需要，有利于增进两岸同胞安全福祉，扩大两岸关系和平发展成果的受益面和获得感。五是构建"法治型"两岸关系是维护国家主权和捍卫领土完整的需要，有利于旗帜鲜明地开展"反独促统"工作，最大限度地保障两岸通过和平发展实现和平统一。

二、构建"法治型"两岸关系的机遇

（一）两岸法治文化的历史渊源

两岸人民同属中华民族，都是炎黄子孙，两岸同根同源，同文同种，命运与共。两岸同属大陆法系，两岸法治文化同源于中华法系，中华传统文化中的法治资源对当代两岸法治文化影响深远。台湾地区的法治体系是中华法系的一个有机组成部分。尽管自 1895 年开始，先后统治台湾的日本殖民者、中华民国政府和 1949 年后的台湾当局相继在台湾实行与中华法系几无关联的近代大陆法系的司法制度，但如今的台湾法治文化无论是在立法思想、理论，还是司法执行方面，仍然受着中华法系传统思想的影响。中华法系中诸如儒家学说的渗透、法与道德的相互支撑、家族法的重要地位、

---

① 罗振建、孙德魁：《依法推进两岸统一研究》，《重庆社会主义学院学报》，2016 年第 2 期。
② 周叶中、段磊：《论"法治型"两岸关系的构建》，《福建师范大学学报（哲学社会科学版）》，2015 年第 6 期。

法理情三者的统一、重教化、慎刑罚的人文关怀等精华在台湾现行法治体系中得以传承和发展，对台湾当今的法治思想产生了不可磨灭的影响。[①] 这既是任何"台独"分裂势力无法否认的历史事实，也是构建"法治型"两岸关系必须把握的最大机遇。

（二）两岸法治体系均体现一中原则

大陆方面，长期以来不断推进对台方针政策法制化进程，目前已经建立了以《中华人民共和国宪法》为统帅，以《反分裂国家法》《台湾同胞投资保护法》《中国公民往来台湾地区管理办法》等为主干的涉台法律规范体系初步形成，这些法律法规均严格遵循两岸同属一个中国的原则制订。随着大陆全面依法治国战略的不断推进，这一涉台法治体系仍将不断发展和完善，将有助于捍卫国家主权和领土完整，促进国家统一大业。台湾地区现行的所谓"中华民国宪法"是 1947 年国民党统治大陆时期制订的，尽管经过所谓"民主转型"和"七次修宪"，但其本质仍然是"一个中国宪法"，具有浓厚的一中意涵；"两岸人民关系条例"也以"台湾地区"和"大陆地区"来定位两岸关系。[②] 正如国民党荣誉主席吴伯雄所言，两岸各自的法律、体制都实行一个中国原则，都用一个中国框架定位两岸关系，而不是"国与国"的关系，[③] 这是依法巩固与深化两岸关系和平发展，推进国家统一进程的重要法理基础。

（三）两岸关系依法治理初见成效

1949 年以来，两岸走上不同的发展道路，但在法治建设方面均取得了举世瞩目的成就。大陆已经初步建立了具有中国特色的社会主义法律体系，全面依法治国成为中国共产党领导人民治理国家的基本方略。台湾则建立了以"六法全书"为主干的资本主义法律体系，台湾社会的法律文化十分发达，法制意识不断增强，法律现代化初步完成。[④] 20 世纪 90 年代以来，随着两岸关系的改善，两岸交流合作的日益密切，双方也都开始了运用法治方式处理两岸事务的尝试，目前两岸双方均已初步建立了一套处理涉对方事务的法律规范体系，法治已成为双方处理彼此分歧和关切议题的重要手

---

① 邱格磊：《海峡两岸法治异质性之根源探究》，《海峡法学》，2010 年第 2 期。

② "中华民国宪法本文"第四条明确规定，"中华民国领土，依其固有之疆域，非经国民大会之决议，不得变更之"。"中华民国宪法增修条文"前言开宗明义指出，"为因应国家统一前之需要"。"台湾地区与大陆地区人民关系条例"第一条指出，"国家统一前，为确保台湾地区安全与民众福祉，规范台湾地区与大陆地区人民之往来，并处理衍生之法律事件，特制定本条例"。

③ 《中共中央总书记习近平会见中国国民党荣誉主席吴伯雄》，新华网，2013 年 6 月 13 日，网址：http：//news.xinhuanet.com/politics/2013－06/13/c_116137343.html。

④ 王晓杰：《台湾地区法制的评析与借鉴》，《福建省社会主义学院学报》，2008 年第 3 期。

段和方式。2008 年国民党重新执政以来，两岸双方在"反对台独"、坚持"九二共识"的政治基础上，开创了两岸关系和平发展的新局面。两岸两会共签署包括《海峡两岸经济合作框架协议》（ECFA）在内的 23 项协议，涵盖经济合作、司法合作、交通邮政、观光旅游、医疗卫生、食品安全、防灾减灾、核电安全等诸多领域，使得两岸全方位交流交往"有法可依"，两岸关系依法治理渐成"新常态"。可以说，8 年来两岸关系和平发展取得的丰硕成果离不开两岸两会协议的推动作用。当前，两岸法制经由两岸各自域内的涉对方事务立法和两会协议及其体系化的尝试，已经初具雏形，[①]这也标志着两岸关系的"法治化"进程初见成效，为未来进一步构建"法治型"两岸关系积累了经验、奠定了基础。

（四）两岸综合实力差距持续拉大

经过 1949 年以来 60 多年尤其是改革开放 30 多年的快速发展，大陆取得了举世瞩目的建设成就，经济实现了持续高速增长，社会民生事业取得长足发展，人民生活水平显著提高，综合实力、国际地位和国际影响力不断提升。2014 年，生产总值（GDP）首次突破 10 万亿美元；2015 年，GDP 达到 685506 亿元，[②] 仅次于美国，稳居世界第二。中共十八大以来，以习近平同志为总书记的新一届中央领导集体提出并形成了全面建成小康社会、全面深化改革、全面依法治国、全面从严治党的"四个全面"战略布局，大陆正在推动一系列经济、政治、文化、社会体制等方面的重大改革，正在步入以改革引领新一轮发展的"新常态"。同时伴随着"一带一路"建设的推进，大陆的国际影响力必将与日俱增。反观台湾，近年来在全球经济大环境不利的影响下，受制于岛内蓝绿恶斗的政治乱象，台湾经济增长乏力，下滑趋势明显，呈现出"闷经济"特征，据台湾"主计总处"预估，2015 年台湾 GDP 约为 17.2 万亿新台币（约合 3.4 万亿元人民币），目前台湾 GDP 总量仅占大陆的 5% 左右。若以经济总量看，大陆已有广东、江苏、山东、浙江、河南等省份的 GDP 规模超过台湾。[③] 大陆不仅在经济实力、军事实力等"硬实力"方面大大超过台湾，而且在文化软实力方面也奋起直追，某些方面甚至已经赶上台湾。习近平总书记指出，从根本上说，决定两

---

① 大陆学者祝捷提出"两岸法制"的概念，作为统摄两岸各自处理涉对方事务的法律规范以及两岸透过两会事务性商谈机制形成的协议（即两会协议）的总括性概念。参见祝捷：《论两岸法制的构建》，《学习与探索》，2013 年第 7 期。

② 《国家统计局关于改革研发支出核算方法修订国内生产总值核算数据的公告》，国家统计局网站，2016 年 7 月 5 日，网址：http://www.stats.gov.cn/tjsj/zxfb/201607/t20160705_1373924.html。

③ 《台湾公布 2015 年 GPD，增速岛内哀叹，增速保"1"失败》，新华网，2016 年 1 月 30 日，网址：http://news.xinhuanet.com/tw/2016-01/30/c_128685927.html。

岸关系走向的关键因素是祖国大陆发展进步。① 大陆的快速发展与和平崛起，两岸力量对比此消彼长，导致双方综合实力差距持续拉大，未来大陆将牢牢掌握引领两岸关系走向的主导权，为运用法治方式推进两岸关系和平发展与国家统一进程提供了根本保障。

（五）国际社会普遍奉行一中政策

世界上只有一个中国，大陆和台湾同属一个中国，中国的主权与领土完整不容分割。一个中国原则，是我们历来在国际社会和外交场合坚持的重要原则。1971 年 10 月 25 日，联合国大会第 26 届会议通过了第 2758 号决议，恢复中华人民共和国在联合国组织中的一切合法权利，明确承认中华人民共和国政府的代表为中国在联合国组织的唯一合法代表，并立即"把蒋介石的代表从它在联合国组织及其所属一切机构中所非法占据的席位上驱逐出去"。此后，世界上与台湾当局"断交"、与中国大陆建交的国家越来越多。目前国际社会普遍奉行一个中国政策，世界上绝大多数国家都与中华人民共和国建立了外交关系，他们都不承认在台湾的所谓"中华民国"政权是"主权独立的国家"，只承认台湾当局为"事实上控制并据此管治中国台湾地区的政权"。迄今国际上没有任何一个国家同时保持与两岸的"外交"关系，说明国际社会承认两岸同属一个中国，并非两个互不隶属的主权国家。即使台湾当局的最大靠山美国也始终奉行基于中美三个联合公报和"与台湾关系法"的一个中国政策，并不支持"法理台独"。在台湾的国际参与问题上，目前，台湾地区参与国际组织的模式均坚持了一个中国原则，符合相关国际组织的规定，台湾参与的身份、名称与地位体现了台湾是中国一部分的含义，维护了国际上的一个中国框架。② 可见，在国际上搞"台独"分裂活动，或是搞"两个中国""一中一台"缺乏国际法上的法理依据，都是注定要失败的。运用法治方式反对"台独"，实现两岸统一完全符合现行国际法，必将获得国际社会的普遍认可。

四、构建"法治型"两岸关系的挑战

（一）两岸法治文化差异与法律冲突

由于众所周知的原因，两岸在社会制度、意识形态、社会文化、生活方式等方面

---

① 《习近平在看望参加政协会议的民革台盟台联委员时强调坚持两岸关系和平发展道路，促进共同发展，造福两岸同胞，俞正声参加看望和讨论》，《人民日报》，2015 年 3 月 5 日，第 1 版。

② 曾润梅：《台湾参与国际组织活动的现状及模式评析》，《台湾研究》，2015 年第 4 期。

存在较大差异，导致两岸之间的法治文化也存在一定差异。两岸虽同属大陆法系，但受到历史和政治等多重因素影响，台湾地区的法治文化较多受到日本法和美国法的影响，具有鲜明的资本主义特征，与大陆地区已经初步建立的具有中国特色的社会主义法律体系存在明显不同。此外，两岸曾长期处于隔绝与对峙状态，两岸之间的法治文化一度缺乏交流融合，直到大陆改革开放以来才得以恢复。由于两岸法治文化存在差异、法律制度不同，在两岸尚未实现完全统一之前，两岸之间缺乏双方共同认可的法律规范体系，两岸对冲突的管辖权确定和法律适用难免存在分歧，伴随日趋热络的两岸人员往来与交流合作，两岸之间出现法律冲突在所难免。因此，构建"法治型"两岸关系需要求同存异，正视两岸法治观念、法律制度、法治实践的差别，正确处理两岸法治文化中的一致性和多样性的关系，妥善应对两岸交流交往中出现的法律冲突。[①]

（二）两岸政治互信基础仍显薄弱

由于两岸关系的复杂性和敏感性，两岸关系的结构性矛盾始终难以得到解决，再加上 1949 年以来两岸长期的隔绝与对峙使得两岸在政治制度、意识形态、价值取向等方面存在诸多差异，这就导致两岸双方的政治互信基础始终比较薄弱，两岸政治关系的发展相对滞后。即使是 2008 年两岸关系步入和平发展的新时期以来，两岸关系取得的阶段性进展也并未改变两岸政治互信不足的现状。由于构建"法治型"两岸关系属于敏感程度不亚于两岸政治议题的法律问题，不但涉及两岸双方各自的涉对方事务立法，也涉及两岸司法互助（共同打击犯罪）、两岸签署协议等两岸在法治层面进行交流合作的问题，无论是台湾"朝野"政党还是普通民众都十分关注，一旦处理不好，很容易引发岛内民意的强烈反弹，造成台当局执政危机并对两岸关系造成一定冲击。因此，在当前两岸政治互信不足，双方对重大政治问题（如"一个中国"内涵、"两岸政治定位"、"台湾国际空间"等）仍然存在严重分歧的状况下，无论是到台湾官方层面还是民间层在面对这一议题时，都可能因为顾虑重重而抱持比较消极保守的态度，这必将对构建"法治型"两岸关系产生负面影响。

（三）台湾民众的"恐中拒统"心态

由于两岸分隔 60 余年，加上受到台当局长期以来的"反共"宣传以及李登辉陈水扁执政当局 20 余年来的"去中国化"教育等因素的影响，使得台湾民众的"国家认同"呈现出明显的"去中国化"与"台湾化"的发展趋势，多数民众在身份认同

---

① 罗振建、孙德魁：《依法推进两岸统一研究》，《重庆社会主义学院学报》，2016 年第 2 期。

上认为自己是"台湾人"而非"中国人",在统"独"立场上呈现出"拒统趋独"倾向。在"认同台湾"与"恐中拒统"的主流民意影响之下,岛内上至"朝野"政党,下至普通民众,对于大陆的敌对心态和不信任感并未随着近年来两岸关系的改善而完全消弭,这就导致台湾方面对于运用法治方式深化两岸交流合作仍然存在一些不必要的担忧和顾虑。2014 年 3 月爆发的以反对两岸签署"服贸协议"为目的的"太阳花学运",更是将部分台湾民众尤其是年轻一代的"恐中""反共""拒统"与抗拒两岸交流合作的心态暴露无遗。"学运"发起者以"反黑箱"为由,要求制订严格监督两岸协商过程及两岸协议的"法案",目前执政的民进党已提出党版"两岸协议监督条例草案",并将其列为新一届"立法院"优先审查的"法案"。未来一旦该"法案"获得通过,其实质是借监督之名行破坏之实,为两岸协商谈判"套上枷锁",必将使两岸协商和所达成协议的权威性严重受损,并破坏两岸业已形成的互信基础。[1] 另一方面,在台湾社会"恐中拒统"心态的影响下,不少台湾民众担忧两岸在法治层面的合作(如两岸执法合作、司法互助、两岸签署协议等)可能损害台湾"主权"、"国家安全"及民众切身利益,对于依法推进两岸统一的最终目标更是无法接受。近期肯尼亚和马来西亚依据国际法基本准则和惯例先后将涉嫌电信诈骗的台湾籍嫌犯遣送至大陆,却招致台湾各色政治人物与政治势力"高分贝"的无端指责和政治炒作,正是岛内上述心态最淋漓尽致的表现。此外,在台湾方面的现行规定中,仍然存在许多针对大陆的歧视性规定和不合理的政策限制,[2] 这与依法深化两岸交流合作实质上是背道而驰的。可以预见,只要两岸政治关系未能取得突破性进展,台湾民众的"恐中惧统"心态和对两岸交流合作的担忧和顾虑就难以完全消除,这必将严重阻碍构建"法治型"两岸关系的进程。

(四)"台独"势力的干扰和破坏

长期以来,以民进党为代表的"台独"分裂势力始终是发展两岸关系、实现国家统一的关键障碍。随着蔡英文率领民进党以前所未有的巨大优势打败国民党,接连赢得 2014 年底的"九合一"选举和 2016 年大选,同时掌控了台湾的"行政权""立法权"以及 13 个县市的执政权,台湾政坛完成第三次"政党轮替",民进党实现了历史

---

① 《民进党"两岸协议监督条例"恶在何处?》,新华网,2016 年 4 月 7 日,网址:http://news.xinhuanet.com/tw/2016 - 04/07/c _ 128865175. html。

② 如台当局迄今仍禁止多达 830 项大陆农产品进口,拒不开放大陆劳工赴台从事服务业,对陆资入岛仍然存在诸多严格限制,对于大陆学生赴台求学采取"三限六不"政策以及规定陆配拿到台湾身份证的年限比外籍配偶要长 2 年等。

上首次真正意义上的"完全执政"。由于执政后的民进党仍然坚持"台独"分裂立场与"反中"思维，不愿废除"台独党纲"，不愿接受"九二共识"这一两岸关系和平发展的政治基础，势必导致两岸政治互信受到冲击，两岸制度化交往停摆，两岸交流合作陷入难以扩大与深化，甚至停滞不前的僵局，从而严重危害来之不易的两岸关系和平发展大局，这从蔡英文就职以来短短数月间两岸关系的变化即可窥见端倪。由于构建"法治型"两岸关系以巩固与深化两岸关系和平发展、推进国家和平统一进程为根本目标，与"台独建国"的目标水火不容，因此以民进党为代表的"台独"分裂势力必定会不择手段，以所谓维护台湾"国家主权"和安全，维护民众利益为由反对两岸在法治议题上开展实质性合作，想方设法阻扰构建"法治型"两岸关系的进程。"台独"势力甚至可能通过"修法"为"'台湾国'护照贴纸"解套、修改"公投法"降低通过门槛、通过"促进转型正义条例"来搞"去中国化"等法治手段，为实现"柔性台独"乃至"法理台独"预留后门，这无疑将对大陆依法推进两岸统一构成严峻的挑战。可以预见在民进党执政时期，"台独"分裂势力的干扰和破坏仍然是构建"法治型"两岸关系的的主要制约因素。

（五）美日推行"以台制华"战略

长期以来，美国和日本在台湾问题上一直推行"双轨战略"，大搞所谓"以台制华"的把戏。在奥巴马政府大力推进"亚太再平衡"战略的背景下，美国和日本对于两岸关系和平发展抱持相当复杂的心态。一方面，美日两国并不愿意为了"法理台独"而与中国开战，因此对于近年来两岸关系的改善总体上持"乐观其成"的肯定态度，他们支持与鼓励两岸关系和平发展，支持两岸以和平方式解决分歧，不反对两岸在经济、文化、教育、社会等方面开展交流合作。另一方面，出于自身国家利益考量，美日两国又始终不愿意放弃"以台制华"的战略，长期将台湾视为遏制中国大陆崛起的重要棋子，因此他们并不乐见两岸关系发展太快，尤其担忧两岸在政治关系上"走得太近"会损害两国的战略利益。因此，美日等国仍将或明或暗介入台湾问题，并使出种种"小动作"对两岸关系和平发展进行干扰，企图维持两岸"不统、不独、不武"的分离现状，阻挠两岸关系由和平发展阶段迈向协商统一阶段。奥巴马主导美国从战略上"转向亚洲"，推出"亚太再平衡"战略以来，全方位加大对亚太地区的政治、经济、军事和外交资源投入，巩固传统盟友，拓展伙伴关系，以防范和牵制中国。[①] 近年来，美国通过大肆炒作"中国威胁论"，强化与日本、韩国、菲律宾等国

---

① 汪曙申：《美国"亚太再平衡"战略下的台美关系新态势》，《台湾研究》，2016 年第 1 期。

的安全同盟，推动在韩国部署"萨德"反导系统，深化与越南等国的防务合作，支持日本解禁集体自卫权，唆使菲律宾挑起南海仲裁，积极介入南海、东海问题，在一个中国政策底线下大幅提升对台"实质关系"等战略举措，在中国周边制造种种不安定因素，这些均加大了亚太地区局势的复杂性和多变性，对巩固与深化两岸关系和平发展大局造成诸多负面影响。由于构建"法治型"两岸关系以促进两岸关系和平发展、实现两岸统一为终极目标，且具有高度的政治意涵，必然会招致美日两国在战略上对其进行负面解读，不为两国所乐见。可以预见，未来美日两国很有可能使出种种"小动作"对两岸围绕法治议题开展的合作进行干扰与破坏，使得构建"法治型"两岸关系的进程不可能一帆风顺，而是充满曲折，进展缓慢，甚至可能在某一特定时期陷入停滞、倒退的局面。

五、构建"法治型"两岸关系的基本路径

（一）坚决维护两岸宪制性规定的一中意涵

基于体现"一中性"宪制性规定在两岸法律体系中的最高法律地位，构建"法治型"两岸关系，首先必须坚决维护两岸宪制性规定的一中意涵，从根本上筑牢反对"台独"分裂行径、捍卫国家领土完整的法律根基。一是大陆应充分发挥宪法"反对台独"、捍卫一中的法律功能。大陆现行的 1982 年《中华人民共和国宪法》中，对台湾问题的相关规定，在国家尚未统一的情况下，从法理上维护了一个中国的完整性。[①]当前两岸关系出现新变局，面临新挑战，大陆应考虑在适当时候重启修宪程序，与时俱进地对宪法相关条文进行修改、补充，将对台政策"新三句"、体现一中原则的"九二共识"的核心意涵等内容充实到宪法条文中去，明确宣示"反独促统"的政策立场，进一步完善现行宪法中的涉台论述，以适应两岸关系新形势的需要。二是台湾应坚决捍卫"一中宪法"的尊严。台湾地区的宪制性规定在 1991 年的"宪政改革"后虽然历经七次修改，已具有鲜明的"台湾本土化"特征，但是在文本上仍然坚持"一中性"。在当前民进党执政的政治氛围下，"台独"势力蠢蠢欲动，存在冒险推动"修宪"或"正名制宪"，企图通过毁坏"一中宪法"的基本框架来推动"法理台独"的可能。为此，岛内以泛蓝阵营为核心的所有"反独"力量应团结一致，坚决反对"台独"分裂势力的"修宪""制宪"图谋，坚决捍卫这部与大陆存在历史、法理渊

---

① 周叶中、祝捷：《论宪法资源在两岸政治关系定位中的运用》，《法商研究》，2013 年第 5 期。

源的"一中宪法"的尊严。三是两岸应签署具有基础地位的宪制性协议。为维护两岸关系的持续、稳定、健康发展，两岸应考虑尽快开启政治协商谈判进程，签署具有基础地位的宪制性协议，从总体上发挥调整和规范国家尚未统一特殊情况下两岸关系的法律功能。这一两岸宪制性协议的形式可以是两岸和平协议①、"两岸和平发展基础协定"②、两岸关系和平发展框架协议，甚至是"中程协议"③ 等，颇值得两岸学界继续深入探讨。

（二）运用法治手段打击"台独"分裂活动

随着民进党重新执政，当前"台独"势力在岛内的活动日益猖獗，岛内统一运动则再度陷入低潮，"反独促统"任务十分艰巨，构建"法治型"两岸关系，必须运用法治手段严惩"台独"分裂活动，坚决打击"台独"势力的嚣张气焰。一是修订与完善《反分裂国家法》的相关条款。根据当前两岸关系发展的新形势、新变化、新特点，大陆应针对《反分裂国家法》的相关条款进行修改、补充与完善，出台《反分裂国家法》实施细则，进一步完善打击"台独"分裂活动的法律条款，增强该法的实用性和可操作性，使之成为处理涉台事务、规范与调整国家尚未统一之前的两岸关系发展、做好"反独促统"工作的基本法律。二是完善打击"台独"分裂势力及其活动的法律条款和机制。大陆应依法明确在国家尚未统一之前"台独"分裂势力及其活动的法律责任，明确界定不同性质的"台独"分裂活动，设立坚决打击各种形式的"台独"势力及其活动的惩罚性机制，依法坚决打压对在大陆挣钱后又回台资助与支持"台独"活动的台湾企业界、文艺界人士，依法出台包括经济打压、冻结资产、禁止出入境等制裁措施，强化"反独"立法对"台独"分裂势力的震慑力。三是运用法治手段在国际上捍卫一中原则。深入挖掘有利于"反独促统"的国际法资源，明确在国际上打击"台独"分裂势力及其活动，捍卫中国主权与领土完整的法律依据。重视联合国第 2758 号决议解释对维护一个中国原则的有利性，加强对该决议适用的研究，使其充分运用于所有与台湾"国际空间"问题有关的"场合"，在法律和政治上

---

① 大陆学者周叶中提出，海峡两岸和平方协议是两岸关系和平发展的基础性规范，参见周叶中：《论两岸关系和平发展框架的法律机制》，《法学评论》，2008 年第 3 期。大陆学者杜力夫也认为，两岸和平协议就是规范意义上的"中国宪法"，即两岸共同制定的正式宪法性文件，参见杜力夫：《"中国宪法"在哪里——两岸和平协议法律性质再探讨》，香港《中国评论》，2014 年 4 月号。

② "两岸和平发展基础协定"台湾学者张亚中于 2008 年提出的构想，参见张亚中：《〈两岸和平发展基础协定〉刍议》，香港《中国评论》，2008 年 10 月号。

③ "中程协议"（Interim Agreement）是美国学者李侃如于 1998 年提出的构想。

有效地应对相关挑战。[①] 充分运用国际法及国际组织的相关规则，坚决遏制蔡英文当局利用"民间外交""多元外交"及参与国际组织活动来搞"台独"的图谋，在国际社会不断壮大与大陆共同维护一中立场、打击"台独"分裂活动的支持力量，积极争取建立"反独促统"的国际统一战线，有效防范和遏制美日等外部势力干预两岸统一进程。

（三）运用法治手段增进两岸同胞安全福祉

构建"法治型"两岸关系，必须诚意践行"两岸一家亲"理念，坚持以人为本，运用法治手段切实保障两岸民众的基本权利，增进两岸同胞安全福祉，努力扩大两岸关系和平发展成果的受益面和获得感。一是加强对两岸涉对方事务的法律规范体系的修订与完善。两岸双方应逐步废除或修改彼此法律法规中对对方民众的歧视性规定与制约两岸关系发展的条款；应共同促进对方居民在己方领域内权利保障机制的发展，贯彻"同等对待"的基本原则，使两岸居民在对方领域内能够享受到其应有的基本权利。[②] 大陆方面可考虑制定一部全面规范两岸公权力互动、两岸民众往来与各领域交流合作的《两岸关系法》，使之与《反分裂国家法》形成互补与配套，作为国家尚未统一之前规范与处理两岸关系相关事务的根本大法。[③] 同时应尽快修订现行的涉台法律法规中不合时宜、制约两岸交流合作的条款，为台湾民众在大陆旅游、学习、生活、就业、创业提供便利，不断健全台胞参与政治和社会活动机制，逐步赋予台胞享受"国民待遇"，让台胞分享大陆发展机遇，为他们提供施展才华、实现抱负的平台。台湾方面尽快完成对"两岸人民关系条例"中落后于时代步伐、不利于两岸交流合作的相关条款及其他涉两岸事务配套规定的修订工作，废除对大陆的相关歧视性规定，逐步放宽对两岸交流合作的种种不合理限制，切实保障大陆同胞在台湾的基本权利。二是继续推动两岸签署更多规范两岸交流合作、增进民众安全福祉的两岸协议。强化两岸协议的造法功能，明确两岸协议与两岸各自法律体系之间的关系，促进两岸协议的体系化建设，为构建"两岸法"体系奠定基础。台湾方面应当尽快完成其"两岸协议监督条例"等相关规定的制定，消除两岸协议在台湾地区生效和实施的法律障碍，切实保障两岸协议在台湾地区的贯彻实施。[④] 三是加强两岸执法部门的交流合作。建立两岸执法部门的常态化沟通、交流、合作机制，进一步完善两岸执法部门共同防

① 参见宋杰：《联大第 2758 号决议的解释与适用问题研究》，《台湾研究》，2015 年第 4 期。
② 周叶中、段磊：《论"法治型"两岸关系的构建》，《福建师范大学学报（哲学社会科学版）》，2015 年第 6 期。
③ 刘凌斌：《巩固与深化两岸关系和平发展的路径思考》，《广州社会主义学院学报》，2015 年第 2 期。
④ 周叶中、段磊：《论"法治型"两岸关系的构建》，《福建师范大学学报（哲学社会科学版）》，2015 年第 6 期。

范与打击走私、贩毒、洗钱、电信诈骗等跨境违法犯罪的合作机制，最大限度地保护两岸同胞的生命财产安全。逐步拓展两岸执法合作的空间，建立两岸执法部门共同维护国家海洋权益与海洋安全的执法合作机制，加强双方在海上搜救、保护海洋环境、打击海上犯罪（海盗、海上走私等）等方面的合作，推动两岸海上执法力量在钓鱼岛及南海区域开展联合巡逻等共同维权执法行动，共同捍卫钓鱼岛和南海主权，维护中华民族的海洋祖产和海洋利益。

（四）运用法治手段探索国家统一实现形式

习近平总书记在庆祝中国共产党成立 95 周年大会上的讲话中强调，推进祖国和平统一进程、完成祖国统一大业，是实现中华民族伟大复兴的必然要求。[1] 构建"法治型"两岸关系必须服务于实现国家统一的终极目标，运用法治手段探索实现国家统一形式的路径与模式，不断夯实两岸统一的社会基础。一是依法奖励和支持统派人士及其活动。大陆应出台奖励和支持统派人士及其活动的法律条款，要建立"两岸统一功勋"的崇高荣誉授予机制，重奖为两岸统一事业做出杰出贡献的各类人士。[2] 运用各种手段鼓励和支持岛内统一运动，帮助统派与"台独"势力开展政治斗争，争夺政治话语权，逐步改变统派在岛内的边缘化地位，引领台湾民心由"拒统趋独"向"化独渐统"转变。二是从法学角度深入研究国家尚未统一特殊情况下的两岸关系。鼓励两岸学者开展共同研究，充分运用法治思维和法律方法，深入挖掘法律资源，研究与探讨国家尚未统一特殊情况下的两岸关系的若干重大议题，从法学角度提出两岸政治定位主张，探讨促进两岸政治关系发展、深化两岸交流合作的法律保障，研究两岸开启政治协商谈判、建立军事互信机制、签署和平协议的法律问题，为逐步破解两岸政治难题，促进两岸关系和平发展与国家统一进程提供理论支撑和智力支持。三是挖掘法治资源探索和建构"一国两制"台湾模式。大陆应继续坚持"和平统一、一国两制"的对台政策基本方针，总结"一国两制"在香港澳门实施的经验教训，从法律层面推动"一国两制"的理论创新。发掘中华传统法治文化和现代法治文明的有益经验，推动两岸学界共同研究与设计统一后的"台湾特区基本法"，共同探索和建构"一国两制"台湾模式，逐步改变"一国两制"在台湾遭到污名化的状况，探索出符合中华民族与两岸同胞共同利益的国家统一实现形式。

---

[1] 《习近平：在庆祝中国共产党成立95周年大会上的讲话》，《人民日报》，2016年7月2日，第2版。

[2] 罗振建、孙德魁：《依法推进两岸统一研究》，《重庆社会主义学院学报》，2016年第2期。

主权治权关系探讨及其对两岸关系的启示

尹宝虎[*]

就两岸关系长远而言，两岸问题要找到和平出路，最有可能借助主权、治权分析框架。台湾有学者提出"主权共享、治权分立"的观点，马英九先生也提出过"主权互不承认，治权互不否认"的主张。尽管此类主张不能被大陆全盘接受，但这种主权、治权分析框架却有重大意义。本文试图从国际法和国际政治的历史和现实角度，考察当代主权与治权的演变，及其对两岸关系的启示。

一、主权与治权既有联系又有区别，既不可分离，又可以分开处理

当今国际体系是由主权独立的各个民族国家组成。国际法意义上的主权，其核心含义是指对内部实务的最高权，和对外关系上的独立平等。主权国家内部事务自己做主，不受外部势力控制。在涉外关系中不分大小贫富强弱，与其他主权国家地位平等，独立发展涉外关系。主权独立平等最集中地体现在联合国宪章及其一系列国际法原则里。治权则是主权的具体实现形式，即一个主权国家对内外各种事务的具体管辖权[1]，通常由广义的政府机构来行使，包括立法、执法、司法，涉及政治、经济、军事、外交、社会、文化、环境等各领域事务。治权即管辖权、管治权，几乎可以不断细分下去。既可以按内外划分，也可以按领域划分。

主权与治权关系很像民法上的所有权和由此派生的其他物权关系。两者相互依赖而不可分离。因为有主权，于是派生出诸多治权以实现主权。因为有物的所有权，于是以占有、使用、收益、处分来实现所有权。而具体的物权还做更细致划分。现代经济生活的一个根本特点是，所有权的重要性相对降低，而所有权派生的各类物权越来越重要。市场越来越依赖各类物权和信用制度的丰富完善，激发各类市场主体能动

---

* 尹宝虎，海峡两岸关系法学研究会秘书长。该文系作者出席"第 26 届海峡两岸关系学术研讨会"论文，部分内容曾于 2017 年 3 月发表于《中国评论》月刊 2017 年 3 月号。

① 本文将"治权"与"管辖权""管治权"意义等同，不加区分。

性，促进资源合理配置和最大利用。与此相类似，现代主权国家日益走向彼此你中有我、我中有你的全球化进程。尽管主权概念依然是国家关系的基石，但各国在管辖权上的交易、妥协与合作则构成了国际关系充满活力的图景，形成了国际公共治理和各类国际合作的真正动力。

显然，主权和治权关系具有两重性，既不可分离又可以分开处理，既相互联系又相互区别。这种两重性相互依赖，同时存在。忽视了其中任何一个方面则不仅在理论上无法自圆其说，在实践上还可能导致负面后果。

二、主权治权联系区别关系可以被恶意利用

最善于将主权与治权分开处理并加以恶意利用的首先是西方殖民主义者。殖民主义者对亚非拉弱小国家和民族的主权侵犯多是采取渐进蚕食的办法。即将主权与治权分开处理，先不直接吞并对方主权，而是逐步蚕食弱小国家的内外事务管辖权，由轻及重，由小积多，逐步达到对其内外治权的全面控制，这一过程常常长达数十年甚至数百年。始而租借某个场所、小岛用于商品堆放、晾晒，继之要求设立商业口岸和特别海关政策（协商关税、最惠国待遇，涉关税主权），然后要求设立学校、教堂（涉教育文化主权），再进一步要求驻军以保护侨民（涉国防主权）或设置公堂以审理侨民案件（涉司法主权），最后干脆划出整块地方要求管理租税、社会治安等一应事务（即租界）。过程中有武力和武力威胁以达到目的，更有利用弱国社会对国际法的无知而蒙骗敲诈。弱国常常无法识别那些假借双边协商与商务合作言辞包装的侵蚀主权的各种手腕和陷阱，很容易上当受骗。近代中国就对西方列强要求片面最惠国待遇、领事裁判、协商关税等做出让步时相对无动于衷，缺乏警惕；而对列强要求平等觐见皇帝、设置驻外使馆等要求则斤斤计较。通过武力和蒙骗手法的混合使用，西方殖民主义者逐步侵蚀被殖民地国家的关税、外贸、金融、教育、交通、司法、国防等诸多重要领域管辖权。最终达至将其整个民族和国家完全殖民化，使之成为仍然留有国家主权空壳的属国、被保护地等等。日本东施效颦，后来居上，干脆将韩国、台湾完全吞并。主治权之间既存在一般与特殊关系，也存在量变与质变关系。等到一个国家主权攸关行政、经济、司法、外交、国防等核心领域的多数管治权都不在自己手里，则主权的实质含义就因基本虚化而失去了实质意义①。

---

① 主权的纯粹法理空壳决不是完全没有意义，因为法理主权的存在为后来的脱殖和实现主权独立留下了法律和道义基础，无力维护实质主权的民族坚持保留最后的法理主权亦不失为对付西方强权的不得已办法。

殖民时代于 20 世纪开始走向终结。当殖民地国家获得主权独立时，西方宗主国为保持对前殖民地的控制仍然习惯性地采取治权、主权脱离办法，并不愿意干净利索地撤出殖民地，而是在交还主权的同时努力保留部分管辖权。比如保留对殖民国家国防、外交的管辖权；或其次，限制原殖民地的国防、外交主权；或再其次，保留对重要河道（如巴拿马运河、苏伊士运河等）和重要军事基地的管辖权等等，不一而足。埃及于 1914 年成为英国保护国，1922 年获得独立，成为独立主权国家；但英国仍然掌握埃及的外交、军事和国防。埃及实质脱殖过程在独立后经历了数十年才最终完成。英国只是被迫逐步地从埃及的各种管辖权后撤。过程中英国念念不忘的是保留对苏伊士运河的管辖权。埃及彻底收回苏伊士运河管辖权还是在 1956 年打完了第二次中东战争，并借助苏、美力量的作用才得以完成。巴拿马运河的主权和管辖权之争更是充满曲折和血泪。所有殖民地宗主国几乎都在脱殖过程中利用管辖权留下未来继续干预、控制前殖民地国家事务的尾巴，而通过领土争议来进行操作常常成为实现干预的不二法门。

中国同英国谈判香港主权回归时，英国人故伎重演，首先想到的办法便是将香港"主权"交还中国，而"管治权"仍然由英国人行使，等于中国只收回香港"主权"的法理外壳。后来英国人又提出中国不在香港驻军，等于限制中国国防主权。可以想象此类提议当然遭到邓小平断然拒绝。迄今攸关香港内部事务，英国方面屡屡借口《中英联合声明》为国际条约性质而主张英国有国际义务和权利"关注"香港"一国两制"的运作。而基于民族自决权原则，殖民地宗主国应完全交还殖民地人民以完整的主权，不应干涉前殖民地内部事务。

中美在谈判台湾问题时，美国人同意与台湾执政当局"断交""撤军""废约"，但仍坚持保留有条件的出售台湾武器的尾巴，等于保留继续干预中国国防主权的手段，至今这一问题尚未解决。果然美国人随后又玩起积少成多、逐步扩大侵蚀中国主权的把戏。几十年来，美国逐步提升对台售武级别，传授和升级武器技术，协作装备维修，开展军事情报与培训合作，近期更寻求提升对台军事人员交往层级、范围和制度化，以切香肠方式逐步密切美台安全合作，扩大侵蚀中国国防主权。《与台湾关系法》更是将主权与治权切割、将法律与政治切割的杰作，自始即遭到中国政府坚决反对。

弱小国家主权独立但治权并不独立的现象则更为普遍。许多国家的内政外交、货币财政、教育文化，甚至民选领袖的废立都要受制于人。军事同盟关系往往是主从关系，尽管都以表面平等的主权结盟为基础。现实的世界既存在建立在主权国家体系基础上的世界秩序，也存在具体地建立在各类治权基础上的世界秩序，而且后者更为真实，也常常更为重要。在国际政治现实里，纯粹的法理主权常常不能说明问题，一个政治实体的自主空间是由自身软硬实力、实质管辖权的独立程度和交易程度决定的，并不完全取决于法理形式上是否是一个独立主权国家。

三、主权与治权联系区别关系也可以得到积极利用

在经济领域，现代市场主体常常不是利用自己所有的资产，而是通过占有、使用、支配别人所有的资产，即充分利用各类他物权（用益物权、担保物权）的行使，为自己带来收益，为社会创造财富。大陆 20 世纪农村经济体制改革的成功就是依赖将所有权与承包经营权（一种他物权）相分离，而城市国有土地所有权与使用权的分离更是构成中国城市土地开发和商业利用的全部制度基础。

与经济领域情形相类似，主权和治权的联系区别也可以为主权国际间合作创造无限可能，带来巨大利益。主权国家间的双边条约、多边条约、国际公约的签署，常常是主权国家有意限制自身相关领域管辖权从而参与多边治理体系、开展国际合作的结果。接受国际条约和国际协议的约束等于允许外国政府和国际组织参与本国立法，有时还要接受国际多边机制对本国内政事务的直接或间接管辖。国际条约的履约监督机制往往通过审议缔约国的执行报告等方式监督条约履行，这种方法多是非侵入式的。但近年来一些涉及军控、环保、人权等领域的条约监督机制也开始对缔约国日常履约行为发挥刚性约束作用。可以说，没有主权国家间对相关管辖权的限制、交易和妥协就没有互利共赢的国际合作。

管辖权交易合作与主治权关系的恶意利用在表现形式上并无不同。其恶意和善意的区别取决于这种管辖权交易是强制的还是自愿的，是互利的还是单方牟利的，是公正的还是不公正的。只要国家间的合作是自愿的、互利的、公正的，则其对一国管辖权如何限制都不被视为对国家主权的侵犯。

今天已经没有一个国家可以任意地确定关税、排放污染、发展核武，或者肆无忌惮地自行确定单边对外政策。国家管辖权的互利交易与共赢合作已经成为国际关系不可分割的组成部分。管辖权的交易合作首先体现在经济领域，其次为司法政治领域，最为谨慎敏感的是安全领域。国家间安全合作程度最能说明国家间关系的远近。但即便在安全领域，也不乏直接交易牟利的实例。非洲小国吉布提为利用有利地理位置解决国家资源缺乏问题，主动采取允许外国在境内建立军事基地以换取经济利益政策，

开放多个外国①在吉布提建立军事基地（不同于殖民地时代列强的驻军）。管辖权在商业领域的交易合作时间最早、范围最广、涉猎最深。现代国家的开放程度实际上是指商事领域的管辖权开放交易程度。按照主权国家拿出多少经济管辖权来开展交易合作，我们可以由浅入深地划分国际和区域经济合作一体化程度为：特惠关税区、自由贸易区、关税同盟、共同市场、共同经济联盟等。在主权国家内部，各国纷纷设置特别经济合作区、保税区，并在区内暂停适用本国部分财税、外汇和行政法规，施行国际通行规则。通过限制自身法律管辖来换取外国投资和贸易合作（不同于殖民时代的租界）。2015 年 4 月中国国务院宣布支持国际商事争议解决机构入驻上海自贸区，目前已有多家海外仲裁机构进驻，等于将部分中国商事裁判权交由国际机构行使（不同于殖民时代的领事裁判权）。

国家间管辖权的交易合作还可以体现在综合领域。国际联盟是主权国家间寻求共同利益的重要方式。成员国有意将主权、治权分开处理，并将让渡部分治权予联盟组织，通过治权合作促进共同安全和福利。英联邦在法律上只是一个联谊性质的国际组织，不具有独立国际法主体资格。但部分英联邦国家通过相互安全合作、情报共享等机制建立了密切的准同盟关系。欧盟是当今最大的国家联盟，设有统一的议会、军队、财税、货币、司法、社会制度，可以制订约束性、指导性的部门政策。在欧盟管治之下，各成员国很难有完全独立的政治、经济、安全、司法和社会政策。实际上，欧盟对各成员国的管辖权在许多方面都已经超出某些联邦制国家对各个成员邦、州的管辖权。

主治权分开处理与治权妥协、交易与合作对维护世界和平具有重大意义。欧洲人建立欧盟的原始动机主要不是经济上的，而是安全上的，出于欧洲社会对两次世界大战的恐惧。主治权分开处理的和平意义突出体现在妥善解决国家间领土争端方面。目前全球范围内存在领土、领海争端的地方至少还有上百起。如果都采取绝对化的主权主张而毫无妥协余地，必然导致战争冲突。海峡两岸的中国人都主张对领土争议采取搁置争议、共同开发的办法。所谓搁置争议、共同开发，就是先将主权争议放在一边，利用共同开发实现在管辖权意义上的合作，并通过互利合作降低主权争议的重要性，双方的争议将由此从主权争议转化为经济合作和管治合作上的商业利益磋商。这种办法可以化解纷争，带来和平，促进双赢。两岸中国人的合理主张已经被越来越多的国家所接受。

---

① 法国、美国、西班牙、德国、日本等均在吉布提建有军事基地。中国为解决护航、维和、人道救助后勤补给需要，于 2016 年 3 月与吉布提达成协议，在吉建立后勤补给基地。

治权妥协合作的和平意义还突出体现妥善处理主权国内部的各种"独立"运动上。当今世界主权国家多由多民族组成，由于历史、宗教以及复杂政治、经济原因，不少国家内部都存在寻求独立的民族、地区和群体。极端的民族分裂势力往往以暴力手段造成巨大动乱和连年战祸，也常常被视为恐怖主义而遭到世界同声谴责。这些寻求独立的民族、地区和群体都不约而同地使用"民族自决权"作为法律和道义理由。事实上，除了殖民统治和非法占领的情形，国际法和国政治并不主动支持其他独立要求，而是更多鼓励采取主权与治权分开处理方式，利用在主权国家框架内实现管辖权高度自治来解决各类主权独立诉求。"民族自决权"理论的当代发展就证明了这一点。

四、民族自决权的最新发展主张通过治权妥协合作解决主权争议

民族自决权是 20 世纪才确立起来的一项国际法原则，其本意是指原殖民地人民和托管地人民有权决定自己的政治地位和谋求本民族的经济发展，脱离殖民统治。基本不存在以民族自决权的理由来支持少数民族在多民族主权国家内寻求独立的问题。1960 年《给予殖民地国家和人民独立宣言》确认了民族自决权原则，主张各殖民地人民有权获得政治和经济独立；但为了防止对民族自决权的曲解和滥用，该宣言同时规定："若以局部破坏或全部破坏国家统一及领土完整为目的之企图，均与联合国宪章之宗旨及原则不相容"。1970 年《有关各国依据联合国宪章发展友好合作关系的国际法原则宣言》也在强调民族自决权的同时做出特别规定："该宣言不得被解释为授权或鼓励采取任何行动去全面或局部地分裂或侵犯主权和独立国家的领土完整或政治统一"。民族自决权不与国家主权原则相冲突，这一原则很早就被国际法律界所适用和遵循。第一次世界大战之后，芬兰和瑞典因为阿兰德岛屿的归属发生争执。1920年，国际联盟理事会委派了一个国际法律专家委员会就此问题提供咨询意见。专家委员会发表的意见认为："在国际条约（对民族自决权）没有明确规定的情况下，民族国家内部领土的处置权在实质上属国家主权范围内的性质。现行国际法（positive international law）并不承认构成一个国家的此类民族群体有权通过表达意愿方式分裂出来，也不承认其他国家有这种权利主张。"

但西方学术界一直有学者对"民族自决权"做扩大解释。特别是在 20 世纪末期，随着国际法、人权法和宪法学的发展，"民族自决权"的含义有所演变，"民族"一词和"自决权"一词的外延都有扩大，突破了"反殖"和反外族征服的含义局限。西方有学者把"民族自决权"作为主权国内部少数民族权利保障的法理基础，一种新

"民族自决权"理论也在西方学术界发展起来,并被一些学者所接受。

按照这种新"民族自决权"理论,"民族自决权"可以区分为"对内自决权"和"对外自决权"。"对内自决权"是指在现有主权国家的框架内寻求本民族的政治地位,以及政治、经济和文化发展。其主要内容包括基本的公民权利和政治权利,维系和发展本民族文化、宗教和语言的权利,平等参与政府政治的权利等。对外自决权则是在现有主权国家的范围之外寻求政治地位,独立处理本民族的国际事务和安全事务,对外自决权等于脱离现在主权国家而独立建国。一般来说,主权国内部的少数民族有权行使"对内自决权",即通过建立自治制度、联邦制度和确立民族平等政策来实现少数民族权益。"对内自决权"与国家主权的领土完整之间不存在冲突。但是当少数民族的基本人权受到系统、大规模、严重的侵害,危及该民族的生存,并且不大可能在现有主权国政治范围内求得解决时,受害民族可以行使"对外自决权",即脱离出去另组新的主权国家。与此同时,国际社会可以对主权国侵害人权的行为,在侵权行为发生的当时当地进行纯粹出于人道目的干预,包括武力干预。国家主权不应成为少数民族行使"民族自决权"和国际社会执行人道主义干预的障碍。

上述较为激进的"民族自决权"理论并没有得到国际社会普遍接受,尤以人道主义干预理论受到广大发展中国家强烈反对,因为担心西方强权可以因此而撇开联合国安理会的限制,滥用人道主义干预而侵害他国主权。但即便按照这种较为激进的"民族自决权"理论,少数民族也并非可以无条件独立建国,而是只有在遭到系统、大规模和严重人权侵害并危及民族生存时才可以诉诸"民族自决"。对于少数民族和主体民族之间的历史矛盾和现在纠纷,更多推崇通过"对内自决"办法来解决,即通过建立民族自治制度、民族平等政策来解决。加拿大最高法院对魁北克省独立公决所作的判例中,对相关国际法原则做过这样的说明:"已得到承认的国际法已经确立,民族自决权通过内部的自治通常已经得以实现,这种自治是指一个民族在现有国家的框架内寻求其政治、经济、社会和文化发展。"

尽管"对外自决权"和"人道主义干预"理论没有被普遍接受,更没有形成稳定的国际法原则。但"对内自决权"理论却已经被越来越多的政府和司法机构所认可,并经常见诸司法判例和一些政府对有关国际问题的意见文件。"对内自决权"的核心要义是将主权和管辖权分开处理,通过治权妥协合作解决主权争议。在不危及国家主权的前提下,寻求通过管辖权的高度自治解决主权国内部民族纷争问题,在维护国家主权统一的同时保障少数民族的政治、经济、社会和文化发展。争议双方各退一步,维护主权统一方不寻求干预少数群体内部事务,而寻求独立方则不寻求在国防和外交上分裂国家。这一理论的出现，表明国际社会在维护少数民族权益与维护国家主权和领土完整之间取平衡和包容态度；不主张将两者对立起来，更不主张动辄以分裂和独立办法来解决民族纷争。无论是俄罗斯的车臣，还是中东的库尔德人，其寻求民族生存发展的权益类斗争常常得到国际社会普遍同情；但如果以独立建国相号召，则很难得到国际社会的支持。民族分裂势力（特别以恐怖主义形式出现的时候）常常是国际社会共同打击的对象之一。目前，明确得到国际社会普遍支持其独立建国的民族恐怕只有巴勒斯坦。巴勒斯坦和科索沃虽历经长期动乱并付出沉重代价，其独立进程都还没有完成。

"对内自决权"理论适合民族和宗教矛盾突出、历史隔阂很深的国家通过和平政治方法处理历史遗留问题，符合世界民族融合、和平发展的现实需要。由于现在世界上绝大多数国家为多民族国家，各个民族居住区又往往是多民族杂居，如果国际法鼓励少数民族有权独立建国，则这种分裂过程将永无止境，现有主权国家体系也将彻底崩溃，势必天下大乱。而且绝对的民族单一和文化单一国家观念，违背了现代社会提倡的各民族相互宽容、相互尊重以及多样性和多元性的价值追求，这本身就有违现代民主和自由的价值观[①]。

有意思的是，"民族自决权"也被个别国家用作民族统一的理论基础。西德在德国统一之前一直以"民族自决权"作为德意志民族追求统一的法理依据。德国政府和学界都主张，基于"民族自决权"，东、西德和朝鲜及韩国均有理由将追求民族统一确立为明确的国家政策，这种政策不应视为对另一个主权国家的吞并或干预。印度政府在1979年加入《公民权利、政治权利国际公约》时为防止"民族自决权"被分离主义者利用，对"民族自决权"的含义提出了仅限于"反殖"含义的保留，遭到德国政府反对。印度出于防止国家分裂的目的主张严格限定"民族自决权"的外延，而德国为了追求民族统一的目标需要扩大"民族自决权"的外延，实际上两国都是出于维护民族统一的目标。

五、主权治权关系发展对解决两岸问题的启示

显然，无论是"民族自决权"理论还是"对内自决权"理论，都没有为"台独"或者"独台"留下任何可以利用的空间[②]。"对内自决权"理论实际上将主权和治权

---

① 参见《国际法中的人民和少数民族》，罗萨林·希金斯1993年著。
② 有关"民族自决权"和"台独"的关系，参阅笔者拙文《台湾问题与国际法》；该文以笔名"尹成左"发表于2004年2月19日《联合早报》网络论坛。

做了区别内外的重新定义。在"对内自决权"意义上，国家"主权"更多是指国防和外交事务管辖权，应该维持统一；而"治权"更多是指除此之外的所有内部事务管辖权，可以高度自治，灵活安排。台湾学者"主权共享，治权分立"的主张如果是这个意义上的主权和自治权，则不妨作为两岸谈判的基础。但如果将治权扩及全部国防和外交，将"一中"主权限缩至只剩下法理空壳，这种"独台"模式实质上等于国家实质性的彻底分裂，也是"一中"主权外部现状的重大后退，显然不会被大陆接受。

台湾居民不是中国民族构成中的少数民族，两岸关系的历史和现状也不存在任何可适用反殖或行使"民族自决"的根据。如果在两岸间适用民族自决权的精神，则"对内自决权"理论反而对大陆的"一国两制"提供了最强有力的支持。因为"一国两制"台湾模式可能是近代以来解决内部"独立"运动的最为包容而宽松的高度自治安排，超越了一般"对内自决权"理论所设想的自治程度。

在当前国际社会，国家间制度化合作一般不在主权问题上纠缠，而是围绕管辖权让予的幅度和交换条件产生激烈交锋。当代世界秩序的文明进步就表现在，主权治权关系的恶意利用越来越受到普遍抵制和谴责，而其善意的积极的利用则越来越普遍。中国加入世界贸易组织历经数年艰苦谈判，终于在2001年达成协议。中国大陆为此开展了史无前例的大规模法规清理工作，共计实施国务院部门规章政策的立、改、废达一千多件，地方性法规规章清理、废止四千多件，省市级政府政策措施停止执行达18万多件！凸显适用世贸组织规则对中国治权的重大影响，一度在社会上引起很多争议。但实践证明这样的管辖权交易对中国是值得的，中国的经济腾飞与加入世界贸易组织密切相关。在欧盟内部，尽管存在英国脱欧的纷扰，但欧盟体制显然符合欧盟成员国利益。一些中小成员国为此让渡了许多实质性的内外治权，甚至商签涉外大额投资合同都要经过欧盟的安全审查和环境评估。欧盟成员国为了获取一些政经利益，所付出的管辖权可谓多矣！两岸间的主权、治权纷争采取什么方式解决是一个十分复杂的政治法律问题。但是接受两岸同属"一中"的法理现状，不在国家主权问题上纠缠不清，而是着力于在管辖权上讨价还价、交易合作、达至双赢，应该是两岸纷争的最为明智的解决途径。

两岸关系研究中"主权"与"治权"的关系：一个文献整理

于凤瑞*

> "实际权力与法律上的最高权力的关系是主权概念中的一个基本问题。所有的难题都在于此。"①
>
> ——【德】卡尔·施米特

1992 年台湾"国统会"提出"主权及于整个中国""治权仅及于台澎金马"，并成为后来两会商谈及台湾处理两岸事务中的基础论述，2011 年马英九进一步提出两岸"互不承认主权、互不否认治权"。中共十八大报告中正式提议两岸双方共同努力，"探讨国家尚未统一特殊情况下的两岸政治关系，作出合情合理的安排"。尽管大陆至今从未接受关于"治权"的表述，但关于"主权"与"治权"关系已成为两岸共同关注的议题。② 治权问题的研究，归根到底是要解决两岸统一的重大障碍——主权的争议，也即统一的方式问题。

一、关于"主权"的一般理论

"主权是一揽子的所有权主张（basket of claims）"③，是一个国家独立自主地处理对内对外事务的最高权力。主权为近代国家的构成要素之一，即"较高"、"最高"。最早提出主权概念者为法国哲学家博丹（Jean Bodin），他认为，君王（统治者）是政治秩序的最高权力者，在其所统治的国家领域内，可以自由行使其管辖权力，该权力

　＊ 于凤瑞，广东外语外贸大学讲师。

　① 【德】卡尔．施米特：《政治的概念》，刘宗坤等译，上海人民出版社 2003 年版，第 16 页。

　② 尤其是 2013 年 10 月至 2016 年 5 月期间，国台办主任张志军与台湾陆委会主委王郁琦互称官衔并进行互访，标志着两岸在"两会"机制之外，形成了一个官方互动的新机制。"双方以职衔互称"被王郁琦认为是"代表两岸'正视现实、治权互不否认'的具体实践"（参见王郁琦：《两岸交流回归政府层面实践"互不否认治权"》，凤凰资讯，2013 年 10 月 11 日）。

　③ Sheehan, James J. Presidential Address：*The Problem of Sovereignty in European History*，American Historical Review，2006，vol 1.

即为主权。① 其后，霍布斯（Thomas Hobbes）以基督教义为基础，扩大阐释主权的意义，并强调国家主权的不可分割性，认为主权是最高权威，在法律上并不从属于任何其他世俗的法律权威。②

到了 16 至 17 世纪，国际法逐渐成为国家之间的行为规范，主权概念成为国际法理论的核心概念。有学者描述国家内部的主权概念为"内部主权"，而在国际法上的应用则被称为"国家主权"或"外部主权"。这项主权概念的外部应用，和国内主权理论密切相关，即主权国家在其领土范围内不承认任何其他更高权威的合法性。这是一项延伸国内主权理论逻辑的推论结果："国家在其范围内有宣称不受其他限制和控制的自由，则必须同样承认其他国家在其范围内也具有相同的自由。"③ 这一理论强调绝对领土主权，即不存在有其他更高的权威或国际法律可以约束其主权行为。

进入 20 世纪，国家之间的互动增加，国际法逐渐发展，"绝对领土主权"理论逐渐被修正为"有限领土主权"，虽然国家是主权国家，但这只说明其国内宪法地位，而不是他们在国际上的地位。虽然国际上国家间关系的特征是平等和独立，事实上他们之间是相互依赖的，基于这样的理由，任何一种将国内主权观念移转到国际上的企图，都是不适当的，同时也不利于国际法和国际组织的正常运作和发展。④

主权分裂是个国际法概念，主权不可分割是可确定的，国家只有一个主权，分割主权即为国家分裂。国家的各种权力可以由政府机关行使，但主权仍是整体的、统一的。主权水平分割是个国内法概念，在一个高度中央集权的国家对主权进行水平分割过程，就是联邦化过程。两岸关系中的主权问题主要是"一个中国原则下的主权问题"。

二、"治权"的提出

现代汉语中"治权"的最早提出可以追溯到孙中山的《三民主义》。"……就这个图看，在上面的政权，就是人民，在下面的治权，就是政府权……"⑤ 即人民有权，政府有能的"权能区分"理论。

1949 年国民党败退台湾，"治权"概念在大陆的话语表述体系中几乎销声匿迹，

① Jean Bodin, On Sovereighty: *Four Chapters from The Six Books of a Commonwealth*, Cambridge University Press, 1992, p. 3.

② Thomas Hobbes, Leviathan, Macmillan Publishing Company, 1958, p106 - 130.

③ 杨永明：《国际法中主权概念的地位与演变》，《台大法学论丛》，第 25 卷，第 4 期，1996 年 7 月。

④ 詹宁斯等：《奥本海国际法》（第一卷第一分册），王铁崖等译，中国大百科全书出版社，1998 年版，第 92 页。

⑤ 广东省社会科学院历史研究室等：《孙中山全集（第九卷）》，中华书局 2006 年版。

但至 20 世纪 80 年代初期，在中英关于香港问题的谈判中，英国政府为了在将香港交还中国后继续管治香港，提出了"主权换治权"方案，即将香港主权交还中国，但仍由英国人继续管治香港。① 自此，在论及"一国两制"的场合，"治权"一词经常被大陆使用。但这里的"治权"仅是中央政府授予的"自治权"，指涉地方性权力，"'一国'和'两制'是主权和治权高度有机的结合，从主权与治权的权力关系上看，其最大特点是高度的自治权。在一般单一制国家中地方的权限由中央政府授予，不存在宪法分权问题。"② 有必要指出，大陆官方迄今尚未在其正式规范性文件中使用过"治权"一词，只是部分学者在使用这一概念。③

曾任台"行政院政务委员"的沈君山在 20 世纪 80 年代以"治权"概念建构了"一国两治"框架，即"共享主权，分拥治权，即在一个象征性的国家主权下，实行不同制度的两个地区，各拥有独立的治权。此治权是完全的，包括自卫权、外交权，和在国际上具有国际人格的政治实体的权利"。④

1992 年 8 月 1 日，台"国统会"发表《关于"一个中国"的涵义》的说帖，称："所谓一国，是指 1912 年成立迄今的中华民国，其主权及于整个中国大陆，1949 年之后，中国处于暂时分裂之状态，所以中华民国之治权，则仅及于台澎金马，而对岸大陆被中共统治，也是客观事实。所以两个政治实体，分治海峡两岸。"⑤

1994 年 7 月 1 日台"陆委会"发布"台海两岸关系说明书"，称："虽然双方所管辖的土地、人口与所推行的制度不同，但两者在互动过程中自应平等对待，并各自在其所管辖的区域内，享有排他的管辖权，任何一方并无法在对方地区内行使治权，也不应该将其意志假主权之名强加于另一方。"⑥

2007 年 6 月 13 日，马英九在 CNN 专访时，称"两岸目前可能难以接受互相承认，但希望至少可以做到相互不否认"⑦。2011 年 3 月 9 日，马英九在台"海基会"成立 20 周年的致辞中，表示"废止动员戡乱时期临时条款后，台湾不再把大陆视为叛乱集团，但也无法承认它是一个主权国家，因此目前能做的就是在相互不承认主权

---

① 张春生、许煜：《周南解密港澳回归——中英及中葡谈判台前幕后》，新华出版社 2012 年版。

② 王邦佐、王沪宁：《从"一国两制"看主权与治权的关系》，《政治学研究》1985 年第 2 期。

③ 王英津：《论两岸关系研究中的"主权－治权"分析框架及其替代方案》，《广西师范大学学报（哲学社会科学版）》2014 年第 5 期。

④ 沈君山：《一国两"治"对抗一国两"制"》，台湾《中国时报》，1987 年 9 月 1 日，第 2 版。

⑤ 台"陆委会"网站：http：//www. mac. gov. tw/ct. asp? xltem = 57875&CtNode = 5645&mp = l&xq _ xCat = 1992，2014 - 01 - 26。

⑥ 台"陆委会"网站：http：//www. mac. gov. tw/ct. asp? xltem = 57868&CtNode = 5645&mp = 1，2014 - 01 - 26。

⑦ 《马英九两岸关系新策略：先求双方互不否认》，凤凰网，http：//newS. ifeng. com/taiwan/3/200706/0613 _ 353 _ 134763. shtml，2014 - 01 - 27。

的前提下，可以相互不否认治权。在这样的前提下，也许是目前能够解释并实现两岸和平发展、对等交流最重要的基础"①。这是马英九第一次明确提出"互不承认主权、互不否认治权"的论述。②

2012 年 5 月 23 日，马英九在出席"纪念丘宏达教授学术研讨会"上发表的致辞中说，丘宏达教授"首度提出'互不否认两岸政治实体'的说法，成为政府'互不承认主权、互不否认治权'之理念依据"③。

三、"治权"的内涵

尽管台湾地区广泛使用"治权"概念，但关于"治权"作为一个专业术语的内涵是什么，并不明确。"治权"并非正规的法学术语（其对应的法学术语似应为"主权权利"或者"管辖权"）（严峻，2014）。台湾当局将"治权"一词翻译为 governing authority 或者 authority to govern。然而，governing authority 或者 authority to govern 在外国学者编著的著作或辞典中没有出现过。换言之，governing authority 或者 authority to govern 是台湾当局"发明"的专有名词。（伍利斌，2014）国民党官方网站也曾有一次将"治权"翻译为 jurisdiction（参见国民党英文网站："Ma：Mutual Non－Recognition of Sovereignty and Mutual Non－Denial of Jurisdiction in Cross－Strait Relations"），也有学者使用该表述，如张亚中（2010）认为，为了避免西方的"主权"文字引发误解的联想，两岸未来在签署和平协议（定）时，不需要出现"主权相互承认"（用西方的观点等于是主张"两国论"）或"主权相互重叠"的用语，而是可以用"共同确保整个中国主权与领土的完整"，亦即"确保整个中国所有权的完整"之意或"承诺不分裂整个中国"，亦即"承认不分裂整个中国的所有权"之意；认为在有关管辖权方面，两岸应该共同尊重彼此在现有领域内的管辖权，正如同彼此尊重对方在故宫文物上的管辖权一样的道理。

尽管如此，jurisdiction（管辖权）是国家的基本权利之一（周鲠生，2009），它是以国家主权为依据的（詹宁斯、瓦茨，1995）。国家主权只能归属于国家，但国家主权的行使是通过国家治权实现的。治权是主权的派生物，是主权的具体表现形式。治

---

① 《"总统"出席海基会成立 20 周年庆祝大会》，台"总统府"网站，http：//www. president，gov. tw/Default. aspx？tabid＝131&itemid＝23717，2014－01－27。

② 《两岸现状：马：互不承认主权、互不否认治权》，载台湾《中央日报》（网路报），2011 年 3 月 10 日。

③ 《"总统"出席纪念丘宏达教授学术研讨会》，台"总统府"网站，http：//www. president，gov. tw/Default. aspx？tab？id＝131&itemid＝27249&rmid＝514，2014－01－27。

权可以表现为立法权、行政权、司法权和外交权等。这些治权是由主权派生出来的，在性质上从属于主权。国家主权是不可分割的，但国家治权，即具体政府治理国家的权力确实可以分割的。国家管理往往通过分权的方式，由不同的权力机构来实现。国家主权与治权存在质的对应而非量的对应。从质的角度来说，没有不代表国家主权的治权，有什么样的主权就有什么样的治权。但是，治权在数量上的增减并不能得出主权增强或弱化的结论。（程虎，2001）

在两岸的各自使用中，大陆使用"治权"概念时指涉地方性权力、中央对地方的垂直管制关系，而台湾方面在使用"治权"概念时，不仅仅指涉地方性权力，还包括中央性权力。首先，依照孙中山《五权宪法》所设计的中华民国体制框架中，治权包括立法、行政、司法、考试、监察五权，这五权均为中央性权力。尽管作为政权机关的"国民大会"随着 2005 年第七次"宪法改革"走入历史，但对应于"政权"的"治权"并未改变其原有涵义。第二，台湾方面在两岸关系论述中但凡使用"治权"概念的场合，往往要强调"两岸分治、互不隶属"，以凸显"两岸对等"，进而捍卫台湾"主体性"，譬如上文沈君山提出的"一国两治"。第三，马英九在论述其"互不承认主权、互不否认治权"的有效性时，曾援引 1972 年东德和西德签订的《两德基础关系协定》时的做法，即两德在相互承认对方时，为回避"主权承认"而采用"最高权力"替代"主权"，且达到了解决主权问题的效果。众所周知，尽管两德之间用"最高权力"代替"主权"，但两德之间"最高权力"之相互承认就是主权承认，只是回避了"主权"字眼而已，这已被后来的历史事实所证明。（王英津，2014）

从某种角度看，"主权互不承认"是以前国民党当局"汉贼不两立"政策的延续，基础都是"一个中国"，但也似有不同："汉贼不两立"有较强的"有我无你"、"二者存一"的意思，但"互不承认"则带有了一些"共存"的意涵，只不过是不"承认"对方的（主权）"存在"罢了。（严峻，2014）

台湾当局对"治权"内涵论述得不清，也引起绿营人士的反击，认为"主权"既不是泛泛之称，必须有"治权"来证成；不能随便宣称对"他国"的土地、人民有"主权"，除非有"治权"。从而可知，"治权仅及于台澎金马"的荒谬性显豁，台湾的"治权"只及于台澎金马，所以还抱住"固有疆土"是骗人的。因此，不存在"主权－治权"的相对关系，而只有主权与主权之间的关系，从而主张"一边一国"。（金恒炜，2004）

四、以"主权－治权"框架对两岸关系的描述

根据"主权"与"治权"的关系，对两岸政治关系的解释有以下几种：

（一）"主权统一、治权分离"

该论述的主要观点是，认为在"一个主权、两个治权"下确定台湾政治定位是可行的（李家泉，2008），"一个中国"是两岸现行法律规定的最大公约数，依据各自现行规定，彼此在法理上互不承认在对方所在地区（大陆地区或台湾地区）尚有一个主权国家存在，大陆地区和台湾地区均为中华人民共和国或"中华民国""主权"所覆盖，呈现重叠状态，故"主权统一"。对于两岸目前在现实中存在的"分裂分治"，该论述将其界定为治权层次上的，而非主权层次上的"分裂分治"。此即"主权统一、治权分裂"的主要意涵，在现实政治中，"主权统一、治权分裂"还有几种变相论述，如："主权重叠、治权分立"（张亚中，2011）、"主权统一、治权分立"、"主权共享、治权分享"等。实务中提出的"一国两府""一国两区""一国两对等政治实体"等都是源自这样的理论（倪永杰，2013）。

（二）"主权分裂、治权分裂"

该论述主要出自台湾绿营人士，他们往往主张依照两德关系模式或两韩关系模式来定位与处理两岸关系，声称两岸之间是"国与国关系"，该论述坚持"中华民国主权"仅及台澎金马，同时承认中华人民共和国的合法性，且认为中华人民共和国的主权"仅及大陆"，否认"两岸同属一中"这一基本事实。坚持"一边一国"，认为中华人民共和国即中国，"中华民国"是"独立于中华人民共和国或中国之外"的另一"主权国家"。

（三）"主权分裂、治权统一"

欧洲统合模式下，各个成员单位均为主权独立国家，原本不存在统一主权，唯各成员国为了追求本国利益的最大化，在某些领域里进行治权让渡，实施共同治理，此即所谓的"部分治权统一"。邦联模式是指由两个或两个以上国家组成的政治联合体，其成员国的主权状态亦无严格意义上的"主权分裂"，但的确存在共同行使"部分治

权"的现象。台湾学者主张借用欧洲统合模式（张亚中，2000）①、邦联模式（张富美，1988）来定位两岸关系，主张两岸应沿循"治权合作—治权统———主权统一"的路径，即通过治权的合作与统一来结束"主权分裂"，最后实现两岸统一。

五、对"主权–治权"分析框架的评论

"主权–治权"的分析框架表面上增加了对两岸现状的现实认知，即两岸确实存在两个竞争性的"公权力"，但同时也增加了两岸话语论争的焦点，从以往仅在一个中国主权下争论孰是"唯一合法政府"转向了既有一个中国主权之下的"主权合法性"之争，又有一个中国主权之下是否存在两个所谓"治权"之争（毛启蒙，2014），而台湾方面实则是企图以"治权"表述为其"治权""主权化"铺路，就是以"一国两'治'"对抗"一国两'制'"（吴大英，1995）。

"主权–治权"分析框架的根本缺陷在于，将本不具有对应关系的主权和治权作为对应性概念来使用，根源即在于将主权与治权原本的相交关系曲解为相斥关系。一般说来，治权可以分为两部分，一部分是最高治权，即中央政府所行使的最高统治权（通常称最高中央治权）；另一部分是一般治权，包括中央政府所行使的除最高治权之外的治权（通常称一般中央治权）以及地方政府所行使的治权（通常称地方治权）两部分；其中，最高治权的内容即主权权力。换言之，主权中的主权权力与治权中的最高治权在内容上是相同的。可见，最高治权既属于主权范畴，也属于治权范畴，是主权和治权的交叉地带或共同部分，只是其在不同范畴中称谓不同。（王英津，2014）

台湾当局将主权与治权二者区隔开来，随之带来的问题就是二者之间的内在联系被割断，动态上就是两岸主权之争日渐不对等情况下，以"治权"为话语过渡，通过向"治权"范畴增加"主权"构成要素、强化"政治实体"论述，从而构建两岸分裂现状的话语支撑与概念说辞，最终实现自立"主权"或"治权分立永久化"。（毛启蒙，2014）

基于以上，王英津（2014）不主张在两岸关系研究中采用"主权–治权"分析框架，而认为必须探讨更科学的分析框架来取代之；但倘若坚持运用"主权–治权"分析框架来探讨两岸政治关系，两岸双方须在探讨问题前先就治权含义达成共识，并

---

① 张亚中认为，两岸统合不同于欧洲统合。欧洲统合是主权与治权的统合，两岸由于目前各自根本法对主权的宣示均已包括对方，因此两岸统合是"治权"的统合，但是在创造一个新的政府法人认同与制度认同上，欧洲统合的经验是值得学习的。

在同一含义上使用，这是运用"主权－治权"分析框架来探讨两岸政治关系的前提和基础。

折中的观点是，建立"一中"与"分治"的平衡，突破两岸各说各话、各自表述的政治论述僵局，当前两岸由于历史的原因处于"过渡性分治"状态，过渡时期两岸官方互补否认对方为有效治理的政治实体，同时互补视为"外国政府"。（巫永平、郑振清，2011）毛启蒙（2014）认为"主权－治权"的话语可能使两岸关系陷入一种胶着状态，应从另外一个角度来看待"治权"，即一方面应当防止台湾以"治权""合法化"搞"主权合法化"或"治权永久化"，另一方面又要体察台湾方面特别是主流民意对其"治权""实际权力"以及"国际空间"的关切。在此情境下，"一中框架"中所蕴含的"两岸不是'国与国'的关系"的含义则绕过了是否接受关于台湾方面所谓"治权""管辖权""实际统治权"等纠葛，可以最大程度求同存异，体认台湾主流民意的关切，不给"治权"定性，不设定两岸未来的制度安排，只提供一个宽化的弹性框架，两岸不管是谁，只要坚持两岸同属一国、两岸不是国与国的关系，都可以开展对话和谈判。

更积极的观点则是，认为承认台湾"治权"是把双刃剑，利在于会对两岸关系走向深化会产生推动作用。首先，两岸交流的深入使得一些问题不是仅靠民间或社会力量就能解决的，认台湾"治权"，两岸就能够进行官方交往和互动，直接解决两岸关系中存在的各种问题，进行政策性交往；其次，两岸政治关系是两岸关系的核心，也是两岸关系的瓶颈。承认台湾"治权"，两岸就能进行政治谈判，促成两岸领导人会面，推动两岸统一进程。弊端则在于：一是承认台湾"治权"可能会让"两岸分治"固定化；二是承认台湾"治权"可能被少数国家利用与台湾当局发展官方关系；三是承认台湾"治权"可能会改变中国的统一模式和统一后的国家结构形式。基于以上，在两岸关系和平发展期，简单地对台湾的"治权"进行否认和压制并非良策，因此未来需要创造性地提出具有两岸特色的解决方案。（李秘，2014）

参考文献

［1］巫永平、郑振清：《重构"一个中国"宪政框架》，中国改革论坛 2011 年 10 月 3 日。

［2］王英津：《论两岸关系研究中的"主权－治权"分析框架及其替代方案》，《广西师范大学学报（哲学社会科学版）》2014 年第 5 期。

［3］毛启蒙：《从"主权"与"治权"的话语透视两岸关系》，《台湾研究集刊》

2014 年第 4 期。

[4] 伍利斌：《试析两岸关系中的"治权"概念》，《台湾研究》2014 年第 3 期。

[5] 王邦佐、王沪宁：《从"一国两制"看主权与治权的关系》，《政治学研究》1985 年第 2 期。

[6] 吴大英：《评主权与"治权"分开》，《统一论坛》1995 年第 3 期。

[7] 倪永杰：《"一个中国"内涵与两岸关系》，《台海研究》2013 年第 2 期。

[8] 严峻：《两岸关系重要概念需要再厘清》，《中国评论》2014 年 2 月 6 日。

[9] 程虎：《国家主权及其当代命运——一种全球化的分析范式》，《清华法治论衡》2002 年第 1 卷。

[10] 黄嘉树、王英津：《主权构成研究及其在台湾问题上的应用》，《台湾研究集刊》2002 第 2 期。

[11] 李家泉：《签订两岸和平协议的可行性研究》，《台湾研究》，2008 年第 4 期。

[12] 张亚中：《两岸统合论》，台湾生智文化事业有限公司 2000 年版。

[13] 张亚中：《"一中三宪"：重读邓小平的"和平统一，一国两制"》，《中国评论》2009 年 8 月。

[14] 张亚中：《"两岸和平发展基础协定草案"，〈两岸统合的实践〉》，《中国评论》，2010 年 6 月。

[15] 张亚中主编：《两岸政治定位探索》，台北两岸统合学会 2010 年版。

[16] 张亚中：《论"接受分治"与"推动统合"：两岸政治定位》，《中国评论》2014 年 2 月。

[17] 张富美主编：《台湾问题论文集：台湾现状与台湾前途》，台湾前卫出版社 1988 年版。

[18] 金恒炜：《没有"治权"，哪有"主权"？》，《新台湾新闻周刊》2004 年 10 月 19 日。

[19] 许世铨、杨开煌主编：《"九二共识"文集》，九州出版社 2013 年版。

[20] 李秘：《台湾"治权"问题论析》，《中国评论》2014 年 5 月。

[21] 李秘：《以"互为主体"的默契巩固"两岸一中"的共同认知》，《北京联合大学学报（人文社会科学版）》2013 年第 4 期。

[22] 刘国深：《两岸政治僵局的概念性解析》，《台湾研究集刊》1999 年第 1 期。

[23] 桑登平：《"一中框架"下的新型两岸关系》，《唯实》2013 年第 12 期。

论新形势下两岸公权力机关的交往机制

叶正国[*]

两岸事务主管部门负责人互称官衔开启了两岸官方的常态性沟通联系机制，促进两岸关系的和平发展，累积两岸政治互信。"习马会"说明两岸关系迈上新台阶，也表明两岸交往的重心逐渐转向公权力机关交往，是两岸关系发展的里程碑。随着民进党"完全执政"，两岸共同政治基础需要重新确认，公权力机关交往也面临着新考验。因此，有必要分析和探讨两岸公权力机关的交往机制，尤其在政党轮替常态化背景下如何进一步发展和完善。

一、两岸公权力机关交往的双轨制

在两岸关系和平发展背景下，两岸公权力机关交往势在必行。随着现代国家任务的多元化，私人或社会组织逐步参与公共事务管理，公权力既包括国家公权力也包括社会公权力。[①] 公权力机关是按照法律规定拥有公权力、执行公共任务的主体或接受其委托的主体。两岸公权力机关交往是对公权力机关的人员往来、事务商谈及其他各类互动的总体性描述。如果说民间交往是两岸民众自发形成的社会秩序，那么公权力机关交往则是因应两岸共同事务的主观性安排。两岸存在着非对称性的复合依赖关系，类似结构性权力，没有一方拥有单独决定交往方式的权力，只有基于政治互信改变对方面临的选择范围促使其做出某项选择。[②] 因此，两岸公权力机关交往是在不否认对方前提下的主体间过程，具有对象的共同性、主体的多元性和方式的多样性等特征，相关机制逐渐常态化、制度化和公开化。两岸公权力机关交往的前提是两岸同属一个中国，不同于国家间的官方交往，也不同于地方政府的交往，而是国家尚未统一特殊情况下政治对立双方的事务性或政治性交往，从认可彼此需要，到愿意接受相关

95

约束，进而分享互动的成果，最终重塑身份认知。

目前，由于两岸政治对立仍然没有结束，政治互信非常薄弱，这使公权力机关交往面临着敏感的"国家""法统""治权"和"主权"等问题，必须符合两岸关系的发展进程，分阶段推进以避免政治风险，双轨制就应运产生。所谓双轨制主要是指两岸公权力机关主要以两种不同类型的机制和模式进行交往，二者可以是平行关系、前后关系或交叉关系。具言之，一是间接交往机制。例如，两会机制、两岸经贸文化论坛和两岸标准论坛等是公权力机关交往的重要媒介和平台。这是迫于某些事务有必须共同处理的需要，为了完成公共任务的事务性和压力型机制。两岸恢复交往初期主要采用的这种方式，起到凝聚共识和桥梁的作用，逐步消弭政治分歧，大陆对台湾的公权力机关不否认。二是直接交往机制。例如，ECFA框架下两岸业务部门直接沟通和谈判、两岸热线和两岸领导人会面。"张王会"是两岸公权力机关交往机制革新的转折点，之后直接交往的广度和深度不断拓展，甚至国际领域。例如，2014年APEC会议邀请函由国台办副主任送至"陆委会"；2014年"陆委会"时任副主委吴美红和"卫福部"次长率访问团到北京与卫生和计划生育委员等四部门就医药卫生合作协议实施交换意见；2015年台湾代表首次以"部长"身份参与WHO。[①] 因此，直接交往机制是以"公"的名义面对面对话、沟通、协商和谈判，基于政治互信主动推进全方位互动交往，是推动两岸关系发展的带有政治性和回应型的交往机制，台湾希望以"堆积木"的方式化解分歧，大陆则以"正面清单"的方式对台湾的某些公权力机关"默示"。[②]

二、两岸公权力机关交往双轨制的实践逻辑

两岸虽分隔已久，但同属一个中国的事实没有改变，领土没有分裂、主权没有分割。两岸政治互信在尝试性阶段取得了一定成就，但在维持阶段出现很多分歧，很多深层次政治性问题暴露出来，从而影响了经济、社会、文化领域的交往。间接性交往机制只是事务性和功能性问题的协商平台，欲实现两岸关系的进一步发展，通过直接交往机制面对面协商，但两岸关系的现实使在一定时期或领域公权力机关不能直接交往或暂时没有共识，间接交往机制则可以成为消弭分歧的媒介，形成一定默契后各自

---

① 《吴美红访京返台：两岸落实医药卫生合作》，中评网，http：//www. crntt. com/doc/1033/7/1/6/103371600. html? coluid = 3&kindid = 12&docid = 103371600&mdate = 0905010201，最后访问日期：2014 - 9 - 9。
② 周叶中、段磊：《海峡两岸公权力机关交往的回顾、检视与展望》，《法制与社会发展》2014 年第 3 期。

执行。因此，两岸公权力机关交往双轨制既是对政治分歧尚未解决现实的反映，也是对两岸不对称复合依赖性关系的折中，更是根据一个中国原则在国家尚未统一特殊情况下做出的务实安排。

具体说来，第一，随着两岸关系的和平发展，两岸事务的制度化需求超出了两会的制度化供给。虽然两会协商进程不断加快，但两岸协议的局限性不断显现，受制于台湾政治环境。其他间接性交往机制则容易受政党轮替和民意变化的影响，这与制度化和常态化沟通联系机制要求的稳定性、明确性和可预期性相差甚远，直接交往机制的构建势在必行。第二，直接交往机制受台湾主流民意的支持或肯定。两岸公权力机关的直接交往在台湾具有深厚的民意基础，据"陆委会"2015 年 10 月和 11 月颁布的民调有 80.6% 的受访者支持两岸事务主管部门互动常态化，8 成以上的受访民众支持"习马会"。台湾是选举政治，直接交往如果有民意基础就是选举的正资产，可以获得政党的支持或默认。同样，直接交往机制也会引导民意，从而影响台湾的政治生态。第三，间接性交往机制存在着碎片化问题。所谓碎片化是指一个有机体内部各要素或各部分间缺乏有机联系和统一性，甚至相互竞争与冲突。各种间接性交往机制缺少衔接，缺少权威性，不能对两岸全局性和整体性问题的协商，加上两岸公权力机关各部门职能交叉、信息阻隔和利益保护等缺少整体性互动，无法统合各公权力机关的意见，从两岸渔业合作协议的一波三折到服贸协议的困顿不前说明其各个环节缺乏有机联系和统一性。然而，直接交往机制则可以由两岸官方部门直接沟通或整合，高位阶议题由高层次公权力机关交流，减少两岸交往的体制梗阻。正如时任国台办主任王兆国所说："只要双方谈起来，总能解决一些问题；谈得越深入，解决的问题越多；谈的层次越高，越有利于问题的解决。"① 当然，目前两岸政治互信不足，台湾的政治生态日趋复杂化，间接性交往机制仍不可或缺，对一些议题可以先通过会议、党际交流达成合作意向，逆向推动直接交往机制的启动。

两岸公权力机关交往从间接性机制转向双轨制建立在情感性理解、认同性关系以及共同目标基础上，是两岸交往达到一定阶段的产物，也是多种社会力量复合依赖的结果，更是实现两岸政治统合的过渡性机制。两岸政治对立没有结束，主要依靠彼此的"吸引力"而非强制力，应重视对方的关切，强调共赢思维避免零和博弈，扩大民众参与，使其产生共同的经历、共同的价值和共同的利益，从而提高交往的正当性与合法性，通过协议、政策或法律规约建立具有交互作用的稳定结构，保证公权力机关

---

① 《王兆国会见陈长文一行的谈话（1991.05.04）》，国台办网站，http：//www.gwytb.gov.cn/lhjl/la2008q/gaikuang/agree/201101/t20110108_1684742.htm，最后访问日期：2014 - 11 - 15.

交往的稳定性、明确性和预期性，减少或避免受台湾政党轮替的影响。①

三、两岸公权力机关交往双轨制的制度建构

两岸公权力机关交往双轨制是以法治为中心的多层次、多结构、多要素的交往体系，是"法治型"两岸关系的重要组成部分。制度构建可以推动两岸关系的新发展，化解两岸公权力机关交往的深层次问题，为两岸公权力机关交往机制的完善提供制度保障。

（一）两岸公权力机关交往的模式转换

两岸事务主管部门负责人互访是两岸公权力机关直接性交往机制建立的标志，应对双方的交往模式逐步完善。详言之，第一，革新两岸公权力机关的互动机制。2008年以来，大陆希望由上而下、由整体到局部进行协商，应先就两岸和平协议和军事安全互信机制等达成共识，而台湾方面则希望由下而上、由点而线到面的协商模式，遵循"先经后政、先易后难"的思路。在此背景下，两岸公权力机关通过各种平台接触，优先发展经贸关系，可以称之为"平台＋经贸"的互动模式。然而，这种模式大企业获利较多，基层民众的参与有限，民意表达的制度化渠道不畅，社会动力机制缺失，市场对社会的侵蚀作用显现，最后以社会运动的方式反击市场。为此，两岸公权力机关应广泛接触，构建全方位互动交往互动机制，让两岸合作惠及大众。

第二，构建两岸公权力机关交往的整体性机制。直接交往机制重塑了两会、"陆委会"和国台办、具体事务部门的交往权限，应理顺两岸公权力机关涉对方事务的关系，避免在交往中的体制梗阻。台湾"两岸协议监督条例"正是因应两岸交往带来的合法性问题，明确立法机构和行政机构在两岸协议方面的权限。其实，两会的角色也在逐渐转变，主要负责搭台，而协商由实务部门进行。另外，"习马会"时台湾方面除马英九外，还有"国安会"秘书长和咨询委员、"总统府"秘书长和副秘书长、"陆委会"主委和副主委，大陆没有提出异议。最重要的是，只有两岸各层级公权力机关的交往不断深化，才能形成两岸交往的超稳定结构。此外，除行政机构的交往外，还要重视与司法机构、立法机构的合作，否则会产生后续的衔接问题。②

第三，完善两岸公权力机关的权力运行模式。两岸公权力机关交往的权力运行模

---

① 沈惠平：《社会认知与两岸互信的形成》，《台湾研究集刊》2013 年第 1 期。
② 周叶中：《论构建两岸和平发展框架的法律机制》，《法学评论》2008 年第 3 期。

式有互助、合作与共管三种模式。以往，两岸公权力机关多是以互助模式完成相关事务，即在各自职权范围内履行职责，对对方履行职务的行为予以协助，如两岸共同打击犯罪和司法互助。这种模式没有政治、法制和体制上的困境。然而，随着两岸交往的进一步深化和官方制度性交往机制的正常化，互助模式应该走向合作模式，即两岸公权力机关虽然在组织上仍然分立，构建相关事务的合作机制，可以经常地互换信息、共同培训和行动协调，双方构建多层次的合作网络，对共同问题进行综合治理。①两岸热线和互设办事处可以从整体上开启两岸事务合作的模式。当然，两岸应该创造条件在某些事务上形成共管模式，即对两岸的某些共同事务，由两岸建立共同的组织进行决策和执行，这既是行为层面的交往，又是组织层面的交往。②

（二）两岸公权力机关交往的组织变革

两岸事务主管部门制度性常态化沟通联系机制逐渐改变原来分散性和随机性的衔接机制，是从功能到组织的过程，未来可能从契约化走向一体化。两岸公权力机关交往的组织构建不必纠结于主权和"治权"问题，应在功能性基础上以任务环境与制度环境为出发点。所以，两岸公权力交往的组织是一种任务型组织，以组织任务为导向的自在性和自洽性的交往主体，须推动两岸在不同领域、不同层次、不同形式和不同阶段进行多元化、多层次和全方位的交往。③

基于此，两岸可以建构公权力机关交往的"一元双轨"组织模式来逐渐推进双轨制的发展。具体来说，第一，"一元"是指必须由一个共同机构推进两岸公权力机关的交往协商。两岸间协商在两岸发展过程中起着重要作用，但随着两岸关系的发展，会有一定的局限性，需要共同机构来负责。这是一个阶段化的过程，即终极目标是国家统一，构建统一的国家机关；远程目标可以是建构两岸委员会和两岸理事会，前者由两岸主要的政治领导人组成，决策政治性事务，对两岸的共同事务进行协商，后者由负责两岸事务的部门负责人组成，并设一名秘书长，具有具体行政事务的决策权，是两岸行政性事务的发动机和协调者；中程目标两岸在适当时候建立"两岸和平发展委员会"或"两岸协调委员会"作为协调机构，将各自内部部分权力"共同体化"，形成超两岸权力的机构，建构让渡并共同行使某些权力的机制；近程目标是对日常公共规制或一般事务设立共同机构，这些领域侧重适用法制权威或规制工具，确保相关

---

① 祝捷：《论两岸海域执法合作模式的构建》，《台湾研究集刊》2010 年第 3 期。

② 宋焱、王秉安、罗海成主编：《平潭综合实验区两岸合作共建模式研究》，社会科学文献出版社 2011 年版，第 220 页。

③ 周雪梅：《任务型组织结构研究：生成、体系与建构》，首都师范大学出版社 2012 年版，第 199—200 页。

主体服从两岸法律秩序，如《两岸经济合作框架协议》（ECFA）设立了"两岸经济合作委员会"及其下属各小组。第二，"双轨"是指两岸建立相应的负责机构，落实双方协商的成果。两岸可以在各自现有体制的基础上对合作的具体机构改进和发展，在事务性问题的处理上可以通过互相设立办事处，作为两岸在对方的常驻代表，在台湾可以隶属于其"陆委会"或海基会，而在大陆则可以隶属于国台办或海协会，负责联络和协调以及处理日常行政事务。需要说明的是，办事处是功能性合作组织，即两岸针对具体事务共同组建的，以促进两岸相关执行部门沟通、协调为主要功能的组织。除此之外，也可以构建其他功能性组织，由两岸通过两岸协议专款的方式规定，其成员可由两岸各自从己方与该事务相关的业务部门选出，为存在体制差别的不同业务部门间提供一个制度化的沟通平台，以免双方出现多头沟通，效率低下的现象，体制冲突问题可在不对体制改革的情况下得以缓解。

（三）两岸公权力机关交往的程序设计

程序是两岸公权力机关交往的非契约性基础，具有中立性，可以容纳先验的价值、确定的"真理"和非此即彼的意识形态。当实体问题没有解决时，可以先通过程序为两岸公权力机关交往提供正当性。

1. 完善利益诉求的表达机制

两岸公权力机关只有在互利共赢基础上才能形成命运共同体的关系。利益表达是既包括各个公权力机关的利益表达，也包括公众的利益表达。对于前者来说，两岸公权力机关合作，尤其是在签订协议事务上，涉及各个公权力机关，应该事前整合各个公权力机关利益，否则可能产生组织梗阻。例如，服贸协议受"立法院"的阻挠主要原因之一就在于台湾公权力机关协商不足，与立法机构在两岸协议上的缺位有关。对于后者来说，公众是利益归属者，应提高公权力机关决策的民主性、合理性与正当性。在互联网时代，信息传播和利益聚合机制发生了深刻变化，两岸公权力机关要重视网络的表达机制，通过网络汇集、梳理和整合民意。因此，两岸应在法治化轨道上构建传递民意的表达机制和处理机制，进一步完善民意表达的相关制度，扩大和增加公民有序参与的渠道。当然，在某些领域两岸公权力机关可以先通过间接性交往机制表达自己的关切，通过建设性对话进行良性互动，消弭双方的主要分歧后再进入直接交往机制。

2. 通过协商谈判形成共识

协商谈判是一种基于交往理性的反复论辩的沟通程序，是相互理解、相互说服、相互认同和达成共识的过程。两岸公权力机关的协商谈判是共同决策过程。两岸公权力机关应寻求利益契合点，容纳和适当处理异议，兼容多元价值，防止实质性价值争论的激化。详言之，第一，两岸公权力机关的地位是平等的，任何一方都不能矮化对方，摆脱自我中心主义；第二，两岸公权力机关对两岸关系中不同议题的争议应明确表达，了解彼此的立场和关切所在，为有效谈判建立前提；第三，两岸公权力机关应对主张提出具体理由，即使作为理由的意识形态或价值偏好的合理性也应说明，该过程是包容性和公共性信息、理由和观点间的对撞，而不是力量和利益的较量；第四，两岸公权力机关可以对彼此的主张和相关理由给予反驳，对自己的主张进一步阐明，并审视和吸纳对方的合理意见；第五，两岸公权力机关在吸纳对方意见的基础上，修正自身的不足寻求共同认可的解决方案，在差异中寻一致，在对立中求妥协，在分歧中找共识。如果暂时不能够取得共识，可以暂缓协商谈判，但可以随时补充证据和更新观念，重启谈判。[①]

如果两岸取得最终共识比较困难，可以提出各自的关切以及解决问题的初步方案，看是否存在重叠性共识。如果没有取得整体性共识，也可能存在部分或暂时性共识，先解决部分问题，不挑战对方的核心利益，在谈判过程中创造条件累积互信，逐步减少歧见，为进一步的协商谈判打好基础。例如，ECFA 谈判过程中也遇到这样的问题，就是通过内部沟通解决了问题；当初两岸直航谈判对航线定位纠缠不清，最后双方达成"两岸航线"共识后问题迎刃而解。

3. 两岸共识合作实施的规范化

在制度差异、价值多元和利益分殊的情况下，两岸共识合作实施作为应用性商谈机制，必须遵循规范化的进路。两岸协议是目前两岸共识的主要载体，其实施机制仍然存在着制度不完善、体系化不够和类型化缺失等问题，亟需规范化。两岸协议对公权力机关的约束是法规范约束力和实质影响力，是基于合意本身的约束力。两岸协议一旦制定，即应通过各自的内部程序从"两岸间"转为"两岸内"，进而成为具有普遍约束力的法律规范。[②] 两岸协议一般可以分为自执行协议和非自执行协议，如果是自执行协议就自动纳入直接适用，如果是非自执行协议则须通过转化机制。当然，两岸在立法中可以针对两岸问题设置转介条款或空白规定，待达成协议后可以直接纳入内部法律体系，以免修法过于频繁。

---

① 唐桦：《两岸关系中的交往理性》，九州出版社 2011 年版，第 102—105 页。
② 周叶中、段磊：《两岸协议实施机制研究》，九州出版社 2015 年版，第 158 页。

四、通过政治性商谈发展两岸公权力机关交往机制

目前，两岸公权力机关交往逐渐从经济性、功能性和事务性议题逐渐走向政治性、宏观性和全局性议题。"习马会"已经触碰到政治议题，并摆上了桌面，对未来两岸破解政治难题取得新突破、新进展奠定了基础。民进党上台后要构建一致性、可预测性、可持续的两岸关系也需要进行政治性商谈累积政治互信。这需要就具体政治性议题进行意见交换和折冲，通过对话磋商达成共识。[①]

（一）作为两岸公权力机关交往基石的共同政治基础

两岸关系受 20 世纪世界形势和革命的影响，是国内外政治博弈的结果，受制于两岸政治关系定位的结构性矛盾。[②] 两岸关系的症结在于政治对立，解套的关键就在于政治对话、协商与谈判。目前，两岸开展政治性商谈依然存在着很多挑战，尤其是敏感度较高、解决难度较大的政治分歧。共同政治基础是两岸公权力机关交往的基石，无论任何时期，两岸必须在"两岸同属一个中国"问题上达成共识，由此推动两岸公权力机关的交往。罗尔斯认为抽象性越高，各方都能基于自身立场形成对抽象原则的想象及认同，从而形成相对的、交迭的共识（Overlapping Consensus）。[③] 其中，"一个中国"是两岸最核心、最关键和最棘手的政治问题，"九二共识"是两岸为推进事务性合作达成的政治妥协。2008 年以来，两岸在很多政治问题上保持一定的默契，积极需求双方都能接受的话语论述，如"外交休兵"。然而，一方面马英九没有在身份与国族认同上拨乱反正，在国家统一立场上不断退却，政治议题协商踌躇不前，另一方面政治性话题不断出现在两岸公权力机关的交往中，如王郁琦访问大陆时提到"中华民国"；"习马会"也涉及政治议题，甚至互设办事处在实践中已经触碰到政治议题，等等。

民进党迄今没有冻结"台独"党纲，不承认"九二共识"，只承认"九二会谈"的历史事实，宣称在"中华民国宪政体制"框架下维持现状，但大陆的底线是"九二共识"，并强调认同"两岸同属一中"的核心意涵。虽然双方在坚持立场的同时保持弹性，但民进党基于政治伦理很难找到与"九二共识"类似的论述，基于大陆的压

---

① 刘国深：《推动两岸政治对话协商的问题与难点》，《台湾研究》2014 年第 1 期。
② 彭付芝：《台湾政治经济与两岸关系》，北京航空航天大学出版社 2013 年版，第 399 页。
③ John Rawls. Political Liberalism, Columbia University Press, 2005, P36.

力和两岸关系的事实也不能回避。2016 年 5 月 20 日民进党实现"完全执政",两岸面临着更为复杂多变的新形势、新挑战,如果没有共同政治基础,政治互信可能难以为继,公权力机关互动管道就面临停止的危险,两岸关系逆转与倒退将不可避免。

两岸交往与其说是从经济合作开始,不如说是从政治解冻开始。在现代社会,政治权力与经济权力越来越难以区分,缺少政治和解的两岸经贸大交流非常脆弱。[①] 在交往初期,将政治性议题搁置有助于推进两岸在事务性领域的交往,但随着两岸事务逐渐从经济、文化和社会等方面走向政治和军事层面,交往的规模、范围和方式都产生重大而深刻的变化。受制于政治议题进展的缓慢,两岸政治关系定位处于模糊和不稳定的状态,还没有建立起直接的政治议题沟通管道,经济、文化和社会等领域交流与合作的广度和深度受很大影响。近年来,两岸议题虽然在台湾社会已经逐渐走向理性和务实,但还是经常被污名化、标签化、政治化和符号化。台湾政治环境对两岸关系和平发展的制衡力度加大,社会运动对两岸关系的介入愈加深入,立法机构对两岸关系发展的地位和作用不断提高,这使得政治性议题协商突破更加困难。[②] 同时,民进党上台后两岸政治性商谈也更为必要和可行,因为政治性商谈必须以公权力机关为主,而直接交往机制已经建构起来,民进党想维持现状和维护两岸交流成果,必须与大陆形成共同政治基础,至少是"两岸同属一个中国"的共识,一旦形成反而是两岸开启政治性商谈的时机,减少了大陆的顾虑。[③] 只有两岸公权力机关展示政治担当,将政治性商谈纳入制度化和常态化的轨道,形成定锚效应,才能搭建两岸关系发展的稳定架构,避免台湾政党轮替对两岸公权力机关交往的冲击。

(二)两岸公权力机关政治性商谈的议题选择策略

桑斯坦认为,根本的方向性问题经常会撕裂社会,但下一步向何处去却可以形成合意。[④] 政治性商谈议题要与两岸的政治现实相符合,不断增信释疑、聚同化异。目前,两岸尚不具备对政治关系顶层设计的条件,政治性商谈只能按照"议题化""阶段化"和"共识化"的方式进行,其中议题选择至为重要。两岸政治性商谈议题的特征有三:一是多样性和不确定性。政治是众人之事,分歧是必然的,妥协是政治的核心,两岸政治性商谈并不是"对"与"错"的问题,是选择双方能够接受方案的过程,应尽最大可能的诚意,提供知识和信息,避免对方误判。在大陆,政治性商谈

---

① 周叶中、祝捷:《两岸关系的法学思考》,香港社会科学出版社有限公司 2010 年版,第 104 页。
② 张文生:《2008 年以来台湾社会运动的政治化倾向研究》,《台湾研究集刊》2015 年第 6 期。
③ 林劲:《关于建立两岸政治协商机制的初步思考》,《台海研究》2013 年第 2 期。
④ Cass Sunstein. Incompletely Theorized Agreements. Harvard Law Review, 1996 (7).

议题是由政府直接设置，有影响力的团体或学者可能会影响政策的制定，一旦议程确定后只需要获得公众的理解和支持；而在台湾政治性商谈议题必须受主流民意的肯定，也应取得其他党派和社会组织的支持，最后由公权力机关推动。二是主观性与客观性。客观性意味着两岸各种政治性问题的存在是客观真实的，是必须面对和解决的问题。同时，政治性商谈议题的选择和界定与双方的观念、认识能力及其相关的知识背景是存在内在联系的，各主体的政治价值观、信仰、意识形态和利益等存在差别。由此，政治性议题协商解释空间大，弹性大，未来许多事务性交流可能解释成为政治性议题。三是关联性、层次性和变迁性。关联性是指政治性合作的议题不是单个存在的，而是相互交织，与其他议题之间存在着相互依赖的关系，如军事安全互信机制与和平协议紧密相关，而台湾的"国际空间"问题则与政治关系定位密切相关；层次性意味着各个议题之间存在着一定的次序，一个大议题往往包含若干小议题；变迁性则是指随着时间的转移，有些议题的重要性和性质会发生变化。

虽然两岸政治性商谈面临着诸多困境，但只要采取正确的议题选择策略，以"一个中国"为框架，以和平发展为主轴，以国家统一为目的，坚持底线思维和区间思维，逐步化解分歧，还是可能实现的。目前，两岸应在共同政治基础上选择可以突破的议题，进行政治对话，探讨解决问题的办法，创造解决问题的条件。当然，两岸的政治性商谈议题选择应走进历史的纵深，特别是考虑1949年以来的两岸政治变换和国际政治情势变迁，站在对方的立场上思考问题，在符合客观事实的基础上求同存异，寻找两岸政治性合作的联结点、共同点和契合点。

根据金登的多源流分析理论，一项议题的设置可以从其指向的问题源流、政策源流和政治源流分析。① 由此，两岸尤其是台湾的政治氛围是决定政治性商谈议题优先顺序的决定性因素，议题的可行性与必要性也是议题选择的核心问题，两岸法律政策、民意走向和利益整合则是关键。详言之，两岸政治性协商议题的选择主要受以下几个因素的影响：一是民意因素。台湾是选举政治，公众的政治认同是两岸公权力机关交往的基础，任何议题必须把握台湾的主流民意，最重要的是推动两岸民意整合。二是政党因素。政党对两岸关系的影响不仅在执政方面，更在引导着民意的走向，政党轮替常态化对两岸政治性商谈的影响很大。例如2000年民进党执政，"文化台独"和"法理台独"使两岸关系踯躅不前，而2008年以来马英九坚持"九二共识"，两岸关系走上正常化轨道，并成功举办了"习马会"。三是国际因素。台湾问题植根在国际政治结构中，美日的影响尤深，中美关系对两岸政治性商谈非常重要。四是事件因

---

① 约翰·W. 金登：《议程、备选方案与公共政策》，丁煌、方兴译，中国人民大学出版社2004年版，第52页。

素。两岸政治受重大事件的影响非常大，很多偶然性的事件影响着两岸政治议题的选择，如千岛湖事件和周子瑜事件。五是法律政策因素。任何政治性议题协商必须符合两岸规范体系，或者有的政治性议题协商要有适当的法律和政策工具。台湾地区的两岸交往规定越加严格，如2015年6月2日"两岸人民关系条例"部分条文修正案规定大陆地区的居民非经许可与台湾地区公务人员以任何形式涉及公权力及政治议题协商者，"内政部移民署"可以强制出境。六是实力因素。大陆综合实力上升，经济不断增长，政治社会稳定，对台湾的磁吸效应增大，台湾经济的持续低迷，对大陆的贸易依赖加大。

五、结语

两岸公权力机关交往是由交互、复合和合作博弈的过程。随着两岸关系进入深水区，两岸公权力机关交往双轨制是复杂的结构性取向的结果，是具有实践智慧的折中方案。随着民进党上台，两岸关系面临重大考验，公权力机关必须通过政治性商谈夯实共同政治基础和累积政治互信，保持两岸交流平台和手段的多样化，进一步推动双轨制的发展。与此同时，两岸面临着内部、两岸关系和国际政治环境的多重复杂性，应在"两岸同属一个中国"框架下对公权力机关交往做出更加包容性和务实性的安排，这需要运用高度的政治智慧寻找突破机会。

论新形势下借助"中华民国宪法"资源维护
"一个中国"框架的法理路径

段　磊[*]

当前，台湾地区领导人蔡英文已初步形成一套以"中华民国宪政体制""中华民国宪法"为核心的两岸关系政策表述体系。这一政治现状既为我们应对台海局势提出了严峻的考验，也为我们在新形势下维护"一个中国"框架提供了可资运用的正向资源。要借助"中华民国宪法"资源巩固和维护"一个中国"框架，要求我们必须深入分析这部"宪法"的规范与政治含义，有理有据地应对历史与现实困境，形成一套具有现实意义的法理策略体系。

一、作为维护"一个中国"框架正向资源的"中华民国宪法"

众所周知，自 1949 年以来，作为国民党专制统治象征的"中华民国宪法"，一直被视为"伪宪法"，因而成为中国"革命史观"下的一种不利于国家建构的负向资源。然而，时空变换，两岸关系的主要矛盾从"谁是中国"的中国代表权之争，转向"一中一台"或"两个中国"的统"独"之争[①]，在这种历史条件下，包含"两岸同属一个中国"内涵的"中华民国宪法"逐渐成为能够用于维护"一个中国"框架的正向资源。存在于这部"宪法"及其"增修条文"与"大法官解释"之中的"一个中国"因素，成为我们做出这一判断的实践依据。

（一）问题意识："中华民国宪法"能否成为一项正向资源？

众所周知，抗战胜利后，国共两党在重庆就和平建国问题展开谈判，并达成《双十协定》。此后，国民党方面依照这一协定，召开由国民党、共产党、民盟、青年党和社会贤达组成的政治协商会议，共同探讨制宪问题。遗憾的是，此后由于国民党内

---

　* 段磊，法学博士，武汉大学法学院讲师，武汉大学两岸及港澳法制研究中心研究人员。

　① 参见祝捷：《两岸关系定位与国际空间》，九州出版社 2013 年版，第 16 页。

部保守派势力的强烈反对，国民党当局最终选择撕毁政协决议，抛开中共和民盟等党派，通过笼络"第三方面"中的部分党派，单方面召开"制宪国大"，于 1946 年 12 月通过"中华民国宪法"。在内战阴云已经遍布神州的背景下，国民党当局一意孤行，不顾制宪一般规律，强行通过"中华民国宪法"，从而这部"宪法"的悲剧命运埋下了伏笔。① 在这一过程中，国共内战爆发，中共和民盟等党派拒绝承认这部"宪法"的合法性，称其为伪宪法。1949 年 2 月，在中国革命即将胜利之际，中共中央制定《关于废除国民党的六法全书与确定解放区的司法原则的指示》（以下简称《废除六法全书指示》），明确宣布废除包括"中华民国宪法"在内的"六法全书"。此后，1949 年 9 月召开的中国人民政治协商会议通过《共同纲领》，再次确认《废除六法全书指示》的基本精神，从而在法理上宣告"中华民国宪法"的废止。由于美国公然干涉中国内战，台湾问题并未获得最终解决，中国内战陷于法理上的中止状态，而与这种中止状态相伴随的，则是中国人民通过制定《共同纲领》和历部《中华人民共和国宪法》行使制宪权的实际效力在台湾地区受到阻却。从这个意义上讲，被国民党当局带至台湾并奉为圭臬的"中华民国宪法"，则只能被视为一种存在于国家尚未统一的特殊条件下的政治事实，而非宪法规范。

20 世纪 40 年代末至 90 年代初之间，两岸关系的主要矛盾体现为"谁是中国"之争，即两岸谁拥有"中国代表权"、谁是代表中国的"唯一合法政府"的争议，在这一背景下，"中华民国宪法"理所应当地被大陆方面视为伪宪法，成为一种不利于国家建构的负向资源。然而，自 20 世纪 90 年代开始，台湾地区政治局势发生重大变化，岛内本土势力逐渐获得主导地位，"台独"分裂势力日益猖獗，"中华民国台湾化"的政治过程逐步展开②。由此，两岸关系的主要矛盾转变为"一中一台"或"两个中国"之争，即统"独"之争。当前，台湾地区"政党轮替"已呈现出常态化趋势，岛内本土势力的政治影响力进一步增强，拒绝承认"九二共识"的民进党获得"完全执政"，"台湾主体性意识"逐渐成为岛内具有"政治正确"地位的意识形态……如此种种，都喻示着新形势下巩固两岸关系政治基础，反对和遏制"台独"分裂活动的紧迫性与重要性。在这一背景下，我们有必要抓住两岸关系的主要矛盾，重新检视对于维护国家统一具有积极意义的"中华民国宪法"的性质界定，在解决国家分裂与统一这一涉及中华民族根本利益的问题时，进一步解放思想，务实看待这部"宪

---

① 参见周叶中、江国华主编：《从工具选择到价值认同——"民国立宪"评论》，武汉大学出版社 2010 年版，第 435 页。

② 参见［日］若林正丈：《战后台湾政治史——"中华民国""台湾化"的过程》，洪郁如等译，台湾大学出版中心 2014 年版，第 214 页。

法"的正面意义，将之视为有助于巩固和维护"一个中国"框架的正向资源。"中华民国宪法"所蕴含的正向属性，存在于这部"宪法"（包括其"增修条文"和相关的"大法官解释"）的"一个中国"规范和要素之中，因而对其规范文本的分析，有助于我们进一步挖掘这一正向资源的内在价值。

（二）"中华民国宪法"及其"增修条文"中的"一个中国"规范分析

台湾地区现行"宪法"由 1946 年"中华民国宪法"和"增修条文"构成。就 1946 年"宪法"而言，其制定于大陆，当时两岸尚处于同一当局的控制之下，并不存在所谓"两岸关系"问题，因而"一中性"是其天然构成部分。相对而言，台湾地区"宪法增修条文"系 20 世纪 90 年代至 21 世纪初，台湾地区"宪政改革"的产物，彼时两岸已处于对立状态，因而对两岸关系的界定自然成为"增修条文"的重要组成部分。仅从文本来看，尽管"增修条文"以"一国两区"的基本思路将大陆和台湾区分看待，但这并不妨碍其在文本表述中对"两岸同属一个中国"事实肯定和确认。具体说来，这种肯定和确认体现在以下三个方面：

第一，"增修条文"前言明确规定"修宪"目的在于"因应国家统一前之需要"，从而使"两岸同属一个国家"成为该规定的事实前提。针对这一表述，有台湾学者称其"明显表示宪法本身终于不再执迷于法理上的大一统，从此正视并承认了原有国土业已分裂的事实"①。从宪法解释原理来看，这种解读企图运用文义解释的方法，将两岸关系解读为一种"统一前"的关系，继而以偷换概念的方式，将事实上的"统一前"等同于法理上的"已分裂"。然而，这种解读显然是缺乏理论与事实依据的。一方面，从法律解释的一般原理来看，对法律上文句的解释，"首先应顾及上下文，不得断章取义"②，因而对两岸关系性质的界定，不应仅从"增修条文"的某个词汇来探寻，更应考量上下文对这一问题的整体界定。除前言外，"增修条文"还在多个条文中体现出对两岸关系的界定，综合考察这些条文之间的逻辑关系，无法推导出两岸"已分裂"的法理表述。另一方面，不应简单地将事实上的"尚未统一"等同于法理和主权层面的"已分裂"，所谓两岸"尚未统一"是指双方在事实上处于互不统属状态，但这并不意味着两岸在主权层面走向"分裂"。因此，从"增修条文"的整体文本来看，这一条文仍然将大陆和台湾视为一个国家，将"谋求国家统一"视为两岸关

---

① 许宗力：《两岸关系法律定位百年来的演变与最新发展——台湾的角度出发》，载《月旦法学杂志》1996 年第 12 期。

② 黄茂荣：《法学方法与现代民法》，法律出版社 2007 年版，第 344 页。

系发展的终极目标。

第二,"增修条文"将"中华民国宪法"的适用范围限定在"中华民国自由地区",以之与"中华民国大陆地区"相对,将大陆地区人民和"自由地区"人民分开规定,以法律形式肯定"一国两区"的两岸关系政治定位状态。作为台湾当局对两岸政治关系定位的正式观点,"一国两区"构成了"增修条文"对两岸关系界定的指导思想。一方面,"增修条文"并未将"中华民国"与"自由地区"相等同,而是将"自由地区"视为与"中华民国"之下与"大陆地区"相对等的一个地区,从而肯定了"两岸同属一个国家"的事实。另一方面,台湾地区现行法律规范中涉及两岸关系的内容均以"增修条文"第十一条对"自由地区与大陆地区间人民"关系之规定为基础,形成一套以"一国两区"的两岸关系政治定位为基础的台湾地区涉两岸关系法律体系。

第三,"增修条文"沿用1946年"宪法"关于"中华民国领土"的规定,且为因应政权组织形式的变化,将原有规定中修改这一条款的门槛从"国民大会决议"变更为最少需3/4"立委"出席,出席"立委"3/4决议,公告半年后经"复决"方可完成,从而在程序上为维护两岸在领土主权层面的同一性提供了重要保障。针对这一条款,有台湾学者提出,"固有疆域"一词的内涵应以"制宪或修宪当时国家实效统治的范围为根据来认定",因而所谓"中华民国固有疆域"应当是"政府实效统治的台澎金马及其他附属岛屿,当然不及于中国"[①]。这种看似合乎"事实"的推演,并不符合台湾地区现行"宪法"的规定,更不符合以宪法文本约束政治权力的宪政精神。众所周知,"增修条文"是对1946年"宪法"的"增修",因而这一"条文"从性质上属于1946年"宪法"的附属条款,对其条文意涵的考察,显然应当从1946年"宪法""制宪者"的意志出发。1946年"宪法"制定于大陆,其对"中华民国""固有疆域"的规定,显然是指包含大陆和台湾在内的全中国。上述学者论述的推演,显然是一种妄图通过混淆"法理"与"事实"的方法,偷换概念,将台湾当局对现有区域的实际控制事实,视为一种"主权"存在,从而实现重新解释"中华民国固有疆域"的目的。

综上所述,从"中华民国宪法增修条文"的规范文本来看,其所包含的"一中性"是比较明显的,"两岸同属一个中国"是蕴含于这部"宪法"之中的基本精神。这就为我们借助这部"宪法"中有利于维护国家统一的部分,巩固"一个中国"框架提供了充分的规范支持。

---

① 参见黄昭元:《固有疆域的范围》,载《月旦法学杂志》(台湾)2000年第9期。

（三）台湾地区"司法院""大法官解释"中的"一个中国"因素分析

在台湾地区当前的政治体制中，"司法院大法官"扮演着与众不同的重要角色，司法权的"贵族"特性，使"大法官"能通过理论性、技术性较强的方式，诠释台湾地区现行"宪法"运行中的统"独"立场。[①] 截至 2016 年 7 月，台湾地区"司法院"共作成 20 个涉及两岸关系的"大法官解释"，这些"解释"对两岸关系性质的立场可划分为三种：

第一，在"解释"中直接或间接肯定"两岸同属一个中国"的事实。此类"解释"主要体现为两种模式：1）部分"解释"援用"国家发生重大变故"为其解释的主要依据，达到维护台湾当局"中国法统"，弥合"全中国"和"小台湾"裂隙之目的，此类解释在国民党威权统治时期起到了维护"一个中国"事实的实际作用，创设"万年国大"的"释字第 31 号解释"即此类解释的典型代表。2）部分"解释"以否定方式排除了部分"台独"分裂分子的分裂企图，如解决两岸协议法律性质的"释字第 329 号解释"即明确指出两岸协议"非属国际条约"[②]，从而否定了两岸的"国与国关系"。

第二，在"解释"中对"两岸是否同属一个中国"问题持回避或不表态立场。此类"解释"的典型代表，即是涉及"中华民国""固有疆域"问题的"释字第 328 号解释"。在该"解释"中，"大法官"以"政治问题不审查"为由，提出"国家""固有疆域"范围之界定，"为重大之政治问题，不应由行使司法权之释宪机关予以解释"[③]，从而回避了"声请书"中敏感的"中国大陆是否属于中华民国领土"[④] 的问题。

第三，在"解释"中将台湾等同于"中华民国"，在实际上为"去中国化"活动制造"法理"依据。此类"解释"主要出现在李登辉和陈水扁执政时期，"大法官"多以法律语言和对"声请人"基本权利保障为由，包装其助长"台独"分裂活动的立场。以解决"中国比较法学会"更名为"台湾比较法学会"是否违法问题的"释字第 479 号解释"，构成此类解释的典型代表。在该"解释"中，"大法官"以"结社自由保障"为由，认为台当局"内政部"制定的"社会团体许可立案作业规定"

---

① 参见周叶中：《台湾问题的宪法学思考》，载《法学》2006 年第 6 期。
② 台湾地区"司法院大法官""释字第 329 号解释"之"解释理由书"。
③ 台湾地区"司法院大法官""释字第 328 号解释"之"解释文"。
④ 台湾地区"司法院大法官""释字第 328 号解释"陈婉真等之"声请书"。

第四点关于人民团体应冠以所述行政区域名称之规定,因违反母法规定而失效。① 该"解释"充分体现出将台湾等同于"中华民国"的立场,从而为"去中国化"运动提供"法理"依据的倾向。

基于"司法院大法官"在台湾地区"宪政体制"中的特殊地位及其对两岸关系发展所产生的潜在影响,我们应辩证看待其对我们维护"一个中国"框架所起到的作用。一方面,应当注重对涉两岸关系"大法官解释"的分析研判,高度警惕部分"台独"分裂分子以"释宪台独"方式推进"法理台独"的活动。另一方面,手握"释宪"大权的"大法官"也应被视为巩固和维护"一个中国"框架的重要资源,注重"大法官"的政治立场和倾向,通过各种渠道影响"大法官"对两岸关系发展大势的判断,使之在一定条件下成为遏制"法理台独"的一道重要防线。

二、当前形势下运用"中华民国宪法"资源的双重实践困境

从规范分析的角度看,"中华民国宪法"及其"增修条文"与"大法官解释"均体现出较为强烈的"一中性"色彩,因而我们可以将之视为在新形势下可用于巩固和维护"一个中国"框架的正向资源。但是,基于两岸关系在历史与现实两个层面的纠葛,我们在运用这一资源的过程中,亦不得不面对一些极为复杂的实践困境。具体说来,这种困境体现在由《废除六法全书指示》废止"中华民国宪法"带来的历史困境和由"中华民国"政治含义模糊化与多样化带来的现实困境。

(一)历史困境:《废除六法全书指示》与伪宪法的界定

1946 年 3 月,在国民党内强硬力量的主导下,国民党六届二中全会做出决议,否定 1946 年政协会议通过的《宪法草案案》,严重妨碍国共两党和中间党派在极为复杂的条件下初步形成的政治互信,最终使各方就制宪问题形成妥协的空间消失。② 1946 年 6 月,国民党军队大举进攻中原解放区,内战序幕由此揭开,此前各党派共同努力形成的民主成果付之东流,政协会议在实质上走向解体。在内战的阴云之下,国民党纠集民社党、青年党等党派,抛开中共和民盟,单方面召开"制宪国大",并通过"中华民国宪法",从而使这部"宪法"在国内矛盾极为尖锐条件下走向了各派政治

---

① 参见台湾地区"司法院大法官""释字第 479 号解释"之"解释理由书"。
② 参见秦立海:《民主联合政府与政治协商会议——1944—1949 年的中国政治》,人民出版社 2008 年版,第 248 页。

共识的对立面。

作为反对国民党一党专制的主导力量，中国共产党在国民党召开"制宪国大"之初，即明确表示对"中华民国宪法"的否定态度，并以一贯之地坚持这一正确立场。1946年12月21日，"制宪国大"尚在进行之中，中共中央即发表"中国人民不承认伪宪"之声明，谴责"非法国大"，称蒋介石当局"一面大打内战，和把宪法'国大'开到底；一面又通过什么'民主宪法'，这只是更加自绝于人民"，并指出"蒋介石反动集团的独裁不取消，不论宪法字面上怎样，人民总之休想得到民主，这已是中国人民的常识"①。1949年元旦，蒋介石在其行将失败之际，发表"求和声明"，宣布下野，在这一"声明"之中，其亦不忘这部"宪法"的重要性，提出"只要神圣的宪法不由我而违反……中华民国的法统不致中断……"，则其"个人更无复他求"②，从而将维持"中华民国法统"作为国共和谈的一项条件。面对这一条件，中共方面坚持立场，在北平和平谈判时明确提出包括"废除伪宪法"在内的八项条件，坚决驳斥了蒋的这一非法条件。1949年2月，在中国革命即将胜利之时，中共中央制定《废除六法全书指示》，明确提出，"国民党全部法律只能是保护地主与买办官僚资产阶级反动统治的工具，是镇压与束缚广大人民群众的武器"，因而"六法全书绝不能是蒋管区与解放区均能适用的法律"③，从而明确宣告废除包括"中华民国宪法"在内的"六法全书"。此后，在1949年9月召开的中国人民政治协商会议上通过的《中国人民政治协商会议共同纲领》第十七条明确肯定了《废除六法全书指示》的基本精神，规定"废除国民党反动政府一切压迫人民的法律、法令和司法制度"，从而在法理上彻底宣告"中华民国宪法"在大陆地区的废止。至此，"中华民国宪法"这部与中国人民所期待的民主宪政毫无关联的宪法，最终从大陆彻底消失。

从宪法学一般原理来看，由于1946年宪法缺乏当时国内两股重要政治力量——中共和民盟的参与，这部"宪法"在包容性、可接受性和权力制约方面存在着"先天不足"。一方面，在当时的政治环境下，作为当时国内各方政治势力妥协失败的产物，1946年"宪法"不仅未能如人们所期望的那样，实现对国内政治力量的整合与包容，反而昭示着国共两党矛盾的激化，因而必然是一部缺乏包容性与可接受性的"宪法"。另一方面，在当时的政治格局下，1946年"宪法"的通过，并未改变国民党专制统治的政治事实，因而并未形成作为宪法基本精神的权力制约体制。从这两个

---

① 《中共中央发言人谈称蒋记国大所制伪宪中国人民绝不承认》，新华社1946年12月21日电。
② 《申报》，1949年1月1日。
③ 《中共中央关于废除国民党的六法全书与确定解放区的司法原则的指示》。

方面说,1946年"宪法""充其量只是一个民主的气泡,它跟人们所期待的宪政没有任何必然的联系"①。因此,《废除六法全书指示》和对1946年"宪法"的废除无疑是合乎宪政精神、符合宪政原理的。1949年人民政协的召开、《共同纲领》的制定和中华人民共和国的成立,则昭示着中国新民主主义革命的完成和全新国家结构的确立,因而也意味着在中国范围内,对作为国民党政权旧秩序外在形态的"中华民国宪法"的颠覆与替代。

从国家法治秩序建构的角度看,《废除六法全书指示》构成了新中国法制建设的基石,而《共同纲领》则构成新中国在宪法意义上的"出生证"。因此,《废除六法全书指示》和《共同纲领》对"中华民国宪法"的废止,是我们必须坚持的政治原则。那么,从历史回归现实,如何在坚持《废除六法全书指示》和《共同纲领》相关规定正确性的基础上,给予"中华民国宪法"这部"主观上被废止、客观上仍存在、历史上维护国民党反动统治、现实中具有维护国家统一作用"的规范性文件以正确定性的问题,直接关系到我们能否在维护"一个中国"框架的过程中,运用好这一资源。

(二)现实困境:"中华民国"政治含义的模糊性与多样性

"中华民国宪法"的法理内涵与"中华民国"的政治含义密切相关,从一定意义上讲,对"中华民国"政治含义的界定直接关系到"中华民国宪法"所表达的统"独"方向。近年来,随着台湾岛内政治局势的变化,尤其是"台湾主体性意识"在岛内政治活动中作用的日益凸显,"中华民国"的政治含义正发生一定变化,这种变化为我们运用"中华民国宪法"资源维护"一个中国"框架制造了现实困境。

当前,岛内对"中华民国"政治含义的认知存在极大差异,它既是马英九念兹在兹的"国家符号",又是民进党"台湾前途决议文"中台湾在"宪法"上的"国号",具有极大的模糊性和多样性。② 蔡英文当局正是基于对"中华民国"政治含义模糊性与多样性的认知,才提出以"中华民国现行宪政体制""中华民国宪法""维持现状"等话语为核心的两岸政策体系,意欲以这种具有模糊性和多样性含义的概念,为其日后的政治实践提供更大进退空间。

从统"独"视角观之,"中华民国"政治含义的多样性与模糊性主要体现在对

---

① 刘山鹰:《中国的宪政选择——1945年前后》,北京大学出版社2005年版,第173页。
② 参见祝捷:《"九二共识"核心意涵的法理型构——再论两岸法律的"一中性"》,载《中评月刊》(香港)2016年第3期。

"中华民国"与"中国"和"台湾"的关系上。考察岛内关于"中华民国"含义认知的演进来看，涉及"中华民国"与"台湾"关系的认知主要有三种：1）将"中华民国"视为整个中国的"国号"，而台湾和大陆均是"中华民国"的组成部分，依"主权－治权"框架，"中华民国"之"主权及于整个中国，但目前之治权，则仅及于台、澎、金、马"①。2）将"宪政改革"之后的"中华民国"视为辖区仅包括台、澎、金、马的"主权独立国家"，认为"中华民国在台湾"，而两岸关系应当定位为"特殊的国与国关系"②。3）认为台湾是一个"主权独立国家"，"中华民国"是台湾在"宪法"上的"国号"，但"中华民国"与中华人民共和国互不隶属，亦即所谓"中华民国就是台湾"之观点③。

从上述三种对"中华民国"政治涵义的认知来看，这些表述之中，有些能够为"九二共识"所包容，有些表述则处于"台独"与"独台"的边缘地带，有些则是为大陆方面坚决反对的"台独"分裂立场。毋庸置疑的是，上述对"中华民国"政治含义的差异化认知，将直接对"中华民国宪法"法理内涵的界定造成重大影响。基于台湾地区内部对"中华民国"争议意涵认知的差异，不少学者认为，贸然认可"中华民国"或"中华民国宪法"可能会在岛内产生不利于巩固"一个中国"框架的政治效果或是产生以虚化的"一个中国"为代价换取实际的"两岸分治"的政治影响从而对促进和平统一造成负面效果④。因此，是否能够处理好"中华民国"与"中华民国宪法"政治含义的模糊性与多样性带来的现实困境，直接关系到我们能否在维护"一个中国"框架的过程中，运用好"中华民国宪法"资源。

三、"中华民国宪法"要素的三重分离思路：消解困境的应然选择

尽管具有"一个中国"因素的"中华民国宪法"是我们反对和遏制"台独"分裂活动的重要正向资源，但来自历史和现实两个层面的实践困境为我们运用这一资源带来了一定的政治风险。因此，如何突破历史与现实两个层面的实践困境，建构一套

---

① 此即台湾当局1992年作成之"关于'一个中国'内涵的说帖"之观点，同时为台湾地区现行"宪法增修条文"所肯定，因而亦为台湾当局官方正式立场，参见《台"国统会"八一结论（1992－8－1）》，资料来源：http：//www. gwytb. gov. cn/zt/92/201101/t20110110 _1686385. htm，最后访问日期：2016年6月1日。

② 此即李登辉"特殊的两国论"之观点，参见《李登辉接受"德国之声"专访时的谈话》，资料来源：www. president. gov. tw，最后访问日期：2016年6月1日。

③ 此即民进党1999年"台湾前途决议文"之观点，至今仍为民进党方面对"中华民国"政治含义的正式立场，参见民进党："台湾前途决议文"（1999年）。

④ 参见王英津：《论两岸政治关系定位中的"中华民国"问题（下）》，载《中评月刊》（香港）2016年2月号。

运用"中华民国宪法"资源维护"一个中国"框架的法理策略体系,成为当务之急和必要之需。一个可供探讨的解决思路,是依照运用"中华民国宪法"资源维护"一个中国"框架之需要,通过对这部"宪法"进行多层次的切割与分离,实现既能够借助这部"宪法"的积极因素维护"一个中国"框架,又不因这一策略而引发不必要的政治风险之目的。

(一)历史定位(历史性)与现实定位(现实性)之分离:作为历史事实与政治事实的"中华民国宪法"

在"革命史观"的影响下,"中华民国宪法"长期被大陆方面界定为"保护地主与买办官僚资产阶级反动统治的工具,是镇压与束缚广大人民群众的武器"[①],因而这部"宪法"的性质当然应被界定为"伪宪法"。然而,如上所述,当前两岸关系主要矛盾已从意识形态对立转变为国家的统一与分裂之争。因此,在当前形势下,我们应当从历史的、辩证的角度看待这部"宪法",在坚持以《废除六法全书指示》为代表的规范性文件对这部"宪法"历史评价的基础上,结合实际情况的变化,通过历史定位与现实定位相分离的方法,实现对"中华民国宪法"历史性与现实性的切割。具体说来:

第一,对"中华民国宪法"历史定位与现实定位相分离的方法,有助于我们坚持《废除六法全书指示》和《共同纲领》等规范性文件的法理效力,避免造成以现实策略否认历史事实的错误印象。如上所述,《废除六法全书指示》和《共同纲领》在新中国建立的过程中起到了极为重要的作用,因而我们不能因反对和遏制"台独"分裂活动,就直接否定《废除六法全书指示》和《共同纲领》的有关规定,进而否定新中国政权建构的法治基础。[②] 因此,面对历史遗留问题带来的困境,我们有必要通过历史定位与现实定位相分离的方法,充分肯定我国社会主义法律体系的合法性基础,避免因当前运用"中华民国宪法"资源而造成对革命历史和社会主义法治建设全盘否定的负面效果。

第二,对"中华民国宪法"历史定位与现实定位相分离的方法,有助于我们正确看待中国革命进程中的"中华民国宪法"的历史地位和当前两岸关系发展中"中华民国宪法"的现实地位。在两岸关系主要矛盾发生变化的情形下,传统"革命史观"对"中华民国宪法"性质做出的界定,已脱离当前的两岸关系现状。因此,将对这部

①《中共中央关于废除国民党的六法全书与确定解放区的司法原则的指示》(1949年)。
② 参见祝捷:《"九二共识"核心意涵的法理型构》,载《中评月刊》2016年4月号。

"宪法"的历史定位与现实定位相分离的方法，能够有效避免"革命史观"对我们在当前条件下借助这部"宪法"维护"一个中国"框架造成的不利影响，使我们对"中华民国宪法"定位的认知更加符合当前两岸关系的实际情况和对台工作的实际需要。

据此，在面对运用"中华民国宪法"资源维护"一个中国"框架过程中出现的历史遗留问题，可秉持历史定位与现实定位相分离的方法，将这部"宪法"的历时性与现实性加以切割，将存在于中国革命历史中的"中华民国宪法"与存在于两岸关系中的"中华民国宪法"相切割。结合"中华民国宪法"变迁的具体情况，一方面肯定《废除六法全书指示》对这部"宪法""伪宪法"的正确界定，另一方面则认可其在国家尚未统一的特殊条件下在台湾地区发挥的维护"两岸同属一个中国"事实的实际效力。

（二）正当权威（合法性）与实际权力（有效性）之分离："中华民国宪法""合法性"问题的应对思路

除厘清"中华民国宪法"的历史定位与现实定位之差别外，在运用"中华民国宪法"资源的过程中，我们必须对这部"宪法"能否具有代表主权属性的国家根本法之合法性问题做出回应，以避免造成两岸存在两部合法"宪法"的错误印象，甚至造成对两岸关系政治定位现状的改变。为解决这一问题，我们应从正当权威和实际权力相区别的角度，深入分析这部"宪法"的"合法性"基础，客观看待其在岛内政治实践中的有效性事实，在坚持否认这部"宪法"合法性的前提下，结合两岸关系发展实际，通过肯定这部"宪法"的有效性，以这部含有"一中性"因素的"宪法"制约"台独"分裂势力之目的。具体说来：

第一，权威与权力相分离，意味着对"中华民国宪法"合法性与有效性认知的切割。众所周知，权威和权力是一对既相关联，又相区别的概念，对正当权威的认可可以与对实际权力认可相分离。众所周知，权力是统治者支配和控制被统治者的能力，它可能是暴力的，也可能是柔性的，而权威则是一种被统治者所认同的、自愿服从的统治。[①] 因此，权威是一个表征合法性的概念，而权力仅是一个对统治事实描述性的概念，却并不必然意味着权力主体具有实施权力的合法性。从传统的政治性视角看，宪法是一个集权威与权力的存在，认可一部宪法就意味着对基于这部宪法而产生的权威与权力的承认。然而，仅从宪法的功能性视角看，权威与权力却是一对可以分开看

---

① 许纪霖：《为何权力代替了权威》，载《天津社会科学》2011 年第 5 期。

待的概念，可以依照一部宪法实施的具体情况，在认可宪法权力（有效性）的基础上，否认其宪法权威（合法性）。在实践中，自20世纪50年代起，大陆方面一直以"台湾当局"称呼台湾地区公权力机关①，对其控制台澎金马地区的政治事实表示认可，但却不认同其统治的合法性，而视其为一种事实现象，这也为我们以类似的方法处理"中华民国宪法"法理定位问题提供了范例。

第二，无论是从法理上还是政治上看，"中华民国宪法"均不能被视为一部具有充分合法性基础的根本法。从制宪权理论出发考察"中华民国宪法"的"制宪"与"修宪"事实可知，1946年"中华民国宪法"仅具有形式上的合法性，而因缺乏对当时国内政治格局中各方力量政治共识的凝聚，缺乏实质合法性。"宪政改革"后形成的"增修条文"并非作为中国主权者的"中国人民"②意志的体现，仅是作为"中国人民"组成部分的"台湾人民"意志的体现，故这种所谓的"修宪"、行为缺乏足够的合法性基础，并不具备足够的正当权威。因此，我们仍应坚持否定这部"宪法"作为代表全中国的"宪法"或代表"台湾"的"宪法"之合法性。

第三，从台湾地区政治实践来看，"中华民国宪法"又是一部在岛内获得有效实施的规范性文件，具有其现实有效性。自台湾地区"宪政改革"以来，从"中华民国宪法"及其"增修条文"在岛内的适用情况看，这部"宪法"通过"司法院""释宪"等方式的具体适用，已从一部仅具有"法统"象征意义的"宪法"，逐渐转变为能够约束岛内政治运行的规范性文件。考察台湾地区内部政治实践可知，当前"中华民国宪法"已成为岛内各主要政党共同遵守和认可的"最大公约数"，成为台湾民众保障基本权利的重要宪制依据，成为岛内各族群实现政治认同聚合的重要规范载体。可以说，这部"宪法"在实践中，已经成为台湾地区政治转型事实法律化的法理渊源，因而具有其实际有效性。因此，在我们对"中华民国宪法"法理定位问题做出重新安排时，必须充分考虑到其实际有效性，有条件地认可这种有效性，从而使政策表述与客观事实相符合。

据此，我们在处理"中华民国宪法"法理定位时，可秉持正当权威与实际权力相分离的方法处之，将这部"宪法"的合法性与有效性认知相切割。一方面，应坚持否认这部"宪法"的正当权威属性（合法性），否认其作为一部具有"主权"和"国家"属性"宪法"的法律地位，强调《中华人民共和国宪法》对台湾地区的法律效

---

① 参见李鹏：《以"当局"作为两岸商谈政治定位起点之理论探讨》，载《台湾研究集刊》2014年第2期。

② 参见陈端洪：《宪法学的知识界碑——政治学者和宪法学者关于制宪权的对话》，载《开放时代》2010年第3期。

力；另一方面，应充分认识到这部"宪法"在台湾地区政治实践中的实际权力属性（有效性），以正当权威（合法性）和实际权力（有效性）分离的思路，寻求解决运用"中华民国宪法"资源的现实困境。

（三）规范含义（规范性）与政治含义（政治性）之分离："中华民国宪法"文本的规范价值应用

针对因"中华民国"政治含义的模糊性和多样性对应用"中华民国宪法"资源带来的实践困境，我们应采取区分作为政治符号的"中华民国"与作为规范文本的"中华民国宪法"之方法，将这部"宪法"所蕴含的规范含义与政治含义相区分，借助宪法教义学的研究方法，通过挖掘、放大和强调其规范含义，达到约束和规制台湾当局的两岸政策走向，反对和遏制"台独"分裂活动之目的。具体说来：

第一，与"中华民国"这一政治概念不同，"中华民国宪法"及其"增修条文"与相关"大法官解释"均是具有确定文本载体规范性文件，其明确性、稳定性和权威性远远高于作为政治概念的"中华民国"。因此，尽管不同政治势力可以根据其需要，对"中华民国"这一政治概念做出不同的解读，但其对于"中华民国宪法"的解读，则不得不立足于规范、受制于文本。如上所述，在"台独"分裂分子的曲解之下，"中华民国"在台湾地区内部拥有了多种意义差别极大的政治含义，为我们运用"中华民国宪法"资源制造了极大的现实障碍。然而，与含义模糊的"中华民国"不同，"中华民国宪法"是一部具有文本载体的规范性文件，任何对这一文本做出的解读都必须以文本为依据，遵循宪法学的一般原理进行。在岛内的政治实践中，持"台独"立场的政治人物和学者往往通过混淆政治现实和法理事实的方法，妄图以两岸尚未统一的政治事实，压制甚至推翻"中华民国宪法"对"两岸同属一个国家"的法律界定。倡导所谓"以台湾为主体的法律史研究"的台湾学者王泰升的相关论述即是此类逻辑的典型代表，他认为，台湾"以一个事实上国家的地位已存在五十余年，且发展出自由民主的宪政秩序……如果台湾人民选择了'自由民主'的宪政生活方式，并为确保其永续存在，而在法律规范上宣示仅以台湾一地作为国家领土、居住于台湾之人作为国民，则岂是现有宪法条文所能拘束的"①。这种论断的本质是以一种看似至高无上的价值，作为超越现有宪制规范的依据，并借此为实现所谓"民族自决""独立建国"提供条件。这套通过改变"规范"来迎合所谓"事实"的理论体系充分体现出台湾学者对于明确体现出"一个中国"含义的"中华民国宪法"规范文本的无可

---

① 王泰升：《自由民主宪政在台湾的实现：一个历史的巧合》，载《台湾史研究》（台湾）第11卷第1期。

奈何。

第二，从法解释学基本原理出发，文本应当是法律解释的边界，任何与文本明显相悖的解释都是不可取的。众所周知，就宪法解释而言，宪法文本无疑应是解释者行为的边界，"再大胆的解释也不能把与宪法文本显然相悖的观念纳入宪法"①，否则释宪行为将越界演变为修宪甚至是制宪。因此，作为一部具有明确文本界限的规范性文件，任何对"中华民国宪法"法理意涵的解读，尤其是涉及国家统一问题的解读，都应以这部"宪法"的文本为界限。如上文对"中华民国宪法"文本的分析，这部"宪法"的有关规定充分体现出对"两岸同属一个中国"事实的确认。依据这一原理，结合这部"宪法"的规定，在解决"中华民国"政治含义模糊化和多样化现状为我们运用"中华民国宪法"资源带来的障碍时，应因循政治含义与规范含义相分离的原则，紧紧抓住"中华民国宪法"及其"增修条文"与相关"大法官解释"的规范文本，以文本为依据，反制"台独"分裂分子提出的种种理论说辞与政治言论，使这部"宪法"成为我们可以运用的正向资源。因此，在运用"中华民国宪法"资源的过程中，运用宪法教义学的理论与技术，充分挖掘这部"宪法"（包括其"增修条文"与相关"大法官解释"）的规范文本，成为关键。

综上所述，尽管从政治事实层面看，岛内各政党基于其各自认知，使"中华民国宪法"掺杂着形形色色的政治意图，甚至出现"一部宪法，各自表述"②的情形，但从法理层面，尤其是文本层面出发，台湾地区现行"宪法"的"一中性"成分仍然发挥着独特的作用。在两岸各自根本法都充分肯定"一中性"的基础上，双方对于"一个中国"框架的各自主张就能够在法理上形成重叠表述的客观状态。在这种情况下，两岸各自根本法上的"一中性"要素，就能够为双方通过政治力运作，形成合乎"一个中国"框架的政治基础提供质料。

四、结论

随着民进党重新在台湾地区获取执政权，两岸关系发展面临新的变局。当前，台湾地区领导人蔡英文已初步形成一套以"中华民国宪政体制"为核心的两岸关系政策表述体系。从本文对"中华民国宪法""一中性"内涵的分析来看，这部"宪法"之

---

① 张翔：《宪法释义学——原理·技术·实践》，法律出版社 2013 年版，第 54 页。
② 参见曾建元：《一个宪法，各自表述：台湾宪法秩序中的"一个中国架构"》，载《中华通识教育学刊》（台湾）2006 年第 4 期。

中存在的"一中性"要素，能够成为大陆方面应对和反制蔡英文所谓"中华民国宪政体制论"的一种正向资源。因此，我们在坚持战略上严守"九二共识"政治底线的基础上，可在策略层面，适时对"中华民国宪法"做出合情合理安排，在充分考量两岸关系现状的基础上，通过将这部"宪法"的历史定位与现实定位相切割，对这部"宪法"的规范含义与政治含义区别对待，将这部"宪法"所代表的正当权威与实际权力相区隔，在继续坚持否定其合法性的基础上，有条件地认可其有效性，继而将之整合为可资运用的正向资源，从而为巩固两岸关系政治基础提供更为充分的外在支持。

两岸协议的法制再分析

戴世瑛*

一、前言

自 1990 年《金门协议》迄今，两岸两会签署并完成生效共计有 26 项协议。对于突破双方政治歧见与不同法域间障碍、促进公权力机关合作、保障居民往来权益、维系两岸关系和谐，实居功厥伟。历经多年实践证明，秉持"搁置争议、求同存异、对等互惠、共创双赢"精神，通过制度化协商缔结，用以规制双方交流秩序，解决彼此互动问题的两岸协议，无疑是现阶段最有效可行的规范载体与合作模式[①]。实现两岸协议法制化，当可建立双方关系和平发展的法治保障。是以，关于两岸协议的理论基础、履行成果、后续完善与发展动向，原值得各界，包括两岸法律人的高度关注与善加珍惜。

近来，因《服贸》协议审议卡关，《货贸》协议谈判暂停，加上两岸官方交流中断，原本进展顺利的两岸协议，一时间似受挫遇阻。除去政治因素不论，若纯以法律专业视角来看，随着两岸交流进入实质层次，即所谓"深水区"，两岸协议确也显露出法律定位不明、内容规范不足、监督审查欠缺公开透明等问题。其中，针对协议的法律定位与法律监督，笔者曾于上届两岸和平发展法学论坛中，偕詹律师仕沂，以《两岸协议的法制分析》一文，发表过个人看法。碍于字数有限，故对于围绕两岸协议的其他诸多领域，如协议的解释、生效时期、修正、终止，与协议监督条例的立法困局等，当时未及详述。今适逢《第六届两岸和平发展法学论坛》召开，故另以《两岸协议的法制再分析》为题，接续加以检讨。至前文已提及，与本文讨论攸关部分，为免重复，仅以"摘要"方式，归纳重点如下。借此，盼能抛砖引玉，唤起有识

---

* 戴世瑛，中国人民大学法学博士，台中律师公会大陆委员会委员。

① 以两岸刑事司法互助为例，根据研究，在 2009 年《两岸共同打击犯罪及司法互助协议》签署前，在借助国际模式、透过第三方介入模式、单方面立法模式、统一立法模式等选项当中，最好的合作模式为"签订相关协议，并各自立法落实"。参照叶佑逸，《从跨境犯罪论海峡两岸相互间刑事司法互助之最佳模式》，载（台）《静宜人文社会学报》，第 2 卷第 1 期，2008 年 1 月，第 191—194 页。

者对此一专题研究的共同重视。

二、两岸协议的法律定位摘要

关于两岸协议法律定位，目前双方法制，均无明确规范，各界亦看法不一。大陆地区方面，有民间协议说、部门规章或最高人民法院司法解释说、特殊区域安排说、两岸共同政策说等。台湾地区方面，则有行政协议说、"国际条约"说、"准国际条约"或协定说等，可谓莫衷一是。

以上诸说，各有偏废。台湾地区方面，"司法院大法官释字第 329 号解释理由书"中，仅消极地认为两岸协议非"国际书面协议"，并未积极地明示其定位与法律效力。为回避主权政治争议，兼顾对等原则，同时弭平歧见，以利持续合作交流。参酌两岸协议是两岸公权力机关授权民间团体所签订的事务性协议，且当前两岸，多于协议签署成立后，各自经行政部门核定，立法机关备查，或完成其他准备程序，使协议生效。再透过制定法律、行政命令、行政规章，发布司法解释等方式，将协议内容予以"转化"适用的现况①。拙见以为，就法的形成过程，似可将两会各类协议，于签署成立生效时，均先定位于"民间协议"。俟各自践行完备法制化程序后，再分别将协议转换定性为各该法域内的"法律""行政命令""行政规章"或"司法解释"等，俾使双方公权力机关与相关人，得以遵守适从（两阶段定性）。

三、两岸协议的成立、生效与履行

之前各项协议的约定生效时点与方式，概可分为：

（一）不定期"自动生效"：如《金门协议》第 5 条第 1 项"本协议书签署后，双方应尽速解决有关技术问题，以期在最短期间内付诸实施"。

（二）自签署日起定期"自动生效"：该期限长则三四十日，如《汪辜会谈共同协议》第 5 条第 1 项"本共同协议自双方签署之日起三十日生效实施"，或《两岸空

---

① 例如签署《两岸公证书使用查证协议》后，大陆地区随后印发《海峡两岸公证书使用查证协议实施办法》。通知开首表明"海峡两岸共同商谈达成的《两岸公证书使用查证协议》已于 4 月 29 日在新加坡正式签署。根据协议约定，该协议将于 5 月 29 日生效实施。为便于各地正确履行该协议，我们制定了《海峡两岸公证书使用查证协议实施办法》"；台湾地区方面，《两岸共同打击犯罪及司法互助协议》签署后，"法务部"颁布《两岸犯罪情资交换作业要点》《两岸送达文书作业要点》《两岸罪犯接返作业要点》《两岸缉捕遣返刑事犯或刑事嫌疑犯作业要点》《两岸调查取证及罪赃移交作业要点》。其中《两岸犯罪情资交换作业要点》第 1 条规定"为妥适执行海峡两岸共同打击犯罪及司法互助协议第五条犯罪情资交换事宜，遂行共同打击犯罪目的，特订定本要点"。

运协议》第13条第1项"本协议自双方签署之日起四十日内生效"。短则7日，如《两岸食品安全协议》第9条第1项"本协议自双方签署之日起七日后生效"。

（三）自签署日起各自完成相关准备后"自动生效"：如《两岸共同打击犯罪及司法互助协议》第24条第1项"本协议自签署之日起各自完成相关准备后生效，最迟不超过六十日"。

（四）签署后各自先完成相关程序再书面通知对方并自收到通知后"定期生效"：如《两岸投资保障和促进协议》第18条第1项"本协议签署后，双方应各自完成相关程序并以书面通知另一方。本协议自双方均收到对方通知后次日起生效"。

补充说明，不同于先前的"自动生效"。1997年4月18日修正"两岸人民关系条例"，将"贸易法"第7条第4项规定纳入该"条例"第5条第2项，次经2003年修正，此后的协议之生效条款，即多约定有"各自完成相关准备"或"各自完成相关程序"之条件。

附加所谓各自完成"相关准备"或"相关程序"条件的生效模式，表面上看似无疑问，亦符合对等原则。但问题在于，落实于彼此法制时，其义各何所指？

按台湾方面的法规解释，所谓完成"相关准备"或"相关程序"，应系指通过"两岸人民关系条例"第5条第2项所设行政核定，以及立法审查的两岸协议法制化程序。但大陆方面，在其现阶段对协议定位不明，又欠缺类似"两岸人民关系条例"的专项规定下，如何完成"相关准备"或"相关程序"，颇值商榷①。质言之，因台湾的审议协议程序效率不彰，与大陆对于协议法制化的规范缺位，欲同步对等完成上述条件，恐有扞格，或将因此导致协议生效延宕②。为免影响协议顺利上路，所谓各自完成"相关准备"或"相关程序"，其具体内涵，有待协商厘定。

其次，之前两岸协议因采取"自动生效"模式，造成民意机关尚未审查，协议已然生效，难以实质监督，故迭受批评③。2014年针对《两岸服贸协议》，究能否适用

---

① 按大陆学者解释，"相关准备"包括人员物质装备工作，也包括以合适方式使协议成为各自法域内法律体系一部分的法制工作。所以采用中性、非严格的法律用语，系为有效回避"批准""接受"等国际法学用词，以免引发协议"条约化"问题。参照周叶中、祝捷主编，《构建两岸关系和平发展框架的法律机制研究》，九州出版社，2013年3月，第112—113页。

② 《两岸投资保障和促进协议》签署后，主管机关迟迟未公布生效，引发批评。参照中国评论新闻，《两岸投保协议没着落 姜志俊：要给说法》，网址：http://www.chinareviewnews.com/doc/1023/9/5/1/102395175.html？coluid=3&kindid=12&docid=102395175&mdate=0109140812（造访日期：2013/1/11）。

③ 林秋妙，《两岸签订经济合作架构协议（ECFA）之国际法上定位与国会监督之研究》，载（台）《法学新论》，第16期，2009年11月，第139页；吴清水，《论两岸协议之国会监督：立法院设置"两岸事务委员会"的法理与实际》，载（台）《法学新论》，第26期，2010年10月，第114页；颜厥安、刘静怡，《两岸经贸的民主程序与人权原则》，载（台）《苹果日报》，网址：http://www.appledaily.com.tw/appledaily/article/headline/20100420/32450167/（造访日期：2014/3/20）

"立法院职权行使法"第61条"各委员会审查行政命令，应于院会交付审查后三个月内完成之；逾期未完成者，视为已经审查"规定，未经审查自动生效，台湾内部又掀起争论①。

正本清源计，吾人以为，参酌契约（合同）从成立、生效到履行，循序发展的法理。按两阶段定性说加以推衍：两岸协议于两会签署完成时，仅处于"成立"阶段。既属民间协议，依"契约自由"与"当事人自治"原则，容可附加生效条件与期限。但因两岸协议影响牵涉重大，要与一般私法契约不同。在社会本位的法律制度下，以公法上的行政、立法审查监督，作为生效条件，限制其缔结自由，可谓符合"契约社会化"的法理②。从而，"两岸人民关系条例"明定，两岸协议须经行政核定与立法审查。两岸协议自身也约定，各自应完成"相关准备"或"相关程序"，并互为通知，始能生效。苟若行政或立法机关不予同意，或"相关准备""相关程序"未完成，则因条件不成就，已签署成立的协议自始不生效力，双方自可重启协商③。

再者，所以援引"立法院职权行使法"规定"视为已经审查"，无非为避免已签署成立的两岸协议，其生效悬而未决。契约成立生效与履行，既可分属二事，两岸协议尤需经过转化，才能正式履行。尤其原概括模糊的协议约定，如何具体操作执行，仍待制定修正相关法规，并付诸公告实施，始告确定。故两岸协议，纵经上述行政、立法审查程序而成立生效，尚难谓有直接拘束双方公机关之效力④。由此以观，过度聚焦争辩于协议何时生效与否，或属多虑。

综上，以《两岸投资保障和促进协议》第18条第1项约定为例，推导该协议的契约发展历程为：两会签署（成立）⇒各自完成相关程序，互相书面通知⇒（条件成就）⇒收受通知次日（期限届至生效）⇒法律（履行）。

---

① 肯定见解，参照尹启铭：《服贸协议依法已经生效》，载（台）中时电子报，网址：http://www.chinatimes.com/newspapers/20140212000502-260109（造访日期：2014/3/2）。否定见解，参照黄国昌：《服贸协议早已视为审查通过？》，载（台）苹果日报，网址：http://www.appledaily.com.tw/realtimenews/article/new/20140106/320877/（造访日期：2014/4/1）。

② "契约社会化"概念，参照苏明诗：《契约自由与契约社会化》，载（台）《法学丛刊》，第8卷第1期，1963年1月，第90页。

③ 为避免已签署的协议，未经批准即被认定有效而生拘束力。一旦确认无意批准，应立刻向他造为声明。参照黄居正：《巴卡西半岛案：条约之拘束力（兼论两岸服贸协议）》，载（台）《台湾法学》，第246期，2014年4月15日，第63—64页。但国台办发言人曾表示，两岸没有已签协议重新谈判的先例，两会获授权协商所达成协议的权威性，应该得到维护。似否定协议有重新协商修改的可能性。参照（台）联合新闻网，《服贸协议重谈及公投陆拒绝》，网址：http://udn.com/NEWS/BREAKINGNEWS/BREAKINGNEWS4/8616173.shtml（造访日期：2014/4/22）。

④ 以《两岸共同打击犯罪及司法互助协议》为例，因受政治意愿、回避司法主权突出领域、不同体制间合作困难以及两岸各自因应内部变化等主导。故协议条款设下"双方同意"的执行前提，并以"原则性规范"涵盖实质合作互动，导致内容粗疏、执行机制多未明确。参照汪毓玮主编：《国境执法》，（台）元照，2014年2月，第380页；张淑平，《海峡两岸刑事司法互助研究》，九州出版社，2011年12月，第13—14页。

四、两岸协议的解释

从《两岸空运补充协议》第 13 条第 2 项"双方对协议的实施或者'解释'发生争议时，由两岸航空主管部门协商解决"，或 ECFA 第 10 条"一、双方应不迟于本协议生效后六个月内就建立适当的争端解决程序展开磋商，并尽速达成协议，以解决任何关于本协议'解释'、实施和适用的争端。二、在本条第一款所指的争端解决协议生效前，任何关于本协议'解释'、实施和适用的争端，应由双方透过协商解决，或由根据本协议第 11 条设立的'两岸经济合作委员会'以适当方式加以解决"[①]，可以推知，关于协议内容的解释，无论是交给两岸"主管部门协商解决"，或由共同设立组织"以适当方式加以解决"，均仅允许双方通过"一致决"（共识决），不许片面为之。借以保障彼此权益，并符合对等原则。

五、两岸协议的修正

协议的修正，包括约定内容的增补、删除与变更。倘从《两岸共同打击犯罪及司法互助协议》第 23 条"本协议如有未尽事宜，双方得以适当方式另行商定"，与其他类似条款来看，两岸协议已弹性预留日后修正的空间。

为兼顾双方权益，符合对等原则。与一般私法契约相同，协议的修正亦仅允许双方共同商定，不许单方片面为之。ECFA 第 14 条与《两岸投资保障和促进协议》第 17 条约定，协议的修正"应经双方协商同意，并以书面形式确认"，足兹参照[②]。

由过去实践先例来看，为臻约定于明确，以利后续，两岸协议之修正，宜以"补充协议"的方式为之。至于补充协议的性质、成立、生效与履行，解释上应与其所附丽之基础协议相同。

---

① 《两岸投资保障和促进协议》第 12 条"双方关于本协议'解释'、实施和适用的争端，应依'海峡两岸经济合作架构协议'第十条规定处理"。

② 归纳两岸协议的修正模式有：一、协议本身变更；二、协议未尽事宜补充；三、协议附件变更。具体实践，如签订《两岸空运补充协议》，将《两岸空运协议》的"客运包机常态化安排"，改为"开通两岸定期客货运航班"。另如根据《两岸公证书使用查证协议》，两会经商定与确认两阶段，增加寄送公证书副本种类。又如两会以换函方式确认《两岸空运补充协议修正文件》，调整《两岸空运补充协议》附件《两岸航路及航班具体安排》。参照武汉大学两岸及港澳法制研究中心编：《海峡两岸协议蓝皮书》，九州出版社，2014 年 8 月，第 20—22 页。

六、两岸协议的终止

有别于之前《两会联系与会谈制度协议》第 6 条第 2 项"协议变更或终止应经双方协商同意"，仅限于合意终止。ECFA 第 16 条第 1 项约定"一方终止本协议应以书面通知另一方。双方应在终止通知发出之日起 30 日内开始协商。如协商未能达成一致，则本协议自通知一方发出终止通知之日起第 180 日终止"。

按台湾方面的解释，意即该协议终止，应以书面方式通知。被通知方要求协商时，不得拒绝。唯通知方倘决意终止协议，即便协商未获共识，自发出终止通知之日起 180 天，协议仍告失效。故未来倘大陆未善意履行协议，经评估觉有必要，即可以主动终止，不须对方同意，与国际上相关协议终止条款规定之精神一致①。

上述单方终止，为求慎重，与顾全他方权益起见，设有书面的要式通知、协商前置程序与缓冲期间等要求，固无不妥。但何谓"未善意履行协议"？如一方无正当理由片面终止，所生争端又不能依原协议处理时，最终解决机制为何②？上述单方终止条款，能否普遍适用于其他两岸协议？终止的意思表示，是否与缔约一致，亦需经行政核定与立法审查始生效力？均属未明，容待探究。

七、简评两岸协议监督条例立法

台湾地区关于两岸协议监督机制的推动立法，由来已久。1997 年及 1999 年"行政院"即曾二度草拟"台湾地区与大陆地区订定协议处理条例"草案，函送"立法院"审议，均未获审议。2003 年修正"两岸人民关系条例"时，增订 7 个条文，明定两岸协议的相关处理及监督机制，将前揭条例草案主要精神，纳入规范。2014 年"学运"期间，因"朝野"共识，认有制定专法的必要。故 4 月中，"行政院"顺应通过了"两岸订定协议处理及监督条例"草案（2016 年 7 月 1 日撤回）。2016 年政党

---

① （台）"经济部国贸局"ECFA 官网，《ECFA 台湾不能任意终止?》，网址：http：//www. ecfa. org. tw/Show-FAQ. aspx? id ＝92&strtype ＝ －1&pid ＝&cid ＝（造访日期：2015/3/2）。学者补充，该终止条款与贸易救济措施相同，均是自由贸易协定基本配备。如发现对手无善意遵守协议，或发生特定状况，可即通知对方终止协议。本质是"备而不用""以防万一"。参照李允杰，《ECFA 后的两岸关系》，（台）丽文文化，2013 年 1 月，第 111—113 页。

② 照台湾方面解释，ECFA 文本中从未表达排除透过 WTO 争端解决机制处理的权利。参照（台）"经济部国贸局"ECFA 官网，《两岸经贸争端解决机制为何?》，网址：http：//www. ecfa. org. tw/ShowFAQ. aspx? id ＝165&strtype ＝ －1（造访日期：2015/3/11）。但按学者看法，《两岸投资保障和促进协议》已抛弃国际仲裁途径。两岸争端解决机制，只限于协商、协调、协处、调解、行政救济或司法解决。参照王泰铨，《从两岸"投保协议"看中国间接投资台商之地位》，载（台）《万国法律》，第 201 期，2015 年 6 月，第 83—84 页。

轮替后，执政的民进党又提出"两岸订定协议监督条例"草案。拖延至今，送交"立法院"待审的相同性质草案，包括政党与"立法委员"各别提案，已有5种版本之多①。

此前，建立该制的主要障碍，在于对立法权应否参与两岸协议谈判签署，各界见解不一②。究应修法，或另立专法，亦看法分歧③。推陈监督条例出台，或可改善行政与立法间审查的对立冲突，有利协议稳步通关，立意虽佳④，但不容讳言，此案终于排定纳审，实系因"太阳花学运"事件突发，致协议审查受阻，故迫于民意压力下的仓促立法。

然而，在法言法，倘细绎两岸协议监督条例草案内容，不难发现思维欠缺周延，尚有以下漏弊与窒难处，其通过恐沦为"治丝益棼"：

（一）监督条例通过后，台湾地区关于对外签订协议程序，将形成与其他国家间适用"宪法"与"条约缔结法"；与大陆地区间，适用"两岸人民关系条例"与两岸协议监督条例两套不同的规范体系。审查标准，原宽严有别⑤。苟无坚强理由，高度针对性地加重两岸协议审查力道，难免"因人设事"之嫌⑥，亦可能抵触国际贸易规范的"不歧视"原则；

（二）两岸协议事后的解释与调整修正，可谓已兼顾双方权利，并符对等原则。果如肯认前述 ECFA 之终止约定，可推及适用其他协议。一旦认大陆方面未善意履

---

① 各版本草案比较，参照（台）"行政院陆委会"，网址：http：//www. mac. gov. tw/lp. asp？ctNode = 7953&CtUnit = 5335&BaseDSD = 7&mp = 245（造访日期：2017/6/16）。

② 反对理由概有：侵犯两岸关系事务职权、违反权力分立与责任政治原则、破坏行政立法间监督制衡机制、立法权已能充分事后监督、"立委"参与谈判欠缺专业、增加协商交易成本、意志难以团结集中、机密讯息内容外泄、违反对等谈判原则、破坏两岸和谐气氛、"先审后签"无先例、谈判腹案无从实质审查等；赞成理由概有：两岸谈判具高度政治敏感性，"朝野"缺乏沟通，"立法院"故应适时适度参与；因应未来，需有长久审查之机制，不应任由行政规避监督；降低谈判结果事后遭抵制的可能性，增加正当性与筹码，有助政策推动等。

③ 赞成立法，参照洪秀凤：《两岸协议的法制定位与国会监督》，（台）淡江大学硕士论文，2012 年 1 月，第 92—93 页；林青颖：《立法院在我国大陆政策制订之监督机制角色研究：以 ECFA 为例》，（台）中正大学硕士论文，2013 年，第49—50 页；反对立法，参照周育仁：《监督两岸协议，立法院不宜事前介入》，载（台）"财团法人国家政策研究基金会"，网址：http：//www. npf. org. tw/post/1/4430（造访日期：2014 年 2 月 14 日）。

④ 就法理言，订定两岸协议处理专法无绝对必要性。唯若从政治角度切入，民意机关积极参与涉外事务已是国际政治发展主流。以"朝野"与民众对两岸协商的关注，行政部门要排除立法部门参与，可能性微乎其微。倘能以处理两会协议条例，明订协议之内容与限制，重大事项，"行政院"必须核转"立法院"议决。一则有助立法与行政机关间权责厘清与加强信任，二则有助两岸协议监督透明化，化解疑虑，正常化两岸往来。参照张显超：《两会协议之定位与国会参与》，载（台）《中山大学社会科学季刊》，2 卷 3 期，2000 年秋季，第55—56 页。

⑤ 审议国际条约与两岸协议之不同，例如台美刑事与台越民事司法互助协议，均视为条约案，送"立法院"审查。性质相近的两岸司法互助协议，却视为行政命令，仅送查照，其后未经审查自动生效。参照廖祥顺：《国际条约与两岸协议之国会审议程序研究》，（台）台湾大学硕士论文，2010 年，第114—121 页。

⑥ 台湾地区"对外协议"的谈判签署对象，除大陆外，更多为其他国家。如仅予"立法院"参与两岸协议的签署谈判，不免有"厚此薄彼"之批评。参照范世平：《立法院不应参与两岸谈判之研究》，载（台）《台湾法学》，第243 期，2014 年 3 月 15 日，第4—5 页。

行，台湾方面即可随时终止协议。有无必要再设专法，对缔约事前与事中层层把关，值得商榷；

（三）再举之前的"两岸订定协议处理及监督条例"草案为例，其内容核心，部分与现行"两岸人民关系条例""行政院受托处理大陆事务财团法人订定协议处理准则"规定重复，部分是国民党"国会加强监督两岸事务四阶段流程"的汇整，部分则不过是"立法院职权行使法"的拆解细化。其他相关沟通咨询，及"国安"审查程序，早已完成建置。可见，该条例所谓监督机制，不待正式立法，多已上路运作。其通过，无异"叠床架屋"。

（四）"两岸订定协议处理及监督条例"草案第 20 条"经立法院审议通过之两岸协议，与法律有同一效力"，与"条约缔结法"第 11 条第 3 项规定相仿。可见当初主事机关，或有意将两岸协议，按"条约"或"准条约"处理。乍看来似有助于明确两岸协议的法制定位，唯：1. 无论采"国际条约"或"准国际条约"说，都不免涉及两岸间关于主权定位问题。能否回避政治纠葛，有待考验①；2. 协议内容纵有行政与立法部门背书，但毕竟在大陆方面尚未对两岸协议的法律性质，同步定性前，台湾方面径自将协议比照"条约"或"准条约"，视同法律，不仅未符对等原则，也可能有损独立法域地位与执法权。如遇有变更修正或终止协议必要时，恐因修法程序繁难，陷入进退失据；3. 按照"条约缔结法"，具备与国内法同一效力的国际书面协议，仅限于内容涉及"国防""外交"、财政或经济上利益等重要事项的"条约"（第 3 条第 1 项、第 11 条第 3 项）。但两岸协议偏重事务性，内容又多系原则性、概括性约定。未经转化前，勉强将其视同成文法律来恪守，亦非允妥。

平心而论，两岸关系敏感复杂，对于交流秩序，片面进行立法规制，尤须审慎②。"两岸人民关系条例"第 5 条所设审查程序，行之有年。是否业据以善尽"宪政"体制内既有行政、立法与司法多元的法律监督功能，亦值检讨③。纵需改进，也应选择

---

① 关于台湾对两岸协议法律定性的批判，参照季烨：《论台湾立法机构审议两岸协议的泛政治化》，载《台湾研究》，第 142 期，2016 年 6 月，第 1—7 页。

② 思虑不周的单方立法，或损及人民权利，不利两岸交流。例如台湾地区"两岸人民关系条例"对大陆地区人民继承额设限，被批为歧视。又如大陆地区颁布《对台湾地区小额贸易管理办法》，反助长走私（张亚中、李英明，《中国大陆与两岸关系概论》，（台）生智文化，2000 年 4 月，第 280 页）；另如学者提醒，两岸刑事司法协作，若因不能达成协议，而以单方立法处理，忽视他方参与，作用不大，可能为今后建立发展合作造成障碍（赵秉志：《关于建立海峡两岸刑事司法协作关系的探讨》，载赵秉志主编：《中国区际刑法问题专论》，中国人民公安大学出版社，2005 年 3 月，第 293—294 页）。

③ 台湾台北地方法院 2015 年度原瞩诉字第 1 号刑事判决理由"纵然宣布服贸协议视为已审查，送立法院院会存查，但如有争议，立法委员仍得提出协商讨论如何处理，有关备查或审查之争议、行政与立法权限间之争议，及台湾地区与大陆地区人民关系条例第 5 条、第 73 条等规定是否违宪等均尚得透过大法官释宪程序处理争议"。

对现状冲击最小的"修法"方式。舍此另图"立法",不啻是对两岸协议进程施加阻碍,徒然引发内部纷扰①。倘因此改变现状②,牵制两岸关系发展,反而"得不偿失"③。

八、结语

检视过往,优先解决两岸往来民众关心与切身问题的两岸协议,包括交通运输、经济合作及财产权保护合作、共同打击犯罪及司法互助等,所以能卓有成效,在台湾民意调查中,获得多数正面评价④。恰恰证实了,坚持以"人民权益保障"为核心,增进双方居民安全与福祉,除应作为两岸交流合作的立基点,同时也是洞开当前两岸协议进程症结的关键。

惩前毖后,面对两岸《服贸》与《货贸》协议未能顺利上路僵局,除应敦促双方重启协商,续行谈判与完成审议外⑤,笔者建议,依据《反分裂国家法》第6条:国家采取"鼓励和推动两岸经济交流与合作,密切两岸经济关系,互利互惠"的措施,以"维护台湾海峡地区和平稳定,发展两岸关系"的规定,参酌大陆领导人"两岸一家亲""两岸命运共同体"的对台工作指示⑥,在不损及彼此居民利益,与影响未来合作前提下,大陆方面不妨跳脱双方协商,改以单方立法模式,直接开放并落

---

① 民间版两岸协议监督条例草案相关批评。参照范世平:《民间版"两岸协议缔结条例草案"妥适性之研究》;叶庆元:《两岸协议之国会监督》;叶宁:《建构合宪务实的两岸协议监督法制的几个课题》,各载于(台)《台湾法学》,第254期,2014年8月15日,第111—116、130—132、133—136页;吴宗宪、侯凯翔:《由谈判利益分析两岸协议监督机制之设计——交易成本理论观点》,载(台)《展望与探索》,第12卷第5期,2014年5月,第100—106页。

② 刘性仁:《慎防监督条例引起两岸紧张情势》,载中国评论新闻,网址:http://hk.crntt.com/doc/1031/2/7/9/103127930.html?coluid=137&kindid=4930&docid=103127930&mdate=0415010325(造访日期:2014/4/20)。

③ 从政治面来看,民进党版"两岸订定协议监督条例"草案,不再坚持"两国"的名称定位,此一转向固考虑到两岸政治现实,应予肯定。但因将两岸协议监督,区分为"谈判前""谈判中"和"谈判后"三阶段,每一段都采高度监督。尤其是高强度的事前监督设计,例如规定协议草案及文本须经"立法院"同意才能签署。如此一来,不仅和国际谈判惯例有很大落差,且限缩行政部门的谈判空间及策略运用,可能让双方已谈好的协议"胎死腹中";二来,过度膨胀立法权,凌驾行政权之上,成为主导两岸协议的最大力量。其所引发效应,将是大幅限缩推动两岸政策应保持的高度和弹性。参照(台)经济日报社论,《监督两岸协议:开黑箱或关黑牢》,2016年4月6日,A2版。

④ 历次民调显示,台湾民众对两岸制度化协商机制高度肯定。例如对《两岸共同打击犯罪及司法互助协议》满意度高达近八成(78.8%);《两岸空运补充协议》超过七成(71.8%);《两岸经济合作架构协议(ECFA)》整体协商成果超过六成(61.1%);《两岸知识产权保护合作协议》超过七成(73.1%)。参照(台)"行政院陆委会"新闻稿,2011年10月24日。

⑤ 戴世英著:《请改"先立法,再审查"为"不立法,就审查"——不通过两岸协议监督条例应即审查服贸协议》,载(台)苹果日报网络论坛,2017年3月28日。

⑥ 习近平:《对"一国两制"的信心和决心绝不会动摇》,载中国共产党新闻网,2016年7月1日。

实两岸《服贸》与《货贸》协议内原定惠台措施①。以避免因协议进程延宕不决，导致广大民众难于实质受惠、经贸权益保障不周，反不利于深化两岸关系（本文摘自拙著，《两岸协议的法制分析》，载（台）《法学丛刊》，第 239 期第 60 卷第 3 期，2015年 7 月）。

---

① 有建议，为提高协议在两岸域内可接受性，或可将协议暂无共识部分，以"软法"形式先行实践，然后在实践基础上谈判，使协议具有适应性。参照武汉大学两岸及港澳法制研究中心编，《海峡两岸协议蓝皮书》，九州出版社，2014 年 8 月，第 2—5 页。

论"释宪台独"的理论意涵、表现形式与应对策略

段　磊[*]

近日，台湾地区新任"司法院院长"许宗力在回应民意代表提问时表示，其主张是"两岸为'特殊国与国'关系，类似过去西德与东德的关系"[①]。许宗力的这一言论引起两岸舆论高度关注，各方普遍表现出对台湾当局将借"释宪"之名行"修宪"之实的忧虑。早有学者指出，"释宪台独"具有高度的隐蔽性、危险性和可能性，是一种需要特别警惕的"台独"活动。[②]从台湾地区新任司法机构负责人的统"独"立场和当前两岸关系的基本形式来看，在民进党执政时期，"台独"分子借"释宪"方式，实现"法理台独"目标的可能性较大。基于此，本文拟对未来台湾方面推行"释宪台独"的可能性、表现形态做出剖析，继而提出若干大陆方面可资运用的应对"释宪台独"活动的对策，以期助益于反对和遏制"法理台独"活动。

一、"释宪台独"：概念界定与理论特征

长期以来，由于缺乏对台湾问题法律属性的认知，大陆学界对"释宪台独"这种特殊的"法理台独"形式的理论探讨仍显不足。因此，若需对当前形势下台湾方面推行"释宪台独"的可能性、表现形态做出剖析，就必须立足于对"释宪台独"的概念、理论内涵、形式特点进行深入分析，形成对"释宪台独"理论与实践、历史与现实的双重诠释。

众所周知，宪法解释构成宪法变迁的一种重要途径，它在政治实践中发挥着解释宪法意义、补充宪法缺漏、保障宪法权威、防止机关违宪、适应情况变化和促进解释

---

　* 段磊，男，法学博士，武汉大学法学院助理教授，武汉大学两岸及港澳法制研究中心研究员，主要研究方向为宪法学与两岸关系。

　① 中评网：《准"司法院长"许宗力：我主张特殊国与国》，资料来源：http：//www.crntt.com/doc/1044/2/4/6/104424626.html？coluid＝0&kindid＝0&docid＝104424626，最后访问日期：2016年11月30日。

　② 周叶中：《台湾问题的宪法学思考》，载《法学》2007年第6期。

法令等作用。[①] 台湾地区在长期的政治实践中，已有大量"宪法解释"活动，岛内学界亦围绕"宪法解释"的相关实践形成较为完备的"宪法解释"理论体系。然而，与"宪法解释"理论与实践发展相伴随的是，有大量涉及两岸关系的个案，不可避免地进入台湾地区司法审判领域，进而进入"宪法解释"领域，成为台湾地区司法机关"宪法审查"的对象。由于台湾地区现行"宪法"中存在诸多与两岸关系性质密切相关的条款，亦有不少虽未与两岸关系性质直接挂钩，但却可以通过解释手段与两岸民间交往产生关联的条款，一旦有个案触及这些条款，就可能引起"司法院大法官""释宪"。从岛内"释宪"的实践来看，不少"台独"分子在推动"制宪台独""修宪台独"遭遇重大挫折的情况下，便会谋求以"释宪"方式推动"法理台独"活动[②]，实现其改变台湾地区现行"宪法"对两岸关系性质界定、否认"两岸同属一个中国"法理事实的目的。因此，从学理上讲，"释宪台独"是指台湾地区具有"释宪权"的司法机关通过极其隐晦的方式，借助司法个案对台湾地区现行"宪法"进行违背"两岸同属一个中国"事实的解释，通过大量法律辞藻的包装最终宣告"台湾独立"的活动。详言之，"释宪台独"的理论与实践特征主要有三：

第一，"释宪台独"与"司法院大法官"在台湾地区政治生态中的特殊地位密切相关。"宪法解释"机关在台湾地区政治体制中的卓越地位，是"台独"分裂分子希冀借助"释宪"方式推动"法理台独"活动的重要原因。从规范层面看，根据台湾地区现行"宪法"之规定，"司法院"为"最高司法机关"，负有"解释宪法和统一解释之权"。此即所谓"宪法审查权"，它意味着"司法院大法官"具有在"法规具体化上的终审权"[③]，亦即"大法官"对台湾地区现行"宪法"之"解释"具有终局性，任何公权力机关都无法改变"大法官解释"的结果。从实践层面看，在台湾地区政治发展过程中，尤其是台湾地区"宪政改革"过程中，"司法院大法官"一直扮演着极为重要的角色，如以终结"万年国大"为主要内容的"释字第261号解释"即是开启"宪政改革"大门的标志，而"释字第499号解释"更是径直宣布第五个"宪法增修条文"归于无效[④]，首开以"释宪"废止"修宪案"的先河。在这个过程中，台湾地区"司法院大法官"已在岛内政治环境中形成高度权威，岛内主要政治势力均能尊重和认可"大法官解释"，并惯于通过"释宪"方式解决政治争议。正是基

---

① 参见秦前红：《宪法变迁论》，武汉大学出版社2002年版，第151页。

② 参见周叶中：《台湾问题的宪法学思考》，载《法学》2007年第6期。

③ 黄茂荣：《法学方法与现代民法》，台湾大学法学丛书编辑委员会2006年版，第473页。

④ 参见叶俊荣：《从"转型法院"到"常态法院"：论"大法官释字第261号"与"第499号解释"的解释风格与转型脉络》，载《台大法学论丛》2002年第2期。

于理论与实践两个层面的原因，台湾地区"司法院大法官"在岛内政治格局中占据极为特殊的重要地位，其所做出的"大法官解释"对岛内政治生态的影响也极为明显。因此，一旦"台独"分裂分子通过"大法官解释"的方式，对台湾地区现行"宪法"中有关两岸关系性质的条款做出实质性变迁，便会对两岸关系的发展方向造成重大影响，甚至直接导致"法理台独"最终得以实现。

第二，"释宪台独"集中表现在"大法官"做成的与两岸关系相关的"大法官解释"之"解释文""理由书"和"少数意见"中。根据台湾地区"司法院大法官案件审理法"之规定，"大法官解释"应由"解释文""理由书"两部分组成，同时各"大法官"可对该"解释"出具"协同意见书"或"不同意见书"（即"少数意见"），以表达其个人对多数意见的不同观点。一方面，"大法官解释"中的"解释文"和"理由书"部分，在岛内具有实际法律效力，因而涉及两岸关系的"大法官解释"对于"释宪台独"意志的贯彻亦直接体现在此二部分之中。如在涉及两岸协议是否属"国际条约"的"释字第 329 号解释"中，"大法官"即在"理由书"中明确提出两岸协议"非本解释所称之国际书面协定"。另一方面，尽管"大法官"做成的"少数意见"并不具有法律效力，但这些"少数意见"在岛内却仍具有一定的影响力。一者，这些"少数意见"在一定程度上能够进一步阐明"大法官解释"的意旨，形成对"解释文"和"理由书"的补充；二者，"少数意见"也能够促进"宪法"的成长与续造，展现民主之多元化倾向，发挥法律效力之外的学理影响。[1] 对于涉及两岸关系的"大法官解释"而言，不少"少数意见"更是超越于"多数意见"之外，直面一些关键性问题。如在涉及台湾人民收养大陆籍子女问题的"释字第 712 号解释"中，"大法官"苏永钦做成的"协同意见书"中，即提出"两岸人民间的关系，并不因为双方统治权不及于对方而成为赤裸裸的权力关系，中华民国政府在台湾地区实施的法律制度在其统治权所及范围完全可以适用于两岸人民关系"[2] 的观点，进一步强化了该号"解释"的"两岸性"。因此，我们在应对"释宪台独"活动的过程中，既应当高度重视"解释文"和"理由书"，分析其中有关两岸关系的内容，探寻其"解释"方法和"解释"规律，为"刺穿法律面纱"伪装之政治意图提供基础，也应意识到"少数意见"的重要意义，探寻其中可能隐含的部分"大法官"对于统"独"议题的基本立场。

第三，"释宪台独"具有高度隐蔽性和现实危害性，应当引起大陆方面充分重视。

---

[1] 参见法治斌、董保城：《宪法新论》，元照出版有限公司 2014 年版，第 417—420 页。

[2] "释字第 712 号解释"苏永钦之"协同意见书"。

"释宪台独"活动本身具有的隐蔽性与危害性特征，是这种新型"法理台独"活动在当前形势下应尤其引起我们注意的重要原因。一方面，相对于具有明显文本标志的"制宪台独"和"修宪台独"活动而言，"释宪台独"具有高度的隐蔽性。众所周知，无论是"制宪"还是"修宪"，都是对现有"宪法"文本的直接变迁，而"释宪"则是一种不对现有"宪法"文本做任何变动，只是通过一定的解释方法与解释技巧，赋予原有"宪法"条文以新含义的宪法变迁手段。同时，从台湾地区"释宪"的实践来看，"大法官"围绕具体个案形成的"宪法解释"一般多以极具学理性的话语加以论证，因而对于宪法素养不足的读者来说，极难觉察其中涉及两岸关系部分所欲表达的核心立场。就大陆方面的宪法实践而言，由于种种原因，官方对宪法解释的重视程度不足，宪法变迁多采用制宪或修宪方式进行，政界、学界和广大民众对宪法解释的敏感度也相对较低。① 如此种种，都会使"释宪台独"相对于"制宪台独""修宪台独"等对大陆方面具有相对较高的隐蔽性。另一方面，基于"大法官解释"在岛内的权威地位，"释宪台独"活动具有高度的现实危害性。如上所述，"司法院大法官"在岛内具有极为特殊的政治地位，其所做成的"大法官解释"不仅为岛内各方政治力量所尊重，更为广大台湾民众所接受和遵守。同时，由于"司法独立"和"司法非政治化"理念在岛内深入人心，相对于政治色彩极为浓厚的"制宪""修宪"等活动而言，台湾民众更乐于倾听和接受以"司法"（"释宪"）方式讲述的"台独故事"。因此，"释宪台独"活动一旦付诸实践，将对我贯彻"寄希望于台湾人民"的基本方针造成极大障碍，其现实危害性极大。

二、台湾地区"司法院大法官"涉两岸关系"释宪"的历史回顾

截至 2016 年 11 月，台湾地区"司法院"做成的"大法官解释"共 740 件，其中与两岸关系直接相关的有 20 件。② 有学者将这些"解释"划分为围绕台湾当局在台统治合法性问题的"法统型"、围绕台湾地区人民权利与大陆人民在台权利的"权利型"和围绕台湾地区政治制度运行过程中疑难问题的"制度型"三种。③ 这种分类对

---

① 参见周叶中、祝捷：《台湾地区"宪政改革"研究》，香港社会科学出版社有限公司 2007 年版，第 380 页。

② 即"释字第 31 号解释""释字第 85 号解释""释字第 117 号解释""释字第 150 号解释""释字第 242 号解释""释字第 261 号解释""释字第 265 号解释""释字第 328 号解释""释字第 329 号解释""释字第 467 号解释""释字第 475 号解释""释字第 479 号解释""释字第 481 号解释""释字第 497 号解释""释字第 558 号解释""释字第 618 号解释""释字第 644 号解释""释字第 692 号解释""释字第 710 号解释"和"释字第 712 号解释"。相关之"解释文""理由书"等文本参见台湾法源法律网 http：//db. lawbank. com. tw，最后访问日期：2016 年 11 月 9 日。

③ 参见周叶中、祝捷：《我国台湾地区"司法院大法官"解释两岸关系的方法》，载《现代法学》2008 年第 1 期。

于我们从解释对象角度认识这些“大法官解释”，进而分析其内在规律，探究其发展方向具有重要意义。但基于分析和预测“释宪台独”表现形态的研究目的，本文更倾向于从“大法官”在“解释”中对待两岸关系性质的层面对其加以分类分析。从这个角度看，现有的二十件“大法官解释”大致可分为三类：

第一，在“解释”中直接或间接肯定“两岸同属一个中国”事实的。根据法律解释学一般原理，文字是法律意旨附丽的所在，也是法律解释活动的最大范围，任何对法律的解释都不得超越文本而存在。① 正是基于这一原理，在涉及两岸关系的“大法官解释”中，大部分“解释”都以台湾地区现行“宪法”及其“增修条文”对两岸关系性质的界定为依据，对“两岸同属一个中国”的事实持直接或间接的肯定立场。详言之，此类解释的论述模式主要分为正反两个类型：1）部分“解释”援用“国家发生重大变故”等理由解释因两岸关系的特殊性所产生的种种法律现象，以正面话语直接肯定“两岸同属一个中国”的事实。如塑造“万年国大”的“释字第31号解释”即以“国家发生重大变故”为由，提出“事实上不能依法办理次届选举时……自应仍由第一届立法委员，监察委员继续行使其职权”②，维持了国民党当局所谓“全中国政府”的形象，更肯定了两岸关系的基本性质。2）部分“解释”以否定方式排除了部分“台独”分裂分子的分裂企图，以负面话语间接肯定“两岸同属一个中国”的事实。如涉及“汪辜会谈”四项协议法律性质的“释字第329号解释”即以“台湾地区与大陆地区间订定之协议……非本解释所称之国际书面协定”③，否定了两岸协议“国际条约”属性，继而间接地否定了两岸属“国与国关系”。

第二，在“解释”中对两岸关系性质问题持回避立场，意图模糊两岸关系性质的。20世纪80年代末台湾地区启动政治转型之后，岛内各方政治力量对统“独”议题的关注度和敏感度持续提升，“大法官”对与之相关案件的处理随之变得较为谨慎。基于对“解释”后果的考量，“大法官”在面对直接涉及两岸关系性质的案件时，开始采取回避立场，如在涉及“中华民国”“固有疆域”问题的“释字第328号解释”中，“大法官”即以“政治问题不审查”为由，提出“国家”“固有疆域”范围之界定，“为重大之政治问题，不应由行使司法权之释宪机关予以解释”④，从而回避了“声请书”中敏感的“中国大陆是否属于中华民国领土”⑤的问题。此号“解释”的

① 参见黄茂荣：《法学方法与现代民法》，法律出版社2007年版，第335页。
② “释字第31号解释”之“解释文”。
③ “释字第329号解释”之“解释理由书”。
④ “释字第328号解释”“解释文”。
⑤ “释字第328号解释”陈婉真等“声请书”。

做成表现出"大法官"对统"独"议题的回避立场，尽管并未造成否定"两岸同属一个中国"事实的结果，但却在客观上造成了模糊两岸关系性质的效果。

第三，在"解释"中尝试以重构"中国"与"台湾"关系的方式，解构"两岸同属一个中国"事实。自20世纪90年代末至21世纪初，由于时任台湾地区领导人李登辉、陈水扁等人鼓吹"台独"分裂主张，岛内统"独"矛盾进一步激化，在这一时期获任的不少"大法官"在相关议题上的立场也发生一定动摇，因此，在这一时期，岛内出现部分意图解构"两岸同属一个中国"事实的"大法官解释"。如在涉及解决"中国比较法学会"更名为"台湾比较法学会"是否违法问题的"释字第479号解释"中，"大法官"以"结社自由保障"为由，认为台当局"内政部"制定的"社会团体许可立案作业规定"第四点关于人民团体应冠以所述行政区域名称之规定，因违反母法规定而失效。① 然而，在"大法官"董翔飞、刘铁铮、黄越钦做出的"不同意见书"中，则提出了本号"解释"所涉及的两岸关系问题提出，"台湾法学会是否仍为全国性人民团体……若为，则台湾是否意含国家名号？"② 的问题，并以此为由提出了反对意见。这一"解释"即充分体现出将"台湾"等同于"中华民国"，进而为"台独"分裂活动提供"法理"依据的倾向。

三、新形势下台湾方面推动"释宪台独"活动的可能性分析

如上所述，在李登辉、陈水扁执政时期，"司法院大法官"已作成多件涉及两岸关系的"解释"，其中不乏涉及"固有疆域"、"两岸协议性质"、"台湾省地位"、"福建省地位"、大陆人民出入境限制等敏感内容的案件。尽管绝大部分"大法官解释"都能够站在尊重台湾地区现行"宪法"文本和"一个中国"事实的立场上处理相关案件，但是这些案件的产生和发酵从另一个侧面表明，"台独"分子借"释宪"方式推动"法理台独"活动的实践路径已然形成。无论是从当前两岸关系的基本格局，还是从台湾岛内的政治环境来看，"释宪台独"活动再度兴起的条件较之于李扁时期更为充分，而民进党当局通过"释宪"方式推动"法理台独"的可能性较大。形成这一判断的理由主要有三：

第一，相对于"制宪""修宪"等方式而言，民进党当局选择通过"释宪"方式改变台湾地区现行"宪法"对两岸关系性质的界定的综合可行性最高。1）通过"释

---

① 参见"释字第479号解释""解释理由书"。
② "释字第479号解释"董翔飞、刘铁铮、黄越钦三位"大法官"之"不同意见书"。

宪"方式推进"法理台独"活动，实现对台湾地区现行"宪法"涉及两岸关系性质条款的"无形修改"，可以在很大程度上配合蔡英文两岸政策体系的进一步完善，使蔡当局"依照'中华民国宪法'处理两岸关系"政策表述的进退空间更大。蔡英文上台执政以来，其一直拒绝承认"九二共识"政治基础，意欲以所谓"依照'中华民国宪法'……处理两岸事务"的策略表述对抗大陆方面的两岸政策。然而，由于"中华民国宪法"本身在统"独"立场上存在较大争议空间，各方都可围绕这部"宪法"阐释其两岸政策，[①] 因而蔡英文当局这种围绕"中华民国宪法"展开的两岸政策存在高度模糊性。一旦握有"释宪权"的"大法官"与蔡英文当局相配合，对语义存在模糊的"中华民国宪法"做出否定"两岸同属一个中国事实"的"解释"，将极大强化蔡英文当局政策的完整性，使其两岸政策具有更大调整空间。2）基于"宪法解释"的高度法律技术性特征，通过"释宪"方式推进"法理台独"活动，具有极高的隐蔽性，而通过法律语言包装政治目的的方式，更能最大程度地提升"台独"政策的"权威性"，降低大陆方面察觉其"台独"立场的可能性。3）基于岛内公权力机关的分权体制，通过"释宪"方式推进"法理台独"活动，能够最大程度地降低民进党当局自身所面临的政治风险，一旦"大法官"做成对两岸关系不利的"大法官解释"，民进党当局亦可以"维护司法独立""尊重司法权威"等话语，将"释宪"的责任推向"独立于党派之外"的"大法官"。由此可见，对于民进党当局而言，"释宪台独"实属一种"低风险高收益"的促进"法理台独"活动的最优选择。

第二，较之于陈水扁时期，当前民进党首次实现在岛内的"全面执政"，岛内其他公权力机构，尤其是立法机构对"大法官"的外在制约已不复存在。依照台湾地区现行"宪法"第八十条之规定，"法官须超出党派以外，依据法律独立审判，不受任何干涉"。因此，台湾地区"司法院"长期被视为一个价值中立的独立机构[②]，但考察台湾地区"大法官"的"释宪"实践可知，在岛内的政治格局下，"大法官"实际上存在较为明显的政治立场，这种政治立场在统"独"议题上显得尤为突出。从上文对"大法官"涉两岸关系的"释宪"情况可知，既有"解释"中意欲肢解和重构"台湾"与"中华民国"关系的，多出自李登辉、陈水扁等提名的"大法官"之手。众所周知，尽管民进党在岛内已是二度执政，但这却是其首次在台立法机构占据多数席位，亦即获得所谓"全面执政"地位。根据岛内有关规定，"大法官"由台湾地区

---

① 参见周叶中、祝捷：《"一中宪法"与"宪法一中"——两岸根本法之"一中性"的比较研究》，载黄卫平等主编：《当代中国政治研究报告》（第十辑），社会科学文献出版社 2013 年版。

② 参见陈慈阳：《宪法学》，元照出版公司 2005 年版，第 790 页。

领导人提名，并需由立法机构半数通过后方可获任，因此，在李、扁时期，"台独"分子虽力图推动"释宪台独"，但却受到当时泛蓝阵营控制的立法机构的制约而无法放手实施。时至今日，民进党首次在岛内实现"全面执政"，泛蓝阵营在制度上对"大法官"的制约已不复存在，因而"台独"分子推动"释宪台独"活动的制度障碍也随之消除。

第三，较之于 2008 年之前，台湾岛内民意结构已发生不利于两岸关系发展和两岸和平统一的重大变化，这可能为部分"台独"分子推动"释宪台独"活动提供"民意基础"。近年来，两岸关系和台湾内部政治局势呈现出复杂多变的形势，其中既有有利于两岸关系发展的部分，也有极易对两岸关系长远发展产生负面影响的部分。一方面，自 2008 年以来，在两岸的共同努力下，双方在巩固"九二共识"政治基础，反对和遏制"台独"分裂活动上取得共识，从而开创了六十余年来两岸关系历史上的最好时期，"台独"分裂势力受到较大挫折，两岸政治互信有所提升。另一方面，两岸政治对立仍未在根本上得到解决，两岸关系体现出"政治对立与经济文化社会密切交往并存"①的基本特点，台湾岛内政党轮替已成常态，岛内执政者的两岸政策可能发生周期性变化，同时，"去中国化"运动的长远影响日益凸显，岛内总体政治格局的"本土化"倾向明显②，"台湾主体性"意识逐渐成为岛内各方政治力量都必须尊重和认可的"政治正确"，岛内青年世代的"国家认同"观念已发生不利于两岸实现和平统一的重大变化。在岛内的政治格局下，"司法院大法官"自恃为"公共利益代言人"和"宪法守护者"，其做成的"大法官解释"往往被视为能够起到"凝聚和反映社会最大共识"③之作用。因此，在岛内整体政治格局发生变化的背景下，"大法官"极有可能以凝聚"民意"、遵循"民意"、反映"民意"为名，在"释宪"中体现"台独"意旨，重新界定两岸关系性质。

四、新形势下"释宪台独"活动的表现形式之预判

基于对台湾地区司法制度和既有涉两岸关系"大法官解释"的认知，我们对民进党当局推行"释宪台独"的可能时间与可能方式做出如下判断：

第一，"释宪台独"活动随时可能因涉两岸关系的个案而发酵，但相对而言，民

---

① 参见段磊：《两岸间：一种特殊交往状态下的两岸共同决策模式》，载《台湾研究》2016 年第 3 期。
② 参见郑振清：《"本土化"与当代台湾地区政治转型的动力与进程》，载《政治学研究》2010 年第 6 期。
③ 参见吴庚：《宪法的解释与适用》，三民书局 2003 年版，第 352 页。

进党当局在 2019 年 9 月 30 日第二轮"大法官"人选变动后推动相关议题的可能性较大。由于司法权具有个案性、被动性的特点，故"司法院大法官"只能根据"声请人"提出"释宪声请"方可以审查个案方式形成"大法官解释"。因此，涉及两岸关系性质的司法个案的出现，是"台独"分裂分子促进"释宪台独"的基本前提，具体个案也扮演着"释宪台独"导火索的角色。从历史经验来看，在台湾地区，相关案件是非常容易出现的，而除部分自然发生的案件外，"台独"分子也可能人为制造一些案件，为"释宪台独"提供素材。① 因此，"释宪台独"活动的具体发生时间存在一定的不确定性，相关事件极有可能因出现涉及两岸关系的个案而发酵，也可能因为"台独"分子主动制造事端而产生。众所周知，台湾地区"大法官"虽在名义上号称"中立"，实际上却深陷岛内政治泥潭之中，"大法官解释"的政治立场与各位"大法官"本人及其提名者的政治立场密切相关。从台湾地区现有"释宪"体制来看，任何"大法官解释"均需现任十五位"大法官"中的八位通过方可做成具有法律效力的"多数意见"，而当前十五位现任"大法官"中，仍有八位系由马英九提名获任，② 因而民进党透过"释宪"方式推动"法理台独"时机尚不成熟。因此，相对来说，在 2019 年 9 月 30 日第二轮四位"大法官"人选变动后，蔡英文提名的"大法官"将占多数，且彼时民进党当局的执政地位可能更加稳固，故这一时间节点可能成为民进党当局推动"释宪台独"的启动阶段。

第二，民进党当局推动"释宪台独"可能因两岸关系总体形势的变化和具体个案的发生而表现出不同的形态。基于对"大法官""释宪"对象的不同，"释宪台独"在个案上可能表现为直接与间接两种方式：1）直接方式，即在民进党或其他持"台独"立场的政党或社会团体直接提出与"中华民国固有疆域范围""两岸关系性质"相关的"释宪声请"时，"大法官"在"释宪"中明确提出有悖于"一个中国"事实的"解释"，直接挑战"一个中国"框架的底线。"台独"分子以直接方式推动"释宪台独"的切入点可能为两类案件：一是直接提出包含"国土变更"内容的"释宪声请"，如直接要求"大法官"解释台湾地区现行"宪法"第四条中"固有疆域"的范围、要求"大法官"对"增修条文"中的"国家统一前""大陆地区""自由地区"等法律概念的内涵做出解释等。二是利用与大陆相关的行政组织（如大陆委员会、"蒙藏委员会"等）之性质、存废等个案，推动形成有关"大法官解释"，以此

---

① 参见周叶中、祝捷：《台湾地区"宪政改革"研究》，香港社会科学出版社有限公司 2007 年版，第 397 页。
② 现任"大法官"中，罗昌发、汤德宗、黄玺君、陈碧玉等四位的任期届至 2019 年 9 月 30 日，吴陈镮、林俊益、蔡明诚、黄虹霞等四位的任期届至 2023 年 9 月 30 日。

为掩护，形成改变两岸关系性质的解释。2）间接方式，即在台湾地区出现看似并不涉及两岸关系性质的司法个案时，"大法官"在"释宪"中做出有违"一个中国"事实的"解释"，以"打擦边球"的方式，挑战"一个中国"框架。"台独"分子以间接方式推动"释宪台独"的切入点极有可能是某些涉及大陆居民在台湾地区法律地位的个案，若"大法官"在相关"解释"中，直接或间接将大陆居民界定为"外国人"或将大陆居民"比照外国人处理"，在适用大陆地区法律时以"外国法"对待等，在本质上皆属此类。

第三，民进党当局以间接方式推行"释宪台独"活动的可能性较大。从上述两种"释宪台独"具体方式的特点来看，民进党当局以直接方式推动"释宪台独"的可能性较小，其原因有二：1）基于两岸关系的基本格局而言，尽管上述直接方式对于实现"法理台独"目标的实际作用最大，但其政治成本和政治风险也较高，最易引起大陆方面的强烈反弹，因此，对于作为台湾岛内权力属性较弱的"大法官"而言，其乐于以此方式促进"法理台独"的可能性极小。2）基于宪法学基本原理，类似于"国土变更"的重大问题，一般属"宪法保留"之内容，而非属司法机关审查范围，而"释字第328号解释"更是明确将"中华民国固有疆域范围"界定为"政治问题"，排除在"大法官"审查范围之外，因此，若无充分理由，"大法官"推翻前述"解释"的可能性极低。相较而言，民进党当局选择以前述之间接方式推动"释宪台独"活动的可能性更大，其原因亦有二：1）由于基本权利保障类司法案件具有法律技术性较强的特点，"大法官"完全可以借助一系列看似合乎基本权利保障原则和台湾地区"宪法"相关规定的话语，通过一系列的辞藻包装，以暧昧的态度实现对大陆居民、大陆法律等性质认定的调整。2）随着两岸交往的日益密切，双方人员、经贸往来规模今非昔比，岛内涉及大陆居民基本权利的案件层出不穷，[①] 这为"台独"分子利用此类案件推动"释宪台独"活动提供了重要的实践条件。同时，大量涉两岸关系基本权利案件的发生，也为"台独"分子以"小步快跑"方式，形成一系列与大陆居民、大陆法律之地位相关的"解释群"提供了重要条件。因此，大陆方面在应对"释宪台独"的过程中，绝不应片面地以"解释"文本是否直接改变两岸关系性质为判断标准，而应进一步提高警惕，强化对涉及大陆居民权利等问题相关之"大法官解释"的关注，识别和打击以间接方式推行的"释宪台独"活动。

---

① 参见祝捷：《平等原则检视下的大陆居民在台湾地区权利保障问题——以台湾地区"司法院""大法官解释"为对象》，载《法学评论》2015年第3期。

五、应对"释宪台独"活动的法治策略体系之构建

基于对民进党当局在未来推行"释宪台独"活动可能性的研判,在当前两岸关系格局日益复杂,"台独"分裂活动沉渣泛起的背景下,大陆方面应充分认识到"台独"分子通过"释宪"方式推动"法理台独"活动对两岸关系发展的危害性,形成一套立基于政治思维与法治思维相结合的应对"释宪台独"活动的法治策略体系。详言之:

第一,建立精细化的台湾地区民情民意工作机制,通过各种途径强化广大台湾民众对"一个中国"框架的认同感,形成"以民意制约司法"的应对"释宪台独"的基本思路。"反多数民主"是司法审查制度诞生以来即受到的质疑,司法审查总会引起所谓非民选的法官凌驾于立法权之上的争议。① 然而,这种认知在本质上乃是建立在多数原则的基础之上的,所谓"多数人的利益"并不必然等于"公共理性"。正如罗尔斯所言,宪法法院起到"公共理性范例"②的作用,此种"范例",在本质上即意味着以"反多数民主"之外衣,表达"实质公共理性"之内涵。因此,任何承担司法审查职能的公权力机关,即使可以不顾由多数民众选举出的立法与行政机构的意志,也不得不在审查中以实质上的多数民意为依归。在"台独"分裂分子的长期鼓噪下,岛内民意结构呈现出"偏独化"倾向,正是在这种背景下,以民进党为代表的"台独"分裂势力才得以重新高举"台独"大旗。因此,应对"释宪台独"活动的根本路径在于,通过建立有针对性的台湾地区民情民意工作机制,强化"一个中国"话语在岛内的政治影响力,使广大台湾民众接受、尊重和认可"两岸同属一个中国"的政治事实,进而借由岛内民意的压力,制约可能通过司法途径表达"台独"立场的"大法官"。

第二,建立针对"释宪台独"的中长期评估预测机制,结合对台湾地区既有涉两岸关系"宪法解释"和"大法官"个人特点的认知,构建"释宪台独"活动的数据分析体系,并借助这套体系形成对台湾当局在未来推动"释宪台独"活动可能性的中长期预判。司法审查具有一定的贵族特性,"大法官"个人的政治立场和对统"独"议题的态度可能直接影响相关"解释"做成时的表决结果。③ 因此,在应对和评估

---

① 庞凌:《实质民主——司法审查的理论根基》,载《苏州大学学报(哲学社会科学版)》2015 年第 2 期。

② [美] 约翰·罗尔斯:《政治自由主义》,万俊人译,译林出版社 2011 年版,213 页。

③ 参见周叶中、祝捷:《台湾地区"宪政改革"研究》,香港社会科学出版社有限公司 2007 年版,第 399 页。

"释宪台独"活动的过程中，应当将对"大法官"个人情况的认知纳入其中，型构一套"释宪台独"活动的评估体系。详言之，可从以下三个方面入手：1）对台湾地区"司法院大法官"在历史上形成的 20 件涉及两岸关系的"大法官解释"进行详细分析，尤其应注意 20 世纪 90 年代末至 21 世纪初形成的相关"解释"，形成对台"大法官解释"语言风格、政治立场、法律技术、理论依据方便的综合研究。2）对当前在任的十五位"大法官"和未来可能被提名为"大法官"的相关人员的个人政治履历、司法背景、学术履历、统"独"立场等方面进行综合分析，形成基于数据的"大法官"及其候选人行为模式研究。3）基于对既有"大法官解释"和现任"大法官"及其候选人的基本情况与行为模式的分析，形成一套事先预判"法理台独"的数据评估体系，继而以这一体系为基础，形成对"释宪台独"风险性、紧迫性的中长期预测。

第三，建立针对"释宪台独"的法治威慑机制，一旦有可能导致"释宪台独"活动的司法个案进入"释宪程序"，即应以宪法解释、法律解释、发布政策白皮书等方式积极应对。在涉及两岸关系的司法个案进入或可能进入"释宪"程序时，及时、准确地向台湾方面释放明确信号，强调"释宪台独"是"法理台独"的表现形式，任何可能改变两岸关系性质的所谓"释宪"活动都将触及我《反分裂国家法》设置的"红线"。具体说来，释放此种信号的途径包括：1）适时发布涉及反对"法理台独"，尤其是"释宪台独"的《"一个中国"框架白皮书》，其中应考虑使用台湾司法界能够接受的法律概念与法律术语，强调体现一个中国原则的"九二共识"不仅是两岸应恪守的政治共识，更是为两岸各自规定确认的法理共识。2）由全国人大常委会依照法律解释程序，对《反分裂国家法》第八条做出解释，明确将"释宪台独"列为"将会导致台湾从中国分裂出去的重大事变"，以法律形式向台湾方面，尤其是可能推动"释宪台独"的"大法官"传达明确信号。3）必要时，由全国人大常委会启动宪法解释程序，对我国现行宪法序言第九自然段中，有关一个中国原则的表述做出解释，明确一个中国原则在宪法上的意涵，强调一个中国原则不仅是一种政治原则，更是具有宪法依据的法律原则。

第四，建立针对"释宪台独"的司法应对机制，高度重视人民法院涉台审判活动对反对"法理台独"的重要地位，形成以司法维护"一个中国"框架、以司法反对和遏制"台独"活动的体制机制。法律是一个逐渐衰老的过程，唯有不断的适用，方能使之永葆青春。司法判决及其执行，使得法律本身不断获取新的意义和价值。正是基于这一论断，无论是大陆法系还是普通法系国家，均十分重视司法对法律的塑造功能。在台湾地区，尽管"司法院大法官"之外的普通法院法官并不具有"解释宪法"

之权力，但其在审理涉及两岸关系的具体案件中却可以通过适用台湾地区现行"宪法"，彰显其对两岸关系性质的立场，继而通过这种基于司法判决的立场对广大台湾民众的政治倾向产生一定影响。[①] 与台湾地区各级法院已经形成一批与两岸关系性质有关的司法判决不同，大陆方面各级人民法院却极少在涉台裁判文书中体现出其对"一个中国"事实的基本立场。基于司法裁判对于法律本身的塑造作用及其可能产生的现实影响，在面对台湾方面不断致力于以司法方式，尤其是"释宪"方式推动"法理台独"的过程中，大陆方面亦应从司法领域入手，尝试以两岸具有较大影响力的涉台民商事案件的审判活动为切入，在人民法院裁判文书中体现出有关"一个中国"内涵的话语，形成"司法反制司法"的反"释宪台独"格局，从而为形塑"司法一中"体系奠定基础。

六、结语

众所周知，所有的"台独"主张，不论它的"包装"及路线如何，其最终目的必然都是"法理台独"——使"台湾独立"在国际社会及岛内社会中取得高度的正当性。[②] 因此，能否通过构筑一系列完整的体制机制最终遏制"法理台独"对两岸关系发展的负面影响，直接关系我们能否守住反对"台独"分裂活动的底线，关系到两岸关系能否在和平发展的轨道上继续前行。作为"法理台独"活动的重要表现形式之一，"释宪台独"因其技术性、隐蔽性等特点而未受到大陆方面政界、学界的过多关注，因而其在未来对两岸关系产生的危害性可能更大。本文仅就"释宪台独"的一般理论、历史溯源与表现形态等做出简要论述，并提出若干粗浅的应对对策。关于"释宪台独"的理论基础、发展动向，尤其是其与台湾新当局两岸政策的融合趋向等问题，囿于篇幅，本文不做展开，作者将另文详述。

---

① 如台湾地区"最高法院"于1982年做成的"台上字第8219号判决"即明确提出"而国家之统治权系以独立性与排他性行使于其领土之内，此不因领土之一部分由于某种事实上之原因暂时未能发挥作用而有异。兹我国大陆领土……仍属固有之疆域，其上之人民仍属国家之构成员"。此后该号判决为岛内各级法院多次引用，从而形成一系列有助于维护"一个中国"事实的司法判决。然而，2013年台湾地区"最高法院2013年度第1次刑事庭会议"决议1982年"台上字第8219号"不再援用，这充分表现出岛内司法界对两岸关系性质认知的转变。参见彭莉、马密：《台湾地区司法判决中的两岸政治定位》，载《台湾研究集刊》2016年第6期。

② 参见石佳音：《论蔡英文的"法理台独3.0"》，载《远望》2016年9月号。

当前岛内"台独"势力最新发展态势观察

陈先才*

民进党重返执政以来，随着绿营全面掌控台湾岛内政治、经济、军事及社会等资源，"台独"势力日渐嚣张，"独"派对抗大陆的心态也不断膨胀起来，这无疑会对两岸关系和平发展进程造成极大的影响与冲击。绿营上台以来短短不到一年的时间里，"台独"势力在岛内就掀起了一波波的"台独"浪潮，无论是提案"废除国父遗像"的"去孙中山化"之动机，还是"世芳扯铃"说折射出来的"去中国化"之灵魂扭曲，还是立即废止"课纲微调"的迫不及待动作，或抑是重新开启"加入联合国"的狂妄，都一再表明当前岛内的"台独"势力并不会甘于现状，而是有可能会变本加厉掀起"台独"新浪潮。两岸关系因"台独"势力的牵涉而再度陷入动荡不安的可能性大增。

一、民进党重返执政后"台独"势力发展的最新态势

（一）"台独"组织形态的新态势

民进党重返执政后，"台独"势力的组织形态出现了一些新情况。当前，"台独"的组织不断完善，既有政党政团组织，也有智库媒体机构，既在岛内经营基层实力，也在国际社会摇旗呐喊。尽管早期"台独"在岛内也有以政党形式出现过，如"建国党"以及目前的"台联党"等政党，但这些政党的政治影响力相对有限，特别是其成员主要还是以老年群体为主。这些政治力量除了宣传理念外，对台湾政治运作的实际影响力相对有限，尤其是对年轻人缺乏吸引力。传统"台独"政党及政团组织普遍面临后继缺乏人的窘境。但绿营重返执政后，以"时代力量"为代表的"台独"新政党迅速成长，它目前虽然在台湾立法机构只有区区 5 席，但在议题把握与基层经营方面却着墨不少，需要特别强调的就是，"时代力量"的支持基础主要来自年轻人

---

* 陈先才，两岸关系和平发展协同创新中心平台执行长，厦门大学台湾研究院教授，政治研究所副所长。

群体,这是它与传统"台独"政党政团组织的最大区别。事实上,从"时代力量"的支持群体光谱来看,其基本支持盘当然还是绿营,但它也吸引到一些没有政党偏见,甚至还有极少数蓝营选民的支持。"时代力量"之所以能够在支持基础上有所突破,主要还是其左派的主张吸引了台湾社会部分群体的关注。这些主张主要体现在经济和政治等领域,诸如追求直接民主,主张扩大公民参与的空间,压缩政党政治运作的空间,这在蓝绿政治恶斗持续数十年的台湾社会,"时代力量"的这些主张和诉求策略还是有一定的吸引力。

表一 蓝绿光谱下台湾民众支持"时代力量"的比例

政党认同	百分比
泛绿	6.9%
泛蓝	3.0%
第三势力	19.5%
不偏任何政党	6.69%

(本表的数据来源于台湾智库网站 http://www.taiwanthinktank.org)

当前,"台独"势力还大力强化对智库机构的经营,这也是较过去显著不同的一个面向。"台独"势力正是看到智库机构对社情民意及舆论引导方面的重要作用,绿营重返执政之后,"独"派对智库的关注与经营更为用心,当然这也与"独"派势力在台湾岛内所面临的政治、经济及社会氛围大为改善有直接的关系,特别是具有"独"派背景的政党及政团社团组织能够获得的金援大为增加。台湾政党第三次轮替后,"台独"大佬辜宽敏将其创办的"新台湾国策智库"转交给陈水扁势力去经营,而诸"如凯达格兰基金会""台湾智库"等传统"独"派智库也都纷纷招兵买马,壮大实力,试图增强对蔡当局的影响力以及强化对"台独"话语的论述能力。由此可见,当前台湾岛内"独"派势力正在不断强化对绿营智库的重视和经营。此外,"台独"势力还在美国华府成立了"全球台湾智库",试图与美国支持绿营的产官商学界建立起更多的联系渠道,从而强化美国社会对"台独"的支持力度。

(二)"台独"世代更替的新态势

当前,台湾岛内"独"派势力正呈现出老中青三代发展的最新态势。如果从世代的角度来观察台湾的"独"派发展,现阶段无疑呈现出老中青三代皆有的情形,这也是过去少有的现象。

"老"是指以李登辉为代表的老一代"台独"势力。"老台独"势力主要包括两部分：一是"日系台独"。以李登辉、辜宽敏、史明等人为代表。"日系台独"在台湾鼓动一些具有"皇民化"背景的台湾本省人士，推动"独"派组织及社团组织成立。"日系台独"势力总体上对日本抱有殖民统治之情结，站在"台湾地位未定论"立场，要求彻底改变现状，让"中华民国"在台湾的合法性彻底消失，宣称"中华民国是在 1949 年跑到台湾，霸占台湾"，[①] 该论述在台湾和日本民间都有一些支持，故"日系台独"势力在很大程度上还不愿意认同台湾目前的"宪政体制"。二是"美系台独"。"美系台独"组织的成分相对复杂。最早的起源是第二次世界大战结束之初，美军为了不让中国强大，而鼓动部分台湾人"独立"而出现的组织。但"美系台独"组织中影响最大的则是总部设于美国华盛顿的"台湾人公共事务会"（简称"FAPA"）。主要以蔡同荣、彭明敏、陈唐山等人为代表，该组织早期曾获得"美国在台协会"（简称"AIT"）的赞助，长期在美国从事"台独"分裂活动。例如，刻意把海外中华侨胞切割为"华侨"与"台侨"两支。[②]"美系台独"势力随着台湾"解严"，其成员陆续回到台湾并参与政治，开始朝容入台湾"宪政体制"之方向发展。但从总体上来看，无论是"美系台独"还是"日系台独"，它们双方有一个共同的妥协就是"台湾前途决议文"，即以借壳上市的方式，强调"台湾是主权国家，现在叫中华民国"。此后，"日系台独"势力逐渐演变成为当前台湾社会的"老台独"，而"美系台独"势力则逐渐介入民进党的政治斗争中去，并开始推行"稳健台独"路线，逐渐成为民进党的主流共识，民进党"新潮流系"在很大程度上就是"美系台独"势力的继承与发展。"中"是指以民视新闻电视台的老板郭倍宏等人为代表的中生代"台独"势力。这股"台独"势力的一个共通点就是不少具有留美或海外留学的背景，有一定的国际视野和海外关系，更为重要的还在于他们能够掌控媒体，擅长透过媒体在台湾社会煽动"台独"意识，对台湾社会和台湾民众进行"台独"思想的洗脑工作。"青"是指以"时代力量"为代表的新一代青年"台独"势力。

绿营重返执政后，"台独"势力出现了老中青三个世代交替的现象，特别是"老台独"势力逐渐开始把"台独"资源转移到"新台独"身上，这或许是当前"台独"势力在岛内重新洗牌的主要迹象。特别是当前，台湾新一代"台独"势力非常强调走美日路线，强调区域合作与共同利益，这与"老台独"的做法有所不同。传统上"老台独"的论述侧重在宣传理念，甚至很多还是危言耸听的言论，让很多年轻人无

---

① 陈佳宏：《海外"台独"运动史》，台北前卫出版社，1998 年版，第 75 页。

② "台独"势力把从广东、福建去美国的中国人称为华侨，而把 1949 年之后由台湾去美国的称为"台侨"，刻意在海外华侨社会中人为制造分裂和对立。

感。而新一代"台独"势力则利用网络，紧扣议题来宣传"台独"，其不少成员除了具有留学美日背景外，还有不少具有留学欧陆之经历。过去台湾留学欧陆经历者多主张统合论、融合论，但绿营重返执政之后，其执政团队中不少中生代政治人物皆有欧洲留学背景，"欧系台独"势力的加入，无疑将使"台独"势力的成分变得更为复杂。

（三）"台独"运作模式的新发展

传统"台独"势力的运作模式主要还是以参加选举和政治运动来实现。但绿营重返执政后，"台独"运作模式也发生了很大的变化。具体而言，主要有以下几个特点：一是注重体制内运作与体制外运作的结合。如"独"派势力利用在立法机构担任"立委"等有利之机，刻意炒作议题，并在台湾社会引发讨论与发酵；二是"新台独"与"老台独"开始进行某种程度的整合，并强化战力。例如，李登辉公开表态支持"时代力量"的黄国昌，民视新闻电视台找来旅美的大陆"民运人士"曹长青担任政论节目的嘉宾等；三是"独"派加强对智库的经营，提升"独"派的论述能力。传统"独"派的论述主要聚焦于"台湾地位未定论"，这些老掉牙的腔调显然无法有效吸引年轻群体的兴趣，而"新台独"势力则强化对智库的经营，透过结合公共议题以及强化对区域合作等议题的关注，来强化"台独"的论述；四是强化对媒体的经营。目前"独"派势力对台湾媒体的控制力道非常强，不但控制三立电视台、民视新闻台、自由时报等传统媒体以及地下电台等，还掌握着大量的新媒体。当前"台独"势力与媒体的合作，已成为影响民进党的重要政治力量。例如，"海派"已成为民进党新的一大派系。没有民进党党籍的三立电视台董事长林昆海成为民进党派系"海派"的掌门人。媒体大佬介入民进党政治权力斗争中，大大小小的政论节目都挂上绿旗，特别是绿营政治人物要出名要参选，都抢着要上三立台的政论节目，增加其曝光度①；五是"独"派擅长运作网络来宣传"台独"。近年来，"独"派势力擅长利用网络来发布一些议题，从而操作"台独"意识，激化台湾社会内部的"统"独对立情绪；六是"独"派势力还强化与各种反华势力相勾结，图谋在更大程度上对大陆进行牵制，例如，"时代力量"与香港本土派政治人物的往来，与"港独"势力进行串连，② 此外，还与诸如"疆独""藏独"等分离势力进行勾结，③ 试图撕裂两岸

---

① 《三立林昆海"海董"变"海派"》，台湾《新新闻》，2016 年第 8 期，总第 1534 期，第 50 页。
② 《时力台港议员论坛今登场 "港独""台独"交流?》，中评社台北电，2017 年 1 月 7 日。
③ 《台联争取蔡政府批热比娅访台 称陈菊也邀过》，中评社台北北，2017 年 1 月 24 日。

关系。

二、民进党重返执政后"台独"势力新发展的原因探究

"台独"势力在台湾岛内的出现及其最新发展，都有着极其复杂的历史环境与国际因素。而民进党重返执政后，"台独"势力发展出现的一系列新情况，也与当前台湾问题所面临的新情势密切相关。

（一）国际因素

长期以来，"台独"在国际社会的最主要支持力量无疑是来自美日两大阵营，而绿营"独"派在海外最大的两个发展渊源就是在美国的"台湾人公共事务会"（简称"FAPA"）"独"派组织以及在日本的"皇民化""独"派势力。尽管海外"台独"在20世纪90年代中后期开始回迁到台湾岛内发展，但海外"独"派势力在美日等国家仍然有一定的影响力。而近年来随着中国大陆实力的增强，崛起速度不断加快，美日等国家对中国的防范与遏制力度不断加大。美国的"重返亚太"以及"亚太再平衡"等战略，在很大程度上就是针对中国而来。而过去几年以来，随着中日两国围绕钓鱼岛主权争议的持续存在，中日两国关系的大幅降温，日本安倍政府则全面配合美国，在亚洲地区扮演起全力围堵中国的重要打手。

在当前中美战略对抗不断加剧以及中日关系大幅降温的情势下，岛内"台独"势力则全面倒向美日阵营，企图从中美矛盾加剧之际获取利益。而美日等国家也把"台独"势力视为制约中国崛起的重要棋子，积极拉拢"独"派势力。特别是美国新总统特朗普强势入主白宫后，其鲜明保守主义的性格以及当选后对美国政府过去"一中政策"的质疑等动作，也为未来中美关系的走向增添了不少的变数。"台独"势力也似乎很受鼓舞，野心勃勃，企图与美国的右翼保守势力强化合作，寻求美国对"台独"势力的更多支持。

（二）两岸因素

当前"台独"势力之所以在岛内有一定的影响力，或许说台湾部分民意有朝趋"独"方向发展的迹象，其背后当然有一定的两岸因素使然。在这里，两岸因素主要体现以两个层面：一是两岸之间的结构性矛盾与冲突，这是一个历史遗留问题。两岸之间在政治体制、社会制度、价值取向及意识形态的差异客观存在，台湾社会部分民

意对现阶段两岸实现统一仍然存有很大的疑虑。加在过去几年海峡两岸的大往来、大交流状况所呈现出来的差异化,都使不少台湾同胞对大陆产生了认识上的一些误区,其根源还在于台湾社会对大陆经济社会快速发展的不适应之焦虑情绪开始出现。也就是说,两岸之间本身存在的结构性矛盾,两岸社会长期分隔的现实,以及台湾过去长达数十年的"反共"教育等,都使两岸的互信基础非常缺乏,海峡统一之路格外任重而道远。二是民进党和"台独"势力过去长期在台湾社会所进行的极端"本土意识形态"动员,特别是过去几年,独派出于意识形态以及政治斗争之考量,刻意对海峡两岸的交流与合作进行负面的攻击,特别是透过"抹黑""抹红"之手法来误导台湾民意的走向,尤其是在台湾社会时不时掀起"反中恐中"的社会氛围,这无疑是当前岛内"台独"势力日渐嚣张,而统派势力陷入被动的原因所在。

在两岸尚未就政治解决历史遗留问题的大结构下,台湾民意走向很容易受到"独"派势力所谓"政治正确"的影响与牵制。在台湾社会被"独"派肆虐与喧嚣的氛围下,统派势力以及主张两岸和平发展的政治力量无疑会被严重压抑,特别是绿营重返执政后,绿营和"独"派势力对国民党以及统派势力的打压空前加剧,也使"独"派势力的嚣张气势有所增强。

(三)岛内因素

当前岛内的因素则更为复杂,主要在于当前岛内民意结构中出现了某种"容独"的趋向。其意识形态中认为"未来台独是选项"、"未来仍有可能实现独立"等,这种复杂心理的出现,背后有其深层次的历史、社会、文化和政治因素。

首先是民进党重返执政后,虽然蔡英文宣称要"维持现状",但民进党并未公开放弃分离主义的政治意识形态,这也是绿营执政后的一系列动作中,在处理两岸议题上仍然以柔性手段推动"去中国化",不断切割两岸的历史文化联系,继续扩大"台湾主体意识"的民意基础,持续强化利"独"而不利统的民意氛围,这无疑会使台湾岛内已经严重异化的"主体意识"不断得到强化,两岸事实分离状态更会持续巩固,自然会使部分民意中的"容独"心理更为扩增。

其次,"时代力量"等新"台独"势力的兴起,他们以追求"台湾国家地位正常化"为核心理念,反对国民党"外来政权",主张脱离中国的影响力,该势力借反对"两岸服贸协议"的社会运动上位,打着民主自由的幌子,依仗网络媒体大肆宣传,通过选举登上政治舞台,这股政治力量的出现,促使岛内"独"派势力分化组合,新型"台独"运动悄然兴起,客观上也让部分民众的政治情绪出口和政治选项有了新的选择。特别是一大批以青年为主体的人群，积极参与该类组织及其活动，将其视为是实现自我价值实现的新形式，结合了非理性、解构主义和反权威等后现代，构成了一个全新的"台独"理念层次。

最后，民进党重返执政后，绿营"独"派势力的心理预期大增，更是希望在"台独"议题上能够有所突破，进而实现绿营上次执政——陈水扁当局所没有完成的任务，这也使不少"独"派人士产生了想毕其功为一役的政治野心。加上蔡英文上台以来，由于施政表现不佳，台湾社会的反弹情绪出现，"独"派也感受到了很大的压力，产生了某种焦虑情绪，自然希望蔡英文当局在"台独"之路上尽快能够推动起来。另外，由于国民党执政八年却仓皇下台，台湾社会仍然有不少对国民党的不满情绪存在，这股不满情绪多少也发泄到大陆身上，从而给了"独"派很大的操作空间与机会。

三、民进党重返执政后"台独"风险及社会影响

（一）绿营执政下"台独"风险的主要面向

在绿营全面执政下，尤其是不少具有深绿意识形态的政治人物进入执政团队，"台独"势力在岛内的生存环境大为改善，特别是在获取政治、财力、人力以及媒体等资源方面的能力大为增强，"独"派的嚣张气焰有所升高，"独"派势力推动"台独"冒险活动的心理预期明显上升，其意愿也大为增大。

1. "独"派会冲击蔡当局的"维持现状"政策

蔡英文上台后所宣称的"维持现状"政策，在台湾岛内也招致"独"派不满的声音。"独"派势力基于分离主义之意识形态，早已迫不及待，期待能够利用民进党重返执政之有利时机，在台湾社会全面推行"台独"分裂活动。故"独"派对于蔡英文"维持现状"政策的取向存在很大的不满情绪。"独"派对蔡英文"维持现状"政策有朝中间路线调整的顾虑始终存在，特别是蔡当局的内阁人事侧重在重用"老蓝男"，这让绿营内部和"独"派大佬相当不满。一方面，绿营内部特别是"独"派势力已经开始抢占"台独"市场。例如，民进党重要派系"游系"已改名为"正常国家促进会"（简称"正国会"），其目的就是要在绿营派系政治版图中扩展"独"派的市场份额。在派系积极抢夺执政资源与权力角逐的情势下，不但使其他派系不敢在两岸议题上有任何妥协，而且只会使其他派系的两岸立场越来越倒退，越来越趋"独"。另一方面，"独"派势力也纷纷操作议题来逼迫蔡英文当局在两岸议题上不敢过于冒

进。2017年1月24日，岛内"台独"势力"台联党"和"时代力量"公开宣称将邀请"疆独"头目热比娅访台，以此"反制大陆"。"台独"分子在岛内操作这一议题时，蔡英文的民调支持率已跌至33%，政治支持回归到基本盘。到底是"急独"势力借机逼宫？还是大绿与小绿在配合演戏，① 无论如何，"独"派势力的这些动作不但会严重冲击到两岸关系，也会冲击到蔡当局的"维持现状"政策。

2. "独"派有可能会在岛内掀起新的"台独"高潮

当前绿营在台湾全面执政，不仅主导台湾政治、经济、社会及文化教育各领域，而且还掌握媒体特别是新媒体以及智库机构等，具有很大的社会控制力、影响力与煽动力。"独"派势力必然不满于目前绿营取得执政权之优势，还会继续在岛内掀起新的一波波"台独"分裂活动之浪潮，企图加速台湾社会的全面绿化，不断挑战大陆的底线。事实上，"独"派一直认为，未来"台独"的成功与否，关键还不在法理，不在国际关系，而在于教育，在于建构扭曲的台湾史观。希望透过对台湾民众的洗脑教育，虚幻对中华民族的认同，来增强台湾认同。正因为如此，具有深绿背景的台湾教育机构主管潘文忠在其正式上任的第一天，就下令废止"课纲微调"。② 此外，"独"派势力为了误导台湾民众对历史的认知，甚至不惜抛出一些荒诞不经的言论。例如，"时代力量"的林昶佐在台湾立法机构质询时的无知发言，竟然对二战时期中国政府空军对台北进行空袭一事表示不满，并要求进行道歉等荒谬言论出现。而蔡英文上任后所提名的几位新任大法官，不但色彩偏"独"，而且在立法机构对其资格的审查中，角色认知也相当混乱，③ 竟然毫不隐瞒他们对"中华民国宪法"的鄙视以及个人的"台独"立场。未来这些人有可能打着体制反体制，甚至不排除未来透过"释宪"等动作来推动"法理台独"的可能性。

当前"独"派势力利用煽动两岸之间的敌意来巩固基本盘，并采取了往"台独"方向切香肠之策略，例如，绿营撤销对"太阳花学运"人士告诉；废止"课纲微调"；废止台湾"红十字会法"等动作，都显示出"独"派势力急不可待的心态。④

3. "独"派会对岛内主张两岸和平发展的政治力量进行政治清算

长期以来，由于国民党的历史背景以及成长经历，其在两岸关系上的基本论述还是强调海峡两岸之间有某种历史联结，特别是两岸有着历史、文化之特殊亲近性。因

---

① 《"急独派"制造议题，蔡英文"异常低调"，台当局暧昧回应，"疆独头目入台"》，《环球时报》2017年1月25日，第16版。

② 《教长潘文忠：近日废止微调课纲》，台湾《中国时报》2016年5月21日。

③ 张麟徵：《曲线"台独"：从制宪到释宪》，台湾《海峡评论》，2016年第11期，总第311期，第45—46页。

④ 庞建国：《蔡英文解决不了问题》，《观察》2016年第9期，第6页。

此，国民党的论述主体还是坚持"两岸一中"的史观逻辑，亦即国民党在两岸关系的基本立场是不主张"台独"。① 国民党的这种史观当然会引发绿营特别是"独"派势力的极端不满。绿营为达到长期执政之目的，彻底击垮最大的反对党国民党，令其永不翻身执政的机会，最好的办法就是把国民党的历史正当性从根拔起，从扭曲、编造假史，误导民众的认知外，还有就是利用台湾少数民族、赋予各方面的社会正义与正当性来对待国民党。② 这也是绿营重返执政后，绿营新当局迅速通过了所谓的"转型正义"以及"不当党产条例"等法案，其目的表面上是要对政治对手国民党进行政治总清算，使国民党无法在短期内东山再起，从而有助于绿营的长期执政，其背后的核心意涵还在于使支持两岸和平发展的政治势力受到削弱，从而削弱大陆对台湾政治和社会的影响力道。

（二）绿营执政下"台独"活动的社会影响分析

在绿营全面执政的情势下，"台独"势力的分裂活动不断加剧，其对台湾社会的影响后果相当严重。

1. "台独"在台湾社会形塑"反中恐中"的负面情绪和氛围

"台独"势力为了其分离主义意识形态之需求，利用目前绿营全面执政的政治、经济及社会等优势，刻意在台湾社会形塑"反中恐中"的负面氛围，挑动台湾社会对大陆的敌意情绪，这当然不利于两岸关系和平发展和良性互动。"独"派势力为了掌握和垄断台湾岛内的政治话语权，不断形塑"台独"的"政治正确"，进而在岛内舆论场域中彻底将"两岸统一"等话语边缘化，使未来岛内不再有统"独"的话语之争，而是呈现谁比谁更"独"的"台独"话语市场。"独"派势力对"台独"的夸大渲染与刻意误导，其目的就是要使之成为台湾舆论场中的"主流民意"，从面成为鼓吹"台独"主张时所依据的民意基础。毕竟"独"派口中所谓的民意都是经过选择的"台独"民意，在"独"派刻意渲染的"反中"氛围之下，"台独"自然很容易成为"政治正确"。而用"政治正确"的"台独"民意来对抗"九二共识"，则自然是"独"派的如意算盘。

2. "台独"在台湾社会刻意形塑"台独史观"

课纲与教科书历来都是政府意识形态宣传管道的重要组成部分。以台湾社会为

---

① 《詹启贤：国民党基本立场不会主张"台独"》，中评社桃园电，2017 年 2 月 3 日。
② 朱骏：《蔡英文想以静默方式经营内造力量"去中脱中"》，台湾《观察》2016 年第 9 期，第 14 页。

例，自从李登辉推动"认识台湾"教科书以来，台湾的中学教育"课纲"与教科书变革的烽火已持续 20 余年。排斥中国的"两国论"思维在台湾社会之所以能够大行其道，已不只是李登辉、陈水扁推动"去中国化"教科书之后果，也是两蒋"反共"教科书一路沿袭下来而结成的恶果。"独"派势力无疑早已认识到在"课纲"及教科书等教育领域形塑"台独史观"的重要性。这也是绿营上台执政的首日就拿"课纲微调"动手的重要原因。① 由此可以预见，未来岛内"独"派势力将在课纲与教科书等议题上强化"台独史观"的形塑。两岸关系由过去八年的和平发展转入目前的冷对抗，各种新的矛盾与冲突亦将随之而起，历史认识与历史论述（以及衍生而来的认同问题）是新形势下诸多问题的冰山一角。而大陆要翻转"独"派势力所形塑的以"皇民化史观"为核心的"台独史观"，就需要重新理解台湾主流意识形成的原因、结构以及分离主义的发展阶段。②

3. "台独"在台湾社会要全面"去两岸关系化"

当前，"独"派急于要使两岸关系降温，希望能够搁置两岸关系，对于两岸关系和平发展的政治基础"九二共识"及其背后的核心意涵"一中原则"采取拒绝接受的态度，其目的就是要在台湾社会让两岸关系议题完全冷却下来，让台湾民众对两岸关系议题不再敏感，也不再关注，从而彻底消除过去八年国民党马英九执政时期两岸关系议题在台湾社会高度凸显、非常重要的痕迹。这也是绿营和"独"派势力在淡化两岸关系议题的同时，却大力推动台美、台日关系以及"新南向"等议题的重要原因所在。"台独"势力的动机自然非常清楚，就是希望在台湾社会营造这样的氛围，两岸关系虽然重要，但不是唯一重要的关系，台湾除了两岸关系之外，还有台日关系、台美关系以及台湾与东南亚地区的关系。一句话，"独"派就是希望让两岸关系大幅降温，以减轻"独"派在岛内推动"台独"分裂活动的阻力。

4. "台独"将刻意强化两岸民间社会的对抗

"台独"势力希望拉抬两岸民间的对抗气氛，使两岸民间社会热络往来的局面不再，从而阻止两岸民间社会的快速融合之进程。"独"派企图以所谓的民意对抗来阻止两岸未来走向统一。绿营重返执政后，两岸情势的快速变化，特别是大陆游客遭台湾司机刻意纵火烧车事件发生后，部分"台独"分子的幸灾乐祸与讥讽热嘲以及蔡英文本人对台湾籍与陆客车祸遇难者的差别对待，其所呈现的强烈"仇中意识"，已在

---

① 台湾当局教育主管负责人潘文忠公开称之所以要废除马英九执政时期的"教学大纲"，理由是原"大纲"内容对"中国"这一概念强调过度。具体内容详见台湾《产经新闻》2016 年 5 月 22 日的相关报道。

② 张方远：《蔡英文执政下课纲问题将何去何从?》，台湾《海峡评论》2016 年第 8 期，第 61 页。

大陆发酵，激起大陆民间强烈的反弹意识，网络上更是对台湾当局一片挞伐之声。两岸民意对抗情绪之上升，对两岸关系而言当然不是什么好事。由于网络为民意的直接表达提供了更便捷、最直接的管道，两岸民意对抗透过网络更为容易。例如，"周子瑜事件"之后，出现了"帝吧出征 FB"事件，部分大陆网民集体上脸书反对"台独"。两岸民意情绪对抗持续上升的后果，就是有可能会产生政治认识上的误区。而对于岛内"独"派势力而言，其最可能会产生的误区就是自认为台湾地区部分民意的意志可以与大陆进行全面对抗，从而有可能诱使"台独"势力在两岸议题上产生某种冒险心理。

四、民进党重返执政后"台独"势力的发展趋向

民进党重返执政后，台湾岛内"独"派势力的政治企图心无疑大为增强，其"台独"冒险的心态大为膨胀。毕竟"台独"势力至今仍然不愿意放弃分离主义的意识形态。一句话，在绿营执政条件下，"台独"势力不可能主动放弃分离主义的理念与行为，而是只会变本加厉。尽管如此，"台独"势力的发展前景并不取决于其意愿，而是取决于大陆反制"台独"的意愿与能力以及台湾岛内政局发展及外部因素的多重影响。

首先，"台独"势力会持续强化分裂活动，甚至不排除由此引发两岸发生直接对抗与冲突的可能性。

由于"台独"势力至今未放弃分离主义的政治意识形态，"台独"势力未来也不可能放弃分裂活动。事实上，从民进党重返执政以来，岛内各种"台独"势力的动作可谓频频，并未有任何的停止。以"课纲微调"为例，在李登辉、陈水扁执政的近20 年里，为了割裂两岸人民情感，美化日本殖民统治，将台湾中学的历史、地理、语文课纲，变成了分裂势力荼毒岛内莘莘学子的重要工具，其目的就是要去除"一中史观"，建立"台独史观"。为拨乱反正，台湾教育主管部门发布了高中"微调课纲"，其中包含将"中国"改回"中国大陆"等内容。但岛内"台独"势力动极力阻止新"课纲"的实施。在绿营重返执政之后，"独"派势力更是迫不及待"废止新课纲"。未来也不排除绿营当局将进一步大肆修改"课纲"的可能性。这无疑有可能会引发两岸关系新的紧张与冲突。而蔡英文上台后提名"台独"色彩浓厚的许宗力和许志雄等为"司法院长"和"大法官"人选。这两人都曾在陈水扁时期担任"大法官"和要职，而且也是主张"两国论"的顽固"台独"分子。特别是他们在接受台湾立法机

构的质询时，公开为其"台独"主张进行辩护。① 许宗力和许志雄等言论，是蔡英文上台后所重用的"台独"分子首度公开主张"两国论"，公开主张"法理台独"，其性质相当恶劣。未来不排除这些"独"派政治人物"透过司法解释来达到法理台独的企图"。②"大法官"本属法律性质的工作，并非政治性质的工作，自然不能以自己的政治信仰来扭曲法律。③ 然"独"派在"大法官"认知上的混乱当然是有意为而之，其内心深处的诱因就是分离主义心态始终在作祟。而"台独"势力的冒险行为必然会与大陆的统一诉求相冲突。因此，随着"台独"势力嚣张气焰日盛，未来不排除两岸爆发冲突的可能性。

其次，"台独"势力将会奉行"两条腿走路"的策略，即继续推动"去中国化"与争取"国际参与"有重大突破的结合。

"台独"势力在重返执政后，其"台独"动作的优先领域与方面，可能会重点强化岛内与国际两个面向。在台湾岛内，"独"派势力可能会继续推动并强化"去中国化"的动作；在国际层面，"独"派势力则可能会强化台湾参与国际社会的动作，亦即奉行两条腿同时走路之策略。

"独"派势力的"去中国化"策略，主要考量还是针对台湾岛内而言，希望全面移除台湾社会、政治、经济、文化中的一切中国元素，去除台湾民众对有关中国图腾的迷思与崇拜，达到对中国概念的虚化，解构台湾社会意识中的中国认同，并在此基础上建构起所谓的"台湾认同"。例如，"独"派"立委"提案要废除"国父遗像"提案，称孙中山被视为"国父"，本身就是国民党威权时期"党国体制"下的产物，彻底违背民主原则。④ 尽管这项提案最终在蔡英文的喊卡下未能实质推动，但明眼人都知道，"独"派"去孙中山化"的核心目标还是要割断两岸的联结，只要和大陆有关系的，无论历史、人物、价值观都要去除，铺垫"台独"的土壤，当然完全是政治意图，更是绿营重返执政之后继续推动"去中国化"的真实表现。而在争取"国际参与"方面，"独"派势力更是表现得不遗余力。蔡英文上任不过百日，"台独"分子又重新操弄"加入联合国"议题。2016年9月，台湾"独"派团体"联合国协进会"大张旗鼓组团赴美，宣达台湾要加入联合国的意愿，并与美国政界、社会及学界支持台湾的人物进行互动。同时，台湾"联合国协进会"还鼓动台湾当局以"台湾"名义、"新会员"身份申请加入联合国，并致信时任联合国秘书长的潘基文转达"台

---

① 《绿学者许志雄批两岸准两国　正名是民进党党纲》，香港中评网：www.crntt.com.2016年3月4日。
② 《当许宗力说蔡英文有违宪之虞》，台湾《联合报》社论，2016年10月15日。
③ 张麟徵：《曲线"台独"：从制宪到释宪》，台湾《海峡评论》2016年第11期，第46页。
④ 《高志鹏愿废除国父遗像》，台湾《自由时报》2016年2月21日。

湾民意"。尽管"独"派的这些活动看似一场闹剧，但"台独"势力推动参与国际组织的嚣张气焰并不会自动停止。例如，虽然"独"派寄给潘基文的信件被退回，而且完全没有拆开，但该团体仍然表示，即便联合国连收都不愿意，还是会发动更多人写信给潘基文表达台湾要入联。[①] 由此可见，未来"独"派势力在"台湾国际"参与方面将会动作频频，不断给两岸关系制造更多的麻烦与困扰。

再次，"台独"势力内部会出现一些新的分化组合，"渐进式台独"将占据主导地位，"激进式台独"将愈来愈被边缘化。

面对两岸关系的变化，特别是两岸实力的悬殊与大陆反对"台独"的坚强意志，岛内"台独"势力内部也会有一些新的分化组合，不少绿营政治人物觉得"台独"已不具现实性，但只是现阶段两岸统一的条件还不成熟，因此，"独"派仍然会期待外部局势的变迁，在推动"台独"的策略上显得更为务实与迂回。在这种情势下，"渐进式台独"无疑越来越占据主导地位。而所谓的"渐进式台独"，其大意就是指"法理台独"让位于"文化台独"，毕竟"法理台独"的危险太大，有可能会招致大陆的严厉报复，而依附于文化层、教育层、社会层的"台独"活动则是潜移默化，也不会招致大陆立即或疾风暴雨的报复。当然，无论是哪一种"台独"势力，实现"台独"当然是其重要目标，但现实的困境却也不容忽视，这是当前台湾"独"派所面临的最大的挑战。大陆官方及其民意完全无法容忍和接受"台独"，岛内"台独"势力对此心知肚明。这也是民进党重返执政后，绿营当局一直主张"维持现状"的最重要原因所在。尽管"维持现状"政策并不代表绿营接受"九二共识"及"一中原则"，也不表示绿营已经放弃了"台独"分离主义的意识形态，但至少说明绿营特别是"独"派势力面对两岸关系新情势，已经认知到没有能力和意愿去主动挑衅大陆，客观上对"法理台独"的坚持意愿大为降低。这也是客观事实。"台独"已注定是一条死路。未来台湾无论是谁执政都将不得不接受这样的政治现实。即便是最顽固的"台独"势力上台也不得不收敛其对"台独"的热情。当然这并不代表"独"派势力会自动放弃"台独"的迷梦，他们仍然会利用各种机会来寻求突破。但有一点可以肯定的是，当"独"派内部主流意见趋向"稳健型台独"路线，而非"冲撞型台独"路线时，则两岸之间至少可以暂时避免立即爆发冲突之危机。

当然，这里必须指出的是，"渐进式台独"路线对两岸关系的危害也不可轻视。事实上，绿营过去所推动的"渐进式台独"路线，其效应还是非常明显。例如，在当前绿营执政的南部县市，一些民众早已将墓碑上的唐山祖地之名除去，"台独史观"

---

① 《连看都不看！台湾入联信遭联合国原件退回》，自由时报网 www.ltn.com.tw，2016 年 9 月 30 日。

的教育，已使台湾社会不少人拼命将自己的中国文化脐带切断。这是值得警惕之处。

最后，蔡英文当局"维持现状"政策的走向将在一定程度上影响到岛内"台独"势力的动向，这将是一个可供观察之角度。

绿营 2016 年重返执政之后，蔡英文当局基于两岸情势以及台湾所面临的政治、经济之困境，宣称执行"维持现状"的两岸政策。毋庸置疑，蔡英文声称的"维持现状"政策带有强烈的工具性和目标性两种意涵。它是以台湾内政之视角来考量的一种工具，属于实现政经分离的策略，其在两岸关系上的具体目标就是所谓的"不屈服"，但也不对抗，以维持两岸之间的和平现状。从这个角度来看，蔡之维持现状实质就是维持"以拖利独"的现状罢了。[1] 正是由于蔡英文"维持现状"政策并未公开表态接受包括一个中国内涵在内的"九二共识"等两岸共识，海峡两岸之间的互信基础受到了很大的损坏，两岸互动也完全陷入僵局。尽管当前两岸关系发展陷入困境，但两岸关系尚未走向全面的对抗与冲突，主要原因就在绿营执政当局现阶段两岸政策之基调还在"维持现状"之范畴，亦即绿营当局还未公开挑衅两岸关系的底线，这是当前两岸关系与陈水扁执政后期两岸关系的区别之所在。或者说蔡英文当局基于维持执政稳定之需求，也释放一定的口头善意或政策善意，亦即蔡当局尚未显示出要推动"法理台独"之迹象。换言之，蔡当局现阶段尚有意愿与能力约束与抑制"台独"势力的冒险冲动。因此，目前两岸关系的温度虽然很冷，但至少还维持着一定程度的稳定状态。然而台湾内部的政治生态瞬间万变，如果未来蔡英文当局无法"维持现状"，或者说蔡当局迫于"独"派压力而放弃"维持现状"政策，甚至全面倒向"独"派阵营，则不但会使两岸关系发生重大的变数，而且将更加刺激"独"派势力在两岸议题上的冒险心理和冲撞行为。因此，蔡英文当局对维持现状政策的执行力度以及抗拒来自"独"派势力反弹的力道如何，都将在一定程度上影响到"独"派势力未来的动向，可谓动见观瞻。

五、结语

在当前两岸关系结构性矛盾短期内不易得到真正化解以及外部势力介入持续存在的情势下，"台独"势力在台湾社会存在的社会基础就无法完全得到根本性消除。在此特殊情势下，"独"派势力在未来相当长的时期内，都将在岛内政治生态中持续存在，并对两岸关系和平发展产生重大的牵制与破坏性作用。但从辩证唯物主义的观点

---

① 杨开煌：《520 后大陆对台政策之评估》，台湾《海峡评论》2016 年第 11 期，第 26 页。

来看待"台独"问题，其两面性特征非常突出。尽管"台独"现象在短期内无法剔除，但随着大陆的不断崛起以及两岸政治、经济、军事力量的对比变化，"台独"对两岸关系的破坏力正朝越来越式微的方向发展，这也是我们观察"台独"发展趋向的一个基本面向。

台湾地区 ECFA "公民投票" 的司法审查

季 烨[*]

一、引言

由于内部认同的差异和政党斗争的需要,两岸协议在台湾地区的生效进程异常曲折。正是在此背景下,继20世纪末"汪辜会谈"之后,台湾内部爆发了关于两岸协议监督机制问题的第二轮"大辩论",其顶峰便是2014年因《海峡两岸服务贸易协议》审议而引发的"太阳花学运"。总体而言,当前两岸学界围绕两岸协议监督机制的讨论主要是以台湾立法机构为场域而展开的,即台湾行政机构授权民间团体签署的协议是否以及应当如何接受立法机构的监督,其核心争议是台湾立法机构与行政机构的权力分立与制衡关系。[①]

相较于台湾立法机构里尚未完结的"场内"纷扰而言,对两岸协议更为强力的监督却已然在"场外"以另一种方式现实呈现并阶段性完结——在2009年至2014年间,以民进党和"台联党"为主要推手的政治力量四度要求将《海峡两岸经济合作框架协议》(ECFA)诉诸"公民投票"。该事件甚至发展成为"公民投票法"自2003年制定生效以来,全程经历行政处分、诉愿、行政诉讼并最终上诉至台湾地区"最高行政法院"方才"一锤定音"的首个案例。

事实上,上述问题并非"个案",而是两岸关系发展至今由来已久且可能终需面对的症结。众所周知,台湾地区"公民投票"制度之所以得以建立,固然是台湾社会民主化的需求使然,但更是"台独"势力为实现"法理台独"孜孜以求的结果。[②] 马英九于2011年竞选连任时曾提出考虑洽签两岸和平协议的主张,但随即引发岛内反对势力的反弹,使其不得不与"公民投票"相挂钩。[③] 在"太阳花运动"结束后涌现

* 季烨,两岸关系和平发展协同创新中心暨厦门大学台湾研究院法律研究所副教授,所长。本文系教育部人文社会科学重点研究基地重大项目和中国法学会涉台法学研究专项的阶段性研究成果。

① 参见季烨:《台湾地区两岸协议监督机制法制化评析》,《台湾研究》2014年第6期。
② 参见(台)曹金增著:《解析公民投票》(第二版),台北:五南图书出版股份有限公司2008年版,第221页。
③ 《马:两岸谈和平协议没有急迫性》,台湾《旺报》2012年5月21日A4版,

的各种版本的两岸协议监督条例草案中，"公民投票"机制也大行其道。从这个角度看，"ECFA 公民投票"案件不但全景式展示了台湾地区"公民投票法"的运作机制，更是不失时机地提醒两岸学界应关注两岸协议监督的另一个维度——两岸签署的（何种）协议或更一般意义上的两岸政策是否应当以及应当如何接受直接民意的检验？

鉴此，本文拟以 ECFA 的"台湾命运"为切入点，在回顾台湾地区关于 ECFA "公民投票"过程的基础上（第二部分），结合台湾地区"公民投票法"的运作流程，归纳并分析正反双方关于 ECFA "公民投票"的主要法律争点（第三至第五部分）。最后，本文将结合当前台湾立法机构关于"公民投票法"的修法动向，简要分析此案对于未来两岸关系的影响（第六部分）。

二、ECFA "公民投票"的主要发展态势

台湾地区关于 ECFA "公民投票"的辩论早在 ECFA 的酝酿阶段就开始发酵。在 2008 年台湾地区领导人竞选过程中，马英九就提出两岸签署"综合性经济合作协议"（Comprehensive Economic Cooperation Agreement，CECA）的构想。2009 年 2 月 12 日，台湾六大工商团体联合发表声明，建请台湾当局尽速与大陆签订 CECA，并得到台湾当局官员的积极回应，[①] 但随即引发泛绿阵营的激烈反对，并提出要通过"公民投票"来决定两岸是否要签署 CECA。[②] 此外，因 CECA 的英文名称与内地与港澳之间的"更紧密经贸安排"（Closer Economic Partnership Arrangement，CEPA）相近，岛内反对力量又以"矮化"为由表示强烈反对，最终台湾当局将协议命名为"海峡两岸经济合作架构协议"（ECFA）。

（一）"ECFA 公民投票案 I"

民进党先行一步，于 2009 年 7 月 20 日由时任党主席蔡英文领衔向"中央选举委员会"（下文简称"中选会"）提出"公民投票"案（简称"ECFA 公民投票案 I"），提案主文为："你是否同意台湾与中国签订之经济合作架构协议（ECFA），政府应交付台湾人民公民投票决定？"但台湾行政机构"公民投票审议委员会"（下文简称"审议会"）于 8 月 27 日做出决议，认定该提案及理由议题内容不明确，既没有提出具体的立法原则，所针对的又是尚未发生的议题，因此，超越了"公民投票法"适用

---

① 参见《苏起：两岸将协商签署 CECA》，中评社台北 2009 年 2 月 14 日电。

② 参见《对目前海峡两岸经济合作框架协议形势的几点观察》，《台声》2009 年第 5 期。

事项的范围。此后,民进党提出诉愿但被驳回。

(二)"ECFA 公民投票案Ⅱ"

随即,"台联党"继续跟进,于 2010 年 2 月 23 日宣布推动第二波 ECFA "公民投票"(下文简称"ECFA 公民投票案Ⅱ")。两个月后,该案完成联署,时任"台联党"主席黄昆辉于 4 月 23 日领衔向"中选会"提出"公民投票"案(简称"ECFA 公民投票案Ⅱ"),提案主文为:"你是否同意政府与中国签订'两岸经济合作架构协议'(简称'两岸经济协议'或 ECFA)?"并要求马英九当局在"公民投票"完成前不得签署 ECFA。但上述提案同样未能通过"审议会"的审查,理由是提案主文与理由相互矛盾,且不属于"重大政策之复决",分别不符合"公民投票法"第 14 条第 1 款第 4 项和第 2 条第 2 款第 3 项的要求。

领衔提案人黄昆辉对此决定不满,在诉愿被驳回后,于 2010 年 11 月 18 日提起行政诉讼,由此展开了长达一年半的行政诉讼程序。台北高等行政法院一审判决黄昆辉败诉并驳回其全部诉讼请求,但二审法院认为,"审议会"并未依法听证,程序不当;同时,"审议会"认为人民提起的"公民投票"提案应持改变现状的立场,但这并非"公民投票法"第 31 条的原意,将其作为驳回提案的理由,适用法律不当。据此,台湾"最高行政法院"认定"中选会"原处分决定部分违法,并要求重新审查。[①]

根据上述判决的要求,台湾地区"中选会"于 2012 年 7 月 5 日召开委员会会议,重新审议"ECFA 公民投票案Ⅱ",但"审议会"再次认定提案不符规定。除沿用此前关于 ECFA 主文和理由相互矛盾的论据外,"审议会"还认为提案内容涉及租税事项,不符合"公民投票法"第 2 条第 4 款。此后,虽然黄昆辉再次向台北高等行政法院提起行政诉讼并上诉至"最高行政法院",但法院均肯定了"审议会"对于提案成立与否的实质审查权,并赞同 ECFA 涉及租税事项应排除在"公民投票"事项之外,黄昆辉全败而退。[②]

(三)"ECFA 公民投票案Ⅲ"和"ECFA 公民投票案Ⅳ"

2010 年 6 月 29 日,两岸两会领导人在重庆正式签署 ECFA。此时,"台联党"发起的"ECFA 公民投票案Ⅱ"已遭"中选会"驳回。或许是为了追求新闻效应,"台联党"在积极准备提起诉愿的同时,在 ECFA 签署后第二天随即再度提起"公民投

---

① 参见台湾"最高行政法院 2012 年度判字第 514 号判决"。
② 参见台北高等行政法院 2013 年度诉字第 1376 号判决和台湾"最高行政法院 2014 年度判字第 637 号判决"。

票"案（简称"ECFA公民投票案Ⅲ"）。对此，"审议会"在2010年8月11日重申"ECFA公民投票案Ⅲ"阶段的相关理据，认定提案于法不符。

在"五都"选举的动员压力下，两度受挫的"台联党""屡败屡战"，在当年8月21日第三次发起ECFA"公民投票"联署，并于11月22日向"中选会"送交与此前完全一致的提案（简称"ECFA公民投票案Ⅳ"）。然而，或许是"五都"选举已经落幕，或许是对结果早有预料，领衔提案人黄昆辉拒绝参加2011年1月3日举行的公听会，表示对"审议会""不再期待"，而"审议会"也再次以"提案主文为正面表述之命题，与政府立场一致，通过后也不能改变现状"为由对其提案予以否决。此后，黄昆辉一方面集中精力应付"ECFA公民投票案Ⅱ"引发的行政诉讼，另一方面则发起关于"审议会"的存废"公民投票"，但最终亦未能如愿以偿。

三、ECFA"公民投票"的共享审查权限

对于"公民投票"提案本身，台湾地区"公民投票法"采取"两机关两阶段制"。换言之，主管机关（或其受托机关"中选会"）和"审议会"对于"公民投票"提案共享审查权。但在ECFA"公民投票"诉讼中，上述两机关审查权的关系成为双方攻防焦点。

在"ECFA公民投票案Ⅱ"和"ECFA公民投票案Ⅲ"阶段，审议会曾三度以"主文与理由相互矛盾"不符合"公民投票法"第14条第1款第4项规定为由驳回提案。对此，提案人在诉讼策略上采取"釜底抽薪"之举，从根本上质疑"审议会"逾越法定职权。提案人指出，根据"公民投票法"第14条，只有经过审查确定无第1款所列情形的，主管机关（"中选会"）才将提案送至审议会认定。由此可见，对"公民投票法"第14条第1款的审查系主管机关（"中选会"）的专属职权，且主管机关（"中选会"）的审查结论是"审议会"进行审查的前提。而"审议会"以"公民投票法"第14条第1款所列理由驳回提案，显然僭越了主管机关（"中选会"）的职权。

台湾行政机构则认为"公民投票法"第14条第1款与第34条存在交叉，因此，前者所列事项的审查并非主管机关（"中选会"）的独享职权，而是主管机关（"中选会"）与"审议会"的共享职权。① 至于二者的关系，主管机关（"中选会"）对于第

---

① 台湾地区"公民投票法"第14条第1款规定："主管机关于收到公民投票提案，经审查有下列情事之一者，应于十五日内予以驳回：……三、提案有第三十三条规定之情事者。同时，与第34条规定，公民投票审议委员会审议下列事项：……二、第三十三条公民投票提案是否为同一事项之认定。"

14 条第 1 款仅有 "形式审查权",而审议会具有 "实质审查权",二者根据法定职责分别行使,各自认定,审议会的审查决定不受 "中选会" 审查结果的拘束,二者并行不悖。

由此可见,本争点可归结为:"审议会" 是否具有对 "公民投票法" 第 14 条第 1 款第 4 项情形的审查权?这进一步涉及 "审议会" 的组织定位和审查权界限这一本质问题。

纵观 "公民投票法" 的立法过程可见,"审议会" 的设置及其权限是蓝绿政党妥协的产物。当时在立法机构占据多数席次的国亲两党主张,由于 "公民投票" 案件大都是争议性非常大的法案或政策,为突破政治僵局,并认定 "公民投票" 案件的成立,应该设置 "审议会",增加公正性,并且 "审议会委员" 要由各政党依立法机构党团席次比例推荐,送交主管机关提请 "总统" 任命,以避免特定政党或政治势力操纵 "公民投票" 案件的审议。[1] 对此,泛绿阵营勉予同意。但在该法通过后不久,台湾行政机构及执政的民进党团旋即建请立法机构复议,民进党籍民意代表赖清德等更是直接向司法机构 "大法官会议" 申请 "释宪"。在 "朝小野大" 的政治格局下,复议案未能取得突破。而对于 "释宪" 案,一方面,"大法官" 以权力分立原则为依据,推翻了 "审议会" 依立法机构政党席次推荐的组成方式;但另一方面,大法官进一步确认了 "审议会" 的职权。具体而言,"审议会" 并非独立行政机关,而是在行政程序上执行特定职务的组织,属于 "行政程序法" 上的 "参与行政处分作成之委员会",对全台性 "公民投票" 提案成立与否具有 "实质决定权限"。[2]

结合上述解释,一审法院认为,虽然 "释字第 645 号解释" 并未明确 "审议会" 可否对 "公民投票法" 第 14 条第 1 款所定事项进行审查,但其在一般意义上明确了 "审议会" 对全台性 "公民投票" 提案成立与否有 "实质决定权限" 且行政机构对此决定 "并无审查权"。因此,"审议会" 的审查权属于 "立法裁量" 范畴,其所为之 "认定" 应 "非单纯至仅负责就 '公民投票法' 第 2 条所定之公民投票事项 '认明确定' 而已,其对 '公民投票' 提案之审查是否与法律规范意旨一致,无论为程序与实体事项,均可审议"。[3] 二审法院则在一审法院意见的基础上,进一步区分主管机关("中选会") 和 "审议会" 的职权,认定前者系对第 14 条第 1 款享有 "形式审查权"。[4] 在重审阶段,法院还主张,"审议会" 本质上属于 "独立于层级指挥体系以外

① 参见台湾 《"立法院" 公报》,第 92 卷,第 54 期,第 139 页,院会记录。
② 参见台湾地区 "大法官释字第 645 号解释理由书"。
③ 参见台北高等行政法院 2010 年 "诉字第 2283 号判决"。
④ 参见台湾 "最高行政法院 2012 年度判字第 514 号判决"。

独立运作独立性委员会"，加之程序正义的要求，已使其决策的正当性和正确性比一般的行政机关更强且更具制度上的可信赖性，其决定具有"高度的判断余地"，法院应降低审查密度以予"相当的尊重"。①

提案人无视"公民投票法"本身对于"中选会"和"审议会"审查事项存在重合的基本事实，转而片面强调"公民投票法"第14条明确界定主管机构（本案为"中选会"）和"审议会"的审查顺序（"中选会"在前，"审议会"在后）、审查对象（"中选会"负责第14条，审议会负责第2条）和效力（"审议会"应受"中选会"审查结论的拘束），并不符合体系解释的基本要求。

四、ECFA"公民投票"的实体审查标准

（一）交付"公民投票"之重大政策的明确性之争

"公民投票"事项的识别是台湾地区"公民投票法"适用的前提，也是"公民投票审议委员会"需要面对的先决问题。具体到ECFA"公民投票"而言，争议焦点在于：ECFA的谈判和签署是否属于"公民投票法"所规定的"重大政策"？

作为ECFA的反对者和台湾当局政策的复决者，"公民投票"提案人理应承担ECFA构成"公民投票法"所规定的"重大政策"的初步举证责任。事实上，纵观民进党和"台联党"提出的公民投票理由书及其公听会说明可见，他们已经根据所谓"重要性"判断标准，提出要求将ECFA交付"公民投票"的两项理据：（1）政治重要性：签署ECFA造成台湾"主权"的流失和"矮化"，落入"一中框架"；（2）经济重要性：ECFA将进一步加剧台湾对大陆的经济依存度，对台湾相关产业的"负面冲击"将比其他自由贸易协议更为严重。然而对于上述论点，无论是民进党还是"台联党"均未完成起码的举证责任。

一方面，就政治重要性而言，"公民投票"提案人对ECFA的指责纯属"欲加之罪"，反而进一步凸显了ECFA"公民投票"作为一场政治"闹剧"的本质。事实上，提案人只是宽泛地指称ECFA协商将造成台湾"主权流失"，然而何为"主权"、如何"流失"，提案人缄口不言。应予指出，两岸两会制度机制从其诞生之日起，从来就是在"一个中国"和"平等协商"这两条基本原则的基础上展开的，所谓"九二共识"正是对上述原则的形象概括。换言之，两岸两会并非分别以主权者或其代言人的身份

---

① 参见台北高等行政法院2012年诉字第1376号判决，台湾"最高行政法院2014年度判字第637号判决"。

展开协商，亦不存在所谓一方被"矮化主权"的问题。如果以上述两岸两会协商模式未能彰显所谓"主权"为由，认为其政治影响足够严重以至于构成"公民投票法"项下的"重大政策"，进而要求诉诸"公民投票"机制予以复决，那么，是否意味着1993年以来两岸两会因循同一协商模式而完成的其他22项协议，都可以诉诸"公民投票"机制？

另一方面，就经济重要性而言，"公民投票"提案人理应提出 ECFA 威胁（而且比其他涉台经济协议更加严重威胁）台湾产业结构和经济发展的初步证据。这一证明要求进而同时暗含着两个要素：第一，ECFA 经济政策本身的确定性；第二，ECFA 经济影响的重要性。二者之所以是并列关系，是因为如果 ECFA 经济政策本身尚未成型或不能确定，自然就无法确定或确信其经济影响的严重性。就既往实践而言，"大法官"之所以在"释字第520号解释"中认定停建"核四"电厂属于"重要政策"变更，正是因为"核四"电厂工程本身的确定性。①

这种对于重大政策的确定性要求，恰恰与其他国家和地区事后交付"公民投票"的实践相吻合。提案人声称，哥斯达黎加、秘鲁等国也曾诉诸"公民投票"来决定是否与他国签订自由贸易协议，②但提案人绝口不提的事实是，这几个极为有限的例外，无不是在相关协议成型（至少是在谈判结束并草签协议之后）之后才启动"公民投票"的。例如，哥斯达黎加和美国之间的 FTA 是在双方签署后且国会未予批准的情况下才交付公民投票复决并顺利通过；秘鲁也是在和美国草签协议后才在选委会形成公民投票案件，且因随后国会通过而并未实际举行。③

就"ECFA 公民投票案Ⅰ"和"ECFA 公民投票案Ⅱ"而言，两次提案均在 ECFA 正式签署前提出。此时，ECFA 协商的主要原则、框架和内容等，均处于不确定状态，更加难以将其与台湾地区其他涉外经济协议的实施效果相互对比。因此，要断言 ECFA 对台湾产业经济将产生巨大冲击以至于其已经或可以合理预期构成一项经济意义上的"重大政策"，显然缺乏依据。此外，即便认为 ECFA 的主要原则、框架等原则性内容可能随着两岸协商的推进而逐渐明晰乃至确定，那么，构成"公民投票法"项下的"重大政策"也应当是已经确定的 ECFA 的原则或框架，而非笼统地指向作为

---

① "核四"项目早在1980年便已提出计划书，1982年至1986年已编列预算，1999年正式动工，2000年暂停兴建，其停建对能源、环境、产业、经费和善后工作的巨大影响，要么已经（部分）发生（如到2012年底为止，"核四"建设进度已超过总工程量的三分之一，由于历经多次波折，每台机组平均造价达37.5亿美元，已成为全球造价最贵的核电厂），要么可以合理预见（如"核四"停建后留下的台湾电力需求缺口；核污染的可能性和危害性；已投入成本的回收等）。

② "ECFA 公民投票主文及理由书"（"ECFA 公民投票案Ⅱ"）。

③ 《"行政院公民投票审议委员会"公听会发言纪录》2010年5月27日，第7页。

一个整体的 ECFA，否则，就可能违反"公民投票法"第 14 条的规定，即"提案内容相互矛盾或显有错误，致不能了解其提案真意"。同时，就两岸正式签署 ECFA 之后发起的"ECFA 公民投票案Ⅲ"和"ECFA 公民投票案Ⅳ"而言，提案人也并没有提出其（引发重大负面）经济影响的初步证据，而且"理由书的意见有许多跟事实不符之处"。①

简言之，作为"公民投票"机制启动的先决性问题，"审议会"理应且有权对于 ECFA 是否属于"公民投票法"项下的"重大政策"进行审议。在此过程中，即复决"公民投票"的提案人应针对一项明确的政策的重大影响承担初步举证责任，并证明这种影响已经发生或有合理理由认为其应该会发生。"审议会"则应以"合理的理性人"标准做出判断，并作为是否同意提案进入联署阶段的前提。

令人遗憾的是，在 ECFA "公民投票"案中，主张签署 ECFA 的台湾行政当局在后续行政诉讼中并未对此问题引起足够重视并据理力争，以至提案人在诉讼中直接主张"原被告双方对于是否同意签订 ECFA 当属于'重大政策'，并无歧见"，② 法院进而采信上述陈述并将此先决问题排除在司法审查之外，行政当局自然也丧失了抵抗"公民投票"政治闹剧的一个有力武器。

（二）"公民投票"以改变现状为前提的必要性之争

在"ECFA 公民投票"提案过程中，"审议会"曾两度从提案命题的表述方法入手，以是否"改变现状"为标准，认定提案于法无据。"审议会"认为，人民提起的"公民投票"案应持"改变现状"的立场才符合"公民投票法"的制度设计，但本案提案人持反对立场，却以正面表述的命题交付"公民投票"，导致即便投票通过，也不能改变现状，权责机关无须有改变现状的任何作为，因此提案不属于"公民投票法"所规定的"重大政策之复决"。但上述认定方法并未通过"最高行政法院"的司法审查。

"审议会"之所以要求"公民投票"提案应以改变现状为前提，或许是源于"公民投票法"第 31 条第 3 款的"误导"。根据该条，有关重大政策的"公民投票"案获得"通过"者，应由权责机关进行必要处置。反观之，在"审议会"看来，如果一项重大政策"公民投票"案获得通过后，无需由权责机关进行必要处置，那么其交付"公民投票"的必要性是存在疑问的。这种逻辑同样体现在中国国民党和亲民党联

---

① 《"行政院公民投票审议委员会"公听会发言纪录》（"ECFA 公民投票案Ⅱ"）2010 年 5 月 27 日，第 7 页。
② 参见台北高等行政法院"2010 年度诉字第 2283 号判决"。

合提出的 "公民投票法" 草案。该草案规定，重大政策复决案通过后，权责机关应接受 "变更之政策"。[①] 一审的台北高等行政法院也认为，复决是对现已存在的法律或重大政策，认为有不应存在之处欲加以否决，是一个 "由有变无" 的概念。[②]

但是，前述逻辑狭隘地理解了 "公民投票" 制度的功能，进而对 "公民投票" 提案机制设置了不必要的门槛。事实上，"公民投票法" 旨在根据 "宪法" 第 2 条确立的主权在民的原则，为人民提供对重大政策等直接表达意见的管道，以协助并确保而非限制人民创制、复决二权的行使。[③] 此处的 "复决"，并不仅仅旨在推翻既有重大政策，同时也包括对重大政策的再次确认（例如，行政机构试图推行的某项重大政策在立法机构遭遇在野党的强力狙击，其支持者便发动 "公民投票"，从而对后者形成民意压力）。相应地，"公民投票法" 第 31 条第 3 款所谓的 "必要处置" 既包括反向的停止执行相关重大政策，也包括正向的继续推动和执行。

（三）区分程序/实质性 "公民投票" 的合法性之争

从 "ECFA 公民投票 Ⅱ" 阶段开始，"审议会" 连续三度援引 "公民投票法" 第 14 条第 1 款第 4 项的规定，以提案 "主文与理由相互矛盾" 为由驳回提案申请。其理由在于，提案理由试图就台湾当局是否有权签署 ECFA 进行 "程序性公民投票"，但提案主文却是针对 ECFA 内容的 "实质性公民投票"，因此，主文与理由互相矛盾，其提案真意不明。但提案人认为，所谓 "程序性公民投票" 并非 "公民投票法" 的概念，亦非提案人的意愿，是 "审议会" 的主观认定；"公民投票法" 只规定了 "提案内容相互矛盾" 这一驳回提案的法定理由，而并不包括所谓 "主文与理由相互矛盾" 的情形。[④]

在提案人看来，ECFA "公民投票" 旨在通过 "重大政策之复决" 的途径，质疑台湾当局关于 ECFA 的 "签署权"，而无关 ECFA 的内容。[⑤] 但此诉求仍可能存在以下不同理解：（1）"公民投票" 旨在质疑台湾行政当局签署一般性两岸协议的权利；（2）基于台湾当局以 "黑箱" 方式推进 ECFA，提案人旨在质疑 ECFA 的决策模式；[⑥]

---

① 参见中国国民党和亲民党版 "公民投票法" 草案第 36 条第 1 款。然而，最终通过的 "公民投票法" 并未采纳该草案的规定。

② 参见台北高等行政法院 2010 年诉字第 2283 号判决。

③ 参见台湾地区 "大法官释字第 645 号解释理由书"。

④ 参见黄昆辉 2010 年 7 月 2 日诉愿书；黄昆辉 2010 年 11 月 18 日行政起诉状等。

⑤ 参见《"行政院公民投票审议委员会" 公听会发言纪录》（"ECFA 公民投票案 Ⅱ"）2010 年 5 月 27 日，第 1 页。

⑥ 在 "ECFA 公民投票案 Ⅰ" 阶段，"审议会" 讨论过程中，廖元豪 "委员" 即认为，蔡英文的提案试图改变当局的重大政策决策模式的改变，因此属于 "重大政策之创制"，通过后仍应进一步送立法机构修法。但他同时认为，此案的最大问题在于 "提案内容不明确"。

（3）基于 ECFA 对台湾可能的重大"负面"影响，"公民投票"旨在反对台湾当局关于签署 ECFA 的决定。尽管提案人声称，"公民投票"提案旨在提起"全体公民"决定是否同意当局与大陆签订 ECFA，其中并未涉及任何 ECFA 的"签署内容"，也就是没有所谓就 ECFA 的内容进行"实质性公民投票"的问题。然而，无论是从提案人的理由书还是其参加公听会的发言来看，第三种理解更加接近提案人的真实意图，但这一主张的前提在于证明"ECFA 对台湾可能的重大负面影响"。如前所述，提案人显然未能完成上述初步举证义务。同时，对 ECFA 签署权限制，离不开对 ECFA 实体内容的判断。正是从这个意义上看，所谓"程序性公民投票"和"实体性公民投票"不可截然分离，"审议会"的区分似乎并无必要。

对此问题的判断，对于"审议会"而言，一个更技术性（也是更容易操作）的判断标准是，"公民投票法"第 14 条第 1 款第 4 项所指的"提案内容"，是否包括提案理由书，或如何理解提案主文和理由的关系？对此，台湾"最高行政法院"指出，主文和理由书应在领衔人提出"公民投票"案时一并提出（第 9 条第 1 项），由"中选会"同时公告（第 18 条第 1 项第 2 款）。[①] 换言之，由于提案主文具有高度概括性，提案理由对于投票人进一步了解提案的真实意图，具有不可或缺的辅助和说明作用，二者具有一体性。因此，"提案内容"应同时包括主文和理由书在内。如提案的主文与其理由相互矛盾，应属于提案内容相互矛盾的涵摄范围。

五、ECFA "公民投票"的正当行政程序

根据台湾地区"公民投票法"，无论是主管机关（或其受托机关"中选会"）或"审议会"，都是属于"行政程序法"所指的行政机关，其行政行为自应遵循正当程序。根据"公民投票法"第 10 条的规定，"审议会"应在收到提案后十日内完成审核，经审核完成符合规定的，"审议会"应于十日内举行听证，确定提案内容。据此，提案人主张，"审议会"在"ECFA 公民投票案 II"中仅举行公听会而并未履行听证程序，其行为构成程序瑕疵，应予撤销。[②]"中选会"则主张根据"公民投票法实施细则"的明确指引，适用"公民投票法"第 9 条第 1 项及第 14 条的规定，排除第 10 条规定的听证程序。

应当承认，"中选会"的辩解具有事实依据。"公民投票法实施细则"第 12 条的

---

① 参见台湾"最高行政法院判决 2012 年度判字第 514 号"。

② 参见台北高等行政法院 2010 年度诉字第 2283 号判决。

立法理由明确指出，鉴于该法第 10 条第 2 项、第 3 项与第 14 条第 2 项、第 3 项规定重复，且内容矛盾抵触，包括"公民投票"提案收件的审核机关不同、受理"公民投票"审核程序与期间不同、相关机关提出意见书时间不一致、通知进行"公民投票"联署机关不同等。上述重大立法瑕疵，将造成人民在发动"公民投票"与相关机关审核作业时无所适从，严重妨碍人民行使"公民投票"的基本权利。作为补救，才制订了"公民投票法实施细则"第 12 条。①

对此，一审的台北高等行政法院紧扣"公民投票法"第 10 条第 3 项的规定，认为只有在"审议会"完成提案审核并认定符合规定的，才需要举行听证。既然本案"审议会"认定 ECFA"公民投票"提案不符合规定，自然无需听证。② 但在二审阶段，"最高行政法院"则强调听证与公听会程序在法律性质和法律效果方面的差异，并根据"宪法"关于"人民主权"的原则、"大法官释字第 645 号解释"的精神以及"公民投票法"第 10 条的立法理由，主张在"审议会"依法做出实质认定前，听证程序不可或缺，也不可以公听会取而代之。③

然值得进一步追问的是，"审议会"依法认定之前的听证程序，是否是法律的明文规定？事实上，"公民投票法"第 10 条明文规定，提案"经审核完成"符合规定的，而非"审核完成前"，"审议会"应于十日内举行听证。本条立法理由进一步明确指出，听证程序应在提案"联署前"，通过听证程序对提案内容进行斟酌。对此，李建良教授也承认，必须离开条文本身，转而诉诸"宪法意旨"。在他看来，真正构成听证的法律依据，乃是"宪法保障人民创制、复决基本权利之意旨"，换言之，"最高行政法院"是"直接依宪法而为审判"。④

上述推理值得商榷。难道在"审议会"做出决定前举行公听会，就不符合"宪法保障人民创制、复决基本权利之意旨"？听证和公听会同为行政机关做出行政行为前集思广益、促使行政程序公开、透明和周全的制度设计，二者性质和法律效果虽有不同，但也绝非大相径庭。尤其是在法律效果方面，听证对行政机关具有"相当之拘束力"，但绝非"严格的法律拘束力"。换言之，听证的法律效果与公听会只有量的区别而非质的悬殊。相较于后者，听证程序无非是加重了行政机关的说明义务。既然如此，仅凭所谓"宪法意旨"，就推导出行政机关负有举行听证程序的唯一义务，并

---

① 参见台北高等行政法院 2010 年度诉字第 2283 号判决。
② 参见台北高等行政法院 2010 年诉字第 2283 号判决。
③ 参见台湾"最高行政法院 2012 年度判字第 514 号判决"。
④ 参见李建良：《依"辞海"审判的行政法院——北高行 2010 年度 ECFA"公民投票"判决的法治警讯》，《台湾本土法学杂志》2011 年第 182 期，第 11 页。

排除公听会作为替代程序可能性，二者之间似仍有不小的距离。而台湾"最高行政法院"以所谓"宪法意旨"为"幌子，凭空确立了听证程序作为"审议会"审议"公民投票"提案的前置要件，调整了听证与"审议会"审核的先后顺序。正是从这个意义上看，台湾"最高行政法院"取代了立法者的位置，实质上改写了"公民投票法"的规定，其合法性值得推敲。

六、ECFA"公民投票"的法律与政治意涵

自 2003 年以来，以"公民投票法"为法源的全台性"公民投票"已经举行了 6 次，均难以摆脱被否决的命运。虽然 ECFA"公民投票"并未成案，确实迄今唯一一个进入司法程序的案件。该案历经两次上诉，两级法院的司法审查，无论是对于"公民投票法"本身的澄清和完善，还是对两岸关系的未来发展，都具有不可多得的借鉴和预警意义。

（一）对"公民投票法"的影响

作为岛内各方政治博弈和相互妥协的结果，"公民投票法"本身具有高度的不确定性。如何解读"重大政策之复决""提案内容相互矛盾"等"公民投票"运作的核心概念？如何理解"审议会"和主管机关之间的关系？如何界定有关机关对"公民投票"提案的审查权？诸如此类的抽象问题，司法机关在 ECFA 相关诉讼中提供了相对确定而可感知的答案。

截至目前，台湾地区法院通过 ECFA"公民投票"诉讼所确立或重申的基本规范包括：第一，关于"公民投票"的对象：交付"公民投票"的标的本身应具有明确性，那种主张某项"公民投票"提案既可能是"法律之复决"，也可能是"立法原则的创制"或"重大政策之创制或复决"的观点，显然违反明确性原则；此外，即便被认定属于"重大政策之复决"的提案，重大政策本身的具体内容也应相对确定。

第二，关于"公民投票"的提案内容：一方面，提案领衔人对于提案正文的表述方式享有相当程序的自由，不受自身真实立场的限制。即便是旨在反对某项重大政策的提案，其正文仍然可以采取肯定性的表述方式。因此，提案的表述方式，很可能成为影响"公民投票"结果的一个技术性因素。另一方面，"公民投票"提案的正文和理由书应当是有机统一而非相互割裂的关系，二者均属于"审议会"对"提案内容"进行实质审查的对象。如果二者表述相互矛盾，将构成"公民投票法"第 14 条第 1

款第 4 项所指的 "提案内容不明确或显有错误"。

第三，关于 "公民投票" 的审查权限：主管机关（"中选会"）和 "审议会" 两机关对于 "公民投票" 提案的共享审查权首次得到司法确认。其中，司法机关以 "大法官释字 645 号解释" 为依据，重申 "审议会" 对 "公民投票" 提案的实质审查权，并指出司法机关对此权力的审查应保持尊重和自制。

第四，关于 "公民投票" 的运行程序："公民投票法" 第 10 条和第 14 条的规范冲突问题，源于立法疏漏，症结则是政党斗争。早在 "公民投票法" 三读通过后，台湾当局行政机构便认为二者相互抵触，"窒碍难行"，并于 2003 年 12 月 12 日移请立法机构复议。但当时 "朝野" 政党尖锐对峙，泛蓝阵营于 12 月 19 日以席次优势表决维持原决议条文。为此，台湾当局行政机构才以 "公民投票法施行细则""冻结""公民投票法" 第 10 条的相关规定。但 ECFA "公民投票" 诉讼则以正当程序为由，重新 "唤醒" 第 10 条的听证程序。正是在这个意义上看，"最高行政法院" 的司法者们在本案中展示了一定的政治智慧———一方面，大幅放松对 "审议会" 实质审查权限的审查密度，但与此同时，则以程序瑕疵为由，部分撤销原行政处分关于驳回提案的决定，从而以时间换空间，缓释将 ECFA 交付 "公民投票" 的 "民意" 压力。

然而，值得注意的是，如前文所述，司法者对 "公民投票法" 第 10 条听证程序的 "唤醒" 并非严格基于对法律文本的规范解读，而是对所谓 "宪法" 意旨进行 "目的解释" 的结果，其正当性不无疑问。恰恰相反，这种解释进一步凸显了第 10 条和第 14 条的规范冲突，为未来 "公民投票法" 的修改指明了方向。

（二）对未来两岸关系的影响

"公民投票法" 本身正是台湾地区政治势力应对两岸关系的产物，也是对 "法理台独" 孜孜以求的结果。事实上，岛内发动的 6 次全台性 "公民投票"，有 4 次直接指向两岸关系。正是从这个意义上看，大陆对于 "公民投票法" 的关注和疑虑不是没有理由的。

在 ECFA "公民投票" 诉讼中，司法机关无一例外地肯定 "审议会" 对 "公民投票" 提案的实质审查权限。相应地，司法机关对其进行司法审查密度相对较低，相较于实体问题而言，可能更加偏重于程序性审查（正如在本案中，司法机关以未履行听证为由，部分撤销主管机关的行政处分）。上述权限的存在，使得 "审议会" 有能力抵御所谓 "民意" 的压力，对蓄意挑战两岸关系的提案进行合法性审查，从而对两岸关系的稳定起到 "安全阀" 的作用。

　　然而，全然寄希望于"审议会"以避免两岸关系直面"民粹"压力的风险也是显而易见的。"审议会"固然大权在握，享有对"公民投票"提案的实质审查权，但其性质却属于行政权，① 而且高度依赖行政权。例如，在组织定位方面，"审议会"被视为台湾当局行政机构的内设机构；在组成结构方面，台湾当局行政机构享有"委员"人选的提名权，并由台湾地区领导人任命；在经费支持方面，其运行经费被纳入台湾当局行政机构的总预算。因此，台湾当局行政机构对于"审议会"运作的潜在影响不容忽视。特别是在民进党执政的背景下，不利于两岸关系和平发展的"公民投票"提案获得"审议会"审查通过的几率大大增加。

　　更为值得关注的一个动向是，出于"毕其功于一役"的考虑，"泛绿"阵营长期以"废除鸟笼公民投票"为"幌子"，积极酝酿废除"审议会"。尤其是在 2016 年第九届立法机构运作以来，民进党籍和"时代力量"的代表关于修改"公民投票法"的 7 份提案（7/9）中，有 6 份提案主张废除"审议会"。以"泛绿"阵营在台湾当局立法机构的优势席次，上述"修法"主张的通过并无困难。失去了"审议会"的审查，而受托办理"公民投票"的"中选会"又仅仅进行形式审查，那么，任何挑战台湾地区现行宪制、冲撞两岸关系法理底线的"公民投票"大行其道的几率便大大增加。即便最终被否决，其酝酿、发动和运作过程中的政治动员，对台湾社会"两岸观"潜移默化的形塑也不可小觑。

　　无论"审议会"的未来命运如何，一个总体的趋势是，"公民投票法"的制定犹如打开了"潘多拉魔盒"，两岸关系将越来越容易、也越来越多地需要直面台湾地区的所谓"民意"。例如，在 2014 年"太阳花学运"以来备受关注的"两岸协议监督条例"法案中，诸多提案均主张将"公民投票"作为两岸协议生效的前提。在第九届台湾立法机构待审的 4 个法案中，相关法案仍有 2 个，不但积极以特别法的方式降低"公民投票法"所设置的提案通过门槛，更是试图扩大"公民投票"的适用范围。②

---

　　① 台湾地区"大法官释字 645 号解释"明确指出："以公审会的职务性质观之，属于行政权……是在行政程序上执行特定职务之组织……"

　　② 例如，"时代力量"党团即主张，涉及建立军事互信机制、结束敌对状态、安排阶段性或终局性政治解决、划定或"分享疆界"、决定台湾在国际上的代表或地位及其他可能影响台湾所谓"主权"的"两国协议"，须有"立法委员"四分之三出席及出席者四分之三同意，再由台湾地区选举人投票复决，有效同意票过选举人总额的一半即为通过，可不受"公民投票法"第 30 条投票人数之限制。

台湾选举中贿选问题的法律及文化之维

陈 星*

贿选在台湾选举中屡禁不止，是台湾选举中引起选举诉讼的常见问题。贿选问题的大量存在与台湾社会的政治文化及民众对于人情关系的认知有密切关系。笔者认为，围绕着贿选展开的选举诉讼最能体现出选举中的社会文化心态，也更能展现出司法实务中社会文化与法律交缠的复杂性。

贿选问题进入法律规范视野

贿选问题在台湾不同历史时期表现并不相同。在国民党威权统治时期，由于选举本身并不规范，对贿选问题的追究并不严格，同时由于执政当局占据法律与道义的制高点，并利用其手中庞大的资源牟取利益，甚至是以类似贿选的方式换取政治忠诚，所以反对贿选一说实在无从谈起。这里说是"类似贿选"，系指国民党败退台湾之后很快建立起了"恩庇－侍从"体制，[①] 形成了与地方派系的利益交换关系。也就是说，国民党在长期的选举操作中就是通过利益交换的方式进行选举操作，这在实质上与贿选其实并没有什么不同。同时由于当时反对势力弱小，国民党当局的这种利益交换明目张胆，公开进行，选举操作成为常态，选举不过徒具形式而已，通过"恩庇－侍从"体制进行的社会控制才是问题的根本。因此这一段时期虽有贿选问题的提出，

---

* 陈星，北京联合大学台湾研究院教授。

① "恩庇－侍从"研究模式系从人类学中"庇护主义"的概念借用而来。学者们在研究中发现，在发展中国家和地区，由于历史和社会文化等诸方面原因的影响，社会成员往往依靠基于个人联系的非正式结构表达利益，这与西方社会以利益集团为单元进行利益表达的方式有很大的不同。这种情况在东南亚地区政治变迁过程中表现得比较典型。因此，斯科特（James C. Scott）在研究中提出了"恩庇－侍从"的概念，认为这是一种两人间的（dyadic ties）、包含了工具性友谊的特殊角色交换（exchange）关系。在这种关系中，拥有较高政治、经济地位的个人是庇护者（patron），也是利用自己的影响和资源向被庇护者提供保护及恩惠的一方；地位较低者则向庇护者回报以包括个人服务在内的一般性支持及帮助，成为侍从（client）的一方。James C. Scott, *Patron - Client Politics and Political Change in Southeast Asia*, The American Political Science Review, Vol. 66, No. 1（Mar. , 1972），p92。台湾自光复以来，"恩庇－侍从"结构一直存在。国民党通过资源分配，一方面利用原有的"恩庇－侍从"结构，一方面又不断建构新的侍从结构，进而建立起比较有效的侍从主义统治模式。

"刑法"也设立有投票行贿与受贿的罪名，[1] 但是执行并不严格，对于国民党当局来说，严查贿选事实上是自缚手脚，不到万不得已，这种事情当然不会主动去做。

及至反对势力不断扩大，以体制外方式不断冲击国民党当局的威权统治，选举的竞争性也逐步加强，因为竞选而引发的冲突也越来越多，烈度不断上升。到了20世纪70年代末期，冲突的烈度已经上升到难以控制的程度。反对势力的声势快速上涨，引发的冲突也越来越多。台湾当局从稳定的角度出发，将对于选举的规范逐步提上日程。不过"公职人员选举罢免法"于1980年5月6日完成立法时，并未将贿选行为列为当选无效之事由。盖因为对于反对势力而言，能够争取到国民党颁布相关的选举规范，将反对运动纳入体制内已经是胜利，对于贿选这种相对细节性的问题并未给予太多的重视。

另一方面，贿选问题系由"刑法"规范，在司法实务上与"公职人员选举罢免法"存在着一定的冲突。贿选案件系刑事案件须三审定谳，而选举案件则系民事诉讼案件，二审终结（1989年2月3日修正前为一审终结），于是可能造成一种矛盾的情形，即贿选案件未确定前，若提起选举诉讼，可能出现六个月内选举诉讼审结但贿选案却未审结的情形，这明显是不合理的。这也是当时未将贿选列为当选无效等选举诉讼之事由的重要原因。直至1994年修正该法时，台湾当局基于防止候选人以金钱介入选举之立法意旨，将贿选列为当选无效之事由，唯因以刑事犯罪之事由作为民事判决之依据，其将来之判决结果可能不同，为免民、刑事判决两歧造成困扰，遂同时增设"经判决当选无效确定者，不因同一事由经刑事判决无罪而受影响"之规定。[2] 至此，贿选问题与选举诉讼之间的关系才基本清理完毕，贿选的相关规定对选举的约束功能也才能正常发挥。

目前台湾主要有"刑法"和"公职人员选举罢免法"对贿选问题进行规约。

"刑法"第143条"投票受贿罪"规定："有投票权之人，要求、期约或收受贿赂或其他不正当利益，而许以不行使其投票权或为一定之行使者，处三年以下有期徒刑，得并科5000元以下罚金；犯前项之罪者，所收受之贿赂没收之。如全部或一部不能没收时，追征其价额。"这里主要是针对普通选民的约束。第144条"投票行贿罪"规定："对于有投票权之人，行求、期约或交付贿赂或其他不正当利益，而约其不行使投票权或为一定之行使者，处五年以下有期徒刑，得并科7000元以下罚金。"这个条文主要是针对候选人的贿选行为，处罚显然比普通选民受贿的情形严重。"刑

---

① "刑法"第143条（投票行贿罪）、144条（投票受贿罪）。

② 台湾屏东地方法院民事判决2015年度选字第16号。

法"对贿选问题的规范主要从公共秩序维持的角度展开，因而相对来说比较简单，而后来颁布制定的"公职人员选举罢免法"则对贿选问题进行了进一步的规范。

"公职人员选举罢免法"主要对以下几个方面的贿选行为进行了规范。

政党提名贿选行为之处罚。这个上文已经述及，主要为97条和101条。其中97条主要针对一般性的提名贿选而言，而101条则主要针对党内提名问题。不过从实际的司法实务而言，97条所规定的内容主要是在党内提名时才出现，也可以认为主要也是针对党内提名而设计。

对投票权人贿选之处罚。"公职人员选举罢免法"第99条规定："对于有投票权之人，行求期约或交付贿赂或其他不正利益，而约其不行使投票权或为一定之行使者，处三年以上十年以下有期徒刑，得并科新台币100万元以上1000万元以下罚金；预备犯前项之罪者，处一年以下有期徒刑；预备或用以行求期约或交付之贿赂，不问属于犯人与否，没收之；犯第1项或第2项之罪，于犯罪后六个月内自首者，减轻或免除其刑；因而查获候选人为正犯或共犯者，免除其刑；犯第1项或第2项之罪，在侦查中自白者，减轻其刑；因而查获候选人为正犯或共犯者，减轻或免除其刑。"在主要针对有投票权人贿选行为处罚的条款中，可以看出"公职人员选举罢免法"比"刑法"量刑较为严重，不但在刑期上有所增加，而且增加了罚金。

正副议长选举贿选之处罚。"公职人员选举罢免法"第100条规定："直辖市、县（市）议会议长、副议长、乡（镇、市）民代表会、'原住民'区民代表会主席及副主席之选举，对于有投票权之人，行求期约或交付贿赂或其他不正利益，而约其不行使投票权或为一定之行使者，处三年以上十年以下有期徒刑，得并科新台币200万元以上2000万元以下罚金；前项之选举，有投票权之人，要求期约或收受贿赂或其他不正利益，而许以不行使其投票权或为一定之行使者，亦同；预备犯前二项之罪者，处一年以下有期徒刑；预备或用以行求期约或交付之贿赂，不问属于犯人与否，没收之；犯第2项之罪者，所收受之贿赂没收之。如全部或一部不能没收时，追征其价额；犯第1项、第2项之罪，于犯罪后六个月内自首者，减轻或免除其刑；因而查获候选人为正犯或共犯者，免除其刑。在侦查中自白者，减轻其刑；因而查获候选人为正犯或共犯者，减轻或免除其刑。"这一条款同样也是针对贿赂有投票权人的行为进行处罚，不过量刑又有所加重，主要体现在罚金方面。

对选举团体及罢免案提议人连署人行贿之处罚。"公职人员选举罢免法"第102条规定："有下列行为之一者，处一年以上七年以下有期徒刑，并科新台币100万元以上1000万元以下罚金：一、对于该选举区内之团体或机构，假借捐助名义，行求期约或交付财物或其他不正利益，使其团体或机构之构成员，不行使投票权或为一定之行使。二、以财物或其他不正利益，行求期约或交付罢免案提议人或联署人，使其不为提议或联署，或为一定之提议或联署。预备犯前项之罪者，处一年以下有期徒刑。预备或用以行求期约或交付之贿赂，不问属于犯人与否，没收之。"这种情形仍以候选人为被告，主要针对通过民间团体或者机构进行贿选，以求达到干预选举的目的。

意图渔利包揽贿选之处罚。"公职人员选举罢免法"第103条规定："意图渔利，包揽第97条第1项、第2项、第99条第1项、第100条第1项、第2项或第102条第1项各款之事务者，处三年以上十年以下有期徒刑，得并科新台币100万元以上1000万元以下罚金；前项之未遂犯罚之。"

上述法律条文事实上是想将可能产生的贿选尽量涵括在内，力图做到能够保证选举风气的清正以及大致的公平。概而言之，贿选成立的要件主要包括以下几个方面：一、对于有投票权之人，行求期约或交付贿赂或其他不正利益；二、期约有投票权人不行使投票权或为一定之行使；三、交付贿赂或其他不正利益系以期约投票人不行使投票权或为一定之行使投票权为目的。从法理上来说，法律对贿选的防范主要在于防范候选人或政治团体及其他个人以金钱介入选举，从而影响选举的公平与公正性。除意图渔利包揽贿选者外，涉及上述层面的诉讼一般以候选人或当选人为被告，主要的处罚对象为贿选的行为，而不一定针对结果进行处罚。但从司法实务层面来看，贿选问题非常复杂，在司法实务中需要处理一系列有争议的问题。

关于贿选案件司法实务中的争议

根据台湾地区"公职人员选举罢免法"及"刑法"的相关规定，贿选成立的要件在于行贿人具有犯意表示或者已经实施行贿行为、有投票权人不行使或为一定之行使投票权以及二者之间的对价关系，也就是因果关系。不过在案件审理的实务中，实际情形会因为各个要件的复杂程度而表现出不同的形态。从台湾地区贿选案件发生的实际情形来看，主要存在以下几个方面的争议与问题。

对行贿当事人的解释范围问题。这个问题前面已经述及，这里再做补充说明。在台湾的相关规定中，除"公职人员选举罢免法"第120条第1项第3款比较明确贿选主体为候选人或当选人外，其他地方并没有明确指明当事人就是"候选人"或者是"当选人"，而只是规定"对于有投票权之人，行求、期约或交付贿赂或其他不正当利益，而约其不行使投票权或为一定之行使者"。从解释上来说，既可限缩性解释为候选人或当选人，也可以扩张性解释为涵括与此相关的人员。在台湾的司法实践中，一般倾向于限缩性解释，即认为第 120 条第 1 项所规定贿选之主体，已明定为当选人，其条文文义已甚明确，"依文义解释之法理，自不得舍文义而就他"，再以论理扩张解释之方法，及于当选人以外之人。换言之，上开规定既明文以当选人对于有投票权之人，行求期约、或交付贿赂或其他不正利益，而约其不行使投票权或为一定之行使为要件，自不及于当选人以外之亲友、竞选团队成员等个人之贿选行为，以避免竞选对手利用竞选团队成员所为之诬陷或竞选团队中个别之不当行为，令当选人陷于不可测之危险，而丧失当选人之资格，甚而导致不正确之选举结果。否则，反将有违当选无效诉讼之立法目的。① 2012 年台东地院审理的一宗当选无效之诉，虽然有竞选团队成员交付钱款情事，不过因无法证明候选人知情而被判贿选不成立。② 当然这种限缩性解释的前提就是候选人与其团队或亲友的贿选行为没有共谋行为，即这个条款的原则是"不伤及无辜"，不因无共谋的贿选行为导致资格的丧失或当选无效的成立。

不过在台湾的选举运作中，更多的情况则是有共谋的贿选。以台湾选举的动员规模，单由候选人独力参与并划全局的情形就如今的选战而言已属无法想象。目前台湾公职人员选举动员的一般做法是依托竞选团队统筹指挥，并动员周遭事务性辅助人员投入选战。各候选人为统筹选战之进行，无不为此目的成立专责之竞选团队全力以赴，团队分工明确，各司其职。团队重要干部在为候选人赢得胜选的目标下，由候选人授权、监督从事选举的相关事务，整个团队与候选人实际上形成了紧密的共同体。如果进行大规模的贿选，候选人不知情的情况可能性极小。在这种情形下，如果将当事人之范围仅限于其文义所限之候选人本人，可能会出现贿选之候选人以周围人及竞选团队承担刑责，而自己则逃脱惩罚的情形。③ 因此在对当事人的认定上，如有直接证据或综合其他间接事证，足以证明当选人对其亲友或竞选团队成员之贿选行为，有共同参与、授意或容许等不违背其本意，而推由该等人实行贿选之行为者，应系当选人与该等之人为共同贿选之行为，仍应为第 120 条第 1 项第 3 款规范的对象。

受贿人的解释范围。贿选案中的受贿人一般看来有两种解释，一种是具有投票权的自然人，一种是团体和机构。在"公职人员选举罢免法"和"刑法"等法律中一般规定均是针对前者进行规范，"公职人员选举罢免法"第 102 条则是针对团体和机

---

① 台湾新北地方法院 2015 年选字第 7 号民事判决。
② 台湾台东地方法院 2010 年选字第 4 号民事判决。
③ 台湾新竹地方法院 2015 年选字第 1 号民事判决。

构做出规范，即对于选区内的机构或团体，假借捐助名义行贿选之实，行求期约或交付财物或其他不正利益，使其团体或机构之成员不行使投票权或为一定之行使，即构成贿选。从理论上说，鉴于团体或机构成员之间具有一定的凝聚力，因而在大多数情况下对团体行贿比之对个人行贿更为有效，也更为隐蔽。台湾有法官认为，如果对某团体或机构贿选，足以影响或动摇其构成员之投票意向，而达到实际影响投票之效果，其恶性不亚于对有投票权人直接行贿。因此在"公职人员选举罢免法"中特别列出罪名，制约行为人不得假借任何捐助名义，以间接迂回方式，透过对其选举区内之团体或机构行贿，使其构成员为投票权之一定行使或不行使，以防止金钱或其他不正利益介入选举，维护选举之公平与纯正。[①] 但是在团体或机构受贿的问题上，毕竟中间多了一个环节，在实务的处理中一般倾向于认为，行为人间接透过对团体或机构之行贿，其对象虽非构成员，且只要有使该构成员为一定投票权之行使或不行使为已足，不以该构成员确已行使或不行使为必要，但该贿选行为仍须与团体或机构之构成员不行使投票权或为一定之行使之间，具有交换选民投票权之对价关系，贿选方能成立。

贿选行为的对价关系及其判断。台湾社会的贿选一度非常盛行，甚至在选举中不买票都很难当选。买票并非简单的金钱交换关系，而是具有不同的表现形式。有学者指出，20 世纪 80 年代开始，许多国民党候选人不再也不能强烈依赖党的支持，转而使用一些旁门左道的手段赢得选举。买票、送礼、摆流水席及招待旅游等都变成相当普遍的竞选花招。到了 1992 年，买票成了常规，依选举类型不同而有不同价码，每张有效票从 500 元（新台币，下同）到 2000 元不等。候选人的选举开销很大，其中除了买票的费用以外，还需要花大量的钱购买选举造势所需的材料，提供流水席及选民的婚丧喜庆等开销。据台湾《中国时报》1998 年 6 月 24 日的社论指出，县议员的竞选开销超过一亿，乡镇市民代表的买票价值，一票就得 3000 元。[②] 这不过是 20 世纪 90 年代的价码而已。就贿选问题而言，如何判断买票的对价关系是一个关键的问题，即如何判断买票与投票、买票与当选之间具有确定的因果关系，是贿选案件审理的核心问题。

一般来说对于直接交付金钱而又被掌握确凿证据者，这一问题就会相对简单，因为其中的因果关系至为明确。2014 年屏东县议员选举中，卢文瑞在当选之后被发现有贿选行为，贿选资金交付的时间、地点、行贿对象等都被掌握。这个案件后被判当选

---

① 台湾台北地方法院 2016 年选字第 1 号民事判决。

② 陈国霖著：《黑金》，（台湾）商周出版，2004 年，209 页。

无效。① 不过在贿选案件中这种情形只占较小一部分的比例。大部分的情况下都存在着对价关系不太明确而需要进一步认定的问题。

对价判断一般涉及两个问题。

一是候选人的行为是否以贿选为目的，如果不是以贿选为目的，则没有相应的对价关系。2015 年，已经当选的台东县议员高美珠被提起诉讼，事由是"与诉外人张金建（被告配偶）、邱泰运（被告之竞选总部顾问）共同基于对有投票权人交付不正利益而约其投票予被告高美珠之犯意联络，于 2014 年 10 月 23 日中午，假举办座谈会之名，举行餐宴"，涉嫌贿选。台湾"高等法院"花莲分院在审理中认为，系争餐会的目的既是为现在已是或未来将是辅选干部或志工所举办的座谈会之后才邀请的餐会，只因座谈会结束已到中午吃饭时刻，张金建基于人情考虑，才预订系争餐会，故系争餐会目的绝非属"公职人员选举罢免法"所禁止之餐会，类此系争餐会目的并不是特定的某一或某些选民而请其吃饭，故系争餐会绝非属于交付不正利益，而只是人情之常之餐宴，并非候选人争取选票之对价。② 因为这种餐会并非针对特定选民，因而并不能被认为是贿选。

二是候选人给付的财物与有投票权人的行为有无必然的因果关系。2015 年台湾"高等法院"花莲分院判决的一个案子中，李坤腾被诉以"当选无效"，事由是贿选，即当事人选举前的中秋晚会中赠送电蚊拍及手电筒并曾进行拜票之行为。法院在审理中认为，尽管当事人有如此行为，但所送物品质量低劣，低格很低，"是否足以发生影响投票权人之投票意愿之效果，而有主观上行贿之故意，殊值怀疑。"上诉人并不能因此证明被上诉人有何行贿之主观犯意，亦无法证明赠送物品与选票间之对价关系。③ 显然，贿选行为与投票行为之间的关联性，作为人的主观意识范围内的问题殊难判断，司法当局不但要根据赠送物的价值、候选人的主观意识以及当时的情境进行综合考量，其中社会文化环境也是考量判断的重要因素，即贿选的认定须依现时社会大众观念、人民生活水平等为参考，候选人所提供之赠品，是否足以动摇有投票权人之投票意向，抑或仅系候选人作为加深选民对其印象之用，以为判断。④ 对价关系确立的复杂性，可见一斑。

贿选诉讼中对价关系判断的复杂性也与确立对价关系之逻辑结构自身的特征有关。一方面，诉讼程序中发现的"过去之真实"，仅系"概然性问题"，并非具有绝

① 台湾屏东地方法院民事判决 2015 年度选字第 16 号。
② 台湾高等法院花莲分院 2015 年选上字第 4 号民事判决。
③ 台湾高等法院花莲分院 2015 年选上字第 7 号民事判决。
④ "最高法院" 2007 年度台上字第 3062 号判决。

对的确定性，易言之，对过去事实的绝对确定事实上是难以实现的，所以对诉讼标的进行逻辑判断是事实重建的必要环节。相对来说，演绎判断的可靠性更高一些，而归纳判断的可靠性就会差一些。[①] 但在司法过程中，归纳判断却又不可避免，因而给对价关系的判断带来了问题。另一方面，社会文化认知习惯与司法的逻辑往往会有冲突，这也是对价关系判断常出现争议的原因。

在贿选诉讼中，原告负有举证责任，如果没有直接事证能推及必备之法律要件，"苟能证明间接事实并据此推认要件事实虽无不可，并不以直接证明者为限，唯此经证明之间接事实与要件事实间，须依经验法则足以推认其因果关系存在者，始克当之"。倘负举证责任之一方所证明之间接事实，尚不足以推认要件事实，纵不负举证责任之一方就其主张之事实不能证明或陈述不明，或其举证犹有疵累，仍难认负举证责任之一方已尽其举证责任，自不得为其有利之认定。[②] 这种比较严格的认定标准主要目的在于防止候选人没有参与贿选的情况下被"错杀"并因此引发纠纷，也为了防止选举中的竞争者滥用贿选诉讼扰乱选举的正常秩序。

贿选问题之文化之维：为何台湾贿选盛行

台湾的贿选问题自国民党败退台湾开始就存在，在不同的阶段虽然表现形式并不一样，但对台湾选举的影响却一直没有消失。及至台湾的政党政治发展起来之后，选举竞争的激烈程度空前增加，而相关的法律法规也逐步规范起来，来自竞争对手的监督也越发严厉，但这都没有最终使贿选退出历史舞台。我们从法律的视角来看，贿选诉讼构成了选举诉讼大宗。如果再进一步进行理论上的讨论可以发现，台湾的社会文化特别是传统文化的影响可以说是贿选文化能够得以长期存在的深刻根源。

台湾传统政治文化深刻地影响着政党运作的基本结构，并在与西方式制度的互动中塑造出带有"本土"特色的政党运作模式。当然在讨论这个问题时也需要指出，传统政治文化在不同地区的影响是有差异的，在都市化程度相对较高的台北市等地区可能影响比较小，而越到乡村地区，其影响越大。不过整体来说传统政治文化对台湾政党政治的影响是广泛而深刻的，甚至可以说在一定程度上决定了台湾政党政治的基本存在样态。

受传统政治文化影响，台湾社会逐步形成了建立在"人情、人缘、人伦"差序观

---

① 台湾屏东地方法院 2015 年选字第 16 号民事判决。
② "最高法院" 2002 年度台上字第 1613 号判决。

念结构和人际关系网络基础上的政党认同，其突出特点在于"非公共政策取向"。台湾社会存在着诸多重家族伦理、亲情礼法但是忽视法律规范和法律制度的现象，社会普遍认同人际关系网络对于个人发展的重要性，对现代生活规范则保持一定的排斥和抗拒心理。由此出现所谓"关系社会""熟人社会"现象：裙带之风盛行，"人大于法"，潜规则重于正式规则，轻视法制并致使法制流于形式，法律制度也可以变通执行。在今天的台湾南部农村社会，宗法观念的影响尤其深刻，这种宗亲观念在一定程度上比法制观念认同度更高。具体表现为一部分社会民众对"本土化""本省人""自己人"的价值评价高于其他民主政治价值。① 这种带有宗法观念色彩的政党认同一方面固化了政党支持者群体，同时也导致了政治竞争中政策理性讨论空间的缺失。台湾政治中不时出现的"只讲身份、不问是非"现象，即带有传统政治文化中"自己人"认同的痕迹。政治文化如此，政党自然也就失去了进行政策讨论以及理性辩论的动力，这种情形反过来推动了台湾政党政治"非政策取向"特征的加强。

与选民之间的人情建构和巩固成为政治人物社会联结的重要内容。台湾学者赵永茂教授发现，台湾选举中候选人喜欢以送钱或送礼的方式来收买选票，而协助他们运作的便是邻、里长、助选亲友、派系"死忠"细胞、党工、选棍及黑道分子等所谓"桩脚"。② 从法制社会的视角来看，这种送礼行为显然属于贿选，应该禁止，不过在台湾社会许多选民却未必把这个问题看得如此严重。在传统的人际关系网络中，所谓"送礼"其实不过是人际关系维持的一种方式，即通过多次的互动与回馈过程加深彼此之间的"关系"。一般在民众的心中，接受"送礼"未必是贪小便宜，而是表达了一种候选人对支持者的"重视"以及民众对候选人的"接纳"。这里"送礼"行为成为候选人与选民双方沟通与交流的一个重要渠道，是政治人物与支持者的心理双向互动过程。也正是这个原因，台湾选举中的贿选现象一直存在，贿选形式花样翻新，屡禁不止。而没有资源送礼的政治人物则另辟蹊径，通过强化选区服务的方式建立起与支持者之间稳定而频繁的互动关系。这是政治互动中人情建构的另外一种模式，长期坚持下来也可以收到很好的效果。

受传统政治文化影响和现实政治利益驱动，"桩脚政治"成为台湾政党政治的重要特色。20 世纪 50 年代以来，"桩脚"在选举中一直扮演着重要的动员角色，是无论蓝绿都要极力争取的政治力量。"桩脚"本身不但具有相当稳固的人际网络，同时

---

① 王为：《台湾地区政治研究》，世界知识出版社，2011 年，136 页。
② 赵永茂：《台湾地方黑道之形成背景及其与选举之关系》，（台湾）《理论与政策》，7 卷 2 期，1993 年 2 月。"桩脚"，也叫"椿脚"，是台湾基层政治中大量存在的政治掮客，是选举中进行利益交换的重要中介。台湾社会在谈及这个问题时一般都称其为"桩脚"，所以本文也一律以"桩脚"称之。

也扮演着派系工具的角色，在大部分情况下，政党唯有透过"桩脚"的运作才能有效达成组织动员。"桩脚"的背景可能相当复杂而多元，拥有政治职位是能够在选举中发挥作用的重要前提。因此，大量掌握村里长及乡镇代表等基层政治职位，就成为地方派系构筑桩脚系统、巩固地方势力的主要方式。同时地方派系也借着这些职位角色的运作，利用各种政治利益、经济利益及象征利益达成人情及关系连带，完成地方派系对于地方社会的"团体化"及"再团体化"过程。① "桩脚"事实上是候选人与选民之间互动关系的中介。台湾政党政治中所谓"深耕基层"其实相当重要的一部分工作就是加强与桩脚的联系，不断扩大自己在基层的支持。相比较而言以前国民党对基层桩脚控制比较有效，不过随着民进党手中的资源增加，并加强了争夺桩脚的力度，两党在这方面的差距不断缩小，已经形成了民进党后来居上的趋势。

台湾政治中"身份区隔型"的意识形态建构明显带有中国传统政治文化中差序观念结构的遗风。台湾社会中政党的诉求建立于"我群"与"他群"区隔的基础之上，这与西方社会建立于公共政策理性选择基础之上的政治文化有明显差别。② 徐火炎认为，在早期以地方自治为主的选举中，反对国民党外省籍统治的政治异议分子，在"本省/外省"的省籍分歧上获得根基。亦即早期台湾选举政治中的反对势力是依附于"省籍分歧"观念而获得延续的。同时"中央"民意代表补选及以后的定期增额选举，以省籍分歧为诉求的地方性政治异议分子，由于选区的扩大不仅逐渐联合结盟，同时也在省籍分歧基础上结合社会逐渐形成的"威权/民主"之价值冲突，而进一步获得组织化的发展。③ 这里需要指出的是，台湾以族群对抗为中心的"社会分歧"是反国民党势力长期刻意建构的结果，其核心在于"我群"与"他群"的区隔。④ 这种建构一旦完成，建构出来的符号系统及其想象可以在一定范围内作为社会意识长期存在，即便面临强大的社会压力也不会轻易消亡。台湾社会族群议题的建构就是一个例

① 蔡明惠：《台湾乡镇派系与政治变迁：河口镇"山顶"与"街仔"的斗争》，（台湾）洪业文化事业有限公司，1998年，117—188页。

② 此处"我群"与"他群"区隔并不仅指台湾社会的省籍族群区隔，也包括泛绿势力建构起来的"台湾人"与"大陆人"、"民主"与"反民主"的区隔等，这种"区隔型意识形态"的核心在于通过建立一种身份认同上的归属感，形成比较稳定的政治支持并对"他群"民众保持较强的心理压制。一旦一个政党把身份区隔作为主要诉求，会逼迫其他政党必须强化自己的身份区隔以进行对抗。

③ 徐火炎：《台湾的选举与社会分歧结构：政党竞争与民主化》，见陈明通、郑永年主编：《两岸基层选举与政治社会变迁：哈佛大学东西方学者的对话》，（台湾）月旦出版股份有限公司，1998年，142页。西方社会并不是没有建立在族群身份认同区隔基础上的政治认同，不过比较而言并非主流，大多数情况下公共政策理性选择仍是较为常见的政治取向。

④ 当然这种建构有其现实基础，国民党败退台湾后建立起"二元侍从体制"，占人口少数的外省人在政治资源分配过程中占绝对优势，此为本省人与外省人"省籍矛盾"的物质基础。这些矛盾与冲突被符号化，经过选举动员的政治社会化过程，最后以省籍族群问题的面目呈现出来，并对台湾的政党政治产生了深刻的影响。

子，现在台湾政坛上很少再用赤裸裸的族群议题进行政治动员，但是族群动员却一直没有消失，族群议题不断以新面目出现在政治舞台上。台湾社会类似"民主"、统"独"等议题的建构大都如此。这些身份区隔的建构表面上看肇源于政见的分歧，实际上却是建立在"差序格局"政治伦理观念基础上的排他性文化基因在起作用。

可以看出，台湾的政治制度虽然和西方国家实现了形式上的同一，但在内涵上却出现了巨大的差异。这种差异主要是传统政治文化的影响所致，有学者将其称为台湾民主的"空洞化"现象，并把出现这种现象的原因归结为两个方面：一、前现代的人际关系传统使政治"泛伦理化"了，地方、宗族、"庇护－被庇护"关系等种种因素消解了现代政治程序的严肃性，民进党在台湾南部的竞选成功就与上述因素有关；二、长期的专制统治所孕育的腐败和金钱政治风气愈演愈烈，形成了破坏选举公平性的恶性循环，选举不能有效表达民意，反而成了权钱交易的方便通道。[①] 上述台湾政党政治和民主制度的"空洞化"现象，其实是西方制度移植到传统政治文化土壤后出现的自然排异反应。在政治系统保持相对稳定的情况下，比较合逻辑的结果是西方政治制度与传统政治文化在一定程度上达成妥协，双方在激烈的冲突后达到相对均衡，政党制度和民主制度才算基本定型。沿着这种路径形成的"民主制度"已经远非西方式民主制度的本来模样，而只能是在中国传统政治文化基础上形成的"改良制度形式"，在这种制度与文化的博弈过程中，中国传统政治文化及其决定的政治心理结构在相当长时间里仍会对台湾的政治运作产生深刻影响。

在长期演化的过程中，贿选既是传统文化依附于现代政治形式上面的一个自然结果，也会随着社会的发展而不断发展变化，至于说贿选未来会不会在台湾消失，目前还不好骤然加以论断，不过可以肯定的是，由于贿选具有深厚的文化基因，短期内在台湾不可能消失，而是会随着制度约束的强化不断变换自己的存在形态。

---

① 庄礼伟：《台湾政治文化的沉沦与迷失》，《南风窗》，2001 年 12 月（下）。

"两岸人民关系条例"立法过程特色及其走向

严　泉　张　媛*

在台湾地区涉及两岸事务的法律中，最为重要的当属规划大陆政策基本框架的"两岸人民关系条例"，其全称为"台湾地区与大陆地区人民关系条例"（以下简称"条例"）。"条例"是台湾地区第一部规范两岸关系的法规，属于法律体系中的宪制性规定，被归入台湾地区"六法全书"体系之"宪法及其关系法规类"。"所谓宪法性法律，即不是宪法，但在内容关联与法律体系内重要性上与宪法紧密扣合之基本法律，'条例'列入其中，可见其对于台湾地区法统之重要性，亦可见两岸关系在台湾法统中的基本地位。"[①]

一、"条例"的制定过程及内容特点

1987年台湾当局开放大陆探亲后，台"法务部"即开始拟订"台湾地区与大陆地区人民关系暂行条例"。1989年初草案完成后，2月24日报请"行政院"审查，后经"陆委会"历时一年多，召开27次审查会议后，以主客观情势又有变迁，原草案内容难以充分因应实际需要为由，在1990年5月底退回"法务部"重新研议。

"法务部"在1990年6月9日重新展开作业，除将草案名称修正为"台湾地区与大陆地区人民关系条例"，并在民事部分纳入区域法律冲突理论以外，有关法则规定也经过重新调整，于同年8月18日再次报请"行政院"审查。同年10月1日，"行政院"审查通过，20日送交"立法院"审议。

关于"两岸人民关系条例"的制定概况，时任法务部门负责人的吕有文称"古今中外，尚无任何立法条例可资依循或参考，而其规范的内容，又系国家安全，社会安定与人民权益关系甚巨。""法务部"非常审慎，在新草案制定期间，先后召开会议53次，包括4次起草预备会议，21次起草委员会议，8次研究委员会议，7次"行

---

*　严泉，上海大学台湾研究中心主任、教授；张媛，上海大学历史系硕士研究生。
①　田飞龙：《两岸人民关系条例的历史考察与修改展望》，《台湾民情》2012年第6期。

政院"所属各"部会"协调会议，2 次有关机关、单位协调会议，1 次"国民大会"代表研讨会、7 次学者专家研讨会、1 次律师界研讨会、1 次大众传媒界人士公听会、1 次工商企业界人士讨论会。①

从 1991 年 1 月 5 日到 1992 年 3 月 23 日期间，"立法院审查会"先后举行"司法""内政""法制"三委员会全体联席会议 18 次，对"两岸关系条例"草案进行审查。历次会议分别由"司法委员会召集委员"国民党籍"立委"黄主文、李宗仁、刘兴善，民进党籍"立委"张俊雄等任主席。邀请陆委会主委施启扬，副主委马英九、高孔廉、谢生富，"法务部部长"吕有文，"内政部政务次长"陈孟铃，"入出境管理局局长"刘逢春，"经济部部长"萧万长，"政务次长"江丙坤，"考试院考选部政务次长"陈庚金，"铨叙部政务次长"徐有守，"国防部政务次长"丁之发，"交通部政务次长"马镇芳，"退辅会副主委"周世斌，"海基会秘书长"陈长文等负责官员出席委员会答复咨询。② 1992 年 7 月 16 日，"立法院"通过"两岸人民关系条例"（以下简称"条例"），并于当年 9 月 18 日开始施行。目前"条例"内容主要有三个特点。

一是涉及两岸关系的多个层面。"条例"是台湾当局第一部系统地规范两岸关系的法律，内容涉及两岸经贸交流、婚姻家庭、财产继承、交通通讯、旅游居徙、学术交流、民刑事和司法协助、两岸谈判等问题。"条例"涉及面相当广泛，仅有关民事部分，就适当地引用区际法律冲突理论及现代民法法规，详细规范两岸人民间在物权、契约、侵权行为、无因管理、婚姻、继承、收养、认领、监护等民事领域中的法律冲突与法律适用问题。"从政策体系上看，'条例'填补了台湾当局在大陆事务上的法律空白，把'国统纲领'的基本理念落实在法律层面，为大陆政策的实施提供法理上的基础。"③

二是明确两岸分裂关系法律化。"条例"在法律层面确立了"一国两区"的原则，视台湾地区为两个不同法律制度体系的法区，用"法律冲突理论"解决海峡两岸人民交往衍生的问题，使两岸分裂关系法律化。"在法律适用的具体决定上，基本上以台湾法律为准据法，极力排斥大陆法律，任意适用范围，避免用法律而用规定来称呼大陆法律，希望以此维护台湾法律的法统地位，刻意矮化大陆地位。"④ 但是鉴于两

---

① 《"立法院"司法、行政、法制三委会审查"两岸人民关系条例"第一次联席会议记录》（第 86 会期），《"立法院"公报》第 80 卷第 63 期，1991 年 1 月 5 日，第 35 页。
② 《"立法院"司法、内政、法制委员会函》，《"立法院"公报》第 81 卷第 51 期，1992 年 4 月 13 日，第 58 页。
③ 杨丹伟：《解析台湾的大陆政策》，群言出版社 2007 年版，第 41 页。
④ 杨丹伟：《解析台湾的大陆政策》，群言出版社 2007 年版，第 40 页。

岸交流的事实，"条例"原则上又承认在大陆地区发生的民事法律关系，有条件地认可大陆民事裁判、仲裁判断的强制执行及在大陆制作的文书等。这些规定在一定程度上对解决两岸间日益增多的民事纠纷、保障两岸人民在民事领域中的一些正当权益，无疑是有所帮助的。

三是确立两岸人民交流的原则。"条例"同意成立中介机构来处理目前两岸人民往来中衍生的法律关系问题。在两岸关系处理上，由两岸中介机构先行处理两岸关系有关问题的规定比较务实。与此同时，"条例"充满政治性考虑，把大陆居民视为"二等公民"，有许多条款对大陆居民的经济、文化、教育、权利进行剥夺。特别是"条例"在 20 世纪 90 年代进行修正时仍然禁止两岸"三通"，对两岸经贸关系严加限制。

二、"条例"的立法过程特色

"两岸人民关系条例"在 1992 年 9 月 16 日颁布后，从 1994 年开始，进入修正案密集审议时期。20 多年来，"条例"经过多次修订，大幅调整了有关两岸协商、"三通"、经贸文教交往的各项具体规定。总的来说，"条例"立法过程具有以下 3 个特点。

一是修正次数较多，过于频繁。据统计，"两岸人民关系条例"自 1992 年通过到2015 年，共经过 15 次修正与 3 次增订，其中以 2003 年 10 月修订幅度力度最大。当年 10 月 9 日，"立法院""三读"通过条例修正案。在总共 133 个条文中，新增条文37 条，修正条文 55 条，调整比例高达 70%。与之相比，其他两岸事务法律，如"'国家安全'法"在 1996 年 3 月，仅修正 1 次。"'国家安全会议'组织法"至 2003年 6 月，共补正 1 次、修正 1 次。"'国家安全局'组织法"至 2008 年 1 月，共修正 2次。"香港澳门关系条例"至 2006 年 5 月共修正 3 次。"'行政院大陆委员会'组织条例"在 1996 年 12 月，仅修正 1 次。

二是立法冷热点不一，过程周折。"条例"内容只要涉及统"独"议题、立法监督、"台湾本位"、党派利益等问题，立法过程中的政党论争就非常激烈，最后只能保留到最后再进行审议。1992 年 3 月 16 日，台湾"朝野"两党"立委"就"两岸人民关系条例"搁置部分达成协议：两岸通商、通航及大陆劳工赴台等三条"实施前须经立法院同意"。另外大陆人士在台停留或定居，将由"行政院"提出更多限制和禁止规定，"以确保台湾安全"。此前，在立法过程中，就有委员声称"两岸关系条例"

牵涉到台湾二千万人民的福祉，"从头到尾，都是政治"。① 如果仅是有关单纯的民事问题，一般较容易通过。如 1992 年 3 月 11 日委员会会议上，朱凤芝建设将"户籍地"改为"设籍地"，后多数同意。"条例"在 1991—1992 年立法审议中，草案第 31 条至第 50 条均无异议多数通过，因为第 29 条开始，多数是民事条文，可以快速通过。②

2008 年国民党重新执政后，立法热点有所改变，重点是两岸经济社会条款。例如，2008 年 6 月"立法院"修订"两岸人民关系条例"第 38、92 条，开放人民币在台湾的兑换，以人民币为计价，2 万元以内可以在台湾直接兑换。2009 年 7 月，"立法院"又修订"两岸人民关系条例"第 12、17 至 18 等条，取消了大陆配偶必须团聚结婚满两年始得申请依亲居留之规定，只要通过入境面谈，进入依亲居留阶段，就可获得依亲证。2010 年 8 月，"立法院"通过包括"两岸人民关系条例"在内的三部法律法规修正案，有限制地开放大陆学生赴台湾大专院校就读及部分承认大陆学历。③

三是极端政治主张不时提出，但较难通过。在 1992 年"立法院"院会讨论"条例"草案名称时，民进党"立委"邱连辉、陈水扁提出"台湾与中国大陆关系法"名称、民进党"立委"彭百显提出"大陆关系法"或"中国关系法"名称。④ 彭百显称，应该依照美国制订"与台湾关系法"的方式，将本法名称订为"中国关系法"或"大陆关系法"。彭尤其反感"地区"两字，希望将"台湾地区"与"大陆地区"两顶帽子摘去。⑤ 陈水扁称民进党已经让步，"条例"草案原本应该称"中华民国与中华人民共和国关系法"。⑥ 民进党"立委"卢修一强调："民进党的意见是倾向于'台湾是一个独立的国家'，来制定规范'台湾与另一个国家'关系的法律。"民进党"立委"洪奇昌也反对原草案名称，认为一旦通过这个名称，就是陷入一个中国的"陷阱"。"如果台湾落入一个中国的阴影下，就变成中国的一部分，台湾就是中共内政事务的一部分，则台湾的政治前途，想要做一个有主权国家的愿望，将会断送在一个中国的阴影下。"⑦ 彭百显建议删去草案开头"国家统一前"等字眼。"这些字眼留

---

① 《"立法院"司法、行政、法制三委会审查"两岸人民关系条例"第二次联席会议记录》（第 86 会期），《"立法院"公报》第 80 卷第 64 期，1991 年 1 月 7 日，第 30 页。

② 《"立法院"司法、行政、法制三委员会审查"两岸人民关系条例"第四次联席会议记录》（第 89 会期）《"立法院"公报》第 81 卷 23 期，1992 年 3 月 16 日，第 417 页。

③ 这三部法律法规分别是"大学法""专科学校法"和"两岸人民关系条例"，即台湾媒体所称的"陆生三法"。

④ "院会记录"，《"立法院"公报》第 81 卷第 52 期，1992 年 6 月 27 日，第 47 页。

⑤ "院会记录"，《"立法院"公报》第 81 卷第 52 期，1992 年 6 月 27 日，第 48 页。

⑥ "院会记录"，《"立法院"公报》第 81 卷第 52 期，1992 年 6 月 27 日，第 55 页。

⑦ "院会记录"，《"立法院"公报》第 81 卷第 52 期，1992 年 6 月 27 日，第 60—61 页。

在条文中显然是为中共统一台湾留下伏笔。而且还是抽象的规定，不容易理解是台湾统一中共，还是中共统一台湾。"① 在讨论时，会议议决第 1 条保留。后来在继续进行"院会"广泛讨论后，也多数无异议通过。

而"台联党"的一些极端主张，即使是民进党的一些人也不表示赞同。如"台联党""条例"第 21 条修正草案："大陆地区人民经许可进入台湾地区者，除法律另有规定外，无选举权，不得担任军公教及公营机关（构）人员及组织政党。大陆地区经许可进入台湾地区设有户籍者，得依法令规定担任大学教职、学术研究机构研究人员，或社会教育机构专业人员。前项人员不得担任涉及国家安全或机密科技研究之职务。"经国民党党团提议记名表示，在场委员 199 人，赞成者 27 人、反对者 169 人、弃权者 3 人，少数不通过。其中反对者属于民进党籍的"立委"有洪奇昌、颜锦福、邱议莹、林浊水、张旭成、尤清、邱太三、桌荣泰等人。② "台联党"第 23 条修正草案的议决结果也是如此，其修正案内容为："台湾地区、大陆地区及其他地区人民、法人、团体或其他机构，不得为大陆地区之教育机构在台湾地区办理招生事宜或从事居间介绍之行为。"经国民党党团提议记名表示，在场委员 197 人，赞成者 24 人、反对者 171 人、弃权者 4 人，少数不通过。其中反对者属于民进党籍"立委"的有洪奇昌、颜锦福、邱议莹、林浊水、张旭成、尤清、邱太三、桌荣泰等人。③

"两岸人民关系条例"从 1992 年 7 月 31 日公布至 2015 年 6 月，虽然修正过 15 次，但多半是技术性、补漏式的修改，已经跟不上两岸大交流、大合作、大发展的新形势，"因为在许多情况下，'两岸人民关系条例'首当其冲成为协议落实的绊脚石。台湾岛内常常有人质疑两岸所签署协议的成效，殊不知在很多情况下，正是'两岸人民关系条例'捆绑了台湾前行的脚步，斫伤了台湾的竞争力。"④

三、"条例"的立法走向与两岸关系

2016 年 5 月民进党重新执政后，"条例"作为台湾当局规划两岸关系的基本法律，其重要性是不言而喻的。"条例是台湾地区两岸关系的基本法，条例本身只是原则性、框架性的表述，明确授权各行政部门制定细则，条例的修改对于台湾地区'两

---

① "院会记录"，《"立法院"公报》第 81 卷第 52 期，1992 年 6 月 27 日，第 64 页。

② 《"行政院两岸关系条例修正草案"二读会》，《"立法院"公报》第 92 卷 41 会期，2003 年 9 月 30 日，第 320 页。

③ 《"行政院两岸关系条例修正草案"二读会》，《"立法院"公报》第 92 卷 41 会期，2003 年 9 月 30 日，第 322—323 页。

④ 《"台两岸人民关系条例已落后于两岸关系"》，《人民日报》2012 年 11 月 16 日。

岸关系法'的走向有着根本性影响。"①

首先，蔡英文当局"新南向政策"对"条例"修正的消极影响。"新南向政策"作为台湾弱化与大陆关系的重要步骤，该政策不仅是蔡英文对台湾经济多元化、国际化的全盘考虑，而且是贯彻所谓"确保台湾政治上自主性"主张的重要组成部分，是其两岸政策的一个重要实施步骤。基于强烈的"台独"理念，蔡英文历来主张两岸经贸合作要"从世界走向大陆"，要通过平衡且多元的经贸战略，让台湾在经济上保持"自主"，以确保台湾民主不受"外力"的影响，确保政治上的自主性。在重点加强美日经济联系的同时，试图推行"新南向政策"，拓展东南亚乃至南亚地区的活动空间，从而达到市场多元化，减少对大陆的依赖，"确保台湾政治上的自主性"之目的。②

在此种态势下，原先人们所期待的台湾当局未来"条例"修正重点，如放宽陆资赴台投资限制、促进大陆在台投资与贸易自由化、大陆游客与学生在台权益保障、两岸双重课税、两岸两会互设办事处、两岸文化与和平协议签署等问题，都将不会得到台当局的重视，并进一步推动解决，这将会导致两岸经贸关系法制建设的停滞化。

其次，"立法院"立法体制缺陷对"条例"修正的滞后影响。根据"立法院"的三读议程，一读程序给反对党阻击议案留下很大的空间。因为在一读阶段需要由相关委员会决定是否需要经过"公听会"或"逐条审查"，最后形成审查报告交由"院会"。并且按照"立法院各委员会组织法"第十条之一的规定，"委员会"于议案审查完毕后，还有权决定该议案应否交由党团协商。这种机制为民进党在一读阶段拖延审议进程提供了可能性。③ 两岸服贸协议审议失败就是一个明证。审议服贸协议的"内政委员会"由国民两党分别担任召集人，召集委员拥有裁量审查的优先顺序、控制委员会的立法进度等特别权力。在举办公听会期间，民进党籍"召委"段宜康通过各种延迟策略成功将服贸协议从第8届第3会期拖到第8届第5会期。国民党面对民进党的再三拖延，除了寄希望于党团协商，一事无成。

进一步而言，"立法院"一院制的体制缺陷，其对立法审议的负面影响同样重要，概括而言，主要有三点。一是不易代表。"在异质的社会，一院制议会不易代表各种不同的利害和意见。如果只有一院，便难同时代表特殊阶级与平民，或兼顾各邦利益与按人口比例的利益。"二是易于草率。"一院立法虽经集体讨论，三读通过，但有时

---

① 田飞龙：《两岸人民关系条例的历史考察与修改展望》，《台湾民情》2012年第6期。
② 单玉丽：《蔡英文的经贸政策与台湾经济前景》，《台湾研究》2016年第5期。
③ 王英：《关于"反服贸运动"对两岸关系影响的思考》，《台湾研究》2015年第5期。

仍有疏忽、草率之处，如有错误，比较不易补救、改正。"三是专断腐化。"一院比较容易流于滥权、专断及腐化；因权力集中容易为野心政客所控制，或结党营私，形成议会专制。"[①] 此外，"立法院"党团协商制度也是如此，有学者指出："自 2002 年党团协商制度正式法制化之后，其不仅已架空了委员会，使'立法院'议事运作沦为更加不透明的'黑箱交易'，并且常成为少数立委要挟、分赃，遂行个人利益交换的主要场所。"[②]

最后，"立法院"政党政治对"条例"修正的消极影响。"条例"赋予"立法院"一定程度的过问两岸关系的权力。如"立法院"在协议签署前的参与，包括主管机关应于事前与"立法院"秘密协商以及"立法院"得经院会决议派员参与谈判。"立法院"审议两岸协议，得经"立法院"院会决议提出修正意见或保留。"条例"第 95 条又赋予"立法院"对两岸关系的发展有最后决定权，"立法院"在协议签署后的审议，凡涉及"宪法"或法规明定应以法规规定之事项，涉及现行法规之修正，涉及人民权利义务之事项，涉及"国防""外交""财政""经济"利益之"国家"重大事项以及其他"立法院"议决认定之重要事项等，均须经"立法院"审议。其他协议则应经"行政院"及主管机关核准，送"立法院"查照。

四、结束语

长期以来"立法院"蓝绿阵营政党政治冲突相当激烈，这在大陆政策立法过程中就不时地体现出来。即使在 2008—2016 年国民党执政期间，虽然马英九多次谈到要通盘检讨"两岸人民关系条例"及现行两岸政策，强调："这个'条例'是在 1992 年他担任'陆委会副主委'时所订定，迄今没有太大的改变，确实需要配合时空环境，全盘翻修。两岸关系在 2008 年之后有大幅度的进展，两岸人民之间的互动较当年制定这项条例的环境的确已经超前许多，有些规定不但妨碍两岸人民之间的正常往来，甚至影响到人民的基本权益。"[③] 但是在现行立法体制掣肘下，"条例"修订进展缓慢。

不仅于此，"条例"的良性修订更是经常遭到民进党的坚决反对与阻挠。如 2010 年 8 月"立法院"在审议条例第 22 条时就发生多次暴力冲突。最后国民党做出重大

---

① 罗传贤：《立法程序与技术》，（台北）五南图书出版股份有限公司 1996 年版，第 415—416 页。
② 王立业：《"党团协商，岂能不改"》，台湾《中国时报》2007 年 12 月 3 日。
③ 《"修订两岸关系条例义无反顾"》，台湾《旺报》2012 年 8 月 22 日。

妥协，同意规定大陆医事学历与陆生不得报考公职人员及专技人员，即将第 22 条修正为"为促进两岸文教之良性交流，开放招收陆生来台就学与大陆高等教育学历之采认，放宽在大陆地区接受教育之学历得予采认之对象范围，并授权订定其适用对象、采认原则、认定程序及其他应遵行事项之办法；另衡酌'国内'整体医疗品质、保障'国民'健康安全等因素及'我国'公职与专技人员考试事涉'国家'运作，爰明定属医疗法所称医事人员相关学历不予采认及规范大陆地区人民未在台设有户籍者，不得参加公务人员考试、专门职业及技术人员考试。另增列大陆地区人民经许可得来台就学之规定。"

可以预期的是，受制于民进党新当局的大陆政策与立法体制以及至今拒不承认"九二共识"，未来"条例"的立法走向很不明朗。即使进行立法修订，亦是出于"台湾本位"的保守考虑，对两岸关系的发展或将起到阻碍的作用。但是我们还是期待台湾"立法院"与民意代表能够有所作为，"由于'立法委员'不受进入大陆地区管制的限制以及'立法委员'的民意代表的身份，可以在民间社会与官方机构之间的'第三领域'建立联系管道，推动两岸之间的互动。"① 岛内各党派民意代表能够积极主动与大陆各党派政协委员进行沟通对话，深化两岸民意机构的交流，才能为两岸关系和平发展的法治建设做出贡献。

---

① 杨丹伟：《解析台湾的大陆政策》，群言出版社 2007 年版，第 334 页。

台湾地区检察官职权行使的虚像与实像

梁景明[*]

如何确立有效的机制让检察官可以有相对独立的行使职权的空间，又不致滥权枉法、违反职务伦理，进而使检察官办案主体地位得以确定、检察一体原则得以贯彻，寻求出妥适而安定的解决问题的方案，是司法改革要面临的重要问题。常听一些大陆同事在谈起台湾检察官的职权时，对于其"检察独立"表示出羡慕之情。确实，台湾地区的检察官们一直在追求着"检察独立"，改革派团体如台湾检察官改革协会持续一贯保持"检察独立"的主张，并结合民间司改团体游说推动相关立法，有意让检察官可以独立行使检察权。不过，虽然台湾地区检察职权行使是以检察官为主体的原则，但基于"检察一体"的原则，仍要受到上级指令的拘束，也要接受内部的管理与外部的监督。检察职权的行使是否有"检察独立"，还要释明职权行使的虚像与实像。

一、台湾地区检察官的职权行使

检察官职权的妥善行使，关系司法权的完整及刑事司法程序的公正。唯有检察官能够独立、公正行使职权，不受外力干预，才有司法的独立公正性。检察官的职权一方面防止司法警察滥权，另一方面监督法官妥适行使审判权，以确保终局裁判的正确妥当。检察官决定犯罪的追诉或不追诉，在刑事诉讼程序的重要性，不亚于法官。检察官检察权的行使与法官审判权的行使，必须对等的规范，才能确保司法权的完整性及检察官独立行使职权。虽然检察官与法官行使审判权应独立不受任何干预不同，但侦查、追诉、审判、刑罚执行是刑事司法一连串过程，从台湾地区检察官检察权实行的具体内容来看，其实施侦查、提起公诉、实行公诉、协助自诉、担当自诉及指挥刑事裁判的执行[①]，所行使的职权目的即在于达成刑事司法的任务，其功能及任务均具

---

[*] 梁景明，北京检察改革与发展研究中心副秘书长，北京市人民检察院检察员，四级高级检察官。
[①] 台湾地区"法院组织法"第 60 条规定的检察官职权还有其他法令所定职务的执行。

有司法特性。①

台湾地区"刑事诉讼法"有合法性与客观性义务的规定，是个别检察官执行职务时的依据。检察官执行职务原则上受法定原则的拘束，必须依据法律做出独立判断，内部服从上级指令拘束的义务也不能抵触法定原则。因此，台湾地区检察官在执行刑事追诉任务上，享有类似法官依法独立审判的地位，并负有客观性义务，必须保持中立。检察官在诉讼上并非纯粹当事人一方，依照台湾地区"刑事诉讼法"第2条的规定，检察官作为刑事诉讼上的公务员，对于被告有利、不利之点均须一律注意，这种义务持续于整个诉讼程序。台湾地区"法官法"将检察官定位为"依法追诉处罚犯罪，为维护社会秩序的公益代表人"②，应当本于良知、公正、客观、超然、独立、勤慎执行职务③。因而，检察官在办理刑事案件时，应当致力于真实发现，兼顾被告、被害人及其他诉讼关系人参与刑事诉讼的权益，并维护公共利益与个人权益的平衡，以实现正义。④ 检察官办理刑事案件，应严守罪刑法定及无罪推定原则，非以使被告定罪为唯一目的，对被告有利及不利的事证，都详加收集、调查及斟酌。⑤

可以说，独立性与中立性，是台湾地区检察官具有的职务特色。⑥ 检察官负有犯罪追诉的任务，从主导侦查程序、独占公诉的提起、审判程序中协助及监督法院——可以进行抗告、上诉、再审、非常上诉，以致判决确定后进行判决的指挥等，是刑事诉讼程序中唯一从开端到结束的始终参与者，对于法官裁判具有共同形成的影响力，其监督与守护的角色意义重大，其职权必须具有一定的独立性与中立性。⑦ 为了避免检察官行使职务的公正受到怀疑，维护检察官的中立性，检察官在诉讼上也和法官一样有回避制度的适用。为了保障检察官享有与法官一样中立超然的地位，台湾地区"法官法"明确检察官准用法官有关身份独立性保障的规定，有关法官职务迁调、任免、停职、惩戒事由、职等与俸给等规定，均准用于检察官。⑧

在侦查过程中的作用，台湾地区检察官对所有的犯罪都有权进行侦查，包括了由检察官直接发动的侦查案件中发挥主导作用以及在由司法警察启动侦查案件中，检察官发挥指挥、协调和指导作用（"刑事诉讼法"第228条）。在侦查中，知有犯罪嫌

① 参见"司法院释字第392号解释理由书"。
② 台湾地区"法官法"第86条第1项。
③ 台湾地区"检察官伦理规范"第2条。
④ 台湾地区"检察官伦理规范"第8条。
⑤ 台湾地区"检察官伦理规范"第9条。
⑥ 《检察官伦理规范释论》，元照出版公司2013年7月第1版，第86页。
⑦ 《检察官伦理规范释论》，元照出版公司2013年7月第1版，第86页。
⑧ 台湾地区"法官法"第89条。第42条第1项、第2项、第4项，第43条第1项至第3项，第44条至第46条，第49条、第50条、第71条等。

疑，必须依法实施侦查，对于强制处分权的发动，尤其须要遵守法定要件和比例原则，并监督警察侦查活动及强制力的使用；收集证据的同时，负有保障犯罪嫌疑人的人权免受不法侵害的义务，发现有利的证据，不论是否足以动摇罪嫌，都要加以调查收集，除了追求真相外，也要照顾犯罪嫌疑人的利益，例如有减轻刑罚事由的证据，仍应该加以调查。在实行公诉过程中，台湾地区检察官更是唯一发挥主导作用，这是因为台湾地区采行检察官公诉独占的刑事诉讼制度（"刑事诉讼法"第 323 条）。台湾地区检察官具有实施侦查、提起公诉后维持公诉的实行权力，只要检察官对犯罪嫌疑人"足以怀疑其犯了罪"而且"能够举证说明犯了罪"，就可以提起公诉（"刑事诉讼法"第 251 条）。法官固然是法庭的诉讼程序指挥者，但法官只能从检察官提起公诉的起诉书中了解案件，从提供给法庭的证据中论罪科刑，实际上检察官才是法庭审理程序的掌握主导权者，要求法院应正当地审判，在审理的最后阶段，检察官还会根据应当适用的法律，提出对被告的"求刑"（"刑事诉讼法"第 289 条第 2 项）。此外，即使已经提起公诉，在第一审言辞辩论终结前，如果认为有应当不起诉或者不起诉更为适当不宜再继续审判的，也可以撤回起诉（"刑事诉讼法"第 269 条）。检察官应当审慎监督裁判的合法与妥当，经详阅卷证及裁判后，有相当理由认为裁判有违法或不当的，应当以书状详述不服的理由请求救济。[①] 如果认为法官此次的判决与过去同样的案件相比过轻，或者法院的判决违法或有事实认定错误，可以向上级法院提出上诉。在判决后，检察官也可以为被告的利益上诉（"刑事诉讼法"第 344 条第 4 项）。在判决确定后，检察官可以为被告的利益提起再审（"刑事诉讼法"第 427 条第 1 款）。台湾地区检察官在执行刑事案件判决中发挥监督权，法官做出的有罪判决不能直接发生具体刑罚效力，需要检察官签发执行通知书指挥刑事裁判的执行，监狱根据检察官的刑罚指挥书对被告执行具体的刑罚，刑罚权才算正式实现。

可见，台湾地区检察官职权行使的作用，是不容忽视的。台湾地区"刑事诉讼法"所规定的检察职权，是以检察官为行使主体原则。个别检察官就侦查、起诉、实施公诉、上诉、执行裁判等刑事追诉任务行使"刑事诉讼法"上的权限时，是以自己名义独立对外进行。侦查中的各种侦查作为，如传唤、发函查询或调取资料、签发拘票、向法院提出各项声请，侦查终结的起诉书、不起诉处分书，执行判决刑罚的而执行指挥书，都是以个别检察官的名义作出。提起公诉，应由检察官向管辖法院提出起诉书。[②] 台湾地区"刑事诉讼法"第 344 条、第 347 条规定的提起上诉权等，也是检

---

① 台湾地区"检察官伦理规范"第 24 条。
② 台湾地区"刑事诉讼法"第 264 条第 1 项。

察官而非检察长，例外的是侦查中通缉的发布、再议声请的准驳、非常上诉的提起等权限交由检察长或"检察总长"行使。检察官具有职权行使上的自主性及独立性，从起诉书以"检察署"检察官具名签署而不是检察长具名，可窥知一二。台湾地区的检察官不同于一般行政官，其享有如法官对外独立的意思表示权限。甚至，"刑事诉讼法"第260条规定检察官做出不起诉处分已确定的，或者缓起诉处分期满未经撤销的，具有实质确定力。①

二、台湾地区检察官行使职权时受到上级指令约束

台湾地区检察制度受到德国、法国等国制度影响，组织上隶属"行政院法务部"之下，并有上下一体层级化的组织建构。根据"法院组织法"第58条的规定，各级法院或分院，均相对配置有检察署，检察机关分为"最高法院检察署"、高等法院检察署及地方法院检察署。在检察一体下，检察机关内部采行阶层式建构，检察体系形成了以"检察总长"为顶点、次为检察长、再次为主任检察官、基层为检察官的金字塔型指挥命令体系。当检察官行使强制处分权、起诉裁量及上诉权时，为了避免每个检察官的追诉裁量或法律适用有不一致的地方，造成犯罪追诉标准不一的情形，检察官受到"检察一体"原则的规范，内部有服从上级指令拘束的义务，以便于将检察官的追诉意志予以整合。检察机关以"检察总长"为最终决定者，允许"检察总长"在法定条件践行法定程序（如以书面载明理由的方式）后，本着检察一体对个别检察官行使指挥命令、职务移转及接管权。自"高等法院检察署检察总长"以下，以至于高等法院检察署及地方法院检察署检察官上下一体，脉络连贯，息息相通，无论纵或横的方面，成为一个完整总体的体系，以充分发挥其机能。"检察一体"的意义在于，在检察体系内部建构一个指挥体系及监督机制，让"检察总长"、检察长发现个别检察官有违法滥权、适用法令不一致或者追诉标准不一致或者其他法定事由发生时，可依法指挥监督、职务承继及职务移转，进而统一检察法令、追诉标准及协同检察官的力量以发挥合力。这也是检察工作本身的特性所决定的。检察一体使检察官结合成一个坚强的检察团队，共同协力达成追诉犯罪、实现刑罚权的目标。

不过，台湾地区检察机关虽为阶层结构，由检察首长对外代表机关，但个别检察官有以自己名义对外为意思表示的权限，对于法院独立行使职权，对于其所属检察署

---

① 刘邦绣：《检察官职权行使之实务与理论》，五南图书出版有限公司2008年10月版，第9页。

管辖区域内执行职务①。检察官以本人的名义对外行使检察权，个人承担责任，首长代理制的观念不能套用在台湾的规定上。② 按照台湾地区"刑事诉讼法"规定，检察权是由检察官行使，检察官实为检察权的本权人，具有独立官署的地位。③ 与检察官独立行使检察权相对应的还有"检察一体"，以上命下从的行政关系以及职务转移、职务继承等行政性制度要素为支撑条件。不过，台湾地区的"检察一体"是在承认检察官对外独立性的前提之下建立的。依照"法院组织法"第63条、第64条的规定，"检察总长"对于各级检察机关的检察官有指挥监督权，各检察机关的检察长对于所属的检察官也有指挥监督权，检察官有义务服从上述检察首长的命令，检察长或"检察总长"并可以亲自处理检察官的事务，并可以将该事务移转给其所指挥监督的检察官处理。一般而言，检察一体较侧重"上命下从"的指挥监督关系，不过在有效能地集中、发挥团队力量之外，最主要的还是在于发挥内控及监督的功能，使检察权的行使具有一致性且不致滥用。

当然，台湾地区"法务部"制定的"高等法院及其分院检察署处务规程"（及"地方法院及其分院检察署处务规程"）比较注重规范检察官、主任检察官、检察长之间的阶层监督关系。对于检察官具体个案的内部制衡，是通过检察一体中"送阅"制度的拘束。按照检察署处务规程的规定，检察官或主任检察官执行职务，应就重要事项随时以言词或书面向主任检察官或检察长提出报告，并听取指示。检察长或其授权的主任检察官可要求检察官报告处理事务的经过或调阅卷宗，检察官不得拒绝。检察官执行职务撰拟的文件，应送请主任检察官核转检察长核定。主任检察官撰拟的文件，直接送检察长核定。检察官撰拟的文件，主任检察官可以进行修正或填具意见，检察长可以直接修正也可以指示原则命重新撰拟后送核。④ 如果检察官与监督指挥长官在承办案件的意见上不一致时，检察官应说明其对案件事实及法律的确信，而指挥监督长官应听取这些说明，在完全掌握案件情况前，不宜贸然行使职务移转或职务承继权。如果沟通不良，则应当要求检察首长以书面做出指示，附卷备查，以该强制性的处分决定或事实认定维护检察官自己对外做出意思表示的司法性格。⑤

---

① 台湾地区"法院组织法"第61条、第62条。

② 蔡碧玉：《检察一体的原则与运用》，《检察官伦理规范》，元照出版有限公司2013年7月版，第136页。

③ 例外的仅是关于侦查中的通缉，须由检察长签署通缉书（"刑诉"§87.3）；关于再议声请的准驳，由上级法院检察署检察长或检察总长作出（"刑诉"§258）；非常上诉的提起仅"检察总长"有权作出（"刑诉"§441）。

④ 比如检察官做好起诉书之后，必须经主任检察官与检察长的审查，并在之上盖章后，退回原检察官办理结案，才能提起公诉。主任检察官与检察长主要是审查起诉书是否有任何要件的遗漏以及所附证据是否足以证明犯罪事实等事项。

⑤ 蔡碧玉：《检察一体的原则与运用》，《检察官伦理规范》，元照出版有限公司2013年7月版，第139页。

不过，处务规程中检察长做出书面指示的规定并不完全是强制规范，根据"法官法"的规定，只有指挥监督命令涉及强制处分的行使、犯罪事实的认定或法律适用的，才必须以书面形式并附理由做出。指挥监督的书面化，一方面使检察官办案在法律的基础上更具自主性及独立性，另一方面也使检察长对个案的介入干涉更明确、更透明，检察官与检察长彼此权责分明，各尽其职，对于"检察一体"原则的厘清也有积极的帮助。"送阅"的目的，是通过经验丰富的主任检察官与检察长对于个别检察官个别案件进行指导，重指导更多于监督。实际上，为了机关内部和谐，检察长在做出指挥命令时，仍以口头沟通为先。毕竟，多数检察长和检察官是理性而可以沟通的，经过讨论、交换意见求得共识或修正错误。沟通的结果，被承办检察官接受的，检察官应当对该案件负责；如果检察官对检察首长的指挥命令，虽然有不同意见，但仍服从执行则应对该案件负责。而对于指挥监督长官的合法指挥监督，检察官应妥速执行职务（"检察官伦理规范"第44条）。

"检察一体"所强调的是"检察总长"、检察长对于检察官的指挥监督，主任检察官为担当实践检察首长意志的检察官署，不能独自做出检察事务指令的下达。主任检察官犹如检察长的分身，如臂使指，由主任检察官对组内检察官行监督之责，协助检察长行使指挥权，避免检察官办案出错。当然，主任检察官地位介于检察官和检察长之间，对组内检察官办理的案件要把关，对案件的指导性更强一些。如果主任检察官不同意检察官的意见，就将书写意见夹在卷宗中给检察官参考，如果分歧意见重大，则与检察官沟通。检察官对主任检察官的意见有意见可以陈述，但由于主任检察官历练丰富，业务更强，检察官一般会接受主任检察官的意见。如果意见不能统一，就报告到检察长处，检察长会通过阅卷等方式熟悉案情，然后与主任检察官、检察官沟通，仍不能达成一致意见的，可召集多名主任检察官研讨，基于"检察一体"的原则，讨论的结果检察官应当执行。当然"送阅"属于内部办案程序，没有明确的法律规定，所以也没有一定的审查标准与审查流程。[①] 其实，检察官每一项侦查、公诉都在主任检察官监督之下，但这种监督又是内部制约关系，对外不产生效力，检察官对外有具名权，无需检察长、主任检察官批准，对外独立有效。从职责来看，主任检察官综理该组事务的监督、该组检察官承办案件、行政文稿的审核或决行，并就该组检

---

① 值得注意的是，为了防止检察首长借检察一体原则行干预检察官独立办案之实，对检察一体原则予以制度化及透明化，明确了检察独立与检察一体之间的界限，如检察首长指挥监督应书面进行、指定分案应具备一定条件且以书面附理由进行、检察长指定检察官协同办案的，应征询主办检察官对协同人选的意见等。这些规定都确保检察官在规范化与制度化的范畴内独立办案。台湾花莲曾经出现检察官不同意主任检察官、检察长的意见，仍然书写起诉状寄送法院，号称径直起诉事件，很有名。检察署向法院反映主任、检察长不同意起诉状的意见。法院研究后认为该起诉依法有效，但最后认为嫌疑人无罪，做了无罪判决。该检察官因违背检察一体原则受到处分。

察官及其他职员的工作、操行、学识、才能的考核与奖惩进行拟议。主任检察官还享有分案建议权、经检察长授权命令报告及调阅卷宗权、异议权、法律文书核定权、羁押必要处分权以及考核拟议权。[①] 可见，主任检察官掌理事项多带有管理和监督性质。[②] 为落实检察一体，主任检察官就是其中最重要的环节，如若主任检察官不尽监督之责，整个检察一体制度就将瓦解。

三、检察官独立履职与内部指令权之间的冲突与协调

通常来说，一个案子是由主责检察官负责的，但是并不必然是一位检察官从一而终，每个办案阶段可以由不同检察官有效地分别处理或接手。因而，检察一体更多体现了内部指令权对个案的干预、检察官审级隶属及可替代性、检察权行使的协调性等特征，构成了检察官的整体性并一体（检察机关）对外，成为检察权独立行使的重要保障。而检察官独立履职强调的是检察权行使过程中检察官的主体地位和作用（自主性），检察官可以发挥其"独立官厅"的作用，基于自己对法律的理解和事实的判断独立完成案件的处理。而"检察一体"有助于保持检察机关对法定以外因素的排斥性，在检察首长的统御下运用集体合力抗制不当的干扰，保证检察权的运行质效。其实，对"检察一体"的强调，并不意味着检察官在处理检察事务时集体作业，它并不否定"检察官自主性"，而且在某种程度上更重视检察官执行职务过程中的主体地位，检察官是根据个人的感知和判断来处理分配的事务。当承办具体案件的检察官与其上级检察官（检察首长）发生意见分歧时，须接受检察首长的指令或者由检察首长行使指挥、事务调取的权力，从反向看，这一项权力也为检察官拒绝执行上级指令提供了途径，下级检察官可以请求检察首长转移案件承办权的方式行使其办案自主性。所以，应当充分尊重检察官办理案件的独立空间，捍卫检察官行使检察权的自主性，使检察官能本于实现司法正义的良知发挥主体性，依法独立行使检察职权。

在台湾地区，内部指令权的实质干涉，是"法院组织法"所定亲自处理权及事务

---

① "地方法院及其分院检察署处务规程"第20条对主任检察官的职责进行了明确，包括：（1）本组事务之监督（分组强力侦查与有效追诉）；（2）本组检察官办案书类审查（精致侦查）；（3）本组检察官承办案件行政文稿审核或决行；（4）本组检察官及其他志愿之工作、操作、学识、才能治考核与奖惩之评议（行政监督）；（5）人民陈诉案件之调查与释义（疏解民怨）；（6）法律问题之研究（适法追诉）；（7）检察长交办事项与其他有关事务之处理（重大疑难案件之处理）。

② 主任检察官是否必须直接办理案件，则因地而异。有些案件量非常大的地检署，如台北地检署，年办理案件逾18万件，主任检察官多承担行政管理工作，侦办案件的具体工作多由检察官、事务官进行，而在一些案件量相对较少的检察署，则主任检察官亦亲自办理案件。在事务较繁的检察署，检察长可指定一名主任检察官襄助其处理全署有关事务。该主任检察官称为襄阅主任检察官，其在处理有关事务发生争议时，应报告检察长处理。

移转权的行使。① "法院组织法"并未规定内部指令权的行使方式及界限，并未指明或限制检察首长指挥监督的范围。台湾地区检察官的职权包括实施侦查、提起公诉、实行公诉、协助自诉、指挥刑事裁判的执行及其他法令所定职务的执行，有关具体案件的发动侦查、犯罪调查的方向及方式、犯罪事实的认定、法律的适用、起诉或不起诉、上诉不上诉、声请羁押或具保、声请搜索票、核发通讯监察书、准驳停止执行或易科罚金及其他刑罚执行事项等，均应在检察首长的指挥监督范围内。在何种情形下、何种事务宜亲自处理，是由检察首长自行裁夺。② 而原属某级某检察官的事务，如果认为其不适当或不胜任时，固然可以由检察首长亲自办理，但亲自办理只能偶尔为之，如果案件繁多，不仅时间精力上不允许，是否适任也存在疑问，所以规定检察首长也可以将所属检察官的事务，移转给其指挥监督的其他检察官处理。虽然不是检察首长针对个案就如何办理进行指挥，却已根本剥夺承办检察官的办案权，使检察官个人的办案意志无从贯彻，而填补并代之以检察首长的个人意志。

在台湾地区，内部指令权在形式上的干涉，则主要表现在检察首长对于承办检察官如何实施人的强制处分（传唤、拘提与逮捕、通缉、羁押、具保、责付或限制住居）及物的强制处分（提出命令、搜索、扣押）及其变易（如羁押改谕具保、具保改谕责付），或对原拟不起诉处分的案件命令起诉，或对原拟起诉的案件指示为不起诉处分。③ 在台湾地区，鲜有通过内部指令权指示承办检察官就应起诉的具体个案做出不起诉处分，或对不起诉处分的案件提起公诉。虽然上级检察机关可以命令下级检察署检察官起诉（"刑事诉讼法"第258条第2款）④，也在原承办检察官就案件做出不起诉处分终结后，经告诉人声请再议后的问题。足见，台湾地区检察首长对于个案干涉权是自我限缩的，当然这是检察首长个人的自律，对检察官个人职权的尊重，也是回应社会各界对于检察功能发挥的期待，避免检察权的恣意。

台湾地区"法官法"规定，检察官对于所属检察长所为的指挥监督命令，除该命令有违法情事外，均有服从义务。也就是说，个别检察官即使对自己的法律见解、证

---

① "法院组织法"第63条："检察总长依本法及其他法律之规定，指挥监督该署检察官及高等法院以下各级法院及分院检察署检察官。检察长依本法及其他法律之规定指挥监督该署检察官及其所属检察署检察官。检察官应服从前二项指挥监督长官之命令。"第64条："检察总长、检察长得亲自处理其所指挥监督之检察官之事务，并得将该事务移转其所指挥监督之其他检察官处理之。"即检察长对所属检察官有职务承继权及职务移转权。第59条第2项："各级法院及其分院检察署检察官员额在六人以上者，得分组办事，每组以一人为主任检察官，监督各该组事务。"

② 2011年7月6日公布的"法官法"明确了具体条件和界限。

③ 吕丁旺：《法院组织法论》（修订六版），一品文化出版社2008年版，第115页。

④ "刑事诉讼法"第257条第4项："原法院检察署检察长认为必要时……得亲自或命令他检察官再行侦查或审核，分别撤销或维持原处分。""刑事诉讼法"第258条："上级法院检察署检察长对于再议案件得命令下级法院检察署检察官续行侦查或起诉。"

据判断或强制处分采行与否的意见有本于法律确信的坚持，而不能同意检察长的指挥监督命令时，除非该命令违法，否则最终只能拒绝以自己的名义做出违反自己法律确信的处分，而请求检察长将该案件移转由他人办理或由检察长自行办理。检察长被动地行使职务移转及职务承继权，且原则上不得拒绝检察官此项要求，其用意就是在保障检察官的独立及自主性格。① 对于检察首长主动行使职务移转权和职务承继权的法定事由，台湾地区"法官法"规定，仅限于：（1）为求法律适用的妥适或统一追诉标准，认为有必要的时候；（2）有事实足以认为检察官执行职务违背法令，显有不当或有偏颇的时候；（3）检察官不同意前二项书面命令，经书面陈述意见后，指挥监督长官维持原命令，其仍不遵从的；（4）特殊复杂或专业的案件，原检察官无法胜任，认为有移转给其他检察官处理的必要的。这种办案方式的优势是，切实尊重检察官对承办案件的认定事实以及法律见解的确信，有效发挥检察职能，执行刑事司法政策。

制度的产生与发展总是多重因素叠加的结果。在台湾地区，检察一体也常常成为争议的焦点，② 社会大众时有怀疑，部分基层检察官表示对内部指令权和业务管理的抗拒，有时将检察一体作为斩伤检察公信力的代罪羔羊。也有批评认为，对于部分检察官个人不当行使职权，因为检察首长畏于舆论批评而袖手旁观，③ 不愿介入，使得"检察一体"的内部制衡机制失去作用，成为新的隐忧。实际上，检察权本身就是拥有司法性的权力和行政性的权力特征，两种性质的区隔集中体现在检察一体和检察官自主性的博弈。与行政一体不同，实行检察一体仍赋予个别检察官行使职权的独立性与自主性。④ 检察一体的功能在于集中效能行使检察权、发挥团队力量，更为重要的是要通过内控及监督使检察权的行使具有一致性且不致滥用。可是，检察一体与检察官自主性本就是检察权权责相符可以互换的虚像与实像，既维护检察官办案司法自主性，又通过内控机制维持公平一致性及办案品质，让"检察一体"不成为"检察异体"，也确实是道难题。

---

① 蔡碧玉：《检察一体的原则与运用》，《检察官伦理规范》，元照出版有限公司 2013 年 7 月版，第 140 页。

② 在台湾"法官法"未完成立法将检察官的身份职务保障及其定位加以法制化之前，台湾检察官的身份定位姿身未明，基层人心浮动。而政治人物又不时染指个案，让"检察独立"与"检察一体"常因个案不同而任人选择性解读。

③ 如台湾一些基层检察官自发的、有组织的进行对上级的"监督"，检察官改革协会举办评鉴检察长活动或通过舆论进行鞭挞，抗拒不正的办案干预，冲击传统的检察首长领导统御模式。

④ 蔡碧玉：《检察一体的原则与运用》，《检察官伦理规范》，元照出版有限公司 2013 年 7 月版，第 136 页。

台湾地区涉陆知识产权民事诉讼中法律选择问题实证研究

曾丽凌*

随着两岸经济往来的日益频繁，尤其是两岸知识产权市场的逐步形成并壮大，跨法域知识产权纠纷不断增多。虽然两岸以《海峡两岸知识产权保护合作协议》为基础的知识产权跨域保护法律框架得以确立，但该协议仅以建立知识产权行政保护合作机制为主，不涉及两岸间知识产权争端解决机制及司法合作[①]，故而，两岸跨域知识产权保护问题还远远没有被彻底解决。事实上，在知识产权保护之执法模式上，两岸之间仍有一定的制度性落差。相较于大陆采用司法和行政双管齐下之保护模式，台湾则与欧美类似，主要以司法争讼为主[②]。在当前两岸经济与贸易蓬勃发展的今天，跨两岸知识产权争端已屡见不鲜，实务中，台湾地区法院是如何解决此类纠纷的？由于知识产权保护类型的多样化及诉讼过程的复杂专业性，本文不拟详细讨论两岸知识产权在成立要件、申请主体与保护方式与效力等实体法问题上的差异，而是将关注的焦点放在法律适用问题上。此等问题，一直是立法中未尽详尽之处，特别需要回到司法实践场域去寻找答案。毕竟，两岸法律制度的协调，不仅应关注法律体系本身的差异，更应该关注两岸对知识产权法律事件的司法治理方式及基本共识，重视在法律实践中的法律实务观是否能在不同的法律体系之间相互沟通并最终融贯协调。

实证研究发现，近年来，台湾地区法院的司法实践持较为严格之"属地主义"立场，同时对两岸知识产权纠纷中的管辖权及法律适用问题日益重视，形成了诸多值得研究的司法观点。本研究即围绕着在立法空白中无法解答的法律适用难题，深入挖掘并总结研究在两岸知识产权司法实务中存在的诸多旨在提高判决准确性和适应性的具体方法和思路。

---

　* 曾丽凌，福建江夏学院法学院副教授，法学博士（武汉大学国际私法）。

　① 曾丽凌：《两岸知识产权争端解决机制评析与展望》，《海峡法学》2014年第4期，第25页。

　② 冯震宇：《两岸智慧权保护合作协议之落实》，资料来源于 http://old. npf. org. tw/pdf/% E6% B5% B7% E5% B3% BD% E5% 85% A9% E5% B2% B8% E6% 99% BA% E6% 85% A7% E8% B2% A1% E7% 94% A2% E6% AC% 8A% E4% BF% 9D% E8% AD% B7% E5% 90% 88% E4% BD% 9C% E5% 8D% 94% E8% AD% B0% E4% B9% 8B% E8% 90% BD% E5% AF% A6. pdf，2016年5月12日访问。

一、知识产权案件"涉陆"属性之定性

"涉陆"民事案件即包含有涉陆因素的民事案件，凡是民事关系的一方或者双方当事人是大陆地区人民；民事关系的标的物在大陆地区境内的；产生、变更或者消灭民事权利国际义务关系的法律事实发生在大陆地区境内的，均可认为"涉陆"民事案件。理论上认为，一旦案件被确定为"涉陆"民事案件，即应有别于纯境内案件，而产生管辖权确定及法律选择等问题。然而，"两岸人民关系条例"第41条对两岸民事事件的界定，是以当事人的身份作为唯一标准。也就意味着，在知识产权案件中，适用"两岸人民关系条例"应以诉讼中有一方当事人为大陆地区人民为前提条件。但是，事实上，知识产权案件大多为合同、侵权以及确权案件，"涉陆"因素呈现多样化的状态，或者有大陆一方当事人，或者标的为大陆地区之知识产权，或者当事人间与知识产权有关的法律关系的产生、变更、终止的法律事实发生在大陆地区。

如何确定其"涉陆"属性，是否需要援引"条例"？是直接适用台湾地区法律解决争讼，还是依照民事诉讼的特别规定解决案件中的程序问题和管辖权问题，并借助冲突规范的指引确定准据法？在实务中，法院有以下几种处理方式：

1. 以当事人"涉陆"为"条例"适用之主要因素。在 2009 年至 2015 年间，共有 9 例案件涉陆当事人。其中陆方当事人为原告的有 3 例，为被告的有 6 例。[①] 其中仅有 4 例援引了"条例"选法规则以进一步确定法律适用，其他案例则未说明该案所适用之案例。

2. 双方当事人均非大陆地区自然人或法人，但案件所涉标的涉及大陆地区知识产权。例如：在台湾绿墙开发股份有限公司（台）诉马某（台）请求专利权移转登记案[②]中，争讼标的涉及在大陆地区之专利权，故法庭认为应有"条例"之适用。

3. 双方当事人均非大陆地区自然人或法人，但其行为内容"涉陆"。这部分案件大多为侵犯在台知识产权的行为部分在大陆地区完成或者从大陆地区进口的商品侵犯在台商标权[③]，或者在大陆地区生产之产品侵犯在台之专利权[④]，或者从大陆地区授权之著作侵犯在台作品之著作权[⑤]，或者从大陆地区进口之产品相关技术资料侵犯在

[①] 具体数据参见本章文后附录表格："台湾地区法院涉陆知识产权案件（2009 年—2015 年）"一览表。

[②] "智慧财产法院民事判决 2012 年度民专诉字第 37 号"。

[③] "智慧财产法院民事判决 2012 年度民商诉字第 23 号""智慧财产法院民事判决 2008 年度民商上易字第 5 号"。

[④] 台湾士林地方法院民事判决 2006 年度智字第 33 号，"智慧财产法院民事 2008 年度民专诉字第 3 号"，台湾高等法院高雄分院民事判决 2008 年度智上易字第 2 号，"智慧财产法院民事判决 2010 年度民专上字第 21 号"。

[⑤] "智慧财产法院民事判决 2009 年度民著上字第 10 号"。

台之著作权①。在这类案件中，均未援引"条例"对案件的管辖权和法律选择问题进行分析裁断。有个别案件双方当事人均非大陆地区法人，但贩卖侵害系争知识产权的行为跨越台湾、大陆及外国三地②，或案件当事人中有一方为外国当事人，但于大陆地区制造侵害系争专利之产品③，法庭径认为涉外因素案件，虽未援引"条例"，但适用了台湾地区涉外民事法律适用法定其管辖权及准据法。

二、知识产权法律适用实践总体情况

过去，两岸知识产权纷争之处置，多因为属地主义原则而少有深入的讨论。人们普遍认为知识产权是一种通过国家授权而获得的垄断权利，这种权利的授予手段仅仅在授予该权利的国家境域范围内有效④。知识产权的地域性特征使得其权利效力限定在权利赋予国之权力领域内而不及域外，这就让建立于"法之域外效力"基础之上的传统国际私法的制度方法"失去了支点"。似乎两岸知识产权诉讼无需在法律选择及准据法适用问题上多费思量。这一观念反映在大陆地区法院涉外知识产权审判实践中，就是大多数法院在审理涉外商标侵权及（或）不正当竞争案件时根本不考虑法律适用问题，对涉外专利纠纷案件的审理，亦是如此。⑤ 就涉台案件审理而言，有的法官即认为：目前的法律和司法解释中关于选择法律的规则中除了2010年12月29日最高人民法院公布的《关于审理涉台民商事案件法律适用问题的规定》外，"还没有其他法律、司法解释明确提出知识产权诉讼可适用台湾地区民事法律。在没有出台其他相关的法律和司法解释明确知识产权案件可适用台湾地区民事法律的情况下，面对两岸知识产权冲突，法官应当坚持司法的特性，在现有的法律框架中尽可能地寻找解决问题的路径"。⑥

从统计表格来看，目前台湾地区法院在审理涉陆知识产权案件中，运用到法律选择条款的案件相对较少，仅有4例。笔者认为其原因有二：一是由于"条例"是以台湾地区人民与大陆地区人民之间争讼作为适用之前提，故逻辑上只有在案件当事人涉陆的情况下，方有"条例"中冲突规范的适用可能。因此，大量当事人不涉陆，但争

---

① "智慧财产法院民事判决2010年度民著上字第9号"。
② "智慧财产法院民事判决2012年度民商诉字第39号"，台北地方法院民事判决2007年度智字第4号。
③ "智慧财产法院民事判决2010年度民专上字第21号"。
④ Eugen Ulmer, *Intellectual Property Rights and the Conflict of Laws*, Kluwer Law and Taxation Publishing Ltd. (1978), P9。
⑤ 王承志：《论涉外知识产权审判中的法律适用问题》，《法学评论》2012年第1期，第133页。
⑥ 谢爱芳、林永南：《涉台商标和企业名称纠纷案件中的法律适用》，《人民司法》2012年第16期，第34页。

讼原因事实涉陆的案件并未进行选法。二是根据诉讼经济原则，为避免当事人进行与诉讼结果无关之攻击及防御方法，台湾地区智慧财产法院在审理知识产权案件中，不会在将原告诉请及被告抗辩全部调查完毕后，才做出判决，而是对知识产权案件进行分阶段审理。若法庭发现对案件无管辖权或者原告主张缺乏有效证据支持等情况下，即无进行进一步法律适用审理的必要。

台湾地区法院涉陆知识产权案件（2009 年—2015 年）一览表

序号	当事人	案由	案号	涉陆因素	管辖权依据	法律适用依据	法律适用结果
1	赵某（大陆）诉王某即新雨出版社	侵害著作权有关财产权争议	"智慧财产法院民事判决 2010 年度民著诉字第 69 号"	当事人	侵权行为地法院管辖	"条例"第 41 条第 1 项、第 50 条及 TRIPS 协议	台湾地区法律
2	三民书局股份有限公司诉李某（大陆）	损害赔偿	台北地方法院民事判决 2011 年度智字第 40 号	当事人	合意管辖	未说明	未说明
	李某（大陆）诉三民书局股份有限公司	著作权权利归属上诉案	"智慧财产法院民事判决 2013 年度民著上字第 11 号"	当事人	合意管辖	TRIPS 协议及"条例"第 41 条第 1 项	台湾地区法律
3	大箱子数位娱乐有限公司诉广州游爱网络技术有限公司（大陆）	侵害著作权有关财产权争议	"智慧财产法院民事裁定 2013 年度民著诉字第 23 号"	当事人	合意管辖（台湾地区法院无管辖权，驳回原告之诉）	未说明	未说明
4	圣扬仑企业有限公司诉蔡某（大陆）及叶某案	侵害著作权有关财产权争议	"智慧财产法院民事判决 2013 年度民著诉字第 40 号"	当事人	未说明	未说明	未说明
5	美商科林研发公司（Lam Research Corp.）诉新加坡商中微半导体设备股份有限公司及中微半导体设备（上海）有限公司（大陆）	排除侵害专利权	"智慧财产法院民事判决 2009 年度民专诉字第 10 号"	当事人	侵权行为地法院管辖	"涉外民事法律适用法"第 9 条及"条例"第 50 条	台湾地区法律
	美商科林研发公司（Lam Research Corp.）诉新加坡商中微半导体设备股份有限公司及中微半导体设备（上海）有限公司（大陆）	排除侵害专利权上诉案	"智慧财产法院民事判决 2009 年度民专上字第 58 号"	当事人	侵权行为地法院管辖	"涉外民事法律适用法"第 9 条及"条例"第 50 条	台湾地区法律

序号	当事人	案由	案号	涉陆因素	管辖权依据	法律适用依据	法律适用结果
6	甲某诉上艺兴业有限公司及董某（大陆）	侵害专利权有关财产权争议	"智慧财产法院民事判决 2010 年度民专诉字第 140 号"	当事人	侵权行为地法院管辖	未说明	未说明
7	台湾绿墙开发股份有限公司（台）诉马某（台）	专利权移转登记	"智慧财产法院民事判决 2012 年度民专诉字第 37 号"	标的（大陆地区之专利权）	被告住居所地法院管辖	"条例"第 51 条第 2 项	大陆地区法律
	台湾绿墙开发股份有限公司（台）诉马某（台）	请求专利权移转登记（确认专利权共有）	"最高法院民事判决 2014 年度台上字第 1479 号"	标的（大陆地区之专利权）	未说明	未说明	台湾地区法律及大陆地区法律
	台湾绿墙开发股份有限公司（台）诉马某（台）	专利权移转登记	"智慧财产法院民事判决 2014 年度民专上更（一）字第 7 号"	标的（大陆地区之专利权）	被告住居所地法院管辖	"条例"第 51 条第 2 项	台湾地区法律及大陆地区法律
8	捷安特电动车（昆山）有限公司（大陆）诉瑞利宝国际股份有限公司及林某	侵害专利权有关财产权争议	"智慧财产法院民事判决 2012 年度民专诉字 117 号"	当事人	未说明	未说明	未说明
	瑞利宝国际股份有限公司及林某诉捷安特电动车（昆山）有限公司	侵害专利权有关财产权争议上诉案	"智慧财产法院民事判决 2013 年度民专上字第 67 号"	当事人	未说明	未说明	未说明
9	台湾鸿悦国际有限公司诉仇某（大陆）及姚某（大陆）	商标权权利归属	"智慧财产法院民事判决 2011 年度民商诉字第 45 号"	当事人	标的所在地法院管辖	未说明	未说明
	台湾鸿悦国际有限公司诉仇某（大陆）及姚某（大陆）	商标权权利归属上诉案	"智慧财产法院民事判决 2013 年度民商上字第 9 号"	当事人	标的所在地法院管辖	未说明	未说明
10	圣扬伦企业有限公司（台湾）诉游某（台湾）	侵害商标权有关财产权争议	"智慧财产法院民事判决 2015 年度民商诉字第 2 号"	大陆地区商标在大陆使用在先而受保护，台湾地区当事人以相同商标在台抢注，该商标有得撤销之事由，不得主张商标权利	标的所在地法院管辖	未说明	未说明

续表

序号	当事人	案由	案号	涉陆因素	管辖权依据	法律适用依据	法律适用结果
11	浙江金陵机械有限公司及上海双手机电有限公司（大陆）诉谢某（台湾）	侵害著作权有关财产权争议等	"智慧财产法院民事判决 2014 年度民著诉字第 84 号"	当事人	未说明	未说明	未说明
12	苏某诉余某、潘某	确认专利申请权共有之诉	台湾新北地方法院民事判决 2015 年度智字第 5 号	标的（大陆地区专利）	未说明	未说明	未说明

由于历史的局限性，"条例"无法预见，也未对两岸知识产权案件法律冲突应适用的法律选择规则做出规定。因此，受到立法框架的局限，仅就"法律选择"这一环节，相应的司法实践与时俱进之创新动力不足，也与当前台湾地区涉外民事法律适用的法理水平有一定的差距。总体来说，实证研究案例呈现以下几个特点：

1. 法律适用结果上，均有适用台湾地区法律

在进行了法律选择的 4 个案例中，适用台湾地区法律的有 3 个，同时适用大陆地区法律和台湾地区法律的有 1 个，也就是说 4 个案例均适用台湾地区法律。

2. 台湾地区法院直接援引 TRIPS 协议对大陆地区版权人在台湾地区的版权进行保护

传统著作权法基于严格的地域性要求，通常只对本国作者的作品给予保护。在台湾地区以单独关税区名义加入世界贸易组织后，即应遵守并履行包括 TRIPS 协议在内的 WTO 相关系列条约项下的义务，给予外国版权人以保护。至于保护的方式，则涉及条约在台湾地区的适用方式问题。台湾地区"宪法"仅在其第 141 条中规定："……尊重条约及联合国宪章……"对于 WTO 相关条约的"接受"方式以及是否能自动执行等问题并未做出明确的规定。从司法实践来看，台湾地区法院对 TRIPS 协议倾向于自动执行，在涉及著作权案件中，直接援引 TRIPS 协议内容作为判决的理由。例如，在台湾地区"智慧财产法院"在审理涉及大陆地区人民著作权争议的两个案件①中，即引用了 TRIPS 协议对大陆地区人民之著作给予台湾地区著作权法上之相关保护，并论述到：根据台湾地区"著作权法"第 4 条第 2 款规定，可以援引条约作为保护外国人著作的前提。台湾地区自 2002 年 1 月 1 日加入世界贸易组织，该组织 TRIPS 协议第 3 条约定，就智慧财产权保护而言，每一会员给予其他会员国民之待遇，

---

① "智慧财产法院民事判决 2013 年度民著上字第 11 号""智慧财产法院民事判决 2010 年度民著诉字第 69 号"。

不得低于其给予本国国民之待遇。台湾地区与大陆地区均为世界贸易组织成员，故大陆地区当事人之著作属受台湾地区著作权法保护之著作，在台湾地区应受著作权法之保护。

3. 突破"条例"以当事人涉陆作为法律选择前提的条件，以系争标的作为援引"条例"之冲突规范的依据

在台湾绿墙开发股份有限公司诉马某专利权移转登记案①中，法庭认为：原告声明请求被告应将系争大陆地区专利转让予原告，故本事件涉及在大陆地区之专利权标的，有台湾地区与大陆地区人民关系条例之适用。

4. 法律选择依据主要为"条例"第41条第1项、第50条及第51条

由于"条例"未对知识产权法律冲突规定选法规则，故有2个案例②援引到"条例"第41条第1项的规定③。在智慧财产权侵权之诉中，有3个案例④援引了"条例"中一般侵权选法规则，即第50条的规定：侵权行为依损害发生地之规定；但台湾地区之法律不认其为侵权行为者，不适用之。在智慧财产权确权之诉中，有1个案例⑤类推适用"条例"中物权选法规则，将专利权为准物权，类推适用"条例"第51条第2项，即以权利为标的之物权，依权利成立地之规定。在专利权确权之诉中，即以系争专利核准与成立地之规定为准据法，最终认定系争台湾地区专利应依台湾地区之法律，而系争大陆专利应适用大陆地区之法律。

三、知识产权地域性的恪守与发展

值得注意的是，知识产权的地域性管辖原则，其创立是有历史局限性的，在当时的社会条件下，很难想象一项知识产权在多个法域同时遭到侵权。当前，随着科学技术的迅速发展以及两岸关系的日渐改善，两岸间人员及知识的流动变得十分便捷且频繁，再加上两岸华人同文同种，在语言、文化及习俗上均不存在交流障碍，这就使得使得在短时间内跨两岸的知识产权侵权行为变为可能。虽然两岸目前已签署了知识产

---

① "智慧财产法院民事判决2012年度民专诉字第37"。

② "智慧财产法院民事判决2010年度民著诉字第69号""智慧财产法院民事判决2013年度民著上字第11号"。

③ "条例"第41条第1项："台湾地区人民与大陆地区人民间之民事事件，除条例另有规定外，适用台湾地区之法律。"

④ "智慧财产法院民事判决2010年度民著诉字第69号""智慧财产法院民事判决2009年度民专上字第58号""智慧财产法院民事判决2010年度民专诉字第140号"。

⑤ "智慧财产法院民事判决2012年度民专诉字第37号""智慧财产法院民事判决2014年度民专上更（一）字第7号"。

权保护合作协议，但其仅是从权利的基本原则和两岸执法保护的角度，规定两岸人民相互在对方境内享有某些最低限度的权利，本质上知识产权的地域性并没有突破。在实证研究的过程中，可以看到在大量的涉陆知识产权侵权案件中，由于知识产权的地域性特点，在一法域有效的知识产权在另一法域很可能是处于不受保护的状态，人人可以免费利用。即便是同时在两岸获得知识产权保护，因保护水平的高低，往往也会存在侵权的认定和赔偿标准上的差异。这就给跨境知识产权保护问题带来了诸多新的难题。台湾地区自加入 WTO 以来，对于知识产权的保护，一向持积极推进的态度。台湾民众对知识产权普遍也有比较高的法律保护意识。那么，在两岸知识产权侵权纠纷日益复杂化的今天，台湾地区法院是否已突破知识产权的地域性的限制，给予台湾地区知识产权人更强有力的保护呢？下文将重点研究若干案例，试图找到在社会历史条件深刻变化的两岸语境下，台湾地区法院对知识产权地域性属性的理解。

案例一：鸿海精密工业股份有限公司诉日商宽氏股份有限公司（QUASAR SYSTEM INC.）侵权行为损害赔偿案[①]

本案中，鸿海公司主张就本案系争专利依台湾地区"专利法"享有专利权，而宽氏公司自 2006 年起在台湾境内侵害其专利权。经庭审查明，宽氏公司系于大陆地区制造、贩卖含有系争专利之产品。宽氏确曾以"样品"名义向位于台湾地区境内的京华公司贩卖含有系争专利产品，就此在台湾地区境内贩卖系争产品之行为，自应列入损害赔偿之范畴。同时，宽氏还曾于大陆地区制造贩卖上述产品给仁宝信息技术（昆山）有限公司，该公司将所购得的系争产品组装于宏碁公司笔记本电脑中，再由宏碁公司进口至台湾地区境内销售。对此，鸿海公司主张宽氏所为该侵权行为及于台湾地区，其理由是位于大陆地区的仁宝信息技术（昆山）有限公司是位于台湾母公司仁宝集团之仁宝公司 100% 持股的全资孙公司，仁宝集团就系争产品之订购单，亦归入仁宝公司合并损益表之营业成本，同时宽氏公司等明知系争产品侵害系争专利，对于该产品安装于仁宝集团组装之笔记本电脑后将进口回台贩卖一事，至少预见其发生而其发生并不违背其本意。

然而，法庭对原告鸿海公司的该主张并不认同，认为位于台湾地区的仁宝公司并未向宽氏公司订购系争产品，购买产品的是位于昆山的仁宝信息技术有限公司，因此系争产品之制造贩卖事实上是在大陆地区发生。至于仁宝信息技术（昆山）有限公司于大陆地区向宽氏公司购得系争产品后，将之组装于宏碁公司之笔记本电脑中，再由

---

① "智慧财产法院民事判决 2010 年度民专上字第 21 号"。

宏碁公司进口至台湾地区贩售，此属仁宝信息技术（昆山）有限公司与宏碁公司间之另一法律关系，宽氏公司于系争产品贩卖予仁宝信息技术（昆山）有限公司后，该公司如何使用系争产品于笔记型电脑内以及宏碁公司如何进口该内含系争产品之笔记本电脑至台湾地区境内贩卖，已非宽氏公司所能过问。故鸿海公司主张宽氏公司对于在台湾地区境内公开贩卖之笔记本电脑使用系争侵权产品此一侵权事实，具有间接故意，无疑是要求宽氏公司为第三人，即仁宝信息技术（昆山）有限公司、宏碁公司之行为负责，即属无据。

案例二：启翔股份有限公司诉伟镕缝机有限公司侵害专利权有关财产权争议案①

本案中，启翔公司享有系争专利权，其主张伟镕公司于大陆地区所举办之鞋业博览会陈列展示系争产品，使业界就系争专利之技术是否为上诉人启翔公司所有一事产生质疑，原告启翔公司之业务上信誉亦因此受有减损，故请求伟镕公司予以赔偿。然而，法庭认为：专利权系采属地主义，故依台湾地区"专利法"所取得之专利权，其权利范围及效力仅限于台湾地区境内。行为人于台湾地区之制造、贩卖、为贩卖之要约或使用专利权之行为，方为台湾地区专利权效力之所及，至其于大陆地区之制造、贩卖、为贩卖之要约或使用行为，则非台湾地区专利权人所得行使专利权之范围。故伟镕公司纵系于大陆地区展示行销系争产品，亦非台湾地区专利权之效力所及，且展示照片等证据亦不足以证明启翔公司之业务上信誉受有何实际损害，故其损害赔偿主张即非有据。

案例三：海荣企业有限公司诉星菱缝机股份有限公司侵害专利权有关财产权争议案②

原告拥有本案系争零组件之台湾地区专利权。原告于大陆地区购得系争专利产品，乃星菱缝纫机（宁波）有限公司于大陆地区所制造、销售并委由诉大陆厂商义乌市文力织带（拉链）机械有限公司经销。在这种情况下，原告得否对被告依台湾之"专利法"请求损害赔偿？法庭对此采严格属地主义原则予以否定。被告并未在台湾制造、贩卖系争产品，而被告于大陆制造、贩卖之系争机器或商品型录，纵侵害原告于台湾地区所申请并经核准之专利权，但原告系争发明既未于大陆享有专利权之保护，则亦无侵害原告之权利可言。原告又主张被告之公司网站上刊载系争型号之工业

---

① "智慧财产法院民事判决 2011 年度民专上更（一）字第 6 号"。

② "智慧财产法院民事判决 2009 年度民专诉字第 85 号"。

用缝纫机图片，属"专利法"第 56 条规定为贩卖之要约，侵害原告系争专利权。但法庭认为原告所提网络上资料该等缝纫机图片，无论有无显示侵害原告系争专利之零件，其并无定价或建议售价，故既不能认为系货物之价目表，则亦不能认为已属贩卖之要约，故原告以此主张被告已为贩卖之要约，而侵害原告系争专利权，亦不成立。原告再又主张被告曾有进口一台系争型号之缝纫机至台湾，系属侵害原告专利权之行为。但法庭认为该机器系用于参加德国科隆所举办之国际制衣、纺织展，并无任何销售行为，且虽型号相同，但亦不能证明该参展机器上之零件侵害原告之专利权，原告之主张，仍不能成立。

案例四：毕卡索国际开发有限公司诉毕加索国际企业股份有限公司及诠胜国际股份有限公司侵害商标权有关财产权争议案①

本案中，原告毕卡索国际开发有限公司主张被告毕加索国际企业股份有限公司在其网站以"PICASSO"表彰其商品，网站之管理机构为财团法人台湾网路资讯中心（TWNIC），且网站上载明"台北世贸中心"有设置店铺，并有繁体版网页之链接，故侵害其在台注册商标权。被告毕加索公司抗辩称，其已在大陆地区已注册取得"PICASSO""毕加索 PICASSO"商标权，并提出大陆地区核发之商标注册证为凭。网页是被告为向大陆地区推广被告在大陆地区而设，且服务器设于大陆地区。

对于被告的行为是否越过大陆地区之商标权法域，进而侵害原告在台之商标权，法庭对此采取了严格属地主义主张，认为从事实上来看该网页内容全部使用简体中文，所载联络地址、电话均为大陆地区之上海地址及电话，无法认定毕加索公司在台湾地区有使用"PICASSO"商标及行为。原告虽指称该网站之管理机构为财团法人台湾网路资讯中心（TWNIC），且网站上载明"台北世贸中心"有设置店铺，并有繁体版网页之链接等等，但网站之管理机构位于何处，与商标使用地域之认定无涉；原告又未能举证毕加索公司在台北世贸中心之店铺有使用系争商标行为及繁体版网页内容；且该繁体版网页之链接不可视为毕加索公司在台湾地区有使用"PICASSO"商标之行为，否则将使商标审查与登记注册，因互联网世界之无国界性质，而丧失属地性。因此其主张毕加索公司侵害其商标权，请求排除侵害及损害赔偿，均属无据。

案例五：台湾形颖股份有限公司诉富儿企业股份有限公司损害赔偿案②

在原告自第诉外第三人取得商标专属授权。原告曾让被告代为生产使用系争商标

---

① "最高法院民事判决 2013 年度台上字第 974 号"。
② 台湾台北地方法院民事判决 2011 年度智字第 33 号。

之两款服饰。后双方之间达成不出货之解约合意。然而，被告未依据两方间瑕疵品应予剪标处理之业界惯例，将系争商标完全从系争服饰上除去。原告之后在大陆淘宝网网络购物平台上发现有网络店家以低价陈列贩售系争商品，经原告追查，确认淘宝网上所贩售之该批服饰，即系前开因有瑕疵而经双方同意解约不出货之系争服饰。故原告主张被告未将系争商标从系争服饰上剪标除去，即让该等未获原告同意使用其商标之服饰外流到市面贩售，显已侵害原告商标权，被告应依台湾地区"商标法"规定，对原告负损害赔偿之责。法庭认为商标权乃采属地主义，亦即商标权的保护范围，仅止于申请注册的法域。而本案使用系争商标之行为在大陆地区，即非系争商标权有效之地域范围内，故自无成立侵害商标权之余地。

案例六：南台湾钓具有限公司诉日商丸九股份有限公司商标权其他契约争议上诉案①

本案中，日商丸九股份有限公司拥有在台注册商标权，南台湾钓具有限公司曾侵害其商标权经台湾地区桃园地方法院刑事判决判处徒刑。双方曾就此事签订和解书，和解书禁止南台湾钓具有限公司侵害系争商标之地区，包含台湾地区以外之区域。然而，南台湾钓具有限公司于签订系争和解书后，除以厦门渔夫钓具店为其大陆地区营业总部在大陆进行广告、宣传、展销附加近似图样之钓饵产品外，并在公司网站广告、宣传附加近似图样之钓饵产品之行为。职是，法庭认定南台湾钓具有限公司之行为违反系争和解书约定，其成立违约之行为，自应负违约责任。

从上述案件，我们可以总结出台湾地区法院对知识产权地域性的若干观点：

1. 在判断一般侵权行为之管辖权以及认定是否为侵权行为以及损害赔偿范围问题上，台湾地区法院均将关注之重点放在跨境侵权行为之地域性问题上，不仅考查侵权行为在何处所为，而且分辨损害后果是否及于台湾地区境内。例如，在案例一中，宽氏确曾以"样品"名义向位于台湾地区境内的京华公司贩卖含有系争专利产品，就此在台湾地区境内贩卖系争产品之行为，自应列入损害赔偿之范畴。案例二中，伟镕公司纵系于大陆地区展示行销系争产品，亦非台湾地区专利权之效力所及，且展示照片等证据亦不足以证明启翔公司之业务上信誉受有何实际损害，故其损害赔偿主张即非有据。案例三中，当事人于大陆制造、贩卖之系争机器或商品型录，纵侵害原告于台湾地区所申请并经核准之专利权，但原告系争发明既未于大陆享有专利权之保护，则亦无侵害原告之权利可言，不成立侵权，无须赔偿。

---

① "智慧财产法院民事判决 2011 年度民商上字第 15 号"。

2. 在判断损害后果是否及于台湾地区境内，采取了较为严格的认定标准。案例一中，系争侵权产品是由位于大陆地区的台湾地区法人之全资子公司贩卖，虽然其就系争产品之订购单，亦归入位于台湾地区之被告公司的合并损益表之营业成本，但法院并未认可这是一种"损及台湾地区境内的"后果。即便被告可预见侵害系争专利之产品未来将进口回台贩卖，但如果其仅具有间接故意，且贩卖行为链中加入了第三人之作为，则亦不能让台湾地区法人为第三人之行为负责，侵权主张亦属无据。案例三中被告虽然曾进口一台系争型号之缝纫机至台湾，但法庭认为该机器系用于参加德国科隆所举办之国际制衣、纺织展，并无任何销售行为，亦非损及台湾地区之后果。

3. 互联网环境下，依然严格解释适用侵权行为的地域性属性。

当前，随着互联网用户的迅速增长，电子商务在整个商务活动中的比重越来越大，知识产权的使用亦随之在虚拟空间中扩展开来。这样的交易模式轻易地打破了传统商业模式中地域性特点限制，例如在互联网主页上使用商标，即使该标志的使用者没有或暂时没有开展任何商业活动，也可能在商标注册地产生商业影响。所以，在判断互联网环境下，商标的使用活动是否发生跨界侵权，应重点看使用者从事商业活动的程度和性质如何。

例如，在案例三中，被告公司于网站上刊载系争型号之工业用缝纫机图片本身是否属"专利法"第56条规定为贩卖之要约，是否侵害原告系争专利权？可否认为图片使用者有与台湾地区境内的人士建立具有商业关系的动机？法庭认为其并无定价或建议售价，故既不能认为系货物之价目表，则亦不能认为已属贩卖之要约，故原告以此主张被告已为贩卖之要约，而侵害原告系争专利权，亦不成立。

又如案例五中，在台湾地区已经注册的商标在台湾地区受到法律的保护，自无异议。此时，若另一商标权利人在大陆地区依法申请商标而获得法律保护之后，该权利人自然有权在互联网上对该商标进行合法使用。这样原本在两岸各自法域范围之内相安无事的状况随之被打破。如何认定一方的商标权使用行为是否冲破了地域限制，而侵害到他人的商标权呢？在该案中，原告认为被告之网站管理机构为财团法人台湾网路资讯中心（TWNIC），且网站上载明"台北世贸中心"有设置店铺，并有繁体版网页之链接，其使用标志的行为侵害了原告在台注册商标权。那么，法庭是如何依据地域性原则，判断某一标志的使用是否在台湾地区境内产生商业影响并成立侵权行为的呢？法庭对此采取了严格属地主义主张，考查了被告就标志的使用，列明地址、电话号码或其他联系方式以及被告在网页所使用的语言文字等，认为无法认定被告在台湾地区有使用系争商标之行为。而且进一步认定网站之管理机构位于何处，与商标使用地域之认定无涉，且该繁体版网页之链接不可视为毕加索公司在台湾地区有使用系争商标之行为。

4. 知识产权地域性保护不影响双方当事人以契约方式约定权利行使之权利义务，并就违反契约行为承担违约责任。

案例六南台湾钓具有限公司诉日商丸九股份有限公司商标权其他契约争议上诉案、崧佑工业有限公司诉畲文彬损害赔偿案[①]说明，两岸知识产权保护体系并没有消除知识产权的地域性特征，反而在司法实践中进一步确认了两岸知识产权权利独立原则，实质上也通过法律裁判表明了尊重地域性原则的态度。

"地域性"固然与知识产权确实有着根深蒂固的联系。但实证研究中的诸多案例却展现了事实的另一面：新出现的发明创造，只要它能够带来利润，寻租者就会千方百计地去获取，并利用两岸知识产权法律规定的不同以及知识产权保护受地域限制的特点而寻找获利空间。以专利权为例，如果一种专利依据台湾地区智慧财产法律取得专利权之后，则任何人非经权利人许可同意，在台湾地区境内生产、销售该专利产品，均为侵权。但若当事人亲自或委托他人于大陆地区制造[②]，又有甚者在大陆地区设立关联子公司利用台湾地区专利技术在大陆地区制造贩卖相关产品获利[③]，当然，从属地性出发，若在台权利人未于大陆地区申请享有专利权之保护，则无侵害在陆权利一说。可是，如果没有地域性限制，在统一市场和自由贸易的前提下，权利就能够以其技术创新价值之本真而得到跨境保护。但现实是，两岸法域依然严格依照地域边界保护权利人之知识产权，权利人的索赔即可能碍于地域的差异以及法域的不同而徒增障碍。未来，随着两岸社会历史条件的变化，是否可能有一天，作为一种由法律确认的权利，知识产权会突破严格的地域性，取得类似物权平权般的效力，两岸相互承认依据对方法律产生的知识产权？或者通过协议，通过特定的方式协调两岸在知识产权问题上的利益冲突和政策差异？从当前的立法和实践来看，突破知识产权的地域性虽然是可能的，但是，要做到这一点并非容易。至少，从目前的台湾地区法院的司法实践来看，对严格地域性的突破还是非常有限的。

因此，作为两岸从业者而言，首先，应充分利用两岸知识产权法律保护好相关知识产品的价值，就须注册产生的权利而言，例如专利权和商标权，最佳的办法就是同时在两岸申请权利之保护，以杜绝他人之盗用侵权。在签订契约时，亦可将约定权利

---

① 台湾士林地方法院民事判决 2012 年度智字第 7 号。

② 台湾士林地方法院民事判决 2006 年度智字第 33 号，"智慧财产法院民事判决 2010 年度民专上字第 21 号"。

③ "智慧财产法院民事判决 2009 年度民专诉字第 85 号"。

地域范围进行适当扩展。其次，应根据实际需要选择在对岸境内设立办事机构或开展商业活动。不要盲目地进入对岸市场，尤其是自己没有足够的知识产权储备，基本上处于低端模仿或抄袭对方技术的状况时，更应注意知识产权可能侵犯他人权利而承担的责任。虽然知识产权具有严格的地域性，似乎可以心安理得地使用那些不受境内保护的专利技术，但是如前文所述，台湾地区法院行使其管辖权，不仅考虑侵权行为地，而且包括损害发生地，如果产品被贩卖至专利受保护境内地域，生产者的行为同样会被指控为侵权行为，也就是在大陆地区完成的侵权行为最终仍有可能成为台湾地区权利人所在地法院审理的范畴。

"台湾劳动基准法"发展研究

——以"一例一休"制度为中心

何志扬*

2017 年 1 月 1 日起对台湾的企业主来说，绝对是一个震撼年！虽然"台湾劳动基准法"修法争议终于在此正式画下句点，但部份新制已开始实施，多半都是 1 月 1 日上路，因为缺乏足够缓冲期，企业主与员工如何应变，恐怕诸多考验才要展开。其中，让人摸不着头绪的就是"一例一休"新制，有的企业因应新制已经悄悄反映成本涨价，更有许多劳工遭资遣，甚至无班可加造成流浪劳工，到底新制的内容是甚么？我们实有必要通盘了解才能保障自身的权益

何谓一例一休？"例假"与"休息日"差别，简单地说例假禁止加班，休息日可加班。申言之，所谓"例"就是例假不能加班，即使劳工主动想加班都不准，否则雇主将构成违法，依据"台湾劳动基准法"第 36 条及第 79 条第 1 项第一款规定可处新台币二万元以上一百万元以下罚锾①，除非天灾、事变、突发事件雇主才能求劳工在例假加班，且雇主除应发给劳工 1 倍的工资外还要再给劳工一天补休②；而所谓"休"，则是休息日允许劳工加班。一般上班族的休假日本来就是跟着政府机关公布的行事历走，或许对于两个版本的差别感受不深。不过，很多劳工并不知道，按修正前"台湾劳动基准法"第 36 条规定："劳工每七日中至少应有一日之休息，作为例假"，

---

* 作者目前系中台湾律师联盟执行长，台湾律师公会全联会前秘书长，台中市政府遴聘独任劳资争议劳解委员，何志扬律师事务所主持律师。

① "台湾劳动基准法"第 36 条规定："劳工每七日中应有二日之休息，其中一日为例假，一日为休息日。雇主有下列情形之一，不受前项规定之限制：一、依第三十条第二项规定变更正常工作时间者，劳工每七日中至少应有一日之例假，每二周内之例假及休息日至少应有四日。二、依第三十条第三项规定变更正常工作时间者，劳工每七日中至少应有一日之例假，每八周内之例假及休息日至少应有十六日。三、依第三十条之一规定变更正常工作时间者，劳工每二周内至少应有二日之例假，每四周内之例假及休息日至少应有八日。雇主使劳工于休息日工作之时间，计入第三十二条第二项所定延长工作时间总数。但因天灾、事变或突发事件，雇主使劳工于休息日工作之必要者，其工作时数不受第三十二条第二项规定之限制。"；第 79 条规定："有下列各款规定行为之一者，处新台币二万元以上一百万元以下罚锾：一、违反第二十一条第一项、第二十二条至第二十五条、第三十条第一项至第三项、第六项、第七项、第三十二条、第三十四条至第四十一条、第四十九条第一项或第五十九条规定。"

② "台湾劳动基准法"第 40 条第 1 项规定："因天灾、事变或突发事件，雇主认有继续工作之必要时，得停止第三十六条至第三十八条所定劳工之假期。但停止假期之工资，应加倍发给，并应于事后补假休息。"

法律上的明文条款其实只保障劳工周休一日，而非周休二日，但2016年1月起，"劳动基准法"将法定正常工时由两周84小时，修改为一周40小时后[1]，正常情况下，每天上班8小时，一周5天刚好就达到40小时。另外，很多人可以周休二日的理由，也和法定假日的转换有关。一年中的法定假日本来有19天，但某些法定假日像教师节或光复节，劳工还是照常上班。这是有原因的，在法定工时尚未修改前，本来依法，劳工是隔周的周六要上半天，一年有52周，等于有26周要上半天，也就是要上13个全天。雇主透过减掉法定休假日7天，来填补应该隔周周六上班的时间，等于多放给劳工的假实际上只有6天，才形成大部分上班族都能享有周休二日的现象。而劳工团体在修法前所抗争的是希望比照公务员能一周2天均为例假日，也就是所谓的"双例"，单周工时仍维持40小时，保留7天假，维持法定假日19天，因此雇主不能要求劳工在两例的假日时上班，劳工主动想加班也不行；除非碰到天灾或是突发事件，需要救灾或善后的特殊状况例外，一般劳工一律不得出勤。所以在"一例一休"新制"三读"通过后，"劳动基准法"第36条、第40条改成："劳工每7日中应有2日之休息，其中1日为例假，1日为休息日。没有天灾、事变或突发事件，雇主不得使劳工于例假日出勤，若因前揭原因有使劳工出勤者，该日应加倍给薪，并应给予劳工事后补假休息"。事实上，台湾地区与邻近的大陆地区及日、韩的法定假日数量相比，确实数量最多，也比欧美国家普遍来得多[2]。然而，为什么台湾的工时仍然居高不下？因为劳工的假期不只有法定假日一种，若把"年假（特休）"放进来比较，情况就大不相同。欧洲国家的年假数动辄20天起跳，而韩国劳工在第一年即拥有15天特休假，台湾资浅劳工所拥有的特休假天数，与这些国家都有不小差距。再加上台湾的劳方在与资方协议上处于弱势，许多特休假都"休不到"，导致长期呈现工时过长。低薪不公的情况远超过欧日，台湾的工时长，薪水却没有跟着增加。根据国际货币基金组织（IMF）的统计，台湾的单位劳动成本（Unit Labor Cost）远低于大陆及韩、新，甚至比印度尼西亚、泰国还低。

至于在新制下企业主面对法定假日该如何让员工休假与补假？特别休假又该如何

---

[1]　"台湾劳动基准法"第30条第1项规定："劳工正常工作时间，每日不得超过八小时，每周不得超过四十小时。"

[2]　根据《中华人民共和国劳动法》第40条及1999年9月18日国务院修订发布的《全国年节及纪念日放假办法》的规定，用人单位在下列节日期间应当依法安排劳动者休假：一、元旦（新年，一月一日）；二、春节（农历正月初一、初二、初三）；三、劳动节（五月一日、二日、三日）；四、国庆节（十月一日、二日、三日）；五、法律、法规规定的其他休假节日。主要有妇女节（三月八日）、中国人民解放军建军纪念日（八月一日）、青年节（五月四日）、儿童节（六月一日），凡属少数民族习惯的节日，由各少数民族集居地区地方人民政府，按照各民族习惯，规定放假日期。

处理？雇主一般有三个选择：放假、加发工资、调移。举例来说，法定假日该如何休假与补假？若落在周末及周日，该如何补假？以今年2017年11月12日孙中山先生诞辰纪念日适逢周六，以及12月25日"行宪纪念日"适逢周日为例，需不需要补假？如何补假或给付加班费？按照"台湾劳动基准法"第37条规定，凡纪念日、劳动节日及其他"中央主管机关"规定应放假之日，均应休假。所以当然要给予休假。至于，如何补假或计算加班费？这要分3个层次来谈：1.给予休假或补假：如果法定假日落在平日，例如今年10月25日台湾光复节是在周二，那么企业可以让员工选择当日休假，或是择期补假；但如果法定假日落在周六或周日，自然需要补假，补假方式可由劳资双方协议，在休假日前一日或是例假日的后一日补休。例如今年11月12日孙中山先生诞辰纪念日落在周六，所以很多人都在前一日的周五补休；至于12月25日"行宪纪念日"因为落在周日，所以于后一日，也就是周一补假。2.给予一日工资：若员工选择在法定假日出勤，只要当日工作在8小时内，根据"劳动基准法"第39条规定，雇主征得劳工同意于休假日工作者，工资应加倍发给，也就是加发"一日"工资的意思，且出勤时数不计入每月延长工时46小时上限内。若超过8小时以上，才开始计算加班费。至于坊间有些误传"加倍发给工资"为加发"两日"工资的说法，实是误读法律内容；此外，雇主也可选择给予劳工调移法定假日：若雇主与劳工达成协议，选择将法定假日当日应休的假，调移至其他工作天，只要经劳资双方达成协议即可。但切记，这里所谓劳资双方协议，指的是必须由个别劳工同意，不得以劳资会议来代替个别劳工决定。此外，为了避免引起争议，根据台湾"劳动部"2015年4月23日的函释①，选择调移法定假日者，须"标定"调移后的法定假日，也就是雇主必须以书面来确认调移的法定假日及补假日期。当然，无论是平日班或是法定假日加班，雇主都应要求劳工填写加班申请单，申请单上让劳工任选，是请领加班费还是另选补休日期，这样就非常清楚，有所依据。万一劳资双方若无共识，不妨参考"内政部"所核定的放假办法，法定假日如果碰到周六，就提早在周五补假，如果碰到周日，就在隔日的周一补假。至于特别休假的部分，过去以台湾民间公司普遍的情况来说，特休假若未休完，雇主也不会折算成工资。有些公司视同员工放弃休假、有些公司则会让员工把前一年没休完的假，累积到下一年。因为当时的"劳动基准法"并没有明订，特休假没休完应该怎么办。但新修正的"劳动基准法"，第38条

---

① 台湾"劳动部"2015年04月23日"劳动条1字第1040130697号函释"意旨："劳动基准法"第37、39条及"劳动基准法施行细则"第23条规定参照，受雇于公、私立幼儿园之劳工，法定假日均应予休假，如雇主征得劳工同意出勤，工资应加倍发给，又劳资双方得就"法定假日与工作日对调实施"进行协商，但因涉及个别劳工劳动条件变更，仍应征得劳工"个人"同意。

规定，特别休假日数年资六个月以上一年未满者，三日；一年以上二年未满者，七日；二年以上三年未满者，十日；三年以上五年未满者，每年十四日；五年以上十年未满者，每年十五日；十年以上者，每一年加给一日，加至三十日为止，若劳工特休假因年度终结或契约终止未休完之日数，雇主应发给工资。由于特休假本来就是带薪假，换句话说，若特休没有休完，除了本薪，雇主还需要再加发 1 日工资。也就是，几天的特休没用，雇主就要发给几天的日薪给劳工[1]（原来的日薪＋加发 1 天的日薪＝原来日薪的 2 倍）。

另外，在新制下加班费应如何计算？简单来说，平日加班费的计算并没有改变，就是两小时内按平日每小时工资加给 1/3 以上，第三个小时后加给则以 2/3 计，若是在例假日加班，每小时工资应加倍发给，只要雇主有使劳工每日工作时间超过 8 小时，或每周工作时数超过 40 小时，就应给付加班费。然而，修法后若是在休息日加班则有所增加，工作两小时内，加班费按平日每小时工资加给 1 又 1/3 以上工资，工作第三个小时起，按平日每小时工资另再加给 1 又 2/3 以上工资，而为了保障休息日劳工上班权利，"休息日"加班未满 4 小时以 4 小时计，超过 4 小时未满 8 小时则以 8 小时计，而超过 8 小时在 12 小时以内，则以 12 小时计，以劳工月薪 36000 元，推算每日工资 1200 元，平日每小时工资额为 150 元为例：（1）休息日工作 1 小时，以半日 4 小时计，应另再加给 900 元（计算方式：$150 \times 1 \times 2 + 150 \times 1 \times 2 = 900$），当月工资合计 36900 元。（2）休息日工作 6 小时，以 8 小时计，应另再加给 1900 元（计算方式：$150 \times 1 \times 2 + 150 \times 1 \times 6 = 1900$）当月工资合计 37900 元。（3）休息日工作 10 小时，以 12 小时计，应另再加给 3500 元（计算方式：$150 \times 1 \times 2 + 150 \times 1 \times 6 + 150 \times 2 \times 4 = 3500$）当月工资合计 39500 元[2]。

至于"一例一休"新制之效应？影响所及，在企业端，势必要进用大量兼职员工来填补"例假日"时的正职人手不足等状况。不过，像许多律师事务所或是公车司机等专业工作，都必须有专业执照才能服务客户，无法随便找兼职人员上工。因此，雇主必须在平日储备更多的人力，才能因应忙季时的庞大业务量。这样一来，可能造成正职员工赚不到加班费，实质所得下降，更多非典型就业人力进驻。在这里给企业建议：如果人力调派不过来，要赶紧培养周边支持网络和更多储备人力。给劳工的建议则是：从 2017 年开始，记得"休息日"加班时，跟老板要加班费。此外，消费者也

---

① 目前台湾"劳动部"公布了在线计算特别休假日数之电子表格：https：//kmvc. mol. gov. tw/Trail _ New/html/RestDays. html，各位可以多加利用！

② 台湾"劳动部"公布了在线计算加班费之电子表格：https：//labweb. mol. gov. tw/，各位可以多加利用！

可能要开始习惯，本来属于免费的服务，未来可能要收费。举例而言，比如过去企业到饭店内开会、上下午桌形不同，或是会议结束后要紧接着开"after party"，过去这类额外需求，通常都被视为对客人的延伸服务，饭店可弹性调度和自行吸收。但接下来，当需动用的排班和加班人力都须反映在人事成本上时，"免费"的服务势必会减少。又"劳动基准法"新修正条文中对排班有不少规定，例如更换班次时，劳工应有11小时的休息。对目前愈来愈多24小时、365天全年无休的行业来说，在管理和调度人力上的难度成为空前考验，但每个行业都有淡旺季和营运高低峰，以饭店业来说，从年底到农历春节向来是一年中最忙碌的时候，员工积假到隔年3月后陆续消化，也是现行的一般做法。不过，之后这些制度都必须调整，为了维持人力运用的弹性，减少正职雇用、增加派遣和外包人力的使用，恐怕是多数企业的因应之道。

至于"一例一休"新制时下打工族也有适用吗？部分工时工作者是否涵盖在内？答案是肯定的。"劳动基准法"第36条"七天中须休一天"的规定，当然也包括部分工时的兼职者，即使一天工作只有几小时，雇主还是必须按照法规，让兼职者也能"七休一"。什么是部分工时者？例如暑假结束、开学后，大学生下了课到快餐店或超商兼差打工，或是餐饮业碰到假日或营运尖峰，人手不够而临时增加时薪工，都是部分工时的劳工，亦即一般所称part-time劳工或打工族。除了七休一也保障部分工时者外，过去，许多与劳工权益相关的法令，主要都以正职者为出发点来做明文规定，关于部分工时者的相关法条比较不明确。不过，从2014年1月27日起，台湾"劳动部"订定"雇用部分时间工作劳工应行注意事项"，开始有了明文法令规定保障部分工时者，2016年8月16日又做了部分条文修正。如果你是兼职者或打工族，应该更主动了解自己的工作权益。年资、薪资，都有法律保障首先，即使是兼职者，从受雇日开始算起，如果有一天从兼职转为正职，过去兼职的年资可以并入正职年资来计算。而自2017年1月1日起实施，每月基本工资调整为21009元，每小时基本工资调整为133元，兼职者如果是按月计酬，以正职者一天法定工时8小时为例，一个月的基本工资是新台币21009元，兼职者一天上班4小时，每月薪资就不能少于21009元乘以八分之四，也就是不能低于10505元。如果是按时计酬，以现在时薪133元来计算，若兼职者一天工作4小时，工资就不能低于532元。碰到兼职员工需在平日工时外再加班时，例如平日工时是4小时，若加班超过4小时，薪资则由劳资双方来议定，但是无论如何，都不能低于时薪133元。如果一天总工时超过8小时，还是要依照台湾"劳动基准法"第24条规定，加成计算加班费，也就是前2个小时加给三分之一以上，后2个小时加给三分之二以上。前面讲到兼职者必须做七休一，与正职者不同的是，如果兼职者是按时计酬，例假日是没有工资的。不过，像餐饮业者碰到法定假日例如除夕或中秋节，需要兼职者来上班因应额外人力需求，这时工资该如何计算？分两方面来看，第一种方式是法定假日时，雇主要求兼职者上班，必须给双倍工资，例如基本时薪 133 元，就要乘以 2，以 266 元来计算。第二种方式就是实施对调，也就是将法定假日当天视平常日来上班，雇主再另外给予"计薪"的休假。当然，这要劳资双方同意才行。休假日也要按正职比例给，值得注意的是，过去法律没有明文保障部分工时者的休假日，如今法令已有明确规定，即使是部分工时者，也享有与正职者相关的年休与福利等，只是计算方式不同。因此，实务上如何运作方符合"劳动基准法"规定？简单说，因为部分工时员工可能出勤不固定，例如周一至周五每天工作 4 小时，也可能是每周只工作一天 8 小时，因此与月薪制每天要上班的员工会有所不同。所以，只要劳工是连续工作到第 6 日，不管他前面五天是否已满 40 小时，第 6 日之出勤工资，就要用休息日出勤加班费来计算，且都是以 4 小时为 1 单位。至于部分工时者雇主是否也要给特休？当然要给，依到职日期，以比例计给，例如若平均该员工每周工时 20 小时，刚好是全时员工 40 小时的一半，则特休天数就是给一半。但若是每周工作日数与其他员工相同，只是每天工作时间较短时，也是要给予一样的天数。

相较于台湾，而大陆劳工休假又是如何给薪呢？大陆的工时一样规定是每日 8 小时、每周七天含加班不能超过 48 小时，每周至少休息一日[①]。加班费区分为三种，平日工作 8 小时以上的加班费是工资的 1.5 倍计算，每日最多 3 小时限制，周休二日的加班费以两倍计算，法定例假日则是三倍计算。法定例假日是在每年年底，由国务院会颁定，例如元旦、春节、清明、国际劳动节、端午、中秋、国庆等[②]，只要这些大节庆上班就是三倍工资[③]，因为大陆对于法定休假日给予三倍工资的解释是：法定休假日对劳工的休息比平时的周休更为重要，就算补休也无法弥补。据多年观察，多数的大陆人跨省离家工作，夫妻小孩可能分隔两三地，难得能回家一趟都要坐超过 15 小时以上的火车或巴士返回，就像我们经常看到大陆五一、十一、过年长假，在各省

---

① 《中华人民共和国劳动法》第 36 条规定："国家实行劳动者每日工作时间不超过八小时、平均每周工作时间不超过四十四小时的工时制度。"第 38 条规定："用人单位应当保证劳动者每周至少休息一日。"

② 《中华人民共和国劳动法》第 40 条规定："用人单位在下列节日期间应当依法安排劳动者休假：（一）元旦；（二）春节；（三）国际劳动节；（四）国庆节；（五）法律、法规规定的其他休假节日。"

③ 《中华人民共和国劳动法》第 44 条规定："有下列情形之一的，用人单位应当按照下列标准支付高于劳动者正常工作时间工资的工资报酬：（一）安排劳动者延长工作时间的，支付不低于工资的百分之一百五十的工资报酬；（二）休息日安排劳动者工作又不能安排补休的，支付不低于工资的百分之二百的工资报酬；（三）法定休假日安排劳动者工作的，支付不低于工资的百分之三百的工资报酬。"

的车站、机场的长长人龙，因为这千千万万的劳工朋友返乡回家一趟花钱又费时，又只能利用一年一两次的假期，若公司要求员工在难得的团圆的时间奉献工作，牺牲的不只是休息如此单纯，所以为了符合民情，大陆以三倍薪资规定企业作为报酬。除了法定休假日，还有国家未强制规定的部分公民放假日，也就是三八妇女节及五四青年节，两个节日分别让妇女同胞可以放假半天，14—28岁的青年也可以放假半天。虽没有强制性，但各个台商企业都会有共识地给予员工假期，若上班的也给加班费作为慰劳。尤其在三八妇女节当天商家都有一连串的活动，送玫瑰花或是特别折扣，无不是提醒企业赶快让妇女放假去街上购物消费。至于特别休假呢？在大陆工作满一年以上有5天的年休假，十年以上有10天①，如果员工假没有休完，就要依照天数给付三倍工资。所以企业都会要求人资单位，要紧盯员工把年休假放完。

在台湾实施"一例一休"后，形成许多现象，例如企业为了减少休息日加班费支出，因此大幅减少加班，造成许多劳工无班可加实质总薪资下降；甚至物价也因为一例一休实施后大幅调涨；许多医疗诊所、邮局单位星期六日停止营业造成民众不方便②，眼看"台湾劳动基准法"一例一休新制在2017年7月1日即将过劝导期开始强制实施，虽然一例一休新制是为了要保障劳工避免过劳，让劳工有更好的工作环境③，这部分的确可作为大陆方面借镜参考，但由于制度过于僵化造成企业加班成本大幅上涨，许多诸如服务业等行业都必须在休息日及例假日营业，但因不符合弹性工时④之规定而无法调移例假及休息日，造成劳工反而无班可加的窘境，台湾当局应该可参考大陆方面劳动法规定调整劳工延长工时（加班费）之薪资，并放宽休息日及例假日可调移之规定，如此才是创造企业、劳工及消费者三赢之局面！

---

① 《中华人民共和国劳动法》第45条规定："国家实行带薪年休假制度。劳动者连续工作一年以上的，享受带薪年休假。具体办法由国务院规定。"；国务院2007年12月14日公布职工带薪年休假条例第3条规定："职工累计工作已满1年不满10年的，年休假5天；已满10年不满20年的，年休假10天；已满20年的，年休假15天。"

② 中时电子报http：//www.chinatimes.com/realtimenews/20161223002797－260410，最后造访日：2017年6月11日。

③ 台湾劳工在过去企业滥用责任制（上班打卡制，下班责任制）的情形下，使得普遍工作严重超时，且无加班费、补休等补偿，并且劳工谈判力低落，劳资关系严重不对等，工会无法正常运作等，根据"劳动部"的数字，台湾年人均工时为2141小时，介于OECD的35个国家与地区工时的第2名至第3名间。

④ "台湾劳动基准法"第30条第2项规定："前项正常工作时间，雇主经工会同意，如事业单位无工会者，经劳资会议同意后，得将其二周内二日之正常工作时数，分配于其他工作日。其分配于其他工作日之时数，每日不得超过二小时。但每周工作总时数不得超过四十八小时。第一项正常工作时间，雇主经工会同意，如事业单位无工会者，经劳资会议同意后，得将八周内之正常工作时数加以分配。但每日正常工作时间不得超过八小时，每周工作总时数不得超过四十八小时。"；第30－1条规定："'中央主管机关'指定之行业，雇主经工会同意，如事业单位无工会者，经劳资会议同意后，其工作时间得依下列原则变更：一、四周内正常工作时数分配于其他工作日之时数，每日不得超过二小时，不受前条第二项至第四项规定之限制。"以上规定是谓二周、八周、四周弹性工时。

民进党当局推动税改的背景、进程及争议

熊俊莉[*]

财税制度是调节国民经济的重要工具与手段。2008 年金融危机后，全球掀起新一轮税制改革高潮。以美欧为首的发达国家，以其政治、经济、社会的全面影响力，引导全球财税制度的发展方向。韩国、台湾等新兴发展中经济体也都在推动既与国际"新规"接轨又符合自身政经社会发展新要求的税改。

一、民进党当局推动税改的背景

在现实的国际及岛内政经新形势下，税改成为民进党 2016 年上台后积极推动的重点改革之一。

（一）美欧引领全球税改方向

国际金融危机后，全球范围内掀起一轮新的税制改革高潮，特别是美欧等发达国家的改革牵动着全球各地的"神经"。

在美国，特朗普上台后迅速启动税改，2017 年 4 月公布"原则性方案"，9 月完成《联合税改框架》（经白宫与国会共和党领袖协调及制定）[①]。税改仍以降税为主轴，减少个人所得税税率级次（由当前的 7 级降为 3—4 级），降低企业所得税最高边际税率至 20%，小企业最高边际税率降至 25%；允许企业新增机器设备投资费用化给予企业投资最大税收优惠的承诺；按全球最低税率对回流资金一次性课税以鼓励跨国公司将海外利润汇回岛内；取消替代性最低税制和遗产税，等等。12 月 13 日美参众两院就最终税改版本达成共识，有望近期表决通过，并于 2018 年 2 月生效。

在欧洲，奥地利、比利时、希腊、匈牙利、卢森堡、荷兰和挪威等国的税制改革早在 2016 年就已实施，各国普遍下调企业所得税税率来刺激经济增长，匈牙利甚至

---

* 熊俊莉，中国社会科学院台湾研究所副研究员、两岸关系和平发展协同创新中心成员。
① 马珺：《美国特朗普政府税制改革：背景、焦点与进程》，《地方财政研究》2017 年第 10 期。

一次将企业所得税税率从 19% 降至 9%。2017 年美国推动税改后，英法等国也纷纷跟进，相继传出减税消息。

在亚洲，2017 年日本确立了以"让日本整体经济增长能力提升一个台阶的第一步"为定位的"税制改革大纲"，修改税制（减税）以促进企业参与全球化竞争活动，开展"进攻型投资"以及应对国际性避税等①。韩国税改则以"公平"为主轴，启动了对富人和大企业的加税，但方案能否通过并得以实施仍待观察。在我国香港地区，虽已是低税的自由港，但为应对美国税改可能带来的影响，也启动了减税方案②。

（二）岛内推动税改氛围浓厚

由于经济、社会形势发展需要以及各阶层、团体对税改均有不同的利益诉求与期待，财税改革已获得岛内各界的普遍认同。

一是借税改刺激经济发展。减税是刺激投资最有效的工具之一。即将通过的美国税改方案就对企业和富人大幅降税，对拉动地方项目及增加投资的作用已经有所体现，台塑、鸿海等赴美投资决策中均存在减税因素。台经济已持续低迷多年，从 21 世纪初 6%—10% 的高增长，降到比发达国家和地区还疲弱的 1%—2% 左右。包括税制在内的投资环境恶化，被认为是影响投资和经济成长的重要原因之一。目前，台主要税种有所得税（占 45.2%）、营业税（占 17.9%）、货物税（占 7.7%）、土地税（占 6.7%）、关税（占 4.9%）及证券交易税（占 3.8%）③ 等，包括企业所得税与综合（个人）所得税在内的"所得税制"是否合理非常关键。台税改目的之一，即采取刺激企业与富人投资的所得税制促进经济发展。

二是通过税改促进公平。岛内各界都要求以公平为主的税改，但企业界要求"内外"公平，民众要求"高低"公平。1998 年台湾将两税（营利事业所得税与个人综合所得税）独立课税制度，改成"完全设算抵扣"的"两税合一制"，2015 年后改为"半数设算抵扣"，但造成"内外"差别，即非居住者扣缴率 20%、居住者所得税率 0%—45%，导致高所得者居住者（45% 税率）的股利所得税负高达 49.7%，远高于相同所得的非居住者 33.6%④，因此而产生资本外逃或"假外资"避税等问题，企业

① 森信茂树：《2017 年度税制改革：推迟所得税改革，促进企业业务重组》，2017 年 4 月 12 日，www.nippon.com.
② 华尔街见闻：《香港政府宣布减税，斥资 7 亿港元发展智慧城市》，2017 年 10 月 11 日。http：//news.hexun.com/2017－10－11/191170179.html.
③ 台湾"财政部"："2017 年 11 月赋税收入初步统计"，http：//www.mof.gov.tw.
④ 台湾"中华财政学会"：《"我国"股利所得课税及两税合一制度之检讨》，2017 年 4 月 28 日。

界希望通过"税改"取得与外资的"公平待遇"。另一方面，民众要求的公平主要指，改革税制发挥其本应具有的促进收入公平分配的作用，而不是加剧贫富差距。台湾税制结构的"不合理"，突出体现在长期对属于高收入阶层的特殊群体（军公教薪资所得、高科技型企业、土地股票等资本利得）采取减免税举措，这些条款或明或暗分散在包括"所得税法""土地税法""遗产与赠与税法""中小企业发展条例""促进民间参与公共建设法""奖励民间参与交通建设条例"等几十种不同类别的政策法规条例中。

三是此前税改均不尽人意。自 20 世纪 90 年代起，台湾启动了多次税改。1996 年李登辉执政时期推动"两税合一"改革，2002 年陈水扁执政时期大幅调降"土地增值税"，高收入阶层都是最主要的获利者。2008 年以来马英九推动了两次税改，取消军公所得免税及对高技术型企业减免税、征收"特种货物与劳务销售税"（俗称"奢侈税"）及证券交易所得税等都是马任内所为，其本意正是为了调整"不合理""不公平"的税制。但国际金融危机导致的严峻的经济发展挑战，财政"入不敷出"及债务累积快速增长等因素，也使马英九执政时被迫采取基于平衡的"配套"举措，如将"营所税"由 25% 调降至 17%、将遗赠税由最高 50% 调降至 10%，因而被民进党攻击"为富人与企业谋利"。总体看，台湾历次税改最终都以妥协收场，除了使税制更复杂、更难以持久外，对公平和效率等基本目标的改善未发挥多大的作用。

四是税改是争取民心的好工具。由于税改兼具发展经济、促进公平，近年来更增加了引导民众观念（如绿色、健康、善良）等作用，各阶层、团体对其都有相应的利益诉求。工商界希望借税改减少成本（纳税），提升竞争力，寻求更多投资与获利机会；工薪阶层希望减轻所得税负担，从财政支出获得更大的福利补贴；特定（如环保）团体希望引导经济与生活发展的方向。岛内所谓的"民主选举制度"，决定了税改成为政客们讨好利益群体、争取选票的好工具。

二、民进党当局推动税改的内容与进程

蔡英文执政后，委任"财政专家"林全为"行政院长"，林全任内完成了针对所得税制改革的先期工作，台"财政部"通过 12 个委外研究报告提炼出"所得税法部分条文修正草案"。台"行政院"10 月 12 日通过草案并将其提交至"立法院"请求审核①。民进党当局提出的"税改"，是针对"所得税法"一次较大幅度的检讨与改

———————————

① 台湾"立法院议事与发言系统"，2017 年 10 月 20 日，http：//lis. ly. gov. tw。

革，但主要聚焦在股利所得税方面。

（一）主要内容

台"行政院"提交的"所得税法部分条文修正草案"指出，现行"所得税制"不利留才、揽才及投资，影响中小型、新创企业资本累积及转型升级，导致股利所得者借由内外资身份转换规避税负等问题，因而提出修法要求。

"税改草案"[①] 的主要内容包括以下几个方面：

1. 建立符合国际潮流且具竞争力之公平合理所得税制。主要举措包括：

一是废除两税合一部分设算扣抵制度。"草案"指出，国际上采取"两税合一设算扣抵制度"的德国、法国、意大利、芬兰、挪威、土耳其、英国及西班牙等国，近年均推动向部分免税法、分离课税法以及上述两法并用的改革。台湾应追随国际税改趋势，修正"所得税法"第三条之一、第六十六条之一至第六十六条之八、第一百条之一、第一百十四条之一及第一百十四条之二，删除有关"营利事业缴纳之营利事业所得税得于盈余分配时，并同分配可扣抵税额予其居住者股东扣抵其综合所得税、营利事业设置及记载股东可扣抵税额账户、分配可扣抵税额之计算、借股权移转或虚伪安排规避税负之可扣抵税额调整"等相关规定。

二是设立股利所得课税新制。"草案"提出修改"所得税法"第十五条、第七十一条及第一百条，拟于2018年1月1日起，实行合并计税减除股利可抵减税额与单一税率分开计税之二择一制度。一种是股利所得和其他所得合并计算个人综合所得税，可抵减应纳税额为股利及盈余合计金额的 8.5%（每一申报户每年抵减不超过 8 万元）。另一种是股利所得和其他所得分离课税，其他所得按综合所得税的规定纳税，股利（及盈余）所得按26%税率纳税。纳税人可以自主选择有利于自己的方案。此外，也有相应的"防弊条款"，如修改第十四条之三、第一百十条及第一百十四条之四等。

三是调整所得税税率结构，缩小营利事业所得税与综合所得税税率差距。修改"所得税法"第五条，调降综所税最高税率至40%（综合所得税课税级距由六级调整为五级，删除综合所得净额超过一千万元部分适用百分之四十五税率之级距），将营所税税率由 17% 调高至 20%。

四是调整外资所得税率。"草案"指出，境外个人或机构的股利所得税负已低于岛内，应修改"所得税法"第七十三条之二，取消外资股东获配股利或盈余所含加征

---

① 台湾"立法院"："第9届第4会期第5次会议议案关系文书"，2017 年 10 月 13 日。http：//lis. ly. gov. tw。

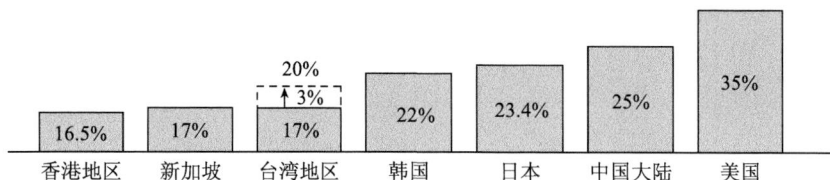

图 1　2017 年全球主要国家（地区）公司所得税最高税率

资料来源：台"财政部""所得税法部分条文修改修正草案"。

百分之十税额部分得半数抵缴其应扣缴税额之规定。同时微幅调高外资股利所得扣缴率（增加 1%）。

表 1　2017 年全球主要国家（地区）外资股利所得扣缴率

日本	台湾地区（新制）	韩国	德国	美国	澳洲	法国	瑞士
20%	21%	22%	26.375%	30%	30%	30%	35%

资料来源：台"财政部""所得税法部分条文修改修正草案"。

2. 减轻中小型及新创企业税负。主要举措包括：

一是对独资及合伙企业所得改变课税方式。修改"所得税法"第十四条、第七十一条、第七十五条、第七十九条、第一百零八条及第一百一十条，对独资、合伙经营的中小型企业不征收营所税，营利事业所得额直接并入征收综合所得税。

二是调降未分配盈余加征的营所税税率。"草案"提出修正"所得税法"第六十六条之九，拟于 2018 年起将未分配盈余加征营所税税率由 10% 降至 5%，以帮助筹资较难的中小型与新创企业保留盈余、累积资本以及转型升级。

3. 减轻对以薪资为主及中低收入阶层的税负。主要举措为：修改"所得税"法第十七条，调高综所税三项扣除额。

一是标准扣除额由每人每年 9 万元提高至 11 万元（有配偶者加倍扣除之）。台"财政部"评估将使约 517 万户受益。

二是薪资所得特别扣除额由每人每年不超过 12.8 万元，提高至每人每年不超过 18 万元。台"财政部"评估将使约 542 万户受益。

三是将身心障碍特别扣除额由每人每年 12.8 万元提高至每人每年 18 万元，台"财政部"评估将使约 62 万户受益。

（二）"立法"进程

在所谓"民主法制"体系下，立法对台湾当局施政形成极大掣肘，突出体现在行政效率低下。多年来，台经济结构与转型所需的重要产业、财税、金融改革，都需要立法或修法，但台立法部门不仅没有发挥应有的支持和服务功能，还常成为"绊脚石"，改革最后往往只能在行政环节修修补补，或为求通过修法而妥协，删减有争议但却是"关键性""根本性"的内容。此次税改涉及台经济法领域最重要的法案之一——"所得税法"的修正，其中与企业相关的"营所税"和与普通民众相关的"综所税"都有较大调整。根据台立法流程，"税改"应通过以下阶段。

1. 提出"修法"

向台"立法院"提出立法建议的可以是行政部门、"立法委员"或其他政党团体等。行政部门提的是"政府提案"，由承办的主管机关（如"财政部"）经"行政院院会"议决后成为"政府提案"。"立法委员"提出的称为"委员提案"，来源可以是学者、游说团体、专业团体或"立法委员助理"等，需联署15人（提案人除外）以上方可成案。此次税改，除了"财政部"经"行政院"提交的"所得税法部分条文修正草案"，非执政党的国民党①、亲民党②、"时代力量"③等"立法院党团"都已分别提出自己的修法方案，迄今岛内共提出50余个版本的修法方案，由台"立法院"合并审查。

2. 审议与通过法案

台"立法院议事处"将一定时期内的修法提案编入议事日程并送交"程序委员会"，"程序委员"讨论后排入"院会"议程，并提出相关建议与定案。修法需经过一读、委员会审查、二读、三读等阶段。一读程序简单，宣读时无异议即通过，但对出席"立委"人数有要求，这常成为非执政党拖延修法的"合法"手段之一。若通过一读则进入"委员会审查"，委员会开会法定人数为应出席人数的三分之一，分两阶段审查，第一阶段为大体讨论（可请行政官员列席备询），第二阶段为逐条审查。"委员会审查"完成决议后进入"二读"，在"二读"会议与表决中，非对应"委员会"的"立委"均可发言及参与表决。但值得一提的是，台"立法院"往往在"二读"前进行"党团协商"，此举号称"为提升议事效率"，但却常被诟病"黑箱操作""利益交换"。"二读"若通过，则进入只针对文字及"违宪"部分进行讨论修改的"三读"，一般可快速通过。"三读"完成后若无"复议"则算是完成修法。此次，台

---

① 台湾"立法院"："第9届第4会期第5次会议议案关系文书（院总第225号委员提案第21236号）"，2017年10月25日。

② 台湾"立法院"："第9届第4会期第5次会议议案关系文书（院总第225号委员提案第21262号）"，2017年11月1日。

③ 台湾"立法院"："第9届第4会期第5次会议议案关系文书（院总第225号委员提案第21184号）"，2017年10月18日。

当局所提"草案"以及其他 50 多项税改方案经"一读"被送入"财政委员会"合并
审查，到 12 月中旬已经过 4 次审查，但在"委员会"逐条审查这一过程陷入僵局，
除极少数共识（取消两税合一部分设算扣抵）外各方均坚持对台当局的"草案"进
行调整，如国民党团主张"进一步提高民众的标准扣除额、薪资所得扣除额，暂不提
高中小企业营业所得税"；"时代力量"党团主张"降低分离缴纳股利所得税的税率，
进一步提高薪资特别扣除额、幼儿学前教育特别扣除额、股利所得税抵减税额上限和
扣抵率"。台当局在年底完成修法的计划破产。为了加快推进税改，12 月 15 日民进党
"立委"利用表决时大幅领先的人数优势变更议程，使"所得税法部分条文修正草
案"免初审（不再需要通过"财政委员会"审查），直接进入"二读"阶段（称
"径付二读①"）。然而，此举虽加快了"二读"前的"通关"速度，但也加深了执政
党与其他政党、团体及"立委"的矛盾，修法成功还要看在最关键的"党团协商"
及"二读"阶段能否达成"妥协"。

三、民进党税改的问题与争议

蔡英文精心策划多年的税改，号称是对富人、穷人的"全民减税"，且对台当局
财政和税收没有损害的方案，其实并不完美，从走出"行政院"大门开始就受到岛内
各界的质疑。

1. 没有改变"防弊"为主的思维

多年来，台湾社会已形成"防弊重于兴利"的观念，无论哪个政党执政，都继承
了政策上的保守与管制性，这对经济领域的影响尤为突出。民进党推出的税改虽然看
似比马英九时期"步幅大"，改制（"两税合一"）更张，但真正动的"奶酪"却不太
多。正如台"工业总会"理事长许胜雄、"商业总会"理事长赖正镒等指出的，当局
不把重心放在如何"把饼做大"，却只是对税费调整"斤斤计较"，提高一点企业营
所税，或者降低一点未分配盈余税率，格局太小。

2. 假公平和真济富

民进党当局虽宣称税改以"公平"为主轴，调整 3 项扣除额（标准扣除额、薪资
所得及身心障碍扣除额）使薪资所得者、中低所得者及独资合伙企业享有近六成减税
利益，但仍被批评"富人得利最多"。有研究指出，台湾低收入者股利所得仅占收入

---

① 有出席的委员提议，及现场 20 位委员签名联署或附议，并经多数表决通过。

的 12%，而高收入者（税率 45%）的 63% 都是股利所得①，因此高股利所得者（税率由 36.5% 降至 26%）是主要的受益者。

3. 中小企业"受害"

"草案"废除了"两税合一"制，实行新的股利所得两案自选制度，为了平衡税收以及避免落下"图利富人"形象，提出一系列配套举措，包括提高企业营业所得税 3 个百分点。国民党"立委"等批评台当局此举，与之前通过的"一例一休"及后续的"劳保年金改革"等，都将对中小企业不利。台湾中小企业比重高达 90% 以上，家数超过 130 万家，受冲击影响面大。

4. 税改各项目标难达成

民进党作为执政党推出的税改，希望在促进经济发展、有助公平分配、改善财政税收等目标间取得平衡，最重要的考量是不要"顾此失彼"，失去民众信任和选票。以此为导向的政策自然是平衡有余、创新不足，一方面降税幅度不敢像美国那样使富人和企业"有感"（企业税由 35% 降至 21%，富人税最高税率由 39.6% 降至 37%），对吸引投资和就业效果不明显；另一方面，通过减税对低收入阶层和中小企业的"涓滴效应"更有限，不可能促进公平分配。缺乏力度的税制改革没法刺激经济活力，对改善税收也难有帮助。

5. 程序正义受质疑

涉及税改的"修法"版本多，利益诉求各异，很难取得共识。在"官方"版本的修正草案各种减税举措的基础上，"立委"们提出更高减税额的提议。对此，台当局表示难以"遵照"，否则将有 1000 多亿的税收损伤。这也成为民进党借人数优势在"立法院"强行推进的借口。台当局粗暴"修法"的过程引发各界争议，被批评用税改"与 1000 户股市大户交心"，"破坏民主法治"，"急着向有钱人妥协、倾斜"。

面对种种非议，民进党当局宣称，每一次税制改革都希望让大多数人受惠，但往往受到各种因素限制，因此要在"主轴"上着力。此次税改的"主轴"是解决内外资租税的公平问题，因此废除实施 20 年的"两税合一制"，将是台湾税制改革上的一次重大变革，"分配公平"、中小企业及税收等方面只能尽量"平衡"，出台与之相配套的各项举措。

---

① 曾巨威：《税改建言系列二：劫库济富又劫贫济富》，中国时报，2017 年 12 月 5 日。

四、小结

蔡英文当局正在推动的税改是岛内重大"民生"政策改革之一，对岛内政经、社会等都有相当程度影响。迄今税改发展情况，可大致整理如下：

一是蔡当局税改符合国际趋势，方向上没有太多争议空间。国际社会税制发展的趋势是清晰的，随着全球各国或地区经济关联性不断增强，税制改革逐渐向以"低税率、宽税基"为主轴趋同，各国（地区）税制改革均主要围绕以下三大目标进行：一是把税收政策作为促进经济发展的重要政策，通过降低企业税收负担和个人税收负担来改善投资环境，吸引投资和增进就业。二是把税收政策作为缩小贫富差距的重要工具，如适当对高收入群体增税，采取有效措施削减中低收入人群和家庭的税收负担。三是把税收政策作为塑造人们良好行为的重要手段，也借此调整产业结构，如"消费税"和"环保税"引导产业向促进人民健康、绿色环保方向发展①。蔡当局税改方向符合以上基本原则与方向。

二是对税改进行较好包装，有利于得到舆论支持。一方面，税改的力度其实并不大，但取消"两税合一制"却被善于"包装"的民进党宣传为"改革意义重大"，岛内各界对此皆表示认可。另一方面，用"公平"掩盖其拉拢工商界的真实目的。民进党希望让更多阶层既"有感"又不"反弹"，很有技巧地将"公平"作为推动基调，包括内外资公平、富人和穷人阶层的公平、大财团与中小企业的公平等。所谓"内外不公平"很好地为民进党满足企业界诉求、争取选票，提供了借口。吸引了国民党历次税改的教训，民进党没有将以减税"做大经济盘子"及二次分配等作为宣传目标，因此岛内对其"劫贫济富"的反弹也不大。可以说，蔡当局标榜"兼顾经济与公平""各方均受益"在宣传上是较成功的。岛内重要财经媒体《工商时报》发表社论，就认为"这是一次符合各界期盼，有得于投资与分配正义，完成重大结构性调整的税改方案"②。

三是蔡税改目前虽然遇阻，但预计将"有惊无险"通过。总的来说，当前形势对蔡当局推动税改有利，不仅国际上正逢税改大潮，岛内有利因素也不少。在经济上，台经济近两年来由低走稳，财政状况有所改善，台湾地区目前并没有紧迫的债务危机，岛内贫富差距也不算太严重，以中小企业为主的阶层结构使其对当局减税施压能

---

① OECD：《税制改革趋势报告2017》，www.oecdchina.org。
② 工商时报社论：《聚集税改核心目标，尽速完成所得税法修法》，2017年12月13日。

力不足等。在政治上，虽然台湾蓝绿对立、民主情绪高涨使蔡税改在"立法院"遇到一定干扰，但台各政党、"立委"都属"利益驱向型"，与民进党"讨价还价"的空间与实力也不大，预计蔡当局将"有惊无险"通过税改。

我国台湾地区环境公益诉讼与司法审查[*]

张　倩^{**}

引　言

我国第十二届全国人大常委会于 2017 年 6 月 27 日通过了《关于修改〈中华人民共和国行政诉讼法〉的决定》，即在第 25 条中增加一款，为第 4 款①，作为我国行政公益诉讼的法律依据。该条款不仅是对检察机关提起公益诉讼为期两年试点工作的肯定，而且结束了我国行政公益诉讼法律依据长期缺位的现状。法律依据的完善，必将推动我国行政公益诉讼实践的发展。任何一项制度的长成都有一定的周期和规律，行政诉讼条款的增修只是行政公益诉讼发展的开端，其在成长过程中不可避免地会遭遇一些"成长的烦恼"，如何解决这些"成长的烦恼"，是行政公益诉讼功能实现的关键。我国台湾地区早在 1998 年就在其"行政诉讼法"第 9 条中规定了行政公益诉讼条款，但该条规定行政公益诉讼限于"法律有特别规定者"，以防止滥诉的发生。因此，台湾地区行政公益诉讼的真正开端始自 1999 年"空气污染防制法"第 74 条的增修（现行法律第 81 条）。总体观之，环境行政公益诉讼是台湾地区行政公益诉讼的主要使用领域，而且其俨然已经成为台湾环境法治的重要支柱。经过近二十年的发展，台湾地区形成了一些具有指标意义的环境行政公益诉讼案例，如高雄高等行政法院 2007 年度诉字第 647 号判决、台北高等行政法院 2009 年度诉字第 504 号判决、台北高等行政法院 2011 年度诉字 1214 号判决及"最高行政法院" 2012 年度"判字第 980

　　* 本文为国家"2011 计划"司法文明协同创新中心资助项目（教技函 2013〔26〕）；教育部哲学社会科学重大课题攻关项目"法律制度实施效果评估体系研究"（16JZD011）的阶段性成果。

　　** 张倩，武汉大学台湾研究所助理研究员，2011 司法文明协同创新中心专职研究员。

　　① 《中华人民共和国行政诉讼法》（1989 年 4 月 4 日第七届全国人民代表大会第二次会议通过，2017 年 6 月 27 日第十二届全国人民代表大会常务委员会第二十八次会议第二次修正）第 25 条第 4 款内容为："人民检察院在履行职责中发现生态环境和资源保护、食品药品安全、国有财产保护、国有土地使用权出让等领域负有监督管理职责的行政机关违法行使职权或者不作为，致使国家利益或者社会公共利益受到侵害的，应当向行政机关提出检察建议，督促其依法履行职责。行政机关不依法履行职责的，人民检察院依法向人民法院提起诉讼。"

号判决"等。有鉴于此，本文拟对我国台湾地区环境行政公益诉讼制度的发展进行考察，为大陆地区行政公益诉讼实践提供可供利用之资源。

一、台湾地区行政法院体系概况

在对台湾地区环境行政公益诉讼和法院对环境行政公益诉讼的司法审查进行分析之前，有必要对台湾地区的行政诉讼法制进行说明，尤其是台湾地区行政法院的审级制度，以便更好地理解后文中所选取的环境行政公益诉讼典型案例的判决。除此之外，还要对台湾地区环境行政公益诉讼立法进行说明，了解环境行政公益诉讼的法律依据和实施要件。

与大陆的诉讼体制不同，台湾地区实行的是公私二元审判制度，单独设立行政法院管辖公法诉讼，即凡属公法上之争议，除由法律特别规定将审判权移走至其他法院，均在行政法院诉讼。经过 2011 年的修法，"行政诉讼法"将行政诉讼确立为三级二审制，行政法院包括"最高行政法院"、高等行政法院（台北、台中和高雄）和智慧财产法院①、地方法院中的行政诉讼庭②。需要说明的是除了交通裁决事件，其他简易行政事件，如果具有行政处分之性质，需要先践行诉愿程序③之后，才能提起行

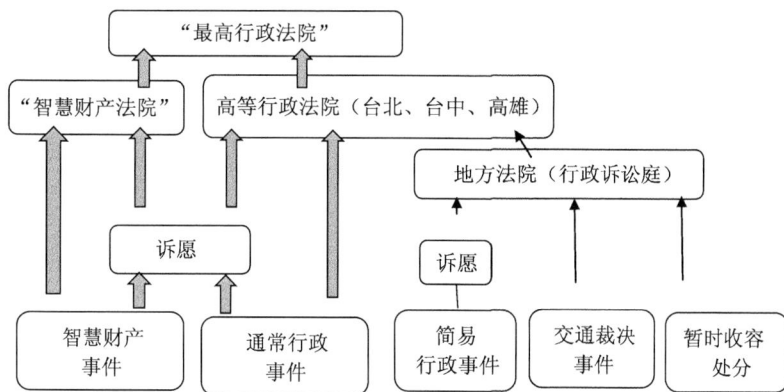

图 1-1：台湾地区行政法院脉络④

说明：图中粗箭头表示一审为高等行政法院的事件；图中细箭头表示一审为地方法院（行政诉讼庭）的事件。

---

① 台湾地区于 2008 年设立"智慧财产法院"，其层级相当于高等法院或高等行政法院，负责处理有关智慧财产诉讼事件。"智慧财产法院"管辖涉及智慧财产权之第一审行政诉讼事件及强制执行事件。通常行政事件和智慧财产事件的终审法院为"最高行政法院"。

② 即在各地方法院中设立行政诉讼庭，受理简易行政事件和原来由普通法院受理的交通裁决事件。

③ 台湾地区"行政诉讼法"中的诉愿程序类似大陆地区的行政复议制度，是行政机关自我纠错机制。诉愿程序是撤销诉讼及课予义务诉讼的先行程序，但是法律明文规定得不经诉愿而提起行政诉讼者除外。

④ 参见林明锵：《行政法讲义》，台湾新学林出版股份有限公司 2014 年 10 月版，第 438 页。

政诉讼。简易行政事件和交通裁决事件的终审法院为高等行政法院。为了清晰地展现台湾地区行政诉讼体制，本文用图1-1说明。

由台湾地区行政法院的脉络，我们可知环境行政公益诉讼的一审法院为台北、台中和高雄三所高等行政法院，二审法院为"最高行政法院"。目前，台湾地区公民所提起之环境行政公益诉讼主要集中在台北高等行政法院和高雄高等行政法院。经过数年的发展，行政法院在对环境行政公益诉讼的司法审查过程中，逐渐确立了一些环境行政公益诉讼司法审查的标准，在推动台湾地区环境行政公益诉讼的发展中发挥了重要作用。

一、台湾地区环境行政公益诉讼之立法及实施要件

我国台湾地区环境行政公益诉讼的立法基本完成于2000年左右，立法基本覆盖了整个环境保护领域，"行政诉讼法"第9条对行政公益诉讼做了基本规定，具体的环境法律对环境行政公益诉讼的实施要件做了明确规定。

（一）台湾地区环境行政公益诉讼之立法

台湾地区环境行政公益诉讼类似于大陆地区的行政公益诉讼，是行政诉讼的一种，其首要依据来源于"行政诉讼法"第9条："人民为维护公益，就无关自己权利及法律上利益之事项，对于行政机关之违法行为，得提起行政诉讼。但以法律有特别规定者为限。"该法条从一般法层面明确了行政公益诉讼，为了防止滥诉的发生，其将行政公益诉讼限于"法律有特别规定者"。就环境行政公益诉讼而言，其特别法依据包括"环境影响评估法""环境基本法""空气污染防制法""废弃物清理法""土壤及地下水污染整治法""海洋污染防治法""水污染防治法"及"国土计画法"等。具体条文规定详见表2-1：

表2-1 台湾地区环境行政公益诉讼法律依据

修定年份	名称	现行条款及内容
1998年	"行政诉讼法"	第9条：人民为维护公益，就无关自己权利及法律上利益之事项，对于行政机关之违法行为，得提起行政诉讼。但以法律有特别规定者为限。
1999年	"空气污染防制法"	第81条：公私场所违反本法或依本法授权订定之相关命令而主管机关疏于执行时，受害人民或公益团体得叙明疏于执行之具体内容，以书面告知主管机关。主管机关于书面告知送达之日起60日内仍未依法执行者，受害人民或公益团体得以该主管机关为被告，对其息于执行职务之行为，直接向行政法院提起诉讼，请求判令其执行。

修定年份	名称	现行条款及内容
1999 年	"废弃物清理法"	第 72 条：公私场所违反本法或依本法授权订定之相关命令，而主管机关疏于执行时，受害人民或公益团体得叙明疏于执行之具体内容，以书面告知主管机关。主管机关于书面告知送达之日起 60 日内仍未依法执行者，受害人民或公益团体得以该主管机关为被告，对其怠于执行职务之行为，直接向高等行政法院提起诉讼，请求判令其执行。
2000 年	"土壤及地下水污染整治法"	第 54 条：公私场所违反本法或依本法授权订定之法规命令而主管机关疏于执行时，受害人民或公益团体得叙明疏于执行之具体内容，以书面告知主管机关。主管机关于书面告知送达之日起 60 日内仍未依法执行者，受害人民或公益团体得以该主管机关为被告，对其怠于执行职务之行为，直接向行政法院提起诉讼，请求判令其执行。
2000 年	"海洋污染防治法"	第 59 条：公私场所违反本法或依本法授权订定之相关命令而主管机关疏于执行时，受害人民或公益团体得叙明疏于执行之具体内容，以书面告知主管机关。主管机关于书面告知送达之日起 60 日内仍未依法执行者，受害人民或公益团体得以该主管机关为被告，对其怠于执行职务之行为，直接向行政法院提起诉讼，请求判令其执行。
2002 年	"水污染防治法"	第 72 条：事业、污水下水道系统违反本法或依本法授权订定之相关命令而主管机关疏于执行时，受害人民或公益团体得叙明疏于执行之具体内容，以书面告知主管机关。主管机关于书面告知送达之日起 60 日内仍未依法执行者，受害人民或公益团体得以该主管机关为被告，对其怠忽执行职务之行为，直接向高等行政法院提起诉讼，请求判令其执行。
2002 年	"环境基本法"	第 34 条：各级政府疏于执行时，人民或公益团体得依法律规定以主管机关为被告，向行政法院提起诉讼。
2003 年	"环境影响评估法"	第 23 条第 8 项、第 9 项：开发单位违反本法或依本法授权订定之相关命令而主管机关疏于执行时，受害人民或公益团体得叙明疏于执行之具体内容，以书面告知主管机关。主管机关于书面告知送达之日起 60 日内仍未依法执行者，受害人民或公益团体得以该主管机关为被告，对其怠于执行职务之行为，直接向行政法院提起诉讼，请求判令其执行。
2016 年	"国土计画法"	第 34 条：申请人申请使用许可违反本法或依本法授权订定之相关命令而主管机关疏于执行时，受害人民或公益团体得叙明疏于执行之具体内容，以书面告知主管机关。主管机关于书面告知送达之日起 60 日内仍未依法执行者，人民或公益团体得以该主管机关为被告，对其怠于执行职务之行为，直接向行政法院提起诉讼，请求判令其执行。

（二）台湾地区环境行政公益诉讼之实施要件

通过以上法律规定可知，环境行政公益诉讼的实施要件包括以下六个方面：

1. 须有环境特别法之规定

即只有环境特别法中明确规定了行政公益诉讼条款的，受害人民或公益团体才可以提起行政公益诉讼，未规定特别法之环境保护领域，受害人民或公益团体不得提起行政公益诉讼。

2. 须由受害人民或公益团体提出

就受害人民而言，台湾地区行政法院和学界基本达成的共识是采"可能性标准"，即受害人民并非仅限于权利"已受有损害"之人民，权利可能受有损害即为受害人民[①]；就公益团体而言，"行政诉讼法"第 35 条做了相应规定："以公益为目的之社团法人，于其章程所定目的范围内，由多数有共同利益之社员，就一定之法律关系，授予诉讼实施权者，得为公共利益提起诉讼。前项规定于以公益为目的之非法人之团体准用之。"

3. 须主管行政机关疏于执行

即主管行政机关未依上述法律规定对违法之公私场所、事业及污水下水道系统、开发单位、"国土计画"申请人采取必要之管制措施。

4. 受害人民或公益团体在提起行政公益诉讼之前，须先将主管机关疏于执行之内容，书面告知主管机关

此项告知程序，功能类似于诉愿制度，即让主管机关知悉违法之情事，并给予行政机关自我纠错之机会，同时防止公民滥诉，增加法院诉讼负担。

5. 行政机关于书面告知送达之日起 60 日内仍未依法执行者，才可以向行政法院提起诉讼

60 日为行政机关采取必要措施之周期，如果主管行政机关仍未依法执行，受害人民或公益团体得提起行政公益诉讼。对此台湾学界有所质疑，如叶俊荣老师指出："60 日的要件不论在法律的规定或法院的解释上，均有松动的现象……法院在许多判决中网开一面，认为立法者定下 60 日通知的要件乃在给予主管机关相当时间以对违法情事采取行动，并非执意以 60 日为程序上的严格规定，以遏阻诉讼的提起。"[②] 黄锦堂老师也提出："若主管机关已经完成有关的决定，例如污染性设施的设厂许可或重要的法规命令或计画已经制定完成，则 60 日等待期间有何意义？"[③] 另，何为"未

---

① 以"可能性理论"判断原告是否具备诉讼权能，可参见台北高等行政法院 2001 年度诉字第 6812 号判决、2001 年度诉字第 7023 号判决；高雄高等行政法院 2009 年度诉更（一）字第 17 号判决、2007 年度诉更（二）字第 32 号判决。

② 叶俊荣：《环境政策与法律》，台湾月旦出版社有限公司 1993 年版，第 242 页。

③ 参见黄锦堂：《论环境法之诉权——高雄高等行政法院 2006 年度判字第 1061 号判决评论》，台湾《法令月刊》第 62 卷第 1 期。

依法执行"？根据台北高等行政法院 100 年诉字第 1214 号判决中"被告迄今仅函知参加人说明外运弃土有无弃置于系争土地上，并未命参加人将复建分院开挖整地违法外运而弃置于系争土地上之土石移除，或命参加人以他法使外运土石弃置于系争土地对环境所造成之不利影响排除或减轻……核属裁量怠惰……"① 由上述判决内容可知，法院采结果标准判断何为"未依法执行"。

6. 须受害人民或公益团体以主管机关为被告，直接向行政法院提起诉讼，请求判令其执行

此处需要说明两点：（1）台湾地区行政法制中存在诉愿制度，相对人在提起行政诉讼之前，一般需要践行诉愿程序，但是行政公益诉讼无须践行诉愿程序及其他前置程序；（2）台湾地区与大陆不同，采诉讼类型制度，即相对人提起的行政诉讼应该满足"行政诉讼法"中所规定的诉讼类型②，而行政公益诉讼对应何种诉讼类型，法律并未明确规定。但是根据行政公益诉讼是"请求判令主管机关执行"，台湾行政法院和学界已在受害人民和公益团体可以就一般给付诉讼或课予义务诉讼提起行政公益诉讼方面基本达成共识。③ 除此之外，也有学者认为在某些特殊情况下，原告可以选择提起撤销诉讼。④

二、行政法院对环境行政公益诉讼司法审查之内容

由表 2－1 可知，我国台湾地区环境行政公益诉讼法制基本完成于 2000 年左右，但是至今受害人民或公益团体提起的环境行政公益诉讼案件仅有十余起，就笔者查阅的资料来看，原告胜诉的仅有三件，分别是"美丽湾环评案""湖口垃圾转运站环评案"和"长庚复健分院废弃土方外运案"。其中，"美丽湾环评案"是台湾地区首起胜诉的行政公益诉讼案件，也是台湾地区首起由公益团体提起胜诉的行政公益诉讼案件；"湖口垃圾转运站环评案"是台湾地区首起由公民提起的胜诉的行政公益诉讼案件。就台湾地区高等行政法院和"最高行政法院"对环境行政公益诉讼的司法审查而

---

① 参见台北高等行政法院 2011 年诉字第 1214 号判决。

② 台湾地区"行政诉讼法"中规定的诉讼类型包括：撤销诉讼、给付诉讼（公法上给付诉讼、一般给付诉讼）、课予义务诉讼（请求为处分诉讼）、确认诉讼。不同学者对其诉讼类型做了不同的命名，具体可参见陈新民：《行政法学总论》，台湾三民书局 2015 年第 9 版，第 539—591 页；陈清秀："行政诉讼法"，台湾元照出版公司 2015 年第 7 版，第 153—238 页。

③ 参见李建良：《环评程序与行政诉讼：美丽湾度假村环评案》，台湾《台湾法学杂志》2011 年 5 月第 176 期；参见"最高行政法院"2012 年度"诉字第 980 号判决主文"。

④ 张文郁：《浅谈行政诉讼之公益诉讼》，台湾《月旦裁判时报》2014 年 2 月第 25 期。

言，其审查内容主要涉及原告诉讼权能、行政公益诉讼类型、先行程序等问题。

（一）原告诉讼权能

原告之诉讼权能乃是涉及"行政诉讼法"上之"特殊的诉讼实施权"资格要件之要求，台湾地区"行政诉讼法"之诉讼权能并不完全等同于诉讼实施权，其诉讼权能可以表达为"诉讼权能 = 诉讼实施权 + 主观权利存在"，其中诉讼实施权是指原告当事人适格，即原告需主张行使自己之权利；主观权利存在，即原告受保护规范所保护的权利受到行政违法行政处分的侵害。[①] 简言之，"行政诉讼法"诉讼权能的规定目的在于排除民众诉讼（行政公益诉讼）。因此，行政公益诉讼的原告从法理上并不具有诉权权能，其原告诉讼权能的取得来源于法律的例外授权。台湾地区环境行政公益诉讼中原告诉讼权能可以分为受害人民的诉讼权能和公益团体的诉讼权能。

1. 受害人民之诉讼权能

根据表 2 - 1 可知，台湾地区在对行政公益诉讼原告的规定方面存在不同，这种不同主要体现在"行政诉讼法"与主要环境法律之间。具体而言，"行政诉讼法"第 9 条规定的行政公益诉讼原告为"人民"；而主要环境法律中规定的行政公益诉讼原告为"受害人民"。即"行政诉讼法"并未强调，提起行政公益诉讼的人民必须是自身权利受到侵害；但环境保护领域的特别法却强调提起行政公益诉讼的人民必须是自身权利受到侵害。亦即"行政诉讼法"第 9 条取消了原告提起行政公益诉讼的门槛，取消了行政诉讼中原告的诉讼权能要求，属于客观诉讼，即人民提起行政公益诉讼是为了维护公益，而非自身权利；而主要环境法律则仍限制原告的诉讼权能，未脱离"被害人诉讼"模式，属于主观诉讼，即受害人民提起的行政公益诉讼是为了维护自身已受害或有受害之虞之权利。因此，台湾有学者认为，主要环境法律并未承接"行政诉讼法"第 9 条所规定之行政公益诉讼之客观诉讼之性质，其仍属主观诉讼，与公益诉讼无关。[②] 由于"行政诉讼法"第 9 条不能直接适用，需有法律明确规定者方可适用。因此，我们所探讨之环境行政公益诉讼，其原告为"受害人民"而非"人民"，而当原告为受害人民时，其是否仍然是行政公益诉讼本身是值得商榷的。

2. 公益团体之诉讼权能

由表 2 - 1 可知，主要环境法律的行政公益诉讼条款中所规定的原告，除了"受

---

① 参见陈清秀："行政诉讼法"，台湾元照出版有限公司 2015 年第 7 版，第 251—252 页。
② 参见黄锦堂：《论环境法之诉权——高雄高等行政法院 2006 年度判字第 1061 号判决评论》，台湾《法令月刊》第 62 卷第 1 期；张文郁：《浅谈行政诉讼之公益诉讼——兼评最高行政法院判决 2012 年度判字第 980 号》，台湾《月旦裁判时报》2014 年 2 月第 25 期。

害人民"，还有"公益团体"。前文我们分析到台湾地区"行政诉讼法"第35条中所规定的公益团体提起行政公益诉讼的方式为"由多数有共同利益之社员，就一定之法律关系，授予诉讼实施权者，得为公共利益提起诉讼"。也就是说，公益团体之行政公益诉讼权能并非固有，而是由"任意诉讼担当"之方式由社员之处转移而来①，这种团体诉讼称为"自我之团体诉讼"，人民团体以所属成员之规范上受保护之法益受到侵害而提起，也称为"以诉讼代表权方式而提出诉讼之权能"。② 简言之，公益团体在提起行政公益诉讼之前，需先证明授权社员之权益遭受行政机关违法之行政处分或拒为或怠为行政处分侵害，始能合法进行诉讼。就第35条之规定，台湾很多学者都认为该项规定"颇为奇特或甚至怪异"，如张文郁教授、李建良教授和付玲静教授都在相关文章中指出，既然其宣称公益团体得为维护公益而以团体之名提起诉讼，近乎"利他性团体诉讼"，③ 而但从公益团体诉权来源之方式看，其应为"自我之团体诉讼"，二者显存自相矛盾之处。因此，台湾地区前"最高行政法院院长"彭凤至认为应该将"行政诉讼法"第35条修改为"以公益为目的之社团法人，于其章程所动范围内，为维护公益，对于行政机关之违法行为，得提起行政诉讼，但以法律有特别规定者为限"，同时删除同条第2、3、4项，并将整个条文移到第9条第2项。④ 由此解决公益团体行政公益诉讼权能的来源问题。

3. 行政法院对行政公益诉讼原告诉讼权能的判断标准

从台湾地区行政法院形成的司法判例来看，行政法院对行政公益诉讼原告诉讼权能的认定标准沿用非行政公益诉讼的行政诉讼中所确立的"可能性理论"，即只需受害人民或公益团体主张之权利"可能"受有损害为已足，不需要受有现实损害。⑤ 如在台北高等行政法院2009年度诉字第504号判决主文中提到"环评法第23条第8项所称'受害人民'，除因开发单位违反环境影响评估相关法令进行开发，而主管机关

---

① 参见张文郁：《行政诉讼中团体诉讼之研究——以环境保护相关法律为中心》，台湾《月旦法学杂志》2004年8月第111期。

② 相关用词，参见 BVerwG, Beschi. v. 28. 2. 1980 – 3Be/80（Mannhein），NJW 1980, S. 1911.

③ 参见张文郁：《行政诉讼中团体诉讼》，载《权利与救济（二）——实体与程序之关联》，台湾元照出版公司2008年版，第213—229页；李建良：《论环境法上之行政公益诉讼》，台湾《法令月刊》第51卷第1期；付玲静：《由高雄高等行政法院2007年度诉字第647号判决谈开发许可与环境影响评估之关系》，台湾《东吴公法论丛》2008年第2卷。

④ 彭凤至：《论行政诉讼中之团体诉讼——兼论行政诉讼法第三十五条之再修正》，载《当代公法新论（下）——翁岳生教授七秩诞辰祝寿文集》，台湾元照出版公司2002年版，第125页。

⑤ 行政公益诉讼中原告诉讼权能的可能性判断标准在高雄高等行政法院2009年度诉字第47号判决（《美丽湾度假村环评案Ⅱ》）中就已明确，虽然该案不是环境行政公益诉讼，但是此判决所确定的原告权益受害的"可能性"判断标准，在后面的受害人民提起的首起环境行政公益诉讼——台北高等行政法院2009年度诉字第504号判决（新竹县湖口垃圾转运站环评案）等案例中得到了延续。

疏于执行，致其权利已生现实损害之人民外，开发行为直接影响所及之居民权益，如因开发行为将受严重影响或有生损害之虞，该居民自亦属于前揭规定所称之'受害人民'"。即台北高等行政法院在对新竹县湖口乡凤凰村175名居民原告诉讼权能进行认定时，采"可能性标准"。目前，"可能性标准"已成为台湾地区行政法院认定行政公益诉讼原告诉讼资格的判断标准。

（二）行政公益诉讼类型

台湾地区的行政诉讼制度划分了不同的诉讼类型，行政公益诉讼属行政诉讼之范畴，原告提起行政公益诉讼时，应明确其所提行政公益诉讼为何种行政诉讼类型。就"行政诉讼法"和主要环境法律而言，其都并未明确规定环境行政公益诉讼为何种诉讼类型。台湾地区行政法学界与行政法院也并未在行政公益诉讼类型上完全达成一致，只是在课予义务诉讼与一般给付诉讼的类型上达成一致。

1. 行政法院对环境行政公益诉讼类型之认定

就台湾地区行政法院对行政公益诉讼类型的认定而言，行政法院对环境行政公益诉讼类型的看法经历了"一般给付诉讼—课予义务诉讼——般给付诉讼＋课予义务诉讼"的过程。具体而言：

第一阶段：高雄高等行政法院在2007年度诉字第647号判决，即"台湾环境保护联盟诉台东县政府"一案的判决中，认为"…原告依环评法第23条第8项后段规定，对被告怠于执行职务之行为，直接提起行政诉讼，请求判令被告应命参加人停止在上述346-4地号土地上之一切开发施作工程行为，核属给付诉讼之诉讼类型……"也就是说，在本案的一审中，高雄高等行政法院认为原告所提行政公益诉讼为一般给付诉讼，而非课予义务诉讼。

第二阶段：台东县政府及美丽湾度假村股份有限公司（原审之参加人）不服高雄高等行政法院2007年度诉字第647号判决，提起上诉。"最高行政法院"2010年度"判字第403号判决主文（二）"中指出"本院于2008年12月份第3次庭长法官联席会议（三）决议文丛已阐释，在关于行政执行法之执行，何种执行行为可以提起行政诉讼或提起何种类型之行政诉讼，应依执行行为之性质及行政诉讼法相关规定，个案认定……"在判决主文（四）中又指出"……本件被上诉人既请求为行政机关之上诉人应对上诉人即参加人为上开环评法第22条所定行政处分，即被上诉人提起之行政诉讼类型，应为课予义务诉讼，而非一般给付诉讼^①……"

无独有偶，在台北高等行政法院 2009 年度诉字第 504 号判决主文中指出："被告应命新竹县环境保护局就其'新竹县湖口垃圾转运站兴建计画'依环评法第 5 条规定实施环境影响评估及停止实施开发行为"。命新竹县环境保护局停止实施开发行为，为"下命性质行政处分"，故系争诉求之诉讼类型应为请求行政机关作成特定行政处分之课予义务诉讼。^②

第三阶段："最高行政法院"在 2012 年度"第 980 号判决主文（一）"中指出"……既称'判令其执行'，自系请求主管机关为一定内容之行为，即据此所得提起之诉讼类型，应限于一般给付诉讼或课予义务诉讼，尚无提起确认诉讼之可能……"虽然"最高行政法院"的此判决的上述论证是为了表明行政公益诉讼排除确认诉讼之可能性，但是也明确了"最高行政法院"认为行政公益诉讼既可以提起一般给付诉讼，也可提起课予义务诉讼。

以上三个阶段就是台湾地区行政法院对行政公益诉讼类型的态度，由于"最高行政法院"认可行政公益诉讼可以是一般给付诉讼和课予义务诉讼，所以，我们可以认为行政法院对行政公益诉讼类型的认定为一般给付诉讼和课予义务诉讼，这也是学界普遍赞同的观点。

2. 学界对行政公益诉讼类型之思考

台湾学界的公法学者普遍认为，一般而言，行政公益诉讼类型应是给付诉讼，但应提起何种给付诉讼，则取决于是否请求行政机关做出行政处分与否，即"原告之诉求究应循一般给付诉讼，抑或课予义务诉讼，端视行政机关是否应以'行政处分'为之"^③。目前，台湾公法学者对行政公益诉讼类型的思考主要集中在确认诉讼和撤销诉讼能否成为行政公益诉讼上。

（1）确认诉讼

根据台湾地区"行政诉讼法"第 6 条规定之规定，确认诉讼是指确认行政处分无效及确认公法上法律关系成立或不成立之诉讼，其目的并不在于满足原告的实体法上请求权，而只是对于现存的请求权提供特殊种类的权利保护。确认诉讼以追求确定判决的既判力加以确认为目标。^④ 就确认诉讼而言，学界普遍认为确认诉讼并非适当之

---

① 在台湾地区行政诉讼制度中，课予义务诉讼为给付诉讼之下位概念，是一种特殊的给付诉讼，其诉讼标的为行政处分，而一般给付诉讼的诉讼标的是除行政处分之外的其他非财产上之给付、公法上契约发生之给付等。

② 李建良：《环境行政公益诉讼新典范》，台湾《台湾法学杂志》2010 年 5 月第 152 期。

③ 李建良：《环评程序与行政诉讼：美丽湾度假村环评案》，台湾《台湾法学杂志》2011 年 5 月第 176 期。

④ 参见陈清秀："行政诉讼法"，台湾元照出版公司 2015 年第 7 版，第 219 页。

行政公益诉讼类型。如有学者认为："法院于确认诉讼所作出之判决皆为确认判决，确认判决不具有执行力，并不能强制行政机关有所作为，是以应非公益团体所得提起之直接有效、适当之诉讼类型。"① 再如有学者认为："立法者设立行政公益诉讼此等规定之目的在于让公益团体或受害人民得诉请主管机关执行职务，而确认诉讼之判决仅具有确认力，纵使原告获得胜诉判决，仍难以强制主管机关执行其怠于执行之职务，因此，确认诉讼非适当之诉讼类型。"②

从确认诉讼的功能和执行力来看，其难以实现行政公益诉讼要求行政机关执行其怠于执行职务之目的，因此，原告如果就环境行政公益诉讼提起确认诉讼，意味着其在完成确认诉讼之后，仍需通过其他的方式来督促主管机关履行职责，有违司法效率的原则，不宜为行政公益诉讼类型。

（2）撤销诉讼

根据台湾地区"行政诉讼法"第 4 条之规定："人民因'中央'或地方机关之违法行政处分，认为损害其权利或法律上之利益，经依诉愿法提起诉愿而不服其决定，或提起诉愿逾 3 个月不为决定，或延长诉愿决定期间逾 2 个月不为决定者，得向行政法院提起撤销诉讼。逾越权限或滥用权利之行政处分，以违法论。"由于环境行政公益诉讼中往往涉及主管部门的行政许可（行政处分）违法，因此，原告提起环境行政公益诉讼之诉请即为请求行政法院判令行政机关撤销其违法作成之行政处分，从外观上看，应为给付诉讼之类型。但对于撤销违法行政处分之情形，更为直接有效的诉讼类型应为撤销诉讼。因为原告如果向法院提起课予义务的行政公益诉讼，原告申诉之后，仍需要主管机关自动或被动履行职务；而如果原告直接提起撤销诉讼之行政公益诉讼，那么法院可以判决直接将违法处分撤销，而不需要再假借行政机关之手完成违法行政处分之撤销。这样不仅可以迅速有效实现原告提起行政公益诉讼之目的，而且可以避免行政机关因被利益集团绑架而无视行政判决，以及由此带来的违法行政处分延续状况。③ 因此，有学者认为："如果原告提起之行政公益诉讼是诉求法院判决命被告机关应作出撤销原违法处分之行政处分，则应例外允许原告提起撤销诉讼。"④

除此之外，"行政诉讼法"第 6 条第 3 项规定了确认诉讼的补充性，即原告可以提起撤销诉讼、课予义务诉讼或一般给付诉讼时，不得提起确认诉讼，但是确认行政

---

① 胡国栋：《环境行政诉讼之研究（下）》，台湾《司法研究年报》2003 年 11 月第 23 辑第 14 篇。
② 张文郁：《浅谈行政诉讼之公益诉讼》，台湾《月旦裁判时报》2014 年 2 月第 25 期。
③ 李建良教授在《中科环评的法律课题》（《台湾法学》2010 年 4 月 1 日，第 149 期）一文中，就"环保署"公然藐视歪解行政法院判决一事做了详细说明。
④ 张文郁：《浅谈行政诉讼之公益诉讼》，台湾《月旦裁判时报》2014 年 2 月第 25 期。

处分无效之诉讼，不在此列。此即说明，对于无效行政处分，确认诉讼不适用补充性规定，其与撤销诉讼得以预备合并之方式为诉之声明①。按照此项规定，原告提起之行政公益诉讼涉及要求主管机关撤销无效行政处分时，如果行政法院认可原告可以提起撤销诉讼，那么也不能排除原告可以提起确认诉讼。但是，前文我们分析到，因为确认诉讼之性质和执行力问题，并不是合适的行政公益诉讼类型，因此，对于环境行政公益诉讼中涉及的无效行政处分，应例外允许原告提起撤销诉讼，而非确认诉讼。

（三）先行程序

行政诉讼之先行程序是指原告提起行政诉讼依法应先经过行政上处理程序或行政上声明不服之程序。根据"行政诉讼法"第4条第1项、第5条及第6条第2项之规定，撤销诉讼和课予义务诉讼均强制规定采取诉愿前置主义，确认行政处分无效之诉讼须向原处分机关践行先行确认程序；又根据"诉愿法"第1条之规定："人民对于'中央'或地方机关之行政处分，认为违法或不当，致损害其权利或利益者，得依本法提起诉愿。但法律另有规定者，从其规定。"也就是说，当法律有特别规定时，原告提起行政诉讼无须践行先行程序。

就环境行政公益诉讼而言，表2-1所列环境法律中之行政公益诉讼条款规定"……受害人民或公益团体得叙明疏于执行之具体内容，以书面告知主管机关。主管机关于书面告知送达之日起60日内仍未依法执行者……直接向行政法院提起诉讼，……"其中的"直接"可以解释为"若主管机关在接到受害人民或公益团体之书面告知书60日之内，仍未依法执行者，则受害人民或公益团体可免除诉愿及其他先行程序，直接向法院诉请判命主管机关执行职务"。"最高行政法院"在2010年度判字第403号和高雄高等行政法院2010年度诉更一字的8号判决都指出，原告所提之行政公益诉讼属"诉愿法"第1条第1项但书规定之"法律另有规定者，从其规定"之免经诉愿程序。

但是在"最高行政法院"2012年度"第980号判决"中，"最高行政法院"认为原告提起的确认"台北市文化体育园区整体规画案环境影响说明书"之审查结论为无效的行政处分，系确认行政处分无效之诉讼，即原告所提起之行政公益诉讼除了有课予义务诉讼外，还有确认诉讼。"最高行政法院"在本案中，在肯定课予义务之行政公益诉讼可以免除先行程序的同时，否定了确认诉讼之行政公益诉讼（假设原告可以提起确认诉讼的行政公益诉讼）可以免除先行程序。笔者认为，虽然前文分析到确认

---

① 参见台湾"最高行政法院"2005年度"判字第01396号判决"。

诉讼不是适宜的行政公益诉讼，但是不管原告提起的行政公益诉讼属何种类型的行政诉讼，都应该属于"诉愿法"第 1 条第 1 项规定之免经诉愿程序之事项。

四、台湾地区环境行政公益诉讼对大陆检察行政公益诉讼之启示

我国于 2015 年 6 月至 2017 年 6 月进行了为期两年的检察公益诉讼试点，该试点结束后，检察公益诉讼司法实践已于 2017 年 7 月在全国范围内铺开。2016 年全国人民代表大会常委会于 2017 年 6 月 27 日发布了《关于修改〈中华人民共和国民事诉讼法〉和〈中华人民共和国行政诉讼法〉的决定》，对《行政诉讼法》第 25 条和《民事诉讼法》第 55 条进行了补充修订，赋予检察机关行政公益诉讼唯一原告资格和民事公益诉讼补充原告资格。这一修法表明我国结束了行政公益诉讼无适格主体提起的局面。根据最高人民检察院的统计数据分析，截止到 2017 年 11 月，检察机关共提起的 1247 件公益诉讼案件中，其中行政公益诉讼案件为 1073 件，占 86%；生态环境和资源保护领域案件为 865 件，占 69.3%。由于最高人民检察院的统计数据，没有进一步细化检察机关提起的 1073 件行政公益诉讼中有多少件生态环境和资源保护领域的案件，本文只能结合两个数据推断认为，大陆地区检察公益诉讼的类型主要集中在环境行政公益诉讼中。虽然我国台湾地区的环境行政公益诉讼与大陆地区检察公益诉讼的原告设定不同，但不管是台湾地区的环境行政公益诉讼还是大陆地区的检察机关提起的环境行政公益诉讼都属于行政诉讼，在实体和程序上存在共通之初。鉴于台湾地区环境行政公益诉讼已经发展数年，大陆在谋设相关制度时，可将台湾的该项制度作为参照和样本，从中汲取制度生成的养料和智识资源。

（一）诉前程序中的两个月是否为检察机关提起行政公益诉讼的必要条件

根据最高人民检察院的统计数据，在试点期间，试点地区的检察机关共收集行政公益诉讼案件线索 10057 件，办理诉前程序 7676 件，占案件线索总数的 76.32%；在 2017 年 7 月—2017 年 11 月，全国检察机关共收集行政公益诉讼案件线索 11044 件，办理诉前程序 6075 件，占案件线索总数的 55%。[①] 由此可见，诉前程序在检察行政公益诉讼中作用巨大，我国大陆地区有一半以上的行政公益诉讼是通过诉前程序解决的。2018 年 2 月 23 日，最高人民法院和最高人民检察院联合发布了《关于检察公益诉讼案件适用法律若干问题的解释》，其中第 21 条第 2 款规定："行政机关应当在收

---

① 数据来源于最高人民检察院印发的检察公益诉讼工作通报。

到检察建议书之日起两个月内依法履行职责，并书面回复人民检察院。出现国家利益或者社会公共利益损害继续扩大等紧急情形的，行政机关应当在十五日内书面回复。"即该解释将试点期间，行政机关一个月的履职期限改为两个月，遇有紧急情况，行政机关应当在十五日内书面答复。

笔者认为，诉前程序针对的应该是行政机关有可纠正或可补救的行政行为，而不应针对所有行政行为。因此，是否可以考虑在以后的立法中，将行政机关履职的基本期限规定为一个月；但对于复杂的案件，且有证据证明行政机关已经采取了整改措施，但是只是时间不够的情况，可以考虑延长至两个月。如果两个月仍不能履职完成，再由检察机关提起行政公益诉讼。同时，针对解释中的"遇有紧急情况，行政机关应当在十五日内书面答复"，笔者认为，既然是紧急情况，那么十五天的上限是否过长？因此，是否可以考虑在以后的立法中，根据紧急情况的紧急程度，来确定行政机关的答复期限。

（二）法院对"对国家和公共利益受到侵害"的判断应采"可能性判断标准"

我国台湾地区法院在对行政公益诉讼原告资格进行审查时，采取的是"可能性"判断标准，只有原告的权利可能受到侵害，即允许原告告诉。由于我国是通过法律拟制的方式将行政公益诉讼的原告资格赋予检察机关，所以不存在原告资格的认定问题。但是法院需要在行政公益诉讼中对"国家和公共利益受到侵害"进行判断。

目前司法实务中采取的标准并不一致，如在最高人民检察院2017年1月4日公布的第8批指导案例检字第30号（郧阳区林业局行政公益诉讼案）指导意义中提到"判断国家和社会公共利益是否受侵害，要看违法行政行为造成国家和社会公共利益的实然侵害"；但在同批指导案例检字第32号（锦屏县环保局行政公益诉讼案）中提到"锦屏县环保局不依法及时履行职责，继续放任上述企业违法生产，进一步加剧清水江的水质污染和生态破坏。污水中高浓度悬浮物常年沉积于河床，还将给下游水库的行洪、泄洪带来安全隐患，国家和社会公共利益受到更加严重的侵害。"此处的"带来安全隐患"和"更加严重的侵害"相较于实然侵害而言，应该属于可能产生的侵害。笔者认为，法院在对"国家和社会公共利益受到侵害"进行判断时，应该采"可能性标准"，即行政机关行政行为违法或不作为与"国家和社会公共利益受侵害"之间存在"可能性"即可，而非损害必须现实存在。以起到防患于未然，减少不必要的损失。

此处需要补充的是，行政公益诉讼能否进入法院，取决于检察机关是否立案。目前，检察机关在司法实务中，在对"国家和公共利益受到侵害"的判断采取的是实然标准。笔者认为，检察机关也应该采取"可能性"判断标准，毕竟防治环境污染比治理环境污染的代价小。如果检察机关有足够的理由证明某行政机关怠于监管的行为有产生污染的可能性，那么就应该提出检察建议书，行政机关拒不改正的，检察机关应该立案并向法院提起行政公益诉讼。

（三）以结果标准判断行政机关是否作为

上文分析了台北高等行政法院 2011 年度诉字第 1214 号判决中，法院在判断何为行政机关"未依法执行"时，采取的是结果判断标准。目前，《中华人民共和国行政诉讼法》中并未涉及法院对行政机关不作为的认定标准，最高人民检察院制定的《人民检察院提起公益诉讼试点工作实施办法》也只是要求"行政机关应当在收到检察建议书后一个月内依法办理"，并未进一步明确规定行政机关依法办理到何种程度才算行政作为。如行政机关在一个月内答复了，但未实际履行到位，算不算行政机关不作为？再如，行政机关的作为需要行政相对人履行相应的义务，但是行政相对人拒不履行，损害尚未消除的，算不算行政机关不作为？这些具体的问题在立法中都未明确。

笔者认为，诉前程序的作用是让行政机关先自我纠错，这种自我纠错应该达到错误的实质纠正，而不是形式纠正，因此，法院在判断行政机关是否作为时，应该采取结果判断标准。这个观点，第 8 批指导案例中初有端倪。如检例第 30 号案例（郧阳区林业局行政公益诉讼案）法院在案件要旨中指出的"负有监督管理职责的行政机关对侵害生态环境和资源保护领域的侵权人进行行政处罚后，怠于履行法定职责，既未依法履行后续监督、管理职责，也未申请人民法院强制执行，导致国家和社会公共利益未脱离受侵害状态，经诉前程序后，人民检察院可以向人民法院提起行政公益诉讼。"采取的便是结果判断标准；再如检例第 32 号（锦屏县环保局行政公益诉讼案）要旨中提到"行政相对人违法行为是否停止可以作为判断行政机关履行法定职责是否到位的一个标准。"

结　语

就环境行政公益诉讼立法完善而言，台湾公法学界的诸多学者在对行政法院判例进行研读的前提下，也提出了诸多值得反思的问题，如是否应该将诉前通知 60 日作为原告提起行政公益诉讼之必要条件？如何认定行政机关"未依法执行"？公益诉讼与违法处分之形式存续力？等等。这些问题也将是大陆地区检察公益诉讼在发展过程中会遇到的问题，虽然两岸分属不同的法域，但是司法的发展具有自身的规律，这种规律性是共通的，对这些问题提前进行思考，可以使大陆地区检察公益诉讼少走弯路，更好地发挥制度作用。

参考文献

［1］林明锵：《行政法讲义》，台湾新学林出版股份有限公司，2014 年，10 月版，第 438 页。

［2］叶俊荣：《环境政策与法律》，台湾月旦出版社有限公司，1993 年版，第 242 页。

［3］黄锦堂：《论环境法之诉权——高雄高等行政法院 2006 年度判字第 1061 号判决评论》，台湾《法令月刊》第 62 卷第 1 期。

［4］陈新民：《行政法学总论》，台湾三民书局，2015 年，第 9 版，第 539—591 页。

［5］陈清秀："行政诉讼法"，台湾元照出版公司，2015 年，第 7 版，第 153—238 页。

［6］李建良：《环评程序与行政诉讼：美丽湾度假村环评案》，台湾《台湾法学杂志》2011 年 5 月第 176 期。

［7］李建良：《论环境法上之行政公益诉讼》，台湾《法令月刊》第 51 卷第 1 期。

［8］李建良：《环境行政公益诉讼新典范》，台湾《台湾法学杂志》2010 年 5 月第 152 期。

［9］李建良：《中科环评的法律课题》，《台湾法学》2010 年 4 月 1 日，第 149 期。

［10］张文郁：《浅谈行政诉讼之公益诉讼》，台湾《月旦裁判时报》2014 年 2 月第 25 期。

［11］张文郁：《行政诉讼中团体诉讼之研究——以环境保护相关法律为中心》，台湾《月旦法学杂志》2004 年 8 月第 111 期。

［12］张文郁：《行政诉讼中团体诉讼》，载《权利与救济（二）——实体与程序之关联》，台湾元照出版公司，2008 年，4 月初版，第 213—229 页。

［13］付玲静：《由高雄高等行政法院 2007 年度诉字第 647 号判决谈开发许可与

环境影响评估之关系》，台湾《东吴公法论丛》2008年第2卷。

［14］彭凤至：《论行政诉讼中之团体诉讼——兼论行政诉讼法第三十五条之再修正》，载《当代公法新论（下）——翁岳生教授七秩诞辰祝寿文集》，台湾元照出版公司，2002年版，第125页。

［15］胡国栋：《环境行政诉讼之研究（下）》，台湾《司法研究年报》2003年11月第23辑第14篇。

台湾地区社区治理主体架构与协同关系的比较评析

——兼论对大陆地区修改《居民委员会组织法》之借鉴

石东坡　　魏悠然[*]

城市社区，是在城镇化进程中形成的社会成员最直接的栖息之所，也是开展、感受和习得社会治理、公民参与的最直接层级、领域。我国宪法和村（居）民委员会组织法均明确规定，村（居）民委员会是基层群众自治组织。党的十七大、十八大都把基层群众自治制度作为我国必须长期坚持的四项基本政治制度之一。党的十八大明确指出，要"加快形成党委领导、政府负责、社会协同、公众参与、法治保障"为基础的"五位一体"的社会管理体制。这既需要进一步改革我国既有城市社区的居民委员会过于行政化的流弊，恢复和增强社区自治的机能和活力；又需要焕发和吸纳社会力量，使之有序和自觉地开展基层社会工作和社会公益事业；还需要在组织结构和运行机制上确认和维系诸种行为主体相互之间的交涉互动及其良性秩序。由此，在更开阔的视域中考察不同社会形态中的基层社会治理状况，尤其是针对具有一定共性的基层社会样本进行观察和剖析，不失为一个可以累积经验、透视和把握规律，进而为相应的实践探索和制度建置的正当性、适应性、针对性与操作性予以助益的研究进路。

对此，结合有关学理分析、文献阅读和笔者访谈、调研感受，台湾地区在基层治理中较早地以村里组织和社区发展协会这样的两类主体，在官方的引领、支持和辅助下开展社区营造、引入和发挥社会工作的作用，就其中的结构关系与运行状况以至于成败得失，就值得进一步鉴别。台湾地区学术界对作为行政组织的村里组织和作为社会组织的社区发展协会，尤其是其互动情形和治理绩效的问题进行了比较深入的研究。关于村里组织和社区发展协会之间的互动关系，台湾学术界认为，两者理想的状态应是一种功能互补、相互合作的状态，但在实际运作过程中情况却是多样的，或因

* 基金项目：国家社科基金重大项目（14ZDC007），浙江省高校中青年学科带头人入选计划、学术攀登项目（PD2013033）

作者简介：石东坡，浙江工业大学法学院教授，博士，从事立法学、公法学、文化法学研究；魏悠然，华东师范大学法学院教师，从事立法学、行政法学研究。

领导者个人的意愿、政治考量，或因地方派系的介入，或因资源的争夺等因素，要看具体情况来决定是合作还是对立。在大陆地区，近十年中陆续有针对台湾地区社区治理的文献，两岸开始就社区治理进行年度论坛方式的交流，努力建立两岸社区治理方面的共建共享共融的机制。有学者强调指出，台湾推动小区营造活动的成功绝对应归功于散落在各地的草根性小区组织[1]。"台湾健康小区六星计划"在以迈向"永续小区"的目标予以推动[2]。我们尝试从权力清单的视角来对比两岸社区治理中自治权力（利）的差别和制度差异，对于促进社区治理发展，更为充分地就《居民委员会组织法》的修改进行规范设计的比较与选优，或将愈发具有应用的价值和具体的指向。

一、台湾城市社区治理的演进及其主体结构

（一）台湾城市社区治理的发展阶段

社区是城市基层治理中的最小单位。依据我国台湾地区"社区发展工作纲要"第二条，社区可被定义为：经乡（镇、市、区）社区主管机关划定，设立社区发展协会，推动社区发展工作之组织与活动的区域。社区发展系社区居民基于共同需要，遵循自动与互动精神，配合行政支持、技术指导，有效运用各种资源，从事综合建设，以改进社区居民生活质量。我国台湾地区城市社区的发展主要分为三个阶段：第一阶段为社区治理制度形成阶段20世纪60—90年代，第二阶段为社区治理制度深化阶段20世纪90年代，第三阶段为社区治理制度演变时期（21世纪以来至今）。

在第一阶段，台湾地区制订了"民生主义现阶段的社会政策"，并将"社区发展"作为福利措施七大要项之一，开启了台湾地区社区治理的篇章。1968年，台湾地区制订了首个"社区发展工作纲要"，以村、里组织为单元，将社区发展工作列为行政部门工作重要内容；第二阶段是台湾地区社区发展的关键时期，这一阶段，台湾地区的社区研究经历了由注重"社区发展"到强调"社区营造"的转变，前者更强调社区发展的社会功能，后者则强调经济、文化、社会功能融为一体。在此阶段，台湾地区于1991年进一步修订了"社区发展工作纲要"，赋予"社区发展协会"法律上的正当性，规定其性质是民间组织。第三阶段，在原有社区治理制度深化的基础上，台湾地区的城市社区治理更加强调民主参与和居民自治，由居民直接选举出的里长通过多元方法治理社区居民的日常事务。但是，这一时期，台湾地区的社区自治并没有消去政治的色彩，事实上，作为议员选票基层来源的社区扮演了更加重要的政治角色，而里长选举与区议员选举的同时期进行，在某种意义上则更加激发了社区居民

参与治理社区的意愿。按照其有关政策文本，"台湾健康小区六星计划"以迈向"永续小区"为目标，社区治理和其中的社会工作在不断深化[2]。

（二）台湾城市社区治理的主体结构

首先，行政部门以合作互动社区、以服务互动居民。台湾地区行政部门参与社区治理的主体主要是"内务部"的"社区发展委员会"，尽管其在政策文本上标榜为"行政院"。在行政力量的推动层面，社区发展委员会通过制定和实施社区发展规划、提供社区发展专项资金，将社区的发展与地区经济社会的发展相契合，保障社会的协调运行。在与社区合作治理的层面，行政部门与社区组织的关系是引导和积极反馈。例如，行政部门会为参与社区工作的志工提供技能培训，还对表现出色的志工设有激励机制；行政部门也会通过建议方式向社区组织提出社区建设项目并提供一部分资金资助。在提供社区基础服务的层面，行政部门尽可能完善每一个社区的基本公共服务设施，例如绿化小公园、社区图书馆等。其次，居民间的"自助与互助"互动关系。依据台湾地区"地方制度法"第3条规定：乡以内的编组为"村"，镇、县辖市及区以内之编组为"里"，村、里以内之编组为邻。村里为台湾实施地方自治最基层行政组织。经过多年发展，台湾城市社区治理主体形成了以里为基本单位，里长为核心，居民积极参与，行政部门协调支持，社会组织彼此互动的自主治理格局，在这一格局中，基层社区则呈现邻里行政组织与社区发展协会双轨并存。邻、里在台湾社区自治体制中构成最基层的主体，通常二十户以上构成一邻，数十邻不等构成一里。里虽然没有法人的资格，但是是台湾社区自治的一个重要组成部分，它由一定的地域、人口以及资源组成，以里长为中心，以里干事为骨干，对各项里事务及执行上级各项交办的事项，成为行政部门与民众之间沟通的桥梁。

其次，里长是社区治理重要组织，社区理事会的核心人物和领导者。依据台湾地区"地方制度法"第35条规定：里长一个人由民选产生，任期四年，连选得连任，办理里公务及交办事项，但必须接受市、区长的指挥监督。理论上，台湾里长所扮演的政治角色大致有四种：行政法令的宣导、民意的上传下达、里内公共事务处理和政治辅选。但是，里长政治辅选的角色已经淡化、处理里内公共事务的工作也被其他组织代替，实际上已被简约为"法令宣导"和部分民意的沟通角色。里长的主要工作包括下列七项：（1）随时督导里干事服勤情形及督促里干事办理有关里业务或推行政令；（2）召开里工作汇报暨邻长会议，研讨应兴革事项；（3）参加市、区公所举行的里长业务联系会报，提供促进村里业务意见；（4）召开里民大会；（5）推动社区发展工作并尽量担任社区发展协会理事长；（6）核发里证明事项；（7）灾情查报。里长除了以上七项工作之外要有经建的功能，依据《台湾省村里邻组织暨村里邻长训练实施方案》授权建立村里建设基金，授权里长以地方财政办理地方业务，用以改善民众生活环境。

里干事是基层公务员，依据台湾地区"地方制度法"第35条规定：里干事一人，由市、区公所依法任用之，襄助里长推动里业务。因此里干事为里事务的法定执行者，里干事的社区工作成效受区公所绩效考核约束，里干事的主要工作包括以下十一项：（1）推行政令，反映民意；（2）推行里娱乐活动；（3）办理社会救助、福利服务及其他建设事项；（4）代缮各种申请书表及办理里办公处证明事项；（5）分送有关役政通知单、征集令及办理役男常备兵役及兵役资料的查报；（6）办理里例行会议，并加强邻里长会议，应按规定召开，并做成详细记录，以便查考；（7）办理各种公职人员选务工作；（8）办理税收申报、发单、催缴暨退税及协助农业灾害现金救助案件的受理与勘察工作；（9）填写户长资料卡；（10）办理里工作汇报的各项行政庶务；（11）市、区公所交办事项。因此，里干事仅在区公所职责范围内开展工作，对于社区内能自治的事务并不涉入。村里因其一方面辅助行政权的行使，另一方面则是推动地方自治工作，以减少行政部门的负担[3]。村里组织成为台湾地区社区内行政权力和自治权力的"装置器"，成为"官民合作"的组织实体[4]。

邻长是由里长指派后，由乡镇市区公所聘任之义务职，人数依各里的邻数不同而不相同，由一二十至三十几名不等。没有办公室、行政人员及经费补助，其主要工作内容为协助里长了解社区情况。邻长平时并没有实际功能，但邻长在选举时难免为里长的重要"桩脚"[5]。

再次，社区发展协会和其他的民间组织、社会公共组织在社区治理中扮演着重要的角色。20世纪60年代中期开始，台湾陆续成立数以千计的社区发展协会。虽然社区发展协会在性质上属于民间社团，但在早期社区发展协会多由官方辅导成立，而且在城市社区，通常每里都成立了一个社区发展协会，因此形成了台湾城市社区内双轨运作的体制。社区发展协会是台湾城市社区居民进行自我管理组织主体，下设有会员大会、监事会、理事会及一些专门的协会。社区发展协会的主要职责是凝聚社区居民共识，构建社区规章和推动社区活动。在台湾地区，"推动小区营造的议程发动者（agenda initiator）是政府部门。然而，为保持六星计划的独立性与民间自主性，遂委托属于非政府组织、且无营利色彩的民间团体承办本计划。活动的成功绝对应归功于散落在各地的草根性小区组织"。[1]"福利小区化"与"小区营造"其中最获重视的两项计划；经过十余年的推动，"台湾健康小区六星计划"的出现，不仅包含了前两项计划的内容，同时也使小区建设扩展至诸如产业、环境、治安、人文等六个方面[2]。另外，台湾地区拥有一批具有重要影响力的社会组织参与社区建设，如台湾慈济基金会以及有许多行业协会、基金会和大型企业都投入到社区建设。

最后，台湾地区社区治理的立法比较完备并得到比较妥善的实施。台湾地区城市社区立法的内容涉及社区范围的划定、社区发展的管理体制、社区发展的经费来源、社区专业工作机构及其专业工作人员等诸多领域，如"社会工作师法""社会工作师检核办法""都市更新条例""公寓大厦及社区安全管理办法"等。台湾地区于1975年公布"国民住宅条例"后，相继出台了"国民住宅条例实施细则""国民住宅出售、出租及商业服务设施暨其他建筑物标售标租办法""国民住宅社区管理维护办法""国民住宅社区管理维护基金收支保管及运用办法""国民住宅评鉴奖惩办法"等，为住宅小区的管理和维护提供了一整套法律、法规。台湾地区在城市社区立法方面注重社区在促进居民生活质量、推进社会福利事业及其他建设中的作用，并将之写入相应的法律、法规中，使社区的地位和作用制度化、规范化。

二、两岸城市社区治理的比较分析与若干差异

（一）大陆地区的城市基层治理及其变革

目前，大陆地区形成了以政府为主导的、自上而下的等级层次的社区治理模式，即：政府主导、民政部门主管、有关部门负责、社区居委会主办、社会力量广泛参与。其中街道办事处作为基层政府的派出机构，本来只应履行有限的行政管理职能，但在当前的社区管理中，不少街道办事处逐渐发展成为一个集行政管理、社区管理与服务等多种功能于一身的综合机构。而居民委员会自治角色发生偏离和错位。根据《中华人民共和国城市居民委员会组织法》规定：居委会是居民自我管理、自我服务、自我教育的基层自治组织。但在实际工作中，居委会成了政府的"腿脚"。社区居委会的主要精力用在了政府摊派的行政任务上，而无暇了解基层民意、化解基层矛盾、组织居民开展活动。

党的十八届三中全会通过的《中共中央关于全面深化改革若干重大问题的决定》提出"加快形成科学有效的社会治理体制，确保社会既充满活力又和谐有序"。2015年12月，中央城市工作会议明确指出"坚持以人为本、科学发展、改革创新、依法治市，转变城市发展方式，完善城市治理体系，提高城市治理能力。"许多城市针对

当前社区治理模式进行了一系列的改革措施，以新中国第一个居委会——杭州市紫阳街道上羊市街社区于 2014 年开展的改革为例，此次改革把社区党委、社区居委会和公共服务站功能剥离，社区党委统筹管理、服务，居委会负责组织实施居民自治、民主管理，社区公共服务工作站将尝试探索以政府购买服务的方式，让专业的社会组织承接社区公共服务工作站的职责，承担政府交办的事务性公共服务。同时，居委会组成人员除了有专业社工，还将通过自荐、推荐，选举居民代表加入居委会。其主要旨趣是力图"理清政府、社区、社会三者边界，让居委会的职能回归本源"。① 在深圳，2016 年 4 月出台《深圳市基层管理体制改革指导意见》。《意见》提出，通过推动基层管理体制改革，构建以社区综合党委为核心，以居委会自治为基础，以社区工作站为政务管理服务平台，社区各类主体共同参与的新机制，形成党委领导、政府负责、社会协同、公众参与、法治保障的基层治理新格局。其中，街道办事处主要承担辖区城市管理、社会管理和公共服务等职能；原由社区工作站承担的行政性强的工作交由街道办事处负责；居民自治相关工作交由社区居委会承担。同时，《意见》提出，要完善基层治理体系，努力形成工作合力。也就是将社区中的 7 股重要力量（社区综合党组织、社区居委会、社区工作站、社区服务中心、社区社会组织、业主委员会和社区服务机构以及驻社区单位）各自的角色和具体职能努力予以清晰的界定，明确彼此的分工和合作。

（二）两岸城市社区治理的相互映照

台湾城市社区的组织架构是"区—里—邻"，这与大陆城市社区的"街道—居委会—楼组"有着极相似的层级结构。在理念与目标上，大陆地区 1954 年《城市居民委员会组织法条例》就确立了"居民自治"的原则。台湾城市社区中的里和大陆城市社区中的居委会均为选举产生，从性质上来看均属群众性的自治组织而非政府行政的科层体制之中，当然，却又都有一定科层色彩。两岸的社区治理的共同目的都是为了促进居民积极参与社区建设，维系基层社会安全与秩序，提高生活质量与城市品质。并且，海峡两岸均以行政力量主导社区治理。两岸社区治理方式都是由行政部门制定总体规划、采取统一模式和步骤，设置特定的组织与框架，自上而下投入资源，以行政手段推开。

同时，两岸城市社区治理又存在较多的差别。组织架构上，台湾地区的里很小，仅有 1 名选举产生的负责日常事务的里长和 1 名干事，干事属于公务员，联系数个

---

① 马丽华：《我国城市社区问题的破解之道》，《中国民政》2016 年第 1 期。

里，负责处理一些与里民相关的行政性事务，里下也多有邻长等下层组织，另外是社区发展协会等的支持与呼应或自主项目活动。而有学者认为，台湾的社区营造呈现出以社区为本位的"自下而上"的合作模式[6]。另有学者对此同样多有肯定，将台湾社区治理主体多元化、职能清楚、分工明确、责任到位、良性互动的状况赞为"政府引导＋民众自主参与"模式[7]。我们认为似乎有些过誉。新近有学者进一步深化了对台湾地区基层社会治理的动因、演进与现状的认知，将其置于台湾社会经济文化流变的总体进程中，揭示了其中所谓的"台湾命运共同体"意识在社区营造与社区治理中的渗透和印痕，深刻指出，不论是在此前国民党长期执政阶段，还是在后续政党轮替阶段，特别是在"台独"甚嚣尘上的时期，社区发展的政治逻辑在于当局谋求"合法性地位"，收编社会力量。与此同时，进一步凸显了台湾地区社区治理中不可忽视的局限性，以及强化社区文化产业发展，重视发挥文化的整合作用，强化从文化政策入手实现社区再造等的鲜明特点[8]。大陆的居委会组织则复杂得多，每个居委会至少拥有3—5名以上委员，居委会由选民直接选举产生，但却以不经选举的社区党委书记为事实上的社区最高领导。日常运行上，台湾地区的里设置了专职里干事负责行政事务进行了行政与自治的分离，里长虽然领有行政经费，但由选举产生，主要负责社区内部事宜，且事务的多少取决于里长个人的态度与能力。台湾地区居民的社区参与行为不仅仅限于一般性的社团活动或者志愿活动，近些年来，还更多地关注到社区整体建设层面。而在大陆地区，居民社区参与意识普遍还非常薄弱，参与的内容和程度有限，且多是被动参与。另外，两岸的社区治理资金来源不同。在台湾地区，社区财政来源多元化。除行政部门投入了大量的财力，社会捐款的金额所占比例也很大。在大陆地区，社区活动的资金来源基本依赖政府的财政预算。

三、对大陆地区城市社区治理法制完善的借鉴

（一）界定城市政府面向社区治理适宜的职能及方式

政府角色的不断调适、准确定位、间接引导是实现社区自治的重要前提。在台湾地区社区发展的初期，行政部门的推动是社区发展的主要力量。从社区营造阶段起，行政部门就不再是社区治理的主导者，而是扮演一个引导者的角色，从社区空间逐步退却，将具体社区活动的权力重新让渡给社区居民，以培育社区居民的自主意识和自主能力。在基本的发展轨迹上，行政部门转型呈现出如此形态，为参与和支持社区治

理的其他社会主体释放空间，以发挥能动性与积极性①。但是这并不意味着在行政部门及其派出机构的各个职能活动领域中全部如此，也不意味着在不同的社区治理发展阶段均以行政部门退出为主要途径，甚至初期阶段行政部门的推动是激活社区治理不可或缺的外部动因。这至少表明，社区治理新型体制机制的生成伴随着行政部门职能转变与执法体制变革，二者相互依存，或者说首要的是行政部门自身变革方可成就社区治理创新。因此，必须切实地依据整合、协同的治理思维，甄别和界分不同的行政职能及其实现方式，由此准确和有效地释放动能，使得社会组织能够在其担当的活动内容上以更富有承接性和接纳度的方式加以开展，并且获得行政部门的有力支撑。具体而言可能有以下三点借鉴，第一，行政机构及其职能部门适宜将基础行政职能及其协助实施予以相应统合，避免下到社区再行重复繁复的低效劳动。对于可以复合式地履职活动，应当在综合执法改革的推进中结合其重心下移，进行统编，改变仅仅进行的自上而下的本部门线性传递，搭建执法职责和人员的横向集成平台与响应机制，由此避免在社区治理中行政活动的堆积和反复②。第二，行政部门在社会治安、城市管理等方面的职能予以保留和加强的同时，应当将可以由社区自主、自治和能够社会化的事项在赋予居民自治组织判断权、选择权和决定权的过程中予以让渡，使之担负统筹协调和选择适用的职能。否则，如果仅仅是行政部门对上述面向社会组织的释出，而忽视对于社区自治组织的组织机制与应有地位的健全，则将始终难以扶植和增进社区自治的行为能力，而空有其所谓的权利能力。也难以实现由此前过重、过细的行政管制向着以社区自治为依托的社区治理的转变。第三，行政部门在还原社区治理的作为空间的同时，不应撤出应有的制度资源、财政资源、社会资源的支撑、跟进和保障，毕竟在实质上，基层自治、社区治理均具有公共治理的属性和本质，不能因为其特定的层次和空间属性而区隔于社会公共治理之外。这是行政部门通过购买服务、行政契约或绩效评价等吸纳和发挥社会组织参与和实现社区治理的正当性、必要性的基础。

（二）搭建社区治理中多元主体之间的有效协同机制

现代社会的城市基层自治是在治理中得以存活和发展的，社会力量的参与是实现

---

① 对台湾地区社区治理发展历程中的行政职能与社区和行政部门之间关系的辨析，可另参见吴晓林：《治理转型遵循线性逻辑吗？——台湾地区城市社区治理转型的考察》，《南京社会科学》2015 年第 9 期。

② 大陆地区新近开始了诸方面的探索，参见杭州市余杭区建立社会治理大联动工作机制以及上海市综合执法体制改革。《社会治理大联动：提升现代化治理能力形成余杭最大发展优势》，杭州余杭政府门户网站 http：//www. yuhang. gov. cn/zjyh/jryh/news/201512/t20151230 _ 1030442. html。《解决三大"痛点"：上海探索综合执法体制创新》，中国社会科学网 http：//ex. cssn. cn/zx/shwx/shhnew/201607/t20160712 _ 3118082. shtml。

社区自治的必要条件。社区自治和基层治理是一体两面的，自治是其相对行政治理的政治属性表达；治理是其依存社会的公共属性所在。有些台湾学者的研究发现，虽然邻里行政组织与社区发展协会成立的法令依据、组织形态、经费来源不同，但其辖区范围、参与成员、办理事务极为接近，因此二者功能高度重叠。这种重合在共同实现社区公共事务的处理上是必然的，尽管在形成合力的指向和过程上可能产生或者自行其是，或者冲突对立。这不是社会组织功能定位的规范问题，而是其角色实现的操作问题。有学者认为，台湾地区村里与社区发展协会组织关系模式有着相互对立型、互不干涉型、选择合作型、相互合作型。① 再有学者认为，台湾的乡村治理表现为"自治"与"行政"的双轨制，体现出明显的多元治理特征，不仅强调行政的力量，也注重调动社会参与，发挥农民协会、社团组织及志愿者组织的作用[9]。有学者认为，台湾城市社区治理呈现出以半官方"里组织"、社区发展协会和官方力量为主体的"三角形"结构[10]。我们认为，以上观点在一定程度上夸大了村里的自治性质，或社区发展协会的职能角色。不过由台湾地区里长的协调角色、诸种主体②之间的协调机制在维系治理运转有序化上的重要性等上述情形提出警示，即在治理和自治二者之间是耦合关系的，既不能脱离社区居民予以社会化的治理、又不能脱离治理而搞封闭化的自治。在哪怕基层的多元治理主体之间，治理的协同性、自治的导控主体或主要治理主体的协同能力③及其制度保障，确属重要，否则协同将难以实现，治理将陷于耗损。所幸大陆地区党政总揽格局和统筹能力是最为牢靠的基础，在此之上，助推社区组织、福利组织、慈善组织、志愿者组织等的良性发育并辅之以祝福购买服务、委托代理等的资源注入方式使之逐步具有较强的社会服务能力和建构相互之间的协调配合关系，将是社区治理活跃并富有成效的关键选项。

（三）切实增进社区治理立法的制度供给与引领作用

社区自治立法的不断完善是规范和保障社区治理坚实开展的制度条件。两相比

---

① 蔡育轩，陈怡君，王业立：《社区发展协会、选举动员与地方政治》，《东吴政治学报》2007年第4期。袁方成、柳红霞：《论基层治理的组织互动与有效模式——以台湾地区村里组织和社区发展协会的"竞合式治理"为参照》，《河南大学学报（社会科学版）》2015年第1期。

② 有学者将义工与社会组织区分开来作为台湾地区社区治理的主体，似有不妥。见于溯阳、蓝志勇：《我国台湾地区社区治理的体制、机制探析》，《行政论坛》2016年第2期。尽管存在着分散的义工或志工，但是按照台湾地区志愿服务的有关规定，义工是在一定的社会组织之中开展活动。参见黄信瑜、石东坡：《台湾地区志愿服务立法评述及其启示》，《江苏社会科学》2012年第6期。黄信瑜、石东坡：《中国闽台两地志愿服务立法的比较研究》，《社会科学战线》2014年第6期。

③ Ansell C，Gash A. Collaborative Governance in Theory and Practice [J]. *Journal of Public Administration Research & Theory*，2008，18（4）：543－571（29）.

较，在法制的层面与实效上，遗憾的是，在大陆地区社区治理的政策导引和实践尝试尽管有着其在转型时期的必然性和先行性，但同样映现出基层群众自治即社区自治立法的滞后及其变革的必要性与重要性。居民自治领域的法律、法规主要有三部，即宪法之下的《居民委员会组织法》、较早的《城市街道办事处组织条例》《物业管理条例》，再者即《民政部关于在全国推进城市社区建设的意见》和全国各地的地方性法规、地方政府规章。虽然《居民委员会组织法》对居委会的法律地位、设立以及内部机构和管理方式都做出了规定，但大多过于原则、不便操作或者缺少程序性的规定使法律难于实施。二十多年以来，各地方虽然出台了许多《实施办法》等作为开展居民自治的直接规定，试图弥补这一法律空缺，但是仍有缺憾。近些年来，大陆地区民政部门不断酝酿《居民委员会组织法》的修改。十一届全国人大五次会议期间，123 名代表提出 4 件议案，建议修改城市居民委员会组织法[11]。城市居民委员会组织法的修订曾列入国务院 2012 年立法工作计划。全国人大常委会将其曾经列入十一届全国人大常委会立法规划。2016 年 3 月 10 日，全国人大代表、河北省保定市莲池区东关街道东方家园社区党总支书记袁红梅代表建议修改《城市居民委员会组织法》。2015 年 6 月，由国务院作为提请审议机关或牵头起草单位的《城市居民委员会组织法》（修改）列为十二届全国人大常委会立法规划第二类项目"需要抓紧工作、条件成熟时提请审议的法律草案（26 件）"之一[12]。我们认为，应当立足修改《居民委员会组织法》，确立居委会的复合功能定位和自治主体角色，并就其权利义务与其他治理主体之间的协同行为规范进行重构。在《居民委员会组织法》中规定政府与居民委员会之间不是领导与被领导的关系，而是把政府与社区的关系界定为"指导与协助、服务与监督"的关系[13]。制度资源是主体要素、权能要素、文化要素等活化统一、衔接统合和动态磨合的共识基础与总体保证。相较台湾地区社区治理制度化程度，大陆地区《居民委员会组织法》的修改越发紧迫。

综上，借鉴台湾地区社区发展、社区治理在行政定位、社区组织结构以及社区居民参与监督等正反两方面的经验，我们认为，要在大陆地区的实践基础上，在加强和改善党的领导、加强立法供给的引领、规范与保障前提下，以台湾地区等地正反两方面的经验为镜鉴，第一，坚持基层群众自治的理念、方向与原则，汲取权力清单、责任清单等的思维和方法，以界分居民委员会与基层人民政府、街道办事处的权能、职责关系为突破口，梳理调整基层政府与居民委员会之间的权力关系。第二，明确居民委员会开展居民自治、公共事业和公益服务的具体权利义务，把社区居委会与社区居民会议之间的决策、执行与监督关系，居委会与其他社会组织之间作为居民委员会组织法的重要内容，构建在党委领导统揽之下的清晰健全的运行机制。第三，固本强基，在社区居民个体化或家庭式的权益及其知情、参与、表达、决定和监督的权利实现程序方式上予以细化规定。

参考文献

［1］丘昌泰、薛宇航：《台湾的第三部门与小区治理的创新：以六星计划为例》，《开放时代》2007 年第 5 期。

［2］詹火生、黄源协、彭华民：《台湾社区工作：从"福利小区化"迈向"永续小区"》，《南开学报（哲学社会科学版)》2009 年第 2 期。

［3］台湾省民政厅编印：《台湾省村里组织功能》，第 1 页，1998 年。

［4］修杰麟：《台湾村里制度定位与演变——探讨村里办公处与社区发展协会之关系》，《中国地方自治》2005 年第 3 期。

［5］林丽芬：《台湾的"桩脚"及其"桩脚文化"》，《台湾政治》2007 年第 5 期。

［6］郭圣莉、陈竹君：《两岸社区治理与变迁比较研究》，《南昌大学学报（人文社会科学版)》2013 年第 4 期。

［7］程美：《两岸城市社区治理模式比较与启示》，《台湾研究》2014 年第 6 期。

［8］严志兰：《台湾地区社区发展的特征、问题及其启示》，《台湾研究》2015 年第 5 期。

［9］项继权：《台湾基层治理的结构与特征——对台湾坪林乡和大安成功社区的考察报告》，《社会主义研究》2010 年第 5 期。

［10］吴晓林：《台湾城市社区的治理结构及其"去代理化"逻辑——一个来自台北市的调查》，《公共管理学报》2015 年第 1 期。

［11］《城市居民委员会组织法》修订工作正式启动。http：//www. mca. gov. cn/article/zwgk/mzyw/201106/20110600164199. shtml。

［12］十二届全国人大常委会立法规划_中国人大网 http：//www. npc. gov. cn/npc/xinwen/2015 - 08/03/content _ 1942908. htm。

［13］石东坡、魏悠然：《论城市社区治理中居民委员会角色的立法重塑——以〈居民委员会组织法〉的修改为指向》，《浙江工业大学学报（社会科学版)》2015 年第 4 期。张卫红：《完善居委会组织法之我见》，《中国民政》2014 年第 6 期。

台湾地区个人信息法律保护及其启示

叶良芳　张　勤[*]

信息化时代的来临，社会对信息的依赖性越来越强，个人信息的使用已经渗透到了公民生活的各个方面。个人信息外泄或被非法使用的情形相继发生，据中国互联网协会于2016年6月22日发布的《中国网民权益保护调查报告2016》统计："54%的网民认为个人信息泄露严重，其中21%的网民认为非常严重。84%的网民亲身感受到了由于个人信息泄露带来的不良影响。"同时，个人信息泄露严重成为电信诈骗猖獗的重要原因，中国社会及公民个人因此遭受了重大损失。该报告指出："近一年，中国网民因为垃圾信息、诈骗信息、个人信息泄露等遭受的经济损失为人均133元，比去年增加9元，总体经济损失约915亿元。其中，9%的网民由于各类权益侵害造成的经济损失在1000元以上。"[1]可见，对公民的个人信息侵犯已严重威胁公民的人身和财产安全，同时中国社会和法治也因此而面临重大的挑战。个人信息不仅具有经济价值，更重要的是其具有人格属性，对个人信息的保护提上立法议程是经济发展的要求，更是维护公民基本权利的要求、维护社会安定的要求。

大陆目前对个人信息的法律保护散见在各个部门法律条文中，规定较为零碎，有些领域尚属空白，法律保护存在不少盲区，尚未形成一套完善的个人信息保护法律体系。相比而言，台湾地区经过了几十年的实践探索，并且借鉴世界各国先进的立法经验，已经形成了独特的个人信息保护模式，其所经历的立法考量及施行经验对大陆地区的个人信息法律保护具有较大的借鉴意义。

一、大陆个人信息的法律保护现状

（一）立法缺失——缺少专门的保护体系

自2012年12月28日全国人大常委会通过了《关于加强网络信息保护的决定》

---

* 叶良芳，浙江大学光华法学院教授、博士生导师；张勤，浙江大学光华法学院硕士研究生。

开始，个人信息保护开始被给予高度重视。2013 年 2 月 1 日，《信息安全技术公共及商用服务信息系统个人信息保护指南》开始实施，标志着大陆的个人信息保护工作进入了全新阶段。大陆对个人信息的法律保护也随着法治化的推进而不断深入。粗略统计，截至 2011 年，涉及个人信息保护的立法规范已有 174 部，其中包括法律 37 部，司法解释 15 部，行政法规和部门规章 122 部，其中有 226 个条文涉及保护个人信息或个人隐私的规定。[2]

纵观大陆对公民个人信息的法律保护，既有对个人信息的直接保护，也有对个人信息的间接保护。其中，《刑法》及《民法总则》对公民个人信息主要表现为直接保护。2009 年《刑法修正案（七）》增加了"非法获取公民个人信息罪"和"出售、非法提供公民个人信息罪"，为保护公民个人信息奠定了刑法基础。2015 年新出台的《刑法修正案（九）》将该罪名修改为"侵犯公民个人信息罪"，并扩大了犯罪主体的范围，提升了"情节特别严重"情形下的法定刑档次。对侵犯个人信息的行为规定刑事处罚，是大陆对个人信息保护的巨大进步。在 2017 年 3 月 15 日，第十二届全国人民代表大会第五次会议通过的《中华人民共和国民法总则》以前，个人信息在民法领域主要体现为间接保护，主要是通过有关人格和隐私的法律规范来实现的。学界普遍认可将个人信息的保护纳入人格权保护的领域内，如隐私权、名誉权等，可以更好地维护个人的基本权利，为个人信息提供更充分的保护。[3]对于侵犯个人信息的行为认为是侵犯一般人格权的侵权行为，公民可以根据《侵权责任法》的相关规定进行权利救济。而《民法总则》施行以后，对自然人的个人信息保护进行了直接规定。自此，个人信息在民事领域的保护由间接保护提升为直接保护，体现了个人信息保护立法已取得重大突破。此外，对个人信息保护的直接保护还有 2016 年 11 月 7 日通过的《中华人民共和国网络安全法》确立了个人信息保护的基本框架和原则。而例如《居民身份证法》《社会保险法》《传染病防治法》《邮政法》等部门法律对其他专业领域内的个人信息的保护进行了相关规定，实现了对个人信息的间接保护。同时大陆在相关行业领域也存在行业自律保护模式，最为典型的是互联网行业，《中国互联网行业自律公约》是中国互联网行业的第一部自律公约，该公约第 8 条明确了规定了互联网行业对用户信息秘密的保护义务。

尽管大陆对公民个人信息的保护已被日益重视，目前对个人信息保护的法律条文较多，但却仍然无法进行有效的保护。一方面，相关的立法规范基本处于零散混乱，各个部门法律规范衔接不紧密，关联法条过于碎片化，立法内容过于片面，导致个人信息的法律保护体系存在重大漏洞，以至于侵权者对个人信息的侵害存在可乘之机。

另一方面，相关的立法规范仅仅是宏观框架方面，微观层面尚未涉及，导致在实践中操作性不强，保护力度不够。例如《刑法》对"个人信息"的界定较为模糊以及"情节严重"的判定并无具体标准，致使其在司法实践中适用存在较多的问题。民法领域内现行立法既未明确约定公民对其个人信息的具体权利，也未对侵犯个人信息的行为及救济方式做具体的规定，以至于对个人信息的权利制定尚不明确。

（二）执法滥用——侵害个人信息的隐患

行政机关在履行社会管理职能的过程中，不可避免地要对公民的个人信息进行收集、处理、使用、存储等实践操作，行政机关已经成为个人信息资料库的持有者和管理者。[4]出于保护社会之目的，行政机关和执法机关等公权力机关采取措施主动监管、掌握公民的信息在所难免。然而，在执法实践中，公权力机关在掌握大量信息之余，却又有滥用权力的风险。目前，行政机关恣意滥用已掌握的个人信息的情况已经屡见不鲜。

一方面，公权力机关基于保护社会公益的目的，可以广泛地搜集公民的个人信息，并可能在行政执法中滥用这些信息。在特定场合中，出于特定的需要，公权力机关会主动干涉公民私生活，获取公民的个人信息，甚至还会为了保护某一公民的信息，而去探求索证另一公民的信息。同时，公权力机关因其掌握了庞大的公民信息资源库，能够非常准确地掌握当事人的个人信息，如姓名、职业、工作单位等。例如，在"发帖举报违法征地遭跨省追捕案"中，河南灵宝的公安机关竟能在极短的时间收集、掌握远在上海某写字楼的发帖者的详细信息并迅速采取行动、实施跨省抓捕。可见，公权力机关对公民的个人信息的掌握程度让人不寒而栗。一旦对公民个人信息的侵害来自公权力，大陆地区当前的法律竟也无能为力。

另一方面，公民在其个人信息遭受到来自公权力机关的侵犯时，无计可施、无法得到合法有效的救济。大陆的行政法律法规繁杂，已有部分行政法律法规规定了信息处理者对个人信息的保密义务，但是鲜少规定信息处理者违反此义务时，信息主体应享有的救济权利。如《民用航空行政检查工作规定》第43条规定："实施行政检查的工作人员违反本规定，擅自将在行政检查工作中了解到的被检查人的商业秘密或者个人隐私向他人披露的，由上级行政机关或者有关部门依法追究行政责任。"该条款只规定了行政机关在侵害个人信息及个人隐私时，信息主体只能向其上级行政机关或者有关部门投诉，而无法通过提起行政复议、行政诉讼等方式寻求行政救济。此外，《行政复议法》《行政诉讼法》等行政救济立法也未将侵犯个人信息的行为列入行政复议或行政诉讼的立案范围，以至于公民在个人信息被公权力机关侵害时得不到合法救济。一旦行政机关滥用公权力，超越职权收集个人信息或者因管理不善造成个人信息的泄露，公民个人无法运用法律武器对抗权力机关，无法维护自己的合法权利。

（三）司法软弱——个人救济困难

在大陆，公民要维护个人信息的合法权利最为有效的途径是通过司法诉讼。由于目前对个人信息保护的立法尚不全面，"个人信息"的内涵界定模糊导致公民要通过诉讼途径维护其合法权利时举步维艰。

首先，在民事领域中，公民对个人信息享有的权利虽然已被写入《民法总则》，但是"个人信息"并未给予明确的界定，其范围不明晰，在司法适用上任然存在问题。另外，对于个人信息保护的程度也未明确，是否须造成严重后果才构成侵权等问题尚待完善。否则，即使个人信息保护已入法，但是信息权人仍然无法以遭受侵权为由得到损害赔偿，通过民事诉讼途径尚难以维护公民对个人信息的合法权利。此外，民事补偿机制的欠缺，导致受害人的财产及非财产损失得不到任何实质性的补偿。这不仅不利于对受害人的救济，也降低了受害人起诉维权的积极性。

其次，大陆目前虽然已经对侵害公民个人信息的行为给予刑法保护，但是"个人信息"和"情节"认定仍然是实践中的一大问题，即当情节严重但侵犯个人信息数量和数额较小时，公民无法寻求刑法保护。刑法对个人信息的保护尽管十分必要且具有有力的社会惩罚性，但是刑罚的谦抑性致使其无法保障个人信息的侵权行为得到及时的制止。"刑法规范是民法等第一次规范的权利设定以及法律保护为前提的，纷争的第一次性法的处理应该交给民事的、行政的法律规范，刑法起到的是第二次的、补充性的作用。"[5] 即刑法不允许干涉情节尚未达到严重程度的对个人信息的侵犯。只有发生了大规模的个人信息侵犯事件或者因个人信息被侵害致使公民人身或财产受到严重侵害，才能诉诸刑事保护。尽管《刑法》已经对公民个人信息进行了直接保护，但是在公民寻求司法救济过程中，效果尚不明显，不能作为公民个人维护其个人信息的主要手段。

最后，大陆现有的诉讼制度对个人信息被侵害的受害人保护力度不够，受害人的维权难度大，现有的诉讼制度不能应对信息社会的法律要求，无法给予受害人足够的救济。在现有的"谁主张、谁举证"的举证制度中，受害人在诉讼中负举证责任，而侵权者往往使用高科技网络，先进的移动通信技术等手段进行侵权。受害人尚难知道自己的信息是在何时、何地、以何种方式、被谁泄露的，更别说履行举证义务了。因此，受害人要起诉他人泄露自己个人信息的难度非常大，成本非常高。

综上，虽然相关的部门法已经对公民的个人信息提供了相应的法律依据，但是现行的分散式立法仅为跟人信息保护提供了基本原则和框架，尚未对其适用细则予以明确，以至于无法及时、有效地保护个人的信息。而在实践过程中，更由于对"个人信息"的认定边界过于模糊，以及未规定相关的诉讼程序及救济机制，致使公民无法通过法律途径保护个人的信息安全。

二、台湾地区个人信息法律保护概况

（一）台湾地区个人信息保护的立法沿革

早在 1995 年，台湾地区已经通过了"电脑处理个人资料保护法"（简称"电资法"）。当时台湾地区正在进行加入 WTO 组织的协商，而欧美等国家十分重视个人资料的保护，为避免在磋商过程中比较被动，台湾地区从而制定了"电资法"。[6]尽管一开始"电资法"的制定主要是着眼于对外贸易的诉求，但是这迫使台湾地区对个人信息及隐私保护予以重视，并促使其走在了前列。"电资法"通过后的几年里，甚少在司法裁判中被适用，直至近十年内恶性个人信息侵害事件频发，个人信息的保护再次得到重视，然而此时的"电资法"已落后于信息时代对个人信息保护的需求。台湾地区"法务部"开始进行一系列的"修法"工作，并于 2010 年 4 月 27 日通过了台湾地区目前正在施行的"个人资料保护法"（简称"个资法"）。2012 年 9 月 26 日，台湾地区发布了修正后的"个人资料保护法施行细则"（简称"施行细则"）。于 2012 年 10 月 1 日，"个资法"及其"施行细则"正式实施。由此，"个资法"成为台湾地区目前对个人信息保护的重要立法规范。台湾地区"个资法"的制定参照了德国、日本及欧美发达国家和地区的个人信息保护的法律制度，并且结合台湾地区的基本情况，无论是其法律本身还是蕴含其中的立法考量，都是值得大陆地区在今后完善个人信息的法律保护过程中吸收和借鉴的。

"个资法"是台湾地区对个人信息进行保护的法律核心，另外个人信息法律规范也可以散见各个法规中，如"行政程序法""性侵害犯罪防治法""社会秩序维护法""信息公开法"等法律也包含了对个人信息的保护规范，并与台湾地区的"宪法""民法""刑法""行政法"以及"诉讼法"中对个人信息保护的相关条文形成了当地结构完整、内部协调的个人信息法律保护体系。

（二）台湾地区个人资料保护的立法特色

"个资法"是在"电资法"的基础上修订而成，但是却对"电资法"进行大量的修改以满足实践的需要。"个资法"最具特色之处也在于此，对比新旧条文更能凸显其特色。

首先，保护客体的扩大。"个资法"第二条明确规定了"个人资料"是指"自然人之姓名、出生年月日、身份证统一编号、护照号码、特征、指纹、婚姻、家庭、教育、职业、病历、医疗、基因、性生活、健康检查、犯罪前科、联络方式、财务情况、社会活动及其他得以直接和间接方式识别该个人之资料。"可见，"个资法"对个人资料的界定是采取列举式加概括式加以规定的。"得以直接和间接方式识别该个人之资料"是指可以凭借该资料识别出资料本人的资料，如果资料缺乏与个人最低限度的相关性，那么就没有适用"个资法"对其进行保护的必要。[7] 这是对原"电资法"规定的保护客体的扩大，不仅包括电脑处理的个人资料，而且还包括人工处理的个人资料。这主要参照了 2012 年《欧盟个人资料保护条例》及《日本个人资讯保护法》制定，强调资料与个人的联结。此外，"个资法"还借鉴了欧盟各国的经验，增列了"医疗、基因、性生活、健康检查、犯罪前科"五种敏感信息，并对其规定了特殊的保护。新"个资法"对保护客体的规定更科学和完善。

其次，增加了对公权力的限制。"个资法"将规范对象分为公务机关及非公务机关两大类，并将规范对象扩大至所有的法人和团体，且明确地规定了公务机关和非公务机关在搜集和处理个人资料时需要符合特定目的，并需要符合法定情形。同时，"个资法"还规定公务机关及非公务机关收集个人资料时应履行告知义务。① 此外，"个资法"对个人资料的利用和处理进行了明确的规定，并且对公务机关及非公务机关在收集资料过程中的义务进行了系统的设定②。这些规定要求任何组织和个人在收集个人资料时都必须通过合法和正当的途径并取得当事人的同意。并且在收集资料前，必须先明确个人资料搜集的目的及后期的使用必须符合这一目的。③ 此规定限定了公权力及其他商业组织，防止其恣意运用自身权力对公民的个人信息造成侵害。

最后，完善了侵权救济机制。"个资法"对资料管理者违反义务规定了的法律责任，其中包括民事责任、行政责任以及刑事责任。民事责任主要以金钱赔偿和请求恢

---

① 参见台湾地区"个人资料保护法"第 15 条。
② 参见台湾地区"个人资料保护法"第 16 条。
③ 参见台湾地区"个人资料保护法"第 19 条。

复名誉的措施为主；行政责任承担主体只有非公务机关，公务机关的侵权行为直接适用公务员法；刑事责任的承担主体包括公务机关和非公务机关，并借鉴《日本行政机关保有个人资讯保护法》之规定采用属人主义。并且，现行的"个资法"中特制定了鼓励民间团体诉讼的条款，以此鼓励更多民众依法维护自己的合法权益，更多的利用公益团体机制。

台湾地区"个资法"的立法目的是保护人格权，"个资法"的第三条规定了当事人对其个人资料享有的具体权利，依次为请求阅览和制给复制本；请求补充或更正；请求停止处理、利用和删除。除了上述的几种权利外，还规定了损害赔偿请求权和请求司法界行政救济权等程序权利，形成了一个严密的个人信息保护的权利体系。因为"个资法"将公民对个人信息的权利作为人格权进行保护，所以该权利只针对对于自然人，并未扩展到法人及其他组织。

（三）法规与行规双轨制保护

台湾地区不仅对个人信息保护制定了一部独立的立法，形成了由"宪法"统领下的"民法""刑法""行政法"以及"诉讼法"等结构完整的法律保护体系。而且，台湾地区还设定了特定行业标准及个人信息保护协会辅助对个人信息的法律保护。在多方相互配合之下，台湾地区的个人信息的法律保护工作才能有序进行。

一方面，台湾地区为个人信息保护的有效运作，制定了行业标准配合个人信息的法律保护。目前实施较为广泛的标准化制度有两类，一是以 BS10012 标准①内容为基础架构、配合 PDCA 的管理运作方法建立的个人资料保护体系；二是台湾工业策进会协助建立的"台湾个人资料保护与管理制度（TRIPAS）"。[8]可见台湾地区对行业监管同样重视，每一个机构都不可能完全公正、公平，监管机构不可或缺。

另一方面，台湾地区更注重行业在法律范围内的自由发展，故没有设定法定的个人信息保护机构，但是台湾地区设立了"个人资料保护协会"作为监督和反馈信息的"窗口"，辅助行业标准共同发挥作用。台湾地区的"个人资料保护协会"主要负责促进信息服务行业自律和个人资料的合理使用。该社团属于社团法人，非政府机关，没有法定权利。此外，该协会还肩负监督及受理投诉的职能，包括接受个人或团体相关资料对官方或私人不当收集、使用、交换的案件申诉；监督个人资料保护主管机关的政策制定和法令执行；其次，该协会还负责在民众中的宣传和教育工作，例如推动

---

① 英国标准协会于 2009 年 6 月公布的一个任何规模的组织均可适用的"个人资料保护管理系统 BS10012 标准"（PERSONAL INFORMATION MANAGEMENT SYSTEM, PIMS）。

个人资料保护教学和研究，向社会推广隐私权及个人资料保护观念，与其他地区开展学术交流活动；更为重要的是，"个人资料保护协会"提供更为灵活有效的事后解决制度以保护公民的个人信息。当公民的个人信息受到侵害时，信息权人可以通过多种途径维护其自身的合法权益，例如通过和解和调解、申请调解和仲裁、提起诉讼等多层次的事后纠纷解决机制，以进行权利救济。

三、台湾地区个人信息法律保护的启示

通过借鉴台湾地区对个人信息的法律保护模式，大陆地区应加快建立个人信息保护的法律法规体系，当务之急就是制定一部专门的《个人信息保护法》，同时更新其他的法律制度，进一步明确各社会主体应该承担的责任，使大陆地区对个人信息的保护工作走上高度法制化的道路。同时，大陆地区还必须考虑自身的法治土壤问题，结合本地区个人信息保护的特殊情况制定具体规定。单纯地依靠法律条文去规制这个复杂多变的社会是一件"冒险"的事情，从台湾地区的经验来看，并不是有了法律就能解决所有的问题，所以还需要制定其他保护制度对其加以配合。

（一）统一立法模式，加速立法进程。

自古以来，我们就崇尚以简制胜，因此，对个人信息保护的立法实践而言，制定一部独立的个人信息保护法，更符合大陆的法治环境。

目前，世界各国对于个人信息保护的立法主要存在三种方式：（1）整合公共部门和民间部门的统一立法模式，主要存在于欧盟；（2）公私分离的立法模式，如日本等国制定了分别规制公共部门和民间部门的法律。（3）个别立法模式，如美国等国家针对不同产业、不同行业分别制定个别法律。其中（2）、（3）为分散立法模式，存在较大弊端。立法整体规划、统一规范的欠缺导致在信息保护方面无统一的法律规范和法律适用标准，因而并不能设立统一的监管机构进行监管，从而导致司法上的不协调。[9] 台湾地区的"个资法"主要采取了统一立法模式，并吸收借鉴了美国行业自律模式的优点来搭建个人资料保护法律体系。大陆目前尚未形成一部独立的个人信息保护法，即在立法模式的选择上可以借鉴台湾地区的统一立法模式，这也是大陆学者较为认可的做法，即"借鉴德国统一立法模式制定个人信息保护法，在个案中承认自律规范效力，以促进商业机构对个人信息的自律保护"。[10] 在这个问题上，大陆法学界已有的两部"个人信息保护法的专家意见稿"都选择了统一立法模式。

其次，必须加快制定个人信息保护法的立法进程。在具体制定的过程中，不妨结合大陆地区的基本情形以及基本的法律法规并结合实际情况尽快填补个人信息保护的空白，制定出统一的个人信息保护法。其中即要包括总体适用的基本原则及框架，也要包括实施细则及救济机制，及分别对权力机关和非权力机关进行具体的规定等。此外，应当允许相关部门及地方，在不与个人信息保护法相冲突的情况下，根据具体实际情况的制定合适的行政规章，以此实现普通与特殊相结合。大陆在制定个人信息保护法时，不妨借鉴"个资法"的具体规定，对公民的"个人信息"的界定、规范对象的界定以及公民对个人信息享有的权利和个人信息收集、适用、管理的义务进行具体规定。有不完善的地方可以逐步修改和完善，修改的风险要远远小于空白的代价。

（二）完善个人信息法律保护体系，健全权力救济机制

台湾地区的"个资法"尽管规定较为全面，但并不是独立运行的，它与其他立法规范一起形成了统一的法律保护体系，并相互配合形成一个紧密联系的整体。此外，在特定的行业中台湾地区还制定了相关的标准配合法律的实施。大陆在制定个人信息保护法之余，也应当对其他相关法律进行调整，以形成完善的个人信息保护法律体系。此外，建全的权利救济机制对信息主体至关重要。大陆现有的个人信息的救济途径主要有民事救济、刑事救济、行政救济，但在实践中仍存在比较原则化、可操作性差的问题。此外，对个人信息遭受侵犯时的诉讼程序和权利也应当进行相关规定，以实现个人信息一旦遭受损害，信息权人就能够立即通过法律途径进行维护。

在刑事救济中，对"个人信息"的界定应当与个人信息保护法相一致，以达到对个人信息的有效保护。并且需要对"情节严重"的定罪标准进行具体量化，确保在适用刑罚惩罚对个人信息的侵害行为时，能够准确地定罪量刑。台湾地区对其他个人信息的行为也明确规定了刑事制裁。实践表明，只要刑法对犯罪行为的对象进行合理限制、犯罪行为方式进行清晰界定、犯罪行为情节明确阐释，侦查措施使用得当，就会准确有效地打击犯罪行为，防止滥用刑罚，保护个人信息正常、有序的流动。

在民事救济中，对于个人信息权的保护，相关的侵权责任和民事救济也应当进行相关的修改和完善。其中最为重要的是归责原则的确定。一般认为，对于权力机关违反法律规定，导致个人资料遭受不法收集、处理、利用或者其他侵害行为发生的，必须承担无过错原则。采用无过错原则可以对信息主体提供更好的个人信息保护。然而对于非权力机关是否也应采取无过错原则，学术界目前争议较大。赞成观点认为应当一视同仁地保护权利，反对的观点则认为在信息安全方面，权力机关在个人信息利用

过程中应承担更大责任，无过错原则能够很好地规制政府权力，防止其过度膨胀。对于非权力机关来说，应当采取过错责任的方式来归责，这种方式更具有灵活性，能够保障信息的顺畅流通和经济平稳的发展。[11]本文赞同此种观点，当非权力机关在个人信息利用过程中也应尽到妥善管理的义务。如公民的个人信息遭受侵害时，非权力机关应当承担举证责任证明自己不存在过错，否则应当承当相应的侵权责任。此外，在民事诉讼中，鉴于受害人与其他人的举证能力差别很大，在传统侵权责任中"谁主张，谁举证"的原则外，在侵害个人信息的案件诉讼中采用"举证责任倒置"的规定，可以更好地保护受害者的权利。

在行政救济中，必须对公权力机关进行必要的限制，就公权力机关对公民个人信息的相关权利进行详细的规定以保持与个人信息保护法相一致；更为重要的是，需要明确公民的个人信息在遭受公权力的侵害时，公民能向相关的权力机关主张何种权利。台湾地区的"个资法"未对公务行为侵害个人信息的救济进行相关规定，而是直接适用"公务员法"，这在大陆并不可行。本文认为，大陆在新修订的《个人信息保护法》中应当对行政救济进行明确规定。此外，还应通过修改现有的行政救济途径，将侵犯个人信息的行为纳入行政复议和行政诉讼的受案范围，并将其列入可以提起行政赔偿的行为之中。

（三）专设保护机构，增加团体诉讼

台湾地区没有设立独立的管理机构，是由台湾具体社会发展情况决定的，而大陆地区因幅员辽阔、行业众多以及行业自律原则并不特别发达，需要设立一个专门的管理机构，避免出现管理混乱、管理重复或相互推诿等现象。目前大陆没有对个人信息保护的设立专门的管理机构。虽有与此相关的工业和信息化部，但个人信息保护涉及的领域并非信息安全所能全面涵盖。同时，个人金融信息、人民银行和银监会等监督机构都是各自为政，难以形成合力。大陆应该设立专门机构对个人信息进行保护，专门负责对个人信息保护行政执法的监督及处理申诉、投诉，设定有效的申诉、投诉程序，接受公民个人信息权力侵害的申诉和投诉。以此从行政和司法两个维度对公民个人信息权利受到的侵害进行法律救济，便于公民在寻求救济的时候选择更方便于自己的途径。另一方面，设置专门的管理机构，加入其他的纷争解决模式，也能防止"诉累"，解决使用效率低下的问题。[12]

同时，在民事损害赔偿领域还可以增加团体诉讼制度。很多个人资料侵权案件涉及人数众多，但个人受到的损害一般较小，如果每个人都提起诉讼赔偿请求，既不科学也不实际。一是当事人维权的成本较高，且当事人往往无法证明实际受到的损害，最终的结果是赢了官司、输了金钱，实质正义无法实现；[13] 二是法院不堪重负，造成司法资源的浪费。在个人信息被非法侵害的事件中，一般而言利益受损的民众有很多，根据个人信息保护的实际需要，建立团体诉讼制度是最优选择，具体设计可参考台湾地区做法，即鼓励民众更多地利用公益团体诉讼机制维护自己的合法权益。

四、结语

在信息社会的大背景下，侵犯个人信息的状况呈现恶化的态势，大陆当前的法律对个人信息的保护虽不断完善，但是程度相对较低，如何能够更好地保护个人信息，全世界还没有达成一致的认识。台湾地区对个人信息的法律保护实践经验丰富，并借鉴和吸收了世界各地的经验和优秀范例，已经形成了一套较为完善的个人信息保护法律体系，这对大陆正在制定中的个人信息保护法提供了很多启示和参考。

本文浅析了台湾地区的"个人资料保护法"的相关规定以及台湾地区对个人信息的其他法律保护制度，并分析了大陆可以积极借鉴台湾地区的立法、执法、司法的有益之处，认为大陆应紧密结合自身的实际情况，尽快出台"个人信息保护法"，从而为个人信息的保护提供一个有利的法律依据。"个人信息保护法"出台后，还应通过尽快修改和完善涉及个人信息保护的单行法律法规和规章的规定，使法律法规之间保持统一和协调，形成一个强有力的救济体系。此外，为配合个人信息保护的法律体系运行，大陆应专设个人信息保护机构，拓宽公民的权利救济同途径，并且增加团体诉讼，以保障公民能够更为便利地维护自身的合法权益。总而言之，个人信息的法律保护在大陆的法治中还是一个新的领域，无论在立法完善、理论研究以及司法实践上都需要经历一个日臻成熟的过程。在海峡两岸日益频繁的交流背景下，期待台湾地区的个人信息保护法律体系能给大陆地区更多的启示。海峡两岸在个人信息保护方面共同发展，共同应对信息时代给个人信息保护带来的挑战。

参考文献

［1］《〈中国网民权益保护调查报告 2016〉：54% 的网民认为个人信息泄露严重》，中国互联网协会，http：//www. isc. org. cn/zxzx/xhdt/listinfo － 33759. html，2017 年 1 月 24 日访问。

［2］谢天，邹天学：《中国个人信息保护的立法模式探析》，《岭南学刊》2011 年

第 2 期。

　　［3］齐爱民：《私法视野下的信息》，重庆：重庆大学出版社，2012 年版，第 182 页。

　　［4］何振，贺佐成：《电子政务信息资源共享与个人信息隐私权的保护》，《情报杂志》2005 年第 3 期。

　　［5］刘淑珺：《日本刑法学中的谦抑主义之考察》，《刑事法评论》2008 年第 1 期。

　　［6］刘佐国：《中国个人资料隐私权益之保护——论"电脑处理个人资料保护法"之立法与修法过程》，《律师杂志》2005 年第 4 期。

　　［7］方宪文：《中国台湾地区个人资料保护法制研究》，西南政法大学 2014 年硕士学位论文，第 6 页。

　　［8］唐玲、王晓强：《港澳台个人信息保护法律法规及标准研究》，《标准科学》2013 年第 3 期。

　　［9］周汉华：《中华人民共和国个人信息保护法（专家建议稿）及立法研究报告》，北京：法律出版社，2006 年版，第 30 页。

　　［10］齐爱民：《论个人信息保护基本策略的政府选择》，《苏州大学学报（哲学社会科学版)》2007 年第 4 期。

　　［11］刘畅：《个人信息法律保护问题研究》，沈阳师范大学 2016 年硕士学位论文，第 37 页。

　　［12］李小健：《告别"诉累"》，《中国人大》2014 年第 2 期。

　　［13］郭瑜：《个人信息保护法研究》，北京：北京大学出版社，2012 年，第 1 版，第 235—240 页。